U0934331

政和县魏氏志

魏旭方　主编

中共政和县委党史和地方志研究室
政 和 县 魏 徽 文 化 研 究 会　编

厦门大学出版社
XIAMEN UNIVERSITY PRESS
国家一级出版社
全国百佳图书出版单位

图书在版编目(CIP)数据

政和县魏氏志/魏旭方主编;政和县魏徵文化研究会,中共政和县委党史和地方志研究室编.—厦门:厦门大学出版社,2021.3
ISBN 978-7-5615-8151-3

Ⅰ.①政… Ⅱ.①魏… ②中… ③政… Ⅲ.①姓氏—研究—政和县 Ⅳ.①K810.2

中国版本图书馆 CIP 数据核字(2021)第 049170 号

扫码了解更多

K1511-1-1
ISBN 978-7-5615-8151-3
定价:360.00元

出 版 人 郑文礼
责任编辑 薛鹏志 章木良

出版发行 厦门大学出版社
社　　址 厦门市软件园二期望海路 39 号
邮政编码 361008
总　　机 0592-2181111 0592-2181406(传真)
营销中心 0592-2184458 0592-2181365
网　　址 http://www.xmupress.com
邮　　箱 xmup@xmupress.com
印　　刷 福州力人彩印有限公司

开本 889 mm×1 194 mm 1/16
印张 20.75
印张 16
字数 550 千字
版次 2021 年 3 月第 1 版
印次 2021 年 3 月第 1 次印刷
定价 360.00 元

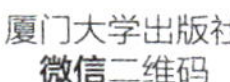
厦门大学出版社
微信二维码

厦门大学出版社
微博二维码

魏是以委蛇肥遗龙为图腾的炎帝支系隗姓的苗裔，其始祖是共工氏与蚩尤氏。两族为世代郎舅亲，共同以肥遗龙(一头双身龙)为图腾。魏姓图腾由三部分组成，左边是一委蛇般的女子，象征炎帝支隗氏的母系任姒，右边的一头双身龙象征炎帝氏族，中间的禾代表他们的农业发明。

《政和县魏氏志》编委会

魏氏家族祖训

赫赫吾祖，国史流芳。训诫子孙，悉本义方。

仰礼斯旨，更加惟详。曰诸儿孙，听我训章。

读书为重，次即农桑。取之有道、工贾何妨。

克勤克俭，毋怠毋荒。敦亲睦族，六行皆藏。

礼义廉耻，四维毕张。处于家者，可表可仿。

仕于国者、为忠为良。神则佑汝，汝福绵长。

倘背祖训，恶果自尝。若遵祖训，长盛久昌。

贻羞祖宗，得罪彼苍。神则殃汝，汝则不昌。

最可憎者，分类相戕。不会同气，偏论异邦。

手足干戈，祖宗忧伤。愿我族姓，恰恰雁行。

通以血脉，泯厥界疆。总归和睦，祖宗安康。

引而亲者，年年登堂。同底于善，勉哉勿忘。

政和县魏徵公祠

政和县魏徵公祠

公祠大殿与牌坊

魏徵石雕像与十思廊

观景廊与聚会广场

政和县魏氏迁徙浮雕像

福建省姓氏源流研究会魏氏委员会政和县联络处暨政和县魏徵文化研究会成立大会

二〇一七年十月二十九日　政和

魏思忠（二排左3）、魏日胜（五排右10）、魏守有（六排右7）、魏洪健（六排右8）
魏敦贵（七排右2）、魏重生（七排右3）、魏思兴（七排右4）

魏旭方（二排右3）、魏守有（二排右4）、魏少涓（二排右5）、魏正华（四排右4）

魏重春（一排右3）、魏礼情（一排右2）、魏旭方（后排左3）、
魏守有（二排右一）、魏敦满（二排右4）

魏守有（左2）、魏圣柏（左3）魏礼情（左4）、魏重生（左5）、魏敦满（左7）

左起：葛满芝（魏旭方夫人）、魏海英、魏建明、魏玉明、
魏美斌、魏万能、魏清寿、魏守有、魏旭方

魏礼情（二排右17）、魏重生（二排右16）、马小红（二排左3）、魏守有（二排左11）、魏正华（二排左12）、魏学富（二排左13）
魏少涓（二排左14）、魏敦贵（二排左15）、魏敦满（二排左16）、魏旭方（三排左7）、魏端龙（三排左11）、魏思忠（六排右8）

魏礼情（四排左9）、魏旭方（二排右8）、魏少涓（二排右10）、魏守有（三排左4）

魏旭方（一排左1）、魏少涓（二排左8）、魏学英（二排右7）、魏炜萍（三排左9）、魏祖銮（三排左12）

福建省魏氏委员会政和县联络处、政和县魏徵文化研究会第二次代表大会
2019.02.09
校史铭
再创辉

魏礼情（三排右5）、魏旭方（三排右1）

魏守有（一排左1）、魏重春（一排右5）、魏礼情（一排右4）、魏少涓（一排右1）
魏学英（二排左1）、魏正华（二排左4）、魏益明（二排右1）
魏敦满（三排左1）、魏旭方（三排右1）、魏荣凯（三排右2）

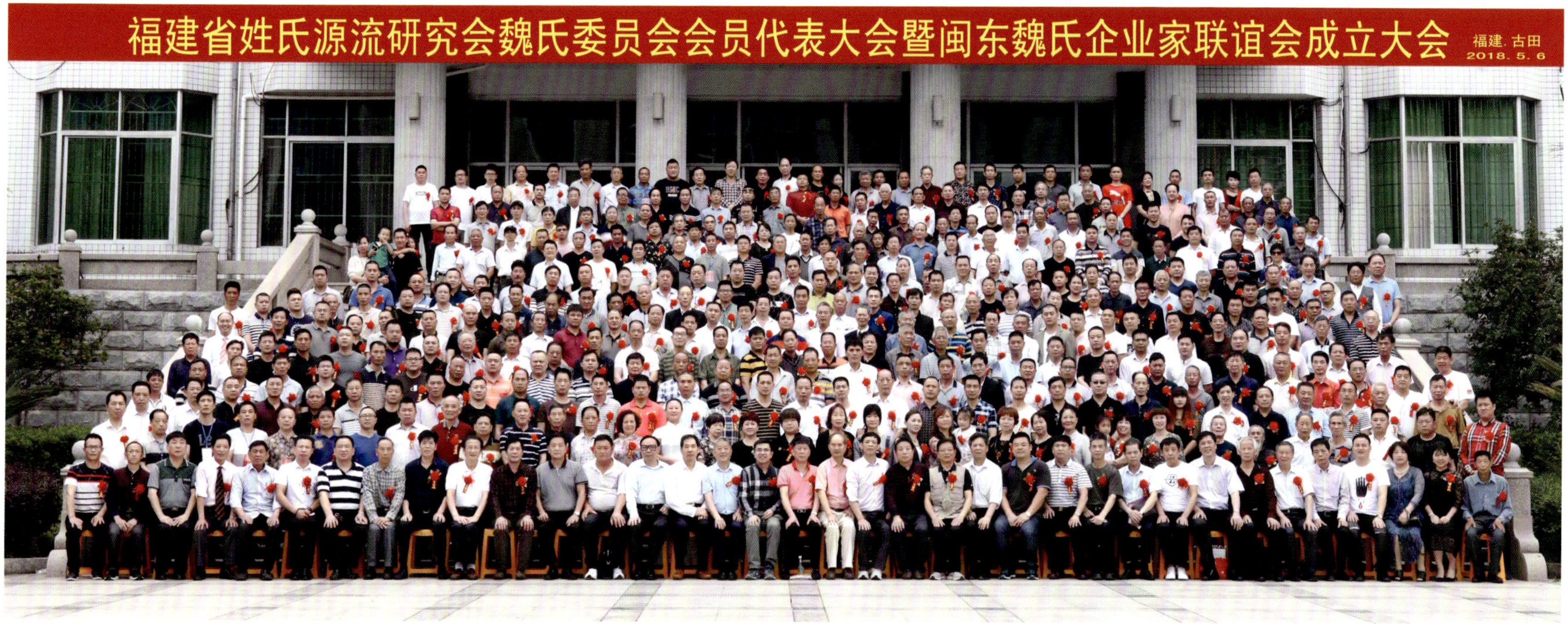
福建省姓氏源流研究会魏氏委员会会员代表大会暨闽东魏氏企业家联谊会成立大会
福建.古田
2018.5.6

范长妹（二排左16）、魏旭方（三排右10）、魏敦满（四排右11）、魏守有（四排右12）

福建省姓氏源流研究会魏氏委员会第三届会员代表大会 2019.9.21

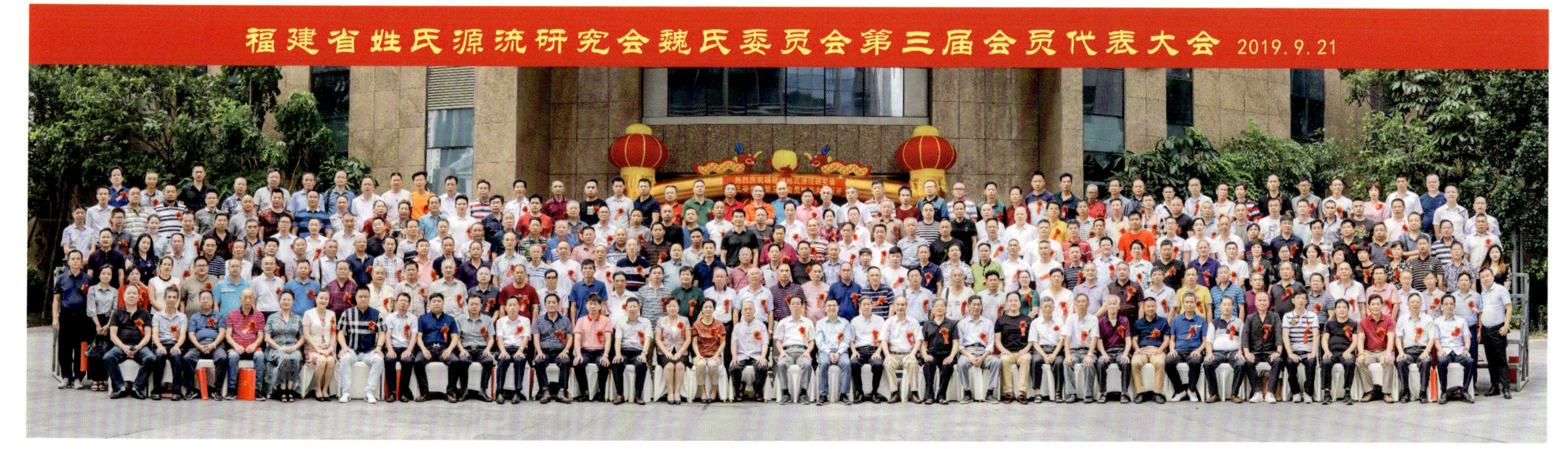

魏少涓（二排右16）、魏旭方（二排右15）、魏重生（二排右14）、魏礼情（二排右13）、魏重春（二排右4）

福建省姓氏源流研究会魏氏委员会建瓯市联络处暨魏徵文化研究会成立大会
20191117

魏日胜（二排左6）、魏正华（二排左7）、魏旭方（二排左9）、魏少涓（二排左11）

魏华塘、魏生柳、魏魏雄、魏旭方、魏守有

魏旭方（左1）、魏文灼（右6）

前排左起：魏旭方、陈文杰、张泽钦、魏万能、魏礼情、范永亮、魏正华、李家宁
后排左起：林秀兰、魏少涓、魏敦满、张积义、陈立安、杨上和、薛美夏、张大泽、吴琴、张大握

前排：魏桂娥 魏爱钦 魏诚英 谢善玉 郑贤美 魏敦美 魏炜萍 魏少涓 魏祖銮 魏日秀 魏玉华 林良金 范长妹
后排：魏凤珠 魏萍 魏建华 魏仲梅 魏文珍 魏庄秀 魏德娥 魏红 魏明强 魏礼情 魏万能 魏正华 魏端很
魏日丹 魏丽梅 魏仲女

前排　魏世华　魏本彪　魏明强　魏发桥　魏敦满　魏正华　魏明华　魏春生　魏柳弟　魏旭方
后排　魏金泰　魏少涓　魏常财　魏建华　魏礼情　魏仁福　魏万能　魏积平　魏建忠　魏重春
魏敦贵　魏发辉　魏光印

前排：左二起魏明强　魏敦贵　魏礼情　魏重生　魏旭方
后排：魏曹兵（左2）　魏重景（左3）　魏学富（左4）　魏思兴（右1）

池辉、周瑞美、魏堂械、魏重春、魏敦映、魏礼情、魏仰达、魏敦贵、魏重春、魏观景、魏明强、魏旭方

福建省魏氏委员会南平市办事处班子合影（后排左4 魏旭方）

魏礼情（三排左4） 魏明强（三排左2） 魏敦满（二排左3）

魏字书法①

魏人

唐高宗

明人

祝允明

孙过庭

祝允明

同

泰阶

韵会

隶辨

说文

米芾

魏封孔羡碑

北魏 魏灵藏造像记

唐 李邕 李思训碑

隋 智永 真草千字文

唐 孙过庭 书谱

明 宋克 停云馆法帖

汉 乙瑛碑

北魏 中岳灵庙碑

北魏 郑道昭 论经书诗(缩)

北魏 张猛龙碑

唐褚遂良 孟法师碑

北魏 魏灵藏造像记

唐 欧阳询 九成宫醴泉铭

注：魏字书法艺术，来源于参考文献：《中国书法大字典》（光华出版社1980.12）、《五体字典》（黄山书社出版1985.6）、《书法字典》（上海书店1985.5）、《草书大字典》（北京市中国书店1983.6）、《新编书法字典》（辽宁人民出版社1991.5）等历代书法名家之手，经魏仰达编辑而成。

杨著碑

衡方碑

小篆

省文

戴氏
篆正

注2

山涛

羲之

怀素

米芾

祝繁

宋克

瑞国

明人

宗孟

韵会

景风

以銅爲鏡可以正衣冠以古爲鏡可以知興替以人爲鏡可以明得失

李世民

唐太宗李世民为魏徵亲制碑文说：“朕常保此三镜，以防己过。今魏徵殂逝，遂亡一镜矣。”

《唐书·魏徵列传》

無偏無陂遵王之義無有作好遵王之道無有作惡遵王之路無偏無

黨王道蕩蕩無黨無偏王道平平無反無側王道正直會其有極歸其

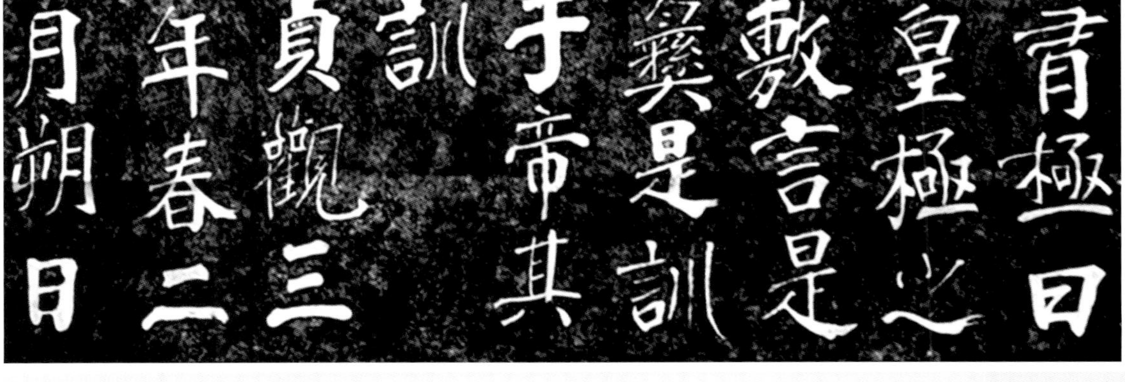

有極曰皇極之敷言是彝是訓于帝其訓貞觀三年春二月朔日

魏徵书

唐

史臣贊魏徵：不以逢時改節、不以圖位賣忠。

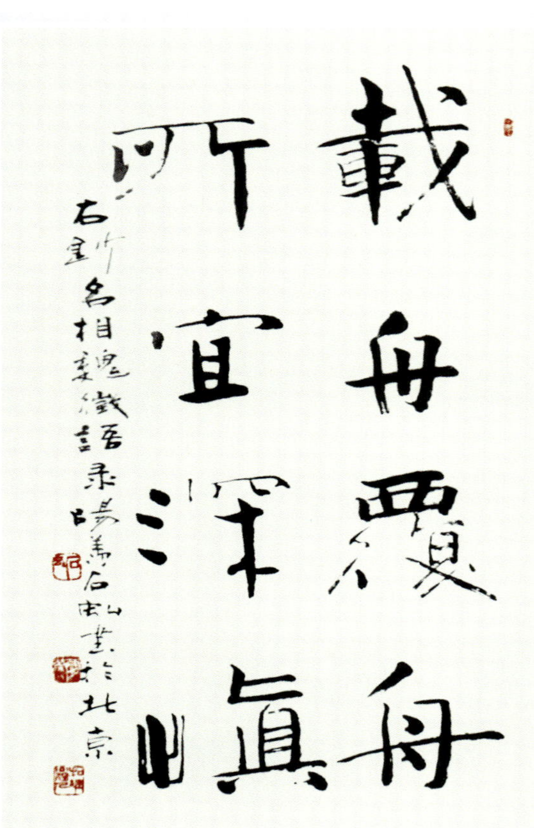

唐開元進士柳芳稱魏徵曾祖父、祖父、父長賢三代爲官清正，爲文直書，爲時人稱頌。特贊言

三代遺直

萬曆癸丑秋　韓道亨書

家傳至寶

岳飛

政和魏氏宗祠

宗同一脉

魏振贤 丁酉孟春

贤德儒风

丙申冬月

魏[illegible]书於南平

谱牒文化

光前裕後

福建省姓氏源流研究会

魏氏委员会副会长 魏渊楼

族谱续写家族史

启后代再展宏图

福建省姓氏源流研究会魏氏委员会会长 魏[illegible]

谱续族史

志载千秋

魏重春

编史修志

传承文脉

魏仁福题

魏徵公祠

鉅鹿堂

馬氏宗祠落成志庆
魏馬同享
政和县魏氏宗亲联谊会贺
乙亥年孟冬

馬氏宗祠落成誌慶
光緣永恒
鄭源魏氏宗親賀
丁亥孟冬

魏华贵 书

许成灶 书

序

大地祥和万物春，魏氏宗族盛事频。在千年古县政和魏氏族亲集资兴建“魏徵公祠”规模初见端倪之际，又欣闻《政和县魏氏志》即将交付出版面世，实乃又一盛事，可喜可贺！

姓氏志是地方史志的重要组成部分，族谱是记载一个家族世系发生、发展、变化及其有关事迹的书籍，是一种家族文化的历史。它与正史、方志构成三大支柱，是我国珍贵文化遗产的一部分。对“寻根问祖”增强民族凝聚力有着重要意义。

魏氏历史，源远流长，系黄帝嫡裔，源自姬姓。西周时，周文王姬昌第十五子姬高受封于毕，其裔孙史称毕公高，事晋功显，成为大夫，受赐魏地为邑。其后子孙遂以邑为氏，称为魏氏。公元前445年毕万的后代魏斯建立魏国，公元前225年被秦所灭后，亡国的魏国王族以国名为氏，形成魏姓最重要的一支，史称魏氏正宗。由此可见，魏氏族也是一个从历史苦难中走过来的族氏，具有敢为天下谋的鸿鹄大志，且有中华民族百折不挠的坚强气质。大凡从苦难中走过来的民族一定是一个有希望的民族，如同一个人在困苦中总想崛起、总想争气、总想图强、总想出人头地。

政和魏氏乃大唐名相魏徵第三子魏叔璘后裔，魏徵十八世孙魏甲太于1068年由建瓯东游上迁政和铁山屯头拓土开基，为政和绝大多数魏氏族人的始祖。经952年繁衍生息，已至魏徵第五十一世，现政和魏氏人口已达万余人，分布全国各地乃至海外。

显然，魏氏文化是中华民族灿烂文化的一个重要组成部分，在许多历史节点上，魏氏人才辈出，代有贤良。数千年来，在探天人之道，穷古今之变，畅时事之运，励志图强，奉国为民，功布四海，德遍九州，名播天下。如在战国七雄中首先实行变法，改革政治、礼贤下士的魏文侯，又如中国史上最负盛名的唐代名相魏徵，美称“天下第一相”“帝王人镜”“千秋金鉴”，高山仰止，誉满天下。再如倡导学习西方先进科技，总结出“师夷之长技以制夷”新思想，力主变革的魏源等，都是魏氏族中的一代雄才，他们在中华民族发展史上的历史地位都是显赫照人的。

“国有史，县有志，家有谱，此乃一义也”，政和魏氏文化蕴含有浓郁的中国传统姓氏文化气息，具有鲜明的家族文化特色，承载着悠久厚重的历史瑰宝。政和魏氏文化目前所收集到的比较集中体现在近代和当代族谱中。清道光期间，在朝廷主持地方志编纂的魏建中倡导并推动下，由郑国让以及后来的魏鸿英、叶大山、张忠楫等编纂的诸多政和村、乡数十本族谱，翔实地记述了许多历史人物和仁人志士的光辉事迹。新世纪由魏敦声主持、魏日忠主编，历时三年编纂，约八十万字的“政和魏氏全谱”，再之这次由政和魏徵文化研究会倡导，推魏旭方为主编的“政和县魏氏志”，无疑是千百年来民间传统文化继往开来的一大举措，是众多魏氏族人的由衷愿望，也是一个宗族时逢盛世、兴旺发达的重要标志，更是尊祖、孝祖、敬祖、传承宗风祖德，展示家族风貌，显示家族空前团结和睦的象征，具有深远的历史价值和现实意义。真可谓是传家之宝、必读之书，家存一册，世代受用。

“参天之木，必有其根。怀山之水，必自其源”。家有谱，人有祖，无论什么人，不论在哪里，最割舍不了、最剪不断的唯有血脉。这是一个民族能够生生不息的道理，也是一个家族能够薪火相传的原因。“政和魏氏志”如同“政和魏氏全谱”一样，堪称为政和诸多姓氏修纂谱牒，聚珍集锦带了好头，不愧为政和又一部文化典籍，有助于魏氏族人追寻生命的过往，缅怀饱经沧桑的历史，记忆千丝万缕的亲情，激励爱乡创业的热情，凝聚族氏人心，服务家国社会。值得赞誉的是“政和魏氏志”这本力作，前后历时三年，图片五百余幅，文章二十二万余字，主要是在魏旭方主编担当主笔和各位编修人员励精完成的。他们文风严谨，默默耕耘，付出了巨大精力和心血。他们为传承和弘扬家族文化无私奉献的精神十分难能可贵，值得大家学习。此外还应该感谢所有关心支持我们魏氏志出版的社会贤达和有识之士。

愿我们的祖德宗风进一步发扬光大，愿我们钜鹿族门的优秀历史文化代代相传，愿我们秉承先祖先贤们的教诲，吸纳众多姓氏的优秀文化素养，崇德向善，躬身践行，以“虚能引和，静而生悟。仰以察古，俯以观今”的态度，为民族图强，家国图兴不懈努力，力增色添辉。

公元 2020 年 2 月 29 日

（作者：曾任政和县、浦城县人民检察院检察长，共和国三级高级检察官、中华诗词学会会员）

凡 例

一、本志体例依据福建省地方志编纂委员会制定的《福建姓氏志》篇目并结合本县实际情况设定。

二、本志遵循"纵贯古今，今古并重"的原则，上溯魏氏历史起源，下限至2020年2月，大事记延至本志印刷前。

三、本志分"源流""分布""谱牒与谱序""文化遗产""人物""附录"六个部分。各历史政权机构、官职、地名按当时称谓记录。

四、本志体裁采用述、记、志、传、图、表、录等形式，图文并茂，全彩印刷。

五、本志民国以前纪年，按朝代、年号、时间，并括注公元纪年。民国纪年用汉字，括注公元纪年。中华人民共和国成立后用公元纪年，统一省去"公元"两字。

六、本志采现用代语体文记述。转入古文加以标点、校勘，繁体、异体、通假字改为通用字，有错讹的字词或事物给予改正并加注释。生僻字词、典故必要时在括号内以注释。

七、本志人物分古代人物和近现代人物两部分。古代人物以省、府、县志及谱牒所载政和籍魏氏人物和在政和任职的魏氏人物；近现代魏氏人物（包括魏氏媳妇）包括政和籍现任或曾任副科级以上人物、中级职称以上人员，县级以上人大代表、政协委员，德高宗长、知名人士及对宗族做出一定贡献人物。

八、本志的近现代人物简介以自愿为原则，分类别，以出生年月为序编排，其资料由他本人提供。

九、政和籍在外地工作或生活的人员，以收到的征集资料回函为准，未回函者从缺。

十、在政和工作或生活人员未回函者（或资料不完整），按政和县人社局提供的2018年名单列表。

十一、本志人物之性别，凡男性者不加注明，女性则注明"女"。

十二、本志数字用法、标点符号、计量单位使用等均按国家颁布标准执行。

目　录

第一章　源　流

第一节　溯　源…………（1）
一、源自姬姓…………（1）
二、源自隗姓…………（1）
三、源自改姓…………（1）
第二节　入政定居…………（2）
第三节　家族繁衍…………（3）
一、启一家族…………（3）
二、迁一家族…………（3）
三、高二家族…………（4）
四、层四家族…………（4）
五、和七家族…………（4）
六、增宝家族…………（5）
第四节　郡　望…………（5）

第二章　分　布

第一节　人口分布…………（8）
第二节　主要聚居地…………（9）
一、政和县城关…………（9）
二、政和县铁山镇铁山村…………（9）
三、政和县外屯乡外屯村、下池自然村…………（10）
四、政和县外屯乡稠岭村…………（11）
五、政和县星溪乡章口村…………（11）
六、政和县星溪乡后宝岱自然村…………（12）
七、政和县星溪乡九蓬村…………（12）
八、政和县星溪乡长际东坑自然村…………（13）

九、政和县镇前镇宝岩村 …………（13）
十、政和县镇前镇茶溪村 …………（14）
十一、政和县镇前镇郑源自然村 …………（14）
十二、政和县镇前镇西溪村 …………（15）
十三、政和县东平镇西表村 …………（15）
第三节　世系　行第…………（16）
一、世系 …………（16）
（一）黄帝—毕高世系图 …………（16）
（二）毕万—魏徵世系图 …………（17）
（三）魏徵—魏甲太世系图 …………（20）
二、行第 …………（21）
（一）新拟命名世次字首 …………（21）
（二）政和魏氏旧谱行第对照 …………（21）
第四节　高　寿…………（26）
一、古人高寿题名（摘自1919年版政和县志） …………（26）
二、今人高寿题名表 …………（29）

第三章　谱牒　谱序　地舆

第一节　谱　牒…………（30）
第二节　谱　序…………（32）
一、政和魏氏谱序摘编 …………（32）
铁山《魏氏宗谱序》 …………（32）
西溪魏氏族谱《魏氏世系源流》 …………（33）
郑源《重修族谱序》 …………（34）
前村《魏氏族谱序》 …………（34）
坑里村《重修魏氏族谱序》 …………（35）
福全姑婆后代谱序 …………（35）
下池《魏氏源流序》 …………（36）
下池《倡修族谱序》 …………（36）
重修《西溪本族谱序》 …………（37）
岐山《魏氏谱叙》 …………（37）
全山《重修魏氏族谱序》 …………（37）
铁山重修《魏氏宗谱序》 …………（38）
西溪魏氏宗谱《前言》 …………（38）
宝岱村《新纂族谱序》 …………（39）

郑源魏氏宗谱《序言》 …… (39)
《政和县魏氏全谱》序 …… (40)
《政和县魏氏全谱》绪论 …… (41)
二、政和魏氏谱序影印件 …… (46)
第三节　地　舆 …… (62)
一、铁山地舆记 …… (62)
二、下池地舆记 …… (63)
三、宝岩坑里形胜记 …… (64)
四、郑源地舆记 …… (64)
五、西表村地舆记 …… (65)
六、心中的故乡 …… (66)
七、后宝岱村略记 …… (67)

第四章　文化遗产

第一节　古人文著 …… (68)
一、古人专著 …… (68)
二、政和魏氏族谱诗词选 …… (75)
第二节　今人文著 …… (80)
一、今人专著 …… (80)
二、今人诗词 …… (83)
(一)魏氏宗亲作品选 …… (83)
(二)政和县诗词楹联协会作品选 …… (90)
三、楹联 …… (92)
四、文赋 …… (96)
编谱修陵记 …… (96)
魏公万能重建云根书院记 …… (97)
佛子山记 …… (99)
魏徵公祠记 …… (102)
政和县魏徵公祠筹建委员会 …… (103)
郑源福源廊桥碑记 …… (104)
郑源圣母殿碑记 …… (105)
郑源福源庵碑记 …… (107)
后宝岱村与和七公家族 …… (108)
五、探考 …… (109)
政和魏甲太源流考 …… (109)

政和城关魏氏由来 …………………………………………………（112）
政和魏氏“九房林”之层一公考 ……………………………………（114）
政和城关营尾魏氏家族考 …………………………………………（115）
西溪村的开基历史探源 ……………………………………………（116）
“魏马同享”的典故 ………………………………………………（119）
外屯、下池地名考 …………………………………………………（120）
政和坂头魏姓考 ……………………………………………………（121）
松溪梅口村山底魏氏宗亲寻祖记 …………………………………（123）
太史公魏敬中与政和 ………………………………………………（124）
魏虔真人宫观遗址初探 ……………………………………………（126）
洞宫山魏真人考 ……………………………………………………（129）
魏伯阳——洞宫山修炼得道成仙 …………………………………（133）
六、传说 ………………………………………………………………（135）
陈公成佛 ……………………………………………………………（135）
魏子传一二事 ………………………………………………………（138）
第三节　家规家训……………………………………………………（139）
第四节　祠　庙………………………………………………………（142）
一、政和县铁山魏氏宗祠 …………………………………………（142）
二、政和东平西表魏氏宗祠 ………………………………………（142）
三、政和外屯下池魏氏祠堂 ………………………………………（143）
四、政和镇前郑源魏氏宗祠 ………………………………………（143）
五、政和镇前西溪魏氏祠堂记 ……………………………………（144）
六、政和魏徵公祠 …………………………………………………（145）
第五节　陵　墓………………………………………………………（147）
一、政和魏氏始祖甲太公墓 ………………………………………（147）
二、政和“九房林”始祖魏迁一公墓 ……………………………（147）
三、政和“九房林”和七公墓 ……………………………………（148）
四、政和“九房林”更九公墓 ……………………………………（148）
五、政和城关魏氏始祖魏臻宝墓 …………………………………（148）
六、政和城关魏璜墓 ………………………………………………（149）
七、政和城关魏汉蟜墓 ……………………………………………（149）
八、政和城关魏国珣墓 ……………………………………………（149）
九、政和城关魏廷耀墓 ……………………………………………（150）
十、政和城关营尾魏贵麟、魏朝纲墓 ……………………………（150）
十一、政和城关南门魏思泉墓 ……………………………………（151）
十二、政和城关营尾魏汉书墓 ……………………………………（151）

第六节　非物质文化遗产……（152）
一、茶树压条法……（152）
二、寻访木偶雕制大师魏福利……（153）
第七节　其他名胜古迹与文物……（156）
一、政和洞宫山……（156）
二、政和护国寺……（157）
三、政和佛子山狮峰庵……（158）
四、宝岩坑里村“五福堂”与魏梓文……（159）
五、婺宿长辉匾……（160）
六、政和大凤山……（161）
七、载德绥厚匾……（161）

第五章　人　物

第一节　魏氏先贤……（162）
第二节　政和魏氏古代人物……（169）
一、职官、科举生员、乡贤……（169）
二、节孝、贤淑……（188）
第二节　近现代人物……（194）
一、烈士……（194）
二、公务员……（195）
三、教育　文艺　卫生……（208）
四、科技　金融　军警……（223）
五、宗贤……（230）
六、副科、中级职称以上魏氏宗亲列表……（235）
七、政和县九十岁以上魏氏宗亲小记……（238）

附　录　大　事

第一节　大事记……（246）
第二节　大事纪略……（252）
第三节　大事专记……（273）
一、福建省姓氏源流研究会魏氏委员会政和县联络处、政和县魏徵文化研究会成立大会……（273）
二、福建省魏氏委员会政和县联络处、政和魏徵文化研究会第二次代表大会暨政和县魏氏妇联成立大会……（288）

三、福建省姓氏源流研究会魏氏委员会政和县联络处、政和县魏徵文化研究会第一届理事会成员名单 ……（292）
四、政和县魏徵文化研究会章程 ……（296）
五、政和县魏氏宗亲联谊会基金会管理及使用办法（试行） ……（300）
六、政和县魏氏宗亲联谊会基金使用细则（试行） ……（301）
七、宗亲捐资 ……（302）

后　记……（320）

第一章 源 流

第一节 溯 源

一、源自姬姓

魏氏，黄帝姬姓之嫡裔。周文王第十五子姬高，商末随兄周武王姬发兴师伐纣，因战功显赫，治国有方，被尊为周初“四圣之一”，被武王封于毕（今陕西西安、咸阳之间）。因爵位为公，史称毕公高。毕国历400年后被西戎所占，后裔毕万投奔晋国，仕晋为大夫。前661年助晋献公灭霍、耿、魏三国，献公念其功，赐魏地予毕万为邑（今山西芮城县），其后裔以封邑为氏，称为魏氏。

前445年，毕万裔孙魏斯建立魏国，励精图治，成为战国七雄之一。魏国历200余年，共9位国君，至魏王假三年（前225年）为秦所灭。魏国被灭后，魏国的王族就以国名为姓氏。史称魏氏正宗，毕万被后裔尊称为魏氏始祖。

二、源自隗姓

源自炎帝支系隗姓。在西北古代氏族中，部族盛行傩舞祭神的习俗，被称作隗。这一隗姓氏族居于魏地，即魏国（隗姓魏国，在今陕西兴平西的马嵬坡）。商末周文王灭隗姓魏国，周武王灭殷商后，建立周朝，又移封魏国于今山西芮城县东北的魏城。隗姓魏氏也融入到姬姓魏氏中。

三、源自改姓

战国时秦国大臣穰侯魏冉，是秦昭王母宣太后之弟，本姓芈，昭襄王年幼即位，宣太后临朝称制，任魏冉为丞相，摄国政。魏冉初为将军，后长期任秦相，封于穰（今河南邓州），号穰侯。其后裔子孙，有以先祖名字为姓氏者称魏氏。该支魏氏与芈姓熊氏同宗同源，世代相今传至今。

南宋魏了翁，庆元年间（1195—1200年）进士，本高氏，后改姓魏，其后裔从魏姓。

明代，有昆山人魏校，其先世本姓李，明弘治十八年（1505年）进士，后改姓魏。

魏姓中有不少是少数民族改性。南北朝时期，北魏秦州略阳（今甘肃秦安）氐族人王元寿率部起事，改姓名为魏揭。魏揭的后裔，以先祖之汉姓为姓氏。元朝蒙古兀良哈部汉化改姓魏，满族倭彻赫氏、佤族斯内氏、鄂伦春族魏拉依尔氏改汉姓为魏。今在土家族、彝族、朝鲜族等少数民族中，均有魏氏族人分布，其来源大多是在唐、宋、元、明、清时期中央政府推行的民族改土归流活动中，改为汉姓魏氏。

第二节　入政定居

据《天洋魏氏宗谱》载："魏徵三子叔璘，任礼部侍郎。生子殷，为汝阳令。殷生明，为监察使；明生凭（冯），为献陵台令；凭生謩（谟），字申之。谟生三子潜、滂、虞，居河南开封府光州固始县连城村，曰清渡头。"虞生子高，字进隆，仕唐为户部侍郎，因储库失谨被灾，遭御史吴元吉勘问，唐僖宗广明元年（880 年），谪发江南（现杭州）。魏高生 7 子，以兴为派，期间黄巢乱，兵祸连绵。唐僖宗中和元年（881 年），兴六携妻邱氏 36 口、兴七带妻张氏 37 口，随从有吴、周、叶、李、陈、江、许、薛、赵、高、冯、朱十二姓由杭州再迁入闽，在福州黄塘街居住十四年后，于唐乾宁二年（895 年），再迁入建安县安泰里石痕面（现建瓯东游洋面村）肇基。据东游魏氏族人口口相传，定居后，跟随而来的十二姓全部改姓魏。兴六生四子：长德，次通，三孝，四阴。德在石痕面肇基，通在柽洋（今天洋）肇基，孝在坪洋肇基，阴在东山肇基。通生化三，化三迁东游莲花山，生 4 子，长聪，次明，三智，四慧。聪生瑞斋，瑞斋于宋乾德三年（965 年）迁宁德十八都龙峰境（今周宁礼门洋头村），衍成旺族。根据政和县铁山清乾隆三十三年（1768 年）十四世孙魏世乔抄修的《魏氏宗谱序》记载，后裔魏甲太，时年五十八岁，于宋神宗熙宁元年（1068 年）从建瓯东游上迁政和铁山屯头开基，为政和大多数魏氏族人开基始祖。

据建瓯房道高阳派系宗谱《潭阳魏氏家乘序略》记载："徵公次子叔琬（珏），子程公仕唐为侍郎，始入光州。程公生三刘，三刘生恕，恕生无党，无党生纪，纪离光州入闽。"［据《魏府兴燕家藏》记载：唐懿宗咸通元年（860 年），朝廷派遣军队入闽平乱，派遣军中有魏氏族人魏五（五郎）、魏使一、魏纪、魏逵等 120 人，从河南固始一路过湖州、衢州，克闽中（建瓯），驻建安安泰里党城牢墙头。］纪生间，间生 2 子，长启，次广。启为太原府尹，广仕闽王为太子太傅。广生宣，宣生度，仕闽王王延政，官拜御史兼太师。度生哉焉，哉焉生清贤。清贤（字仁杰），即高阳鼻祖，嫡配黄氏，侧室包氏春兰。包氏［因南唐伐大殷（王延政在建州称帝所建国号）牵连］怀身孕逃难高阳大凤山张坊（现张墩）张老家，生一子东（字伟大，号大丈）。宋太祖伐河东刘薛王，封魏东为金吾大将军，乃高阳派系的开基始祖。宋朝廷赐包氏太郡贤德夫人。魏东十三世孙世才迁往政和，其后裔不详。［东公（清贤公子）—都公（东公子）—五丈（都公五子）—八监（五丈次子）—二郎（八监长子）—邈（二郎次子）—嘿（邈子）—授恩（嘿公三子）—辑公（授恩次子）—盈公（辑公长子）—毕之（盈公子）—彦远—（毕之次子）—世才（彦远次子迁往政和）］

第三节 家族繁衍

宋神宗熙宁元年（1068年）魏甲太迁政和铁山屯头定居后，子孙逐步繁衍，至第七世魏二十时人口已很多，于是开始向外寻求发展空间。魏二十生二子：长子启一，次子迁一。

一、启一家族

启一，字修文，号春四，再创基业于铁山，被尊为铁山始祖。启一生二子，长高一，名国；次高二，名朝。魏朝后徙居松溪城邑，是为松溪城关魏氏之始祖（1995年版《松源魏氏宗谱》）。魏国则生三子：长仁善，次永章，三永达。兄弟三人在铁山各立基业，辟地建宇，繁衍子孙，并派发成铁山魏氏“三巷”：仁善一派称外巷，永章一派称燥巷，永达一派称里巷。南宋淳祐元年（1241年）创建松溪惠政桥的魏添一六兄弟，元末年间“山中五凤”之一魏伯坚，清乡宾魏鸿造，清武举漳州府诏安营千总并署诏安守备魏国举，清拔贡直隶州州判魏镛，智慧人物清廪生魏铨，清附贡、民国县立第二国民小学校长魏恩光，清郡附生、民国省议员魏象新，清贡生民国保甲事务所局董魏象高及建国后中共福建省第一届党代会代表魏仲满等都是启一家族在政和杰出人物代表。如今铁山魏氏多系外巷和里巷发派之后裔，他们从甲太公至今已历三十四世，952年。

二、迁一家族

迁一于元朝泰定元年（1324年）迁移至东湖（今外屯村）开创基业，不久定居外屯下池村，又传三世魏发祥，生九子一女，发展成九房，誉为“九房林”。由于下池地域狭小难以发展，于是九房后裔再次相继外迁：

层一，发派寿宁庾岭，后又支分浙江省丽水、云和等地。

层二，迁往星溪冷石（莲石）建村立业［据清朝道光九年（1829年）长际坑（莲石）魏谱载］，生五子，长子增宝支发政和城邑，逐步繁衍为北魏、南门魏（溪边魏）、营尾魏三支；次子增二，居冷石兴业，裔孙魏陈章于清乾隆十二年（1747年）徙居宝岭；三子增三派发东坂，即岐山；四子道春移居外屯稠岭，后又支分镇前下园村等地；五子道和徙居建安东游，再迁建阳中村。

层三，住居下池中村，裔孙邦助迁铁山高林，忠满派发西津舖前及东平黄垱，梦尧徙居建安（今建瓯）。

层四，住居下池中村，裔孙支分东峰、黄念山、石屯及政和城关等。另一支徙顺昌延寿。

明五，徙居镇前，历四世魏福进，再迁郑源开基，是为郑源始祖。后裔孙广发白米垄，支分东平、黄垱；开逛于民国初年徙上际，再迁松溪茶坪吴屯；开波也于民国十五年（1926年）迁澄源乡打石凸村。后裔茂祯于乾隆九年（1744年）发派西溪。开享于民国三十二年（1943年）迁居镇前湘源开基，魏建荣一支于民国初年徙周宁县赤岩村定居。

萌六，支发镇前宝岩下村，传裔孙智四再徙居茶坑（今茶溪）。子应又徙九蓬村创业立基。

和七，于明洪熙元年（1425 年）迁后宝岱开创基业。生有六子，分迁到各地：戊一支发到厦门，闵二支分外屯车潭，庚三后裔徙居建安东游，辛四支分前山，觅五的子孙则分迁到岐山、东涧及政和城邑。亘六支发九蓬，裔孙完四又徙居长际东坑村。

富八，于明初肇基镇前宝岩铜口坑底，即现今坑里村。其裔孙惟富定居于澄源前村，良英发派宝岩山后村，而敬伦则徙居东平护田。

更九，由下池移居黄泥峡肇基，生三子正宗、贵本和应六。贵本裔孙由黄泥峡支分回迁祖居地下池，而后又支发政和城关。其八世孙长辑，生二子仲胜、仲信，兄弟二人于明正德元年（1506 年）到东平凤池落脚，后定居于西表村，遂繁衍成大族。应六后裔则迁居寿宁岭后，其后裔光耀又支分迁回狮子岩，再迁外屯下步洋兴家立业。

三、高二家族

高二，讳朝，字卿，号乐轩，启一公次子。元泰定二年（1325 年）从铁山迁松溪县豪田里周墩詹源（今魏源）开基定居，为松溪县魏氏开基祖。经近 700 年的繁衍，现魏氏人口达 1700 余人，主要分布在松溪城关、周墩、双源、陈源、万前、林屯、源头、源下、花桥乡童村坑、政和、建阳樟墩、青山、下屯等 39 个地方。松溪魏氏有勤奋好学之家风传承，人才荟萃，英才辈出，在政治、经济、文化等领域都开创出赫赫伟业，堪称当地世家望族。永乐初年的乡试中亚元、定陶教谕、永县主簿的伯刚公（讳铎），明正统十三年（1448 年）由恩贡授建宁府知府的清公（字元洁，号润高），明景泰四年（1453 年）由岁贡任广东曲江知县的信公（字诚夫，号德斋），明万历元年（1573 年）由恩贡出任部州府训导的滂公（号龙溪）。明天启二年（1622 年），升任都察院右佥都御史巡抚湖广，称为松溪“文宗”的濬公（苍水公）。松溪第一位魏氏大学生、参加北伐的廷英公等都是松溪历史上有名人物。

四、层四家族

层四，迁一公曾孙，甲太公第十一世孙，“九房林”兄弟排行第四。其广老公支系、光枢公支系、如钟公支系住居下池中村，繁衍至今已达 23 世。如英公支系居下池、黄念山等地，如学公支系居下池、东山、黄念山、铁山江上等地，琳添——金玉公支系迁徙稻香，广老——继全支系迁顺昌延寿，各支系均有后裔迁居政和城关。清末至民国年间的层四公家族代表人物有清国子监魏光枢，其子清贡生魏家修，其孙民国县议员、县商会会长魏用升祖孙三代，及七十九岁任局董的魏濬哲，1929 年创办外屯学校并任校长的魏谟嬴。

五、和七家族

和七，迁一公曾孙，甲太公第十一世孙，“九房林”兄弟排行第七，于明洪熙元年（1425 年）三月十二日从下池村迁徙后宝岱开荒种地，建村立业，成为后宝岱村的开村始祖。和七公娶张新娘为妻，生有六子。六子分迁到各地：戊一支发到厦门，闵二居后宝岱支分外屯车潭，庚三居后宝岱，后裔徙居建安东游。辛四支分前山、城关、稻香等，觅五的子孙更分迁到岐山、东涧及政和城邑。亘六支发前宝岱、后九蓬、铁山东涧，裔孙完四徙居长际东坑村。和七公墓葬在后宝岱村头路边，其夫人葬村后主龙山招畚中穴。和七公裔孙中习武者有十世孙魏金辉到少林寺学武，用犁担打死猛虎，其兄弟赤手擒虎救小弟；十五世孙魏晋陞考取武庠生，魏荣沐（开武）曾任福州周荫人部军官，十六世孙武贡生绍瑞等。文有十一世孙监生魏泰袍，十四世孙监生魏治均，例贡魏建功，从九品魏懋扬，十五世孙清附贡、民国县参议员魏开来，十六世孙从九品魏长浩及十六世孙魏长荣烈士（1952 年参加中国人民志愿军，任炮兵连连长，在朝鲜战场牺牲）等，这些先祖在政和魏氏历史上留下了浓重一笔。

六、增宝家族

据星溪岐山民国九年（1920 年）家谱记载，甲太公十二世孙增（臻）宝（九房林层二长子），大约明成化年间（约 1465 年）迁居政和城关渡头洋黄源仔肇基。后迁入政和城关创业，增宝为政和城关魏氏始祖。增宝后裔云江、云山分天地房后，城关魏氏逐渐发展为三个支系，一为“北魏”支系，居住在城内北门街学后弄、百岁弄、城墙头、高栋仔一带；二为“南魏”支系，也称溪边魏厝，居住七星溪沿河两岸，志五为南魏始祖；三为“营尾魏”支系，即居住南门营尾一带，清咸丰二年（1852 年）时已繁衍为国松、国经、国忠、国茂、国璋、国镛、国銓、国林、国金、国荣、国玉、国全、国枝、国波（浓）等房，贵麟为营尾魏始祖。政和城关魏氏在清朝至民国时期为城关“秦、杨、范、魏”四大家族之一，为政和的发展做了卓著的贡献。明例贡、工部文思院太史魏良鼎，清岁贡、宁化训导魏王枢，清岁贡、归化训导魏宽，清岁贡、平和训导魏允煇，义举乡党魏振鹭、魏景父子，清武举、正六品营千总魏汉蟜，清庠生、重孝道守承诺的魏翘標，清庠生、出巨资三建“魏桥”的魏国珣，清监生、江西左安司巡检、龙泉县典史魏梦芳，清监生、请旌为母建牌坊的魏式文，清附贡生、誉为“众善俱备”的魏廷耀，清经历、六品衔魏乃铨，清附贡、义仓捐谷全县之最，民国修志名誉董事魏乃煊。民国政和县佐治官、官立东和高等小学校长魏钟晋，民国警备队临时队长魏钟俊等都是政和重要历史人物。

第四节 郡 望

钜鹿郡：秦始皇二十五年（公元前 222 年）置郡，治所在钜鹿（今河北平乡西南）。因西汉时魏歆为钜鹿太守，魏氏在钜鹿衍成大族，唐太宗封魏徵为“钜鹿郡公”，唐中宗封魏玄同为“钜鹿开国县男”，故魏氏宗族多以“钜鹿”为郡望。政和魏氏也是如此。

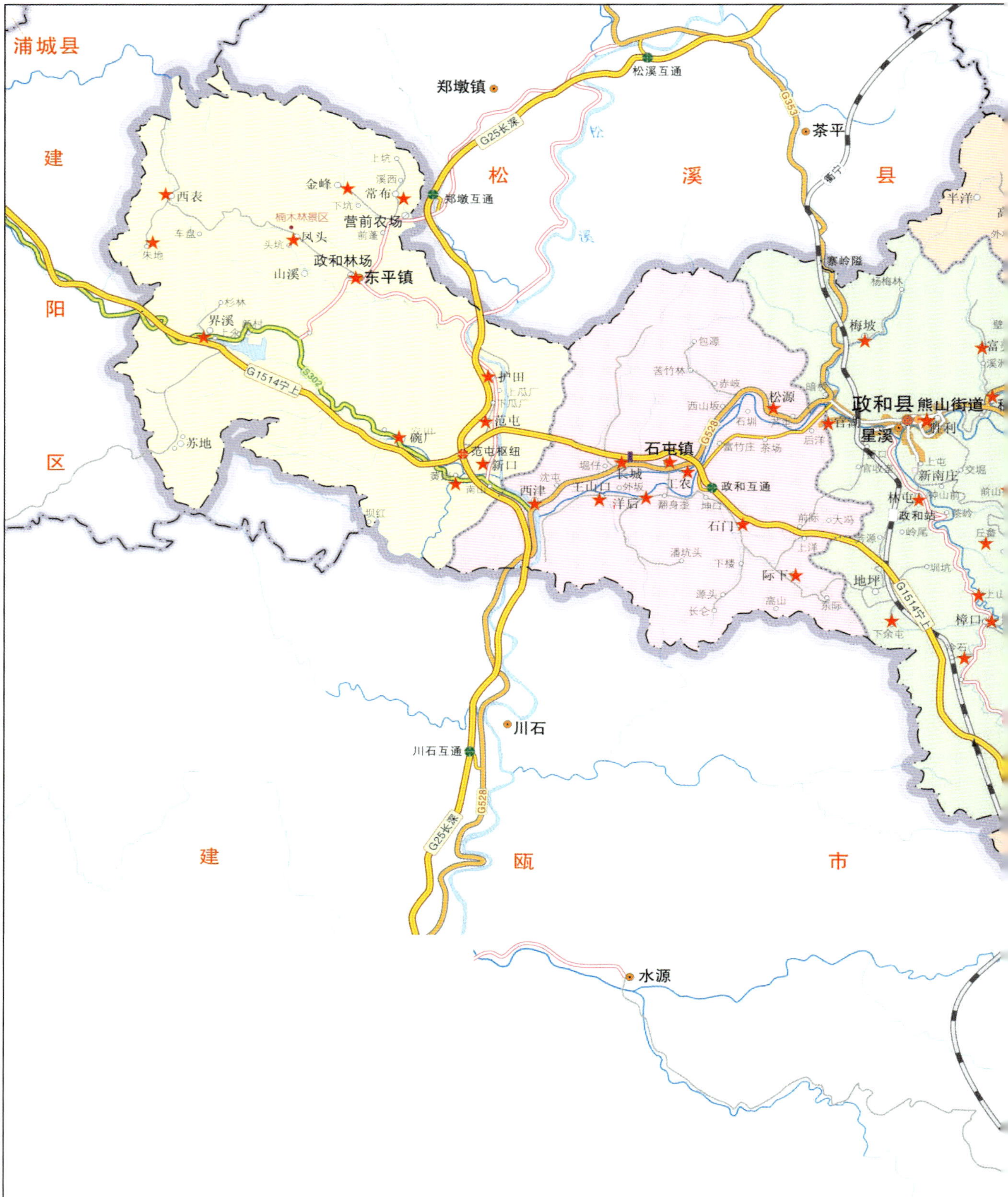

★ 政和县魏姓居住地

政和县魏姓分布示意图
浙 江 省
江 省
寿
宁
县
周
宁
县
南
县
岭腰
张屯
江上
向前
高山
前溪
长垄
西坑
横坑
锦屏
吴场
黄坑
湖屯
洋屯
下坪
溪头
外屯
赤溪
双新
新康
牛途
黄岭
大梨溪
平溪镇
龙溪
澄源
前山
星溪头
香溪
前村
林山
路下
黄坦
叶甘地
富垅
上榅洋
石壁
下榅洋
纯池镇
半源
下园
际头
角坂
梨洋
梨溪
镇前镇
镇前
郑源
南坑
洋厝
蓬岭
筠竹洋
郢地
湘源
何山
齐家洋
连坑
酒桥
西溪
下庄
坂头
楼下
洞宫
浦源镇
桃洋
大溪
杨源
翠溪
上庄
西宕
岭下
礼门
李墩镇
富垅
茶林
筠竹坑
岭头
茶溪
宝岩
横坑头
鲤洋
车潭
峰
稠岭
大岭
元山
风林
罗家地
李屯洋
G235
G353
G1514宁上
S0313政古

第二章　分　布

第一节　人口分布

根据政和县公安局2017年12月底统计，全县户籍人口数23.7万，政和县魏氏族人为1.0294万人，占县人口总数的4.61%，居第10位。分布于全县10个乡镇（街道）90多个村，详见下表：

街道（乡镇）	人口数	占全县总人口（%）及居住地分布
全县合计	10924	占全县人口的4.61%
熊山街道（城关）	2185	城关、稻香、官湖
星溪乡	1916	林屯、后宝岱、前宝岱、前山、丘余、章口、上山、岐山、冷石、长际、东坑、下余屯、前九蓬、后九蓬、宝岭、东峰、念山、东山、富美工、梅坡
石屯镇	492	石屯、工农、松源、长城、西津、王山口、洋后、石门、际下
东平镇	1426	东平、护田、范屯、新口、黄垱、安田、西表、朱地、金峰、常布、凤头、界溪
铁山镇	1075	铁山、屯尾、东涧、李屯洋、源尾、大红、江上、张屯、高林、凤林、大林源、元山、凤林坑
外屯乡	967	外屯、下池、车潭、真武坑、下步洋、佛子岩、稠岭、黄泥峡、九进洋
镇前镇	1917	镇前、郑源、下园、宝岩、山后、下村、茶溪、中山、横坑头、富宅、南坑、湘源、西溪
杨源乡	181	杨源、岭头、[illegible]竹坑、禾洋、上庄
澄源乡	219	澄源、前村、打石凸、黄坦、下楹洋
岭腰乡	41	岭腰
在外地	505	松溪、建阳、建瓯、周宁、庆元、南平、邵武、厦门、顺昌、福州、湖南、江西、贵州等地

第二节　主要聚居地

政和县城关

一、政和县城关

地处政和县中部，黄熊山脚下，为县政府、熊山街道所在地，辖解放、胜利、官湖 3 个村 14 个村民小组和东门、南门、西门、北门、元峰庄 6 个社区 40 个居民小组。甲太公 12 世孙增（臻）宝（“九房林”层二长子），大约明成化年间（1465—1487 年）迁居政和城关渡头洋黄源仔肇基。后迁入政和城关创业，增宝为政和城关魏姓的开基始祖。后逐步发展成“南魏”“北魏”“营尾魏”，在清朝及民国时期为城关“秦、杨、范、魏”四大家族之一，现有魏氏人口约为 2185 人。

二、政和县铁山镇铁山村

距县城 8 千米，在县城东北部凤林溪和梅龙溪交界处，东邻凤林村，南界南涧村，西连星溪乡富美村，北接李屯洋及大红村。有上千年的建村历史，现为铁山镇人民政府驻地。宋神宗熙宁元年（1068 年），魏甲太时年五十八，由建瓯东游上迁政和铁山屯头开基。至今三十四世，现约有魏氏 130 户 657 人，占全村人口四分之一左右。开基始祖魏甲太墓和铁山魏氏祠堂在村中。

铁山镇铁山村

三、政和县外屯乡外屯村、下池自然村

距县城 20 千米，位于政和中部，唐朝时称东湖，宋朝时名魏屯，后更为外屯。外屯为乡政府所在地，东邻洋屯村，南界稠岭村，西连车潭村，北接铁山大岭村。下辖外屯、下池、下步洋等自然村。元朝泰定元年（1324 年），甲太八世孙迁一公由铁山迁至外屯开创基业，不久定居外屯下池自然村。现全村约有 141 户，800 多人。下池自然村为“九房林”发源地，层三、层四公后裔居住于此，“九房林”祖祠——魏氏祠堂坐落下池村中，“九房林”始祖迁一公墓在下池九蓬莲山。下步洋自然村为“九房林”更九——光耀公后裔。

外屯乡下池自然村

四、政和县外屯乡稠岭村

距县城 30 千米，地处政和县东部，在佛子山风景区内。村建于燕山上，原名筹岭，后改为稠岭。东邻镇前镇下园村，南界镇前镇宝岩村，西连外屯村，北接溪头村。辖内有稠岭、佛子岩、谢家山、黄泥峡 4 个自然村。明初，“九房林”更九公由下池移居黄泥峡肇基，“九房林”层二公四子道春亦移居稠岭繁衍。目前全村共有魏氏 104 户，419 人。元至顺元年（1330 年），下池村魏善所建的狮峰庵（陈公老庵）在其境内。

外屯乡稠岭村

五、政和县星溪乡章口村

位于县城东南面、龙潭溪中游，距县城 11 千米。东邻九蓬村，南界长际村，西连地坪村，西北接林屯村，北部则与宝岱村毗邻。下辖章口、外洋、上山、岐山、大乾、半山、小绍、冷石 8 个自然村，村委会驻章口自然村。现有魏氏 130 余户，410 多人，主要分布在冷石、岐山、上山三个自然村。明初，魏甲太十一世孙、“九房林”层二公在冷石肇基建村，为冷石村始祖；层二公次子增二留居冷石发展，岐山村为层二公三子增三及和七公觅五后裔居住。上山村则为“九房林”富八公十四世孙元波后裔居住。

注：冷石自然村因修建高速公路和铁路，现整体搬迁至林屯下马石。

星溪乡章口岐山自然村

星溪乡章口上山自然村

六、政和县星溪乡后宝岱自然村

星溪乡后宝岱自然村

在县城南 15 千米， 东界外屯车潭村，南邻九蓬村，西连前宝岱，北接东山。后宝岱属星溪乡宝岱村的一个自然村，古称“灯盏科”。明洪熙元年（1425 年），甲太十一世孙“九房林”和七公从外屯乡下池迁入星溪乡后宝岱开创基业，现有魏氏 145 户，660 多人。后裔并发前宝岱、前山、后九蓬、长际东坑、稻乡、城关、厦门等地。由魏氏族人捐建的魏虞真人仙殿、通济桥、云梯亭在其境内。

七、政和县星溪乡九蓬村

在城东南 20 千米，东邻镇前茶溪村，南界长际村，西连章口村，北接宝岱村。下辖前九蓬、后九蓬、朝阳、宝岭、上国楼、下国楼 6 个自然村，村委会驻前九蓬自然村。现有魏氏 240 多人，主要分部在前九蓬、后九蓬、宝岭三自然村。宝岭自然村魏氏是“九房林”层二公第十二世孙陈章公，于清乾隆十二年（1747 年）九月初九由冷石乔迁至此开基立业，为宝岭村的魏氏开基始祖。前九蓬自然村魏氏是由“九房林”萌六公第八世子应公从镇前茶溪迁徙而来的，后九蓬自然村魏氏则是“九房林”和七公第十一世孙汉复公从后宝岱迁居至此。

星溪乡前九蓬自然村

星溪乡后九蓬自然村

星溪乡九蓬宝岭自然村

八、政和县星溪乡长际东坑自然村

东坑自然村是老区基点村，在县城的东南方向，距城区约 25 千米。地处龙潭溪南源头一条山谷之内，东临杨源乡何山自然村，南接长际梧桐坑自然村，西连长际村，北与九蓬村接壤。东坑村居住的魏氏族人均是“九房林”和七公第十八世孙完四公的后裔，约有 25 户 160 余人。

星溪乡长际东坑自然村

九、政和县镇前镇宝岩村

距县城 60 千米，地处政和县城东部镇前镇西北部，东邻里洋村，南界横坑头村，西连茶溪村，北接外屯乡谢家山村。有坑里、山后、外洋、边山、下村、马厂 6 个自然村，村部在坑里村（原名为铜口坑里、坑底）。明初，魏甲太十一世孙“九房林”富八公在此肇基建村，为坑里村建村始祖，其裔孙良英发派宝岩山后村。而魏甲太十一世孙“九房林”萌六公在明初亦迁至镇前宝岩下村，为下村始祖。现宝岩全村约 131 户，780 多人。宝岩村不仅风景秀丽，更是重点的革命老区，曾是中共闽浙边地委所在地和闽浙边游击纵队第二支队驻地，左丰美、陈贵芳、张翼等革命先辈都在此留下过战斗足迹。其古屋“五福堂”在其村内。

镇前镇宝岩坑里自然村

镇前镇宝岩下村自然村

镇前镇宝岩山后自然村

十、政和县镇前镇茶溪村

距县城65千米，地处政和县城关东部镇前镇最西边，在宝岩风景区内。曾名茶坑，因村前一溪流而改称茶溪。东邻宝岩村，南界杨源乡[illegible]竹坑村，西连星溪乡九蓬村，北接外屯乡立基洋自然村，辖茶溪、天柱、中山、前垄4个自然村，村委会驻茶溪村。茶溪原为宝岩下村的魏氏祖先在此开山耕种、放牧，“九房林”萌六公后裔智四公在茶坑搭建茅屋，后逐步造屋、建村。智四公为茶溪村的肇基始祖。茶溪村目前有人口约710人，其中魏氏族人约为260人。茶溪村也是重点革命老区，也曾是闽浙边地委所在地，1948年时是政和县委驻地。所建闽浙赣革命纪念碑在其境内。

镇前镇茶溪村

十一、政和县镇前镇郑源自然村

距县城47千米，是镇前村的一个自然村。北至叶干地村，东临郢地村、澄源上榅洋村，南界湘源村、何山村，西连镇前村。郑源村已有近千年历史，初有陈、郑、吕姓人家开基居住，元末明初甲太11世孙“九房林”明五公由下池乔居镇前，明五公五世孙福进公由镇前迁入郑源，其他姓氏逐步外迁，现多为魏氏族人居住，魏氏约为84户，500多人。郑源魏氏祠堂在村中，村中的福源桥、深洋桥乃魏氏先人所建。

镇前镇郑源自然村

十二、政和县镇前镇西溪村

距县城 54 千米，地处县域东部镇前镇东南边，因始建村于一溪河西故名。东邻周宁泗桥乡，南界杨源西门村，西邻杨源乡坂头村，北接连坑村，辖西溪、丁坑 2 个自然村。西溪村的魏姓发自外屯下池“九房林”第五房明五公及周宁礼门魏氏。元末明初明五公迁镇前，历四世迁郑源，清乾隆甲子年（1744 年），甲太 19 世孙茂祯公三子远荣、远华、远扬三兄弟由郑源徙西溪立业。现有魏氏约为 77 户，300 余人。西溪魏氏祠堂在村中。

镇前镇西溪村

十三、政和县东平镇西表村

距县城 47 千米，位于政和县西北部、东平镇西部，旧名山表。下辖西表、下村、朱地、车盘、岭南头、黄定 6 个自然村。明正德元年（1506 年），甲太十八世孙长辑之子，仲胜、仲信兄弟二人由外屯黄泥峡先迁到东平凤池落脚，后定居于西表村。现有魏氏约 108 户，323 人。村中魏氏宗祠系 1934 年成立的建松政苏维埃政府旧址，属省级重点文物保护单位。

东平镇西表村太平桥

东平镇西表朱地自然村

第三节　世系　行第

一、世系

（一）黄帝—毕高世系图

毕公高

毕公高为周文王第十五子，周武王发、周公旦之弟。相传周文王昌有百子，长子伯邑考，早卒；次子发，是为周武王。三子管叔鲜，四子周文公旦，五子蔡叔度，六子郕叔武，七子霍叔处，八子卫康叔，九子毛叔郑，十子冉季载，十一子郜叔，十二子雝叔(雍)伯，十三子曹叔振铎，十四子滕叔绣，十五子毕公高，十六子原叔，十七子丰叔，十八子郇叔等。毕氏后裔尊毕公高为毕姓得姓始祖。

毕公高（公元前1122年）至毕万（公元前687年），相距四百三十五年。按三十年一世计算，约十五世。

注：黄帝—毕高世系图摘自《中华魏氏文化大典》。

（二）毕万—魏徵世系图

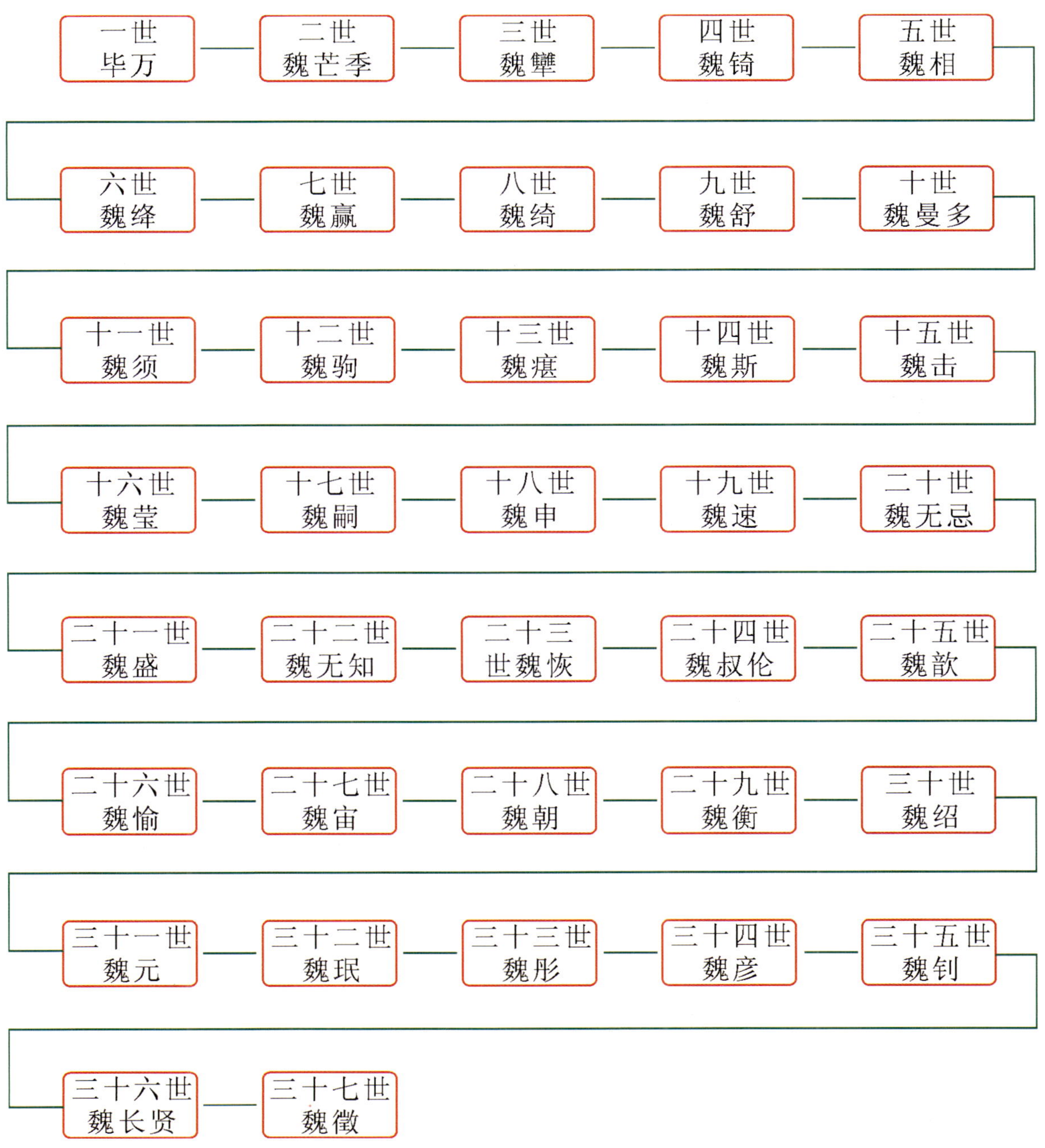

注：毕万—魏徵（三十七世）世系图，摘自《中华魏氏文化大典》。

毕万—魏徵（四十二世）世系图

一世 毕万 — 二世 魏犨 — 三世 魏颗 — 四世 魏绛 — 五世 魏纾

— 六世 魏侈 — 七世 魏曼 — 八世 魏驹 — 九世 魏愈 — 十世 魏斯

— 十一世 魏击 — 十二世 魏威 — 十三世 魏昂 — 十四世 魏惠 — 十五世 魏芮

— 十六世 魏济 — 十七世 魏康 — 十八世 魏无知 — 十九世 魏城 — 二十世 魏冀

— 二十一世 魏祖安 — 二十二世 魏戴 — 二十三世 魏霸 — 二十四世 魏常 — 二十五世 魏锡

— 二十六世 魏琬 — 二十七世 魏寿 — 二十八世 魏太传 — 二十九世 魏盛 — 三十世 魏颜黎

— 三十一世 魏垚 — 三十二世 魏建国 — 三十三世 魏舒 — 三十四世 魏京 — 三十五世 魏振

— 三十六世 魏毅 — 三十七世 魏戕 — 三十八世 魏光 — 三十九世 魏殴 — 四十世 魏宪

— 四十一世 魏应宝 — 四十二世 魏徵

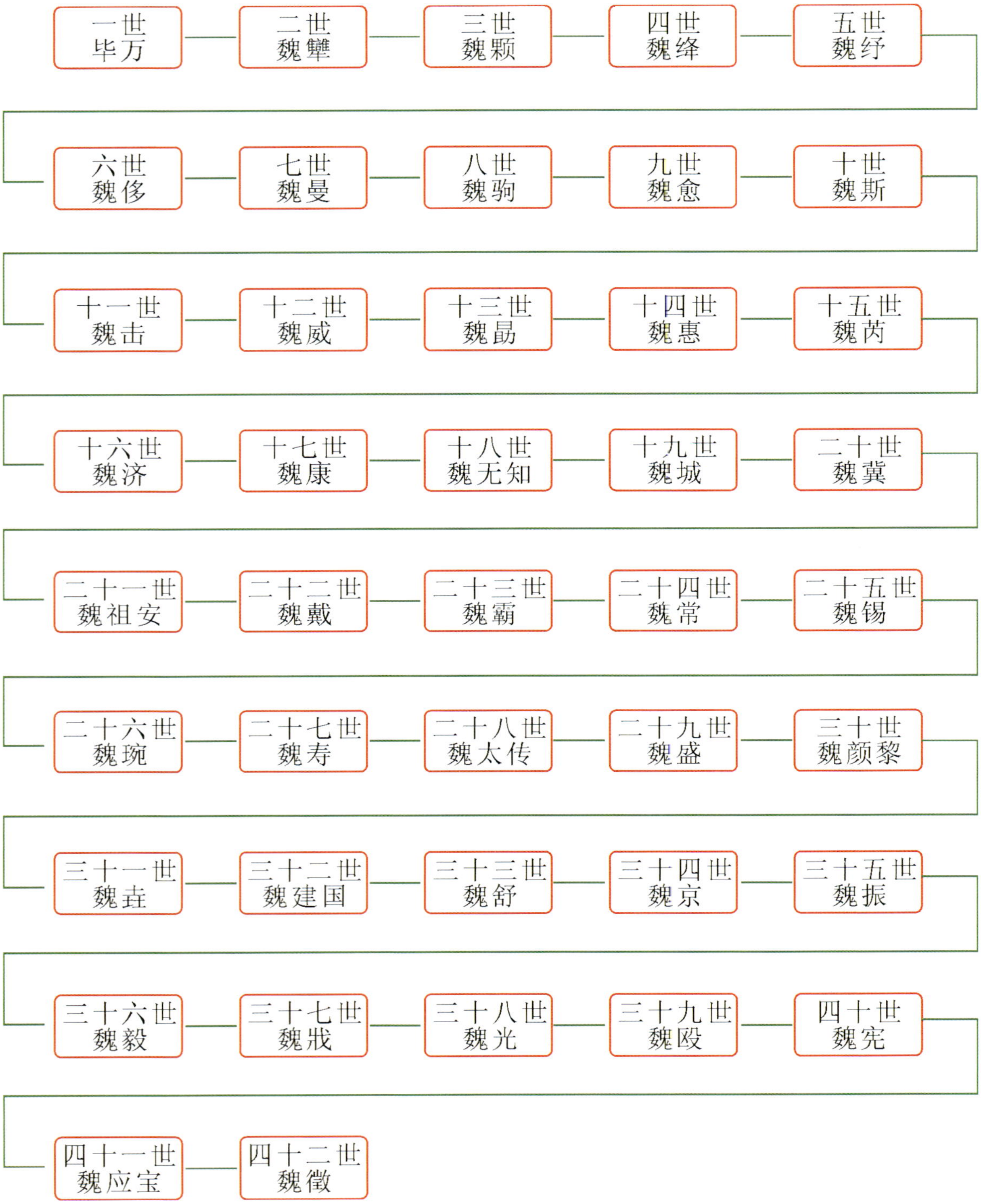

注：毕万—魏徵（四十二世）世系图，摘自《政和魏氏全谱》。

毕万—魏徵（四十五世）世系图

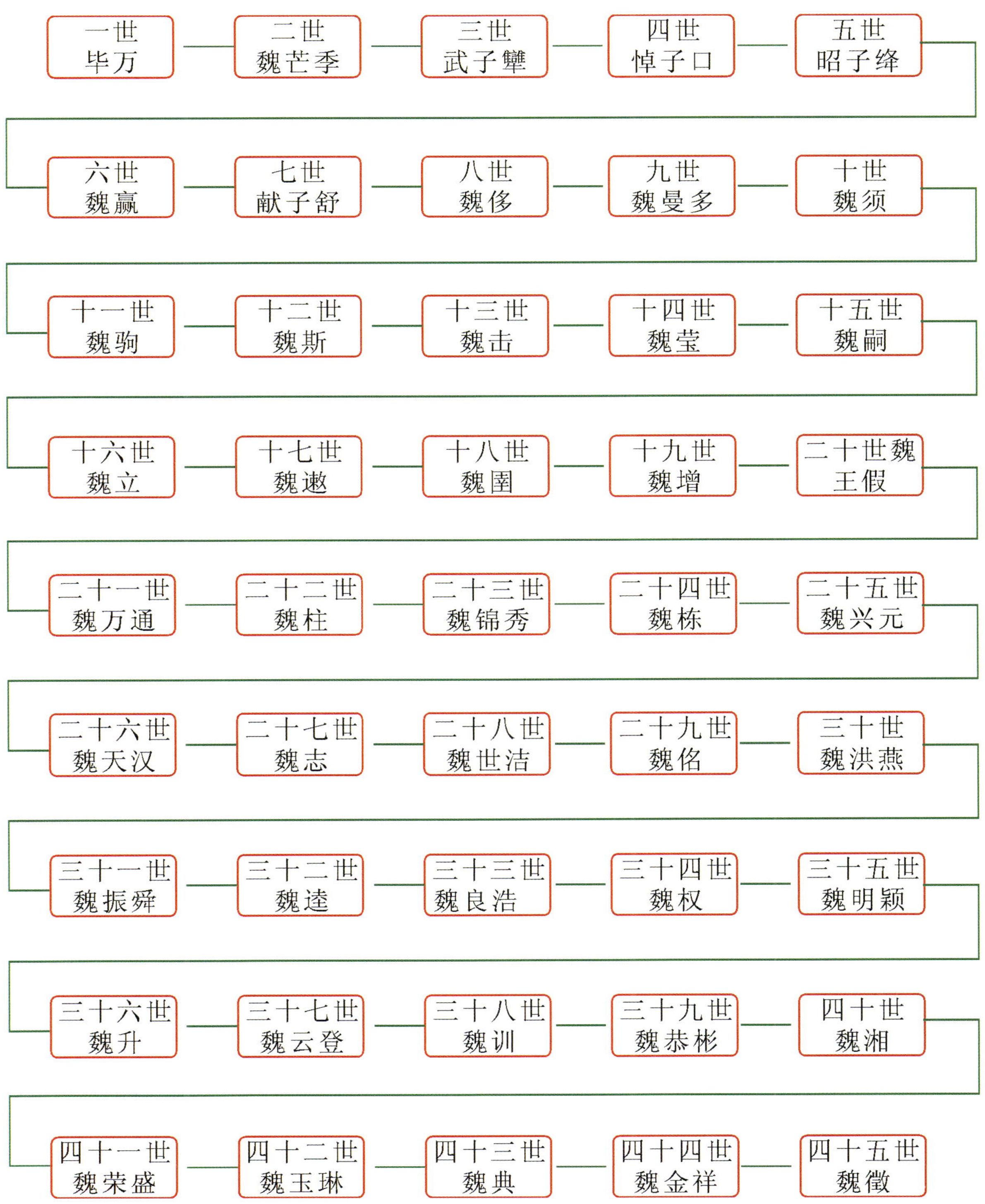

注：毕万—魏徵（四十五世）世系图，摘自《中华魏氏文化大典》。

（三）魏徵—魏甲太世系图

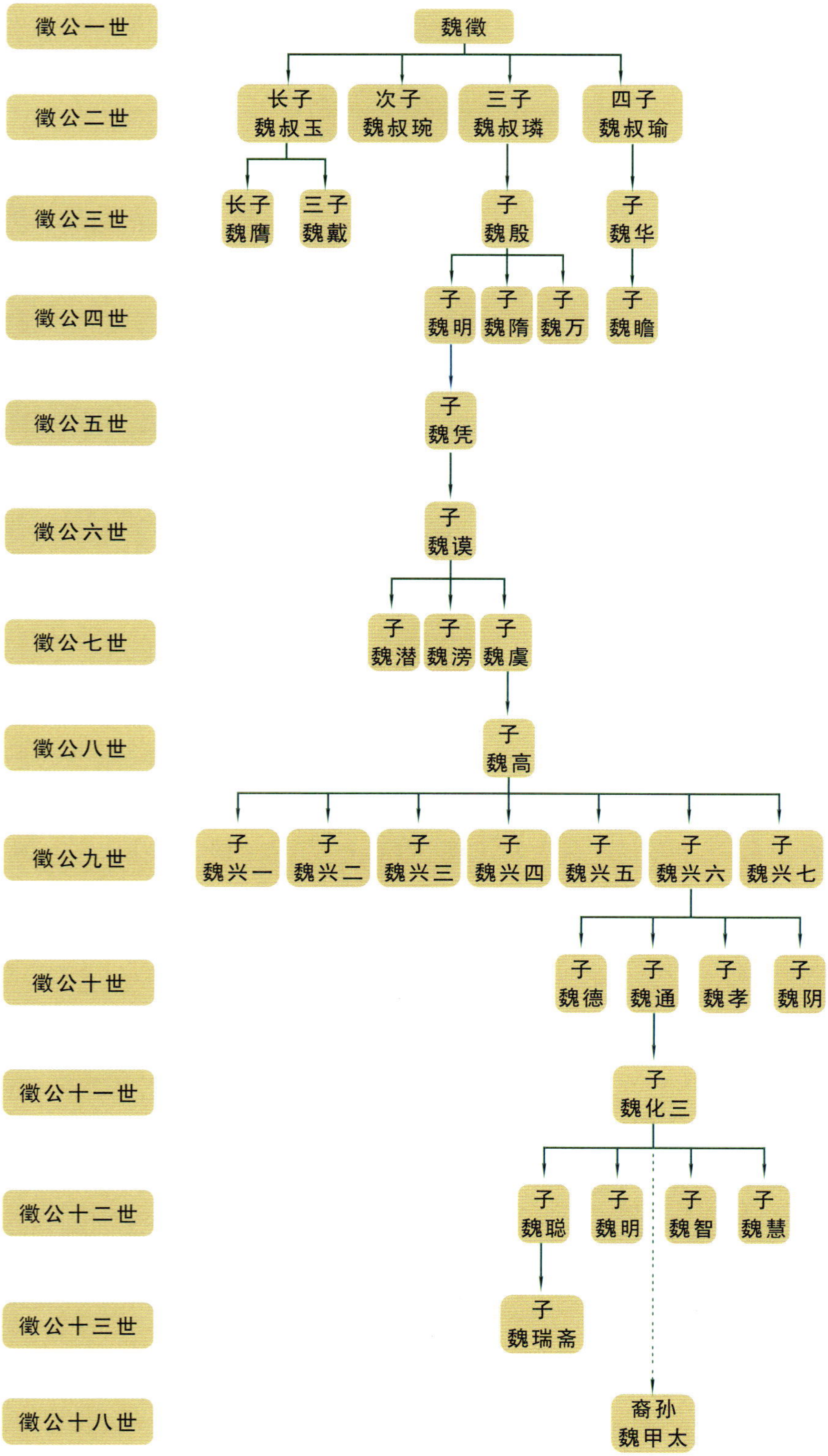

徵公一世	魏徵
徵公二世	长子 魏叔玉；次子 魏叔琬；三子 魏叔璘；四子 魏叔瑜
徵公三世	长子 魏膺；三子 魏戴（魏叔玉子）；子 魏殷（魏叔璘子）；子 魏华（魏叔瑜子）
徵公四世	子 魏明；子 魏隋；子 魏万（魏殷子）；子 魏瞻（魏华子）
徵公五世	子 魏凭（魏明子）
徵公六世	子 魏谟
徵公七世	子 魏潜；子 魏滂；子 魏虞
徵公八世	子 魏高（魏虞子）
徵公九世	子 魏兴一；子 魏兴二；子 魏兴三；子 魏兴四；子 魏兴五；子 魏兴六；子 魏兴七
徵公十世	子 魏德；子 魏通；子 魏孝；子 魏阴（魏兴六子）
徵公十一世	子 魏化三（魏通子）
徵公十二世	子 魏聪；子 魏明；子 魏智；子 魏慧
徵公十三世	子 魏瑞斋（魏聪子）
徵公十八世	裔孙 魏甲太（魏化三裔孙）

二、行第

（一）新拟命名世次字首

徽公（世次）	47 世	48 世	49 世	50 世	51 世	52 世	53 世	54 世
甲太（世次）	30 世	31 世	32 世	33 世	34 世	35 世	36 世	37 世
字首	弘	扬	新	纪	励	志	博	学
徽公（世次）	55 世	56 世	57 世	58 世	59 世	60 世	61 世	62 世
甲太（世次）	38 世	39 世	40 世	41 世	42 世	43 世	44 世	45 世
字首	敬	献	真	智	兆	福	华	夏

（二）政和魏氏旧谱行第对照

根据杨源板头村史和柘荣魏氏族谱记载，政和在唐朝年间就有魏氏族人居住。由于历代战乱，朝代更迭，民众流离失所，当年这些魏氏族人的去向亦无法考证。宋神宗熙宁元年（1068 年），魏甲太由建瓯东游上迁政和铁山屯头开基始。至今已有 952 年，子孙繁衍达万余之众。从甲太至今世次大多可考，现根据 2002 年魏日中主编的《政和魏氏全谱》及政和城关的魏氏家谱等，将政和魏氏的世次、行第字首进行归类整理。现整理出十个谱系，四十三个支系的行第字首供参考对照之用。

甲太公一世到八世对照表

徽公（世次）	18 世	19 世	20 世	21 世	22 世	23 世	24 世	25 世
甲太（世次）	1 世	2 世	3 世	4 世	5 世	6 世	7 世	8 世
甲太谱系	甲太	八五	景公	小七	涏公	初公	二十	启一 迁一

政和魏氏旧谱

谱系	世次	徽公世次	25世	26世	27世	28世	29世	30世	31世	32世	33世	34世	35世	36世	37世	38世
		甲太世次	8世	9世	10世	11世	12世	13世	14世	15世	16世	17世	18世	19世	20世	21世
启一	仁善公支系	铁山村	启	高	仁善	财	申（泰厂）	鑑（记天）	安（先良）	宗（汝）	鸣（浚云正）	九（希日天）	春（之常海）	六（朝宿应光）	家（廷袭记）	殿（定如风章金）
启一	永达公支系	铁山村	启	高	永达	穆	胜	景	道（伯存）	廷	友（大应）	际（戴拱世必）	宗（时登一田）	国（余克士）	日（桂东）	先（檀模桂木炳）
层二谱系	层二—增宝公支系	城关北门	迁	传	发	层	增宝	启	梓	云					璜	宽
层二谱系	增宝—志五公支系	城关南门	迁	传	发	层	增	启	梓	云	志五	国	龙	文	荣	王
层二谱系	增宝—贵麟公支系	城关营尾	迁	传	发	层	增	启	梓	云						贵麟
层二谱系	层二—增二公支系	星溪乡冷石、宝岭	迁	传	发	层	增二	和	启	世	完	陞	简（长）	仕（大）	孙（益）	陈（仙）
层二谱系	层二—增三公支系	星溪乡岐山村	迁	传	发	层	增三	正	本	精	源	永	行	盛	陈	章
层二谱系	层二—道春公支系	外屯乡稠岭村	迁	传	发	层	道春	进	德	荣	成	进	新	玄	良	上（选本）
层三谱系	层三—其茂公支系	东平镇黄垱村	迁	传	发	层	贵	仲	统	传	佛	信	公	宗	得	邦
层三谱系	层三—邦元公支系	外屯乡下池村	迁	传	发	层	贵	仲	统	传	佛	信	公	宗	得	邦元
层三谱系	层三—邦助公支系	铁山镇高林村	迁	传	发	层	贵	仲	统	传	佛	信	公	宗	得	邦助
层四谱系	层四—荣生荣发支系	下池、念山、东山、东峰、江上	迁	传	发	层	贵	仲	进	孔	佛	显	先	文（回）	应	养
层四谱系	层四—琳添公支系	熊山稻香村	迁	传	发	层										
明五谱系	明五—继惩公支系	镇前镇郑源村	迁	传	发	明	祖	刘	觉	福	伯	继惩	孙	启	远	珠
明五谱系	明五—继昇宗道支系	镇前镇郑源村	迁	传	发	明	祖	刘	觉	福	伯	继昇宗道	国	启	添	成（洪有春昇）
明五谱系	明五—孙广公支系	东平白米垅、松溪梅口山底	迁	传	发	明	祖	刘	觉	福	伯	继	孙广	启	远	珠
明五谱系	明五—伯琳公支系	镇前镇西溪村	迁	传	发	明	祖	刘	觉	福	伯琳	宗（继）	辉	茂	远	成
萌六谱系	萌六—龙潘公支系	镇前镇宝岩下村	迁	传	发	萌	龙潘	明	广（华）	光（仕学）	登（赠）	良（赐善荣）	林（初盛）	爵（良鼎）	富（奇）	士（荣惟尧应官）
萌六谱系	萌六—智四公支系	镇前镇茶溪村	迁	传	发	萌								正（洪）	仕（林远显）	忠（贵景富韦天）
萌六谱系	萌六—子应公支系	星溪乡九蓬村	迁	传	发	萌					光	宗	子应	君	于	寿

行第对照

39世	40世	41世	42世	43世	44世	45世	46世	47世	48世	49世	50世	51世	52世	53世	54世	55世	56世	57世
22世	23世	24世	25世	26世	27世	28世	29世	30世	31世	32世	33世	34世	35世	36世	37世	38世	39世	40世
鸿（生希清邦梦）	文（风章生宗尚）	国（坚英继升上淑玉）	子（汝）	孙（元）	满（温荣）	堂（建振金品树）	育（吉承礼华永荣吕樟伟文孝）	德（思华佳）	养（坚红伟）	正（郑）	壮	志	凌	云	世	代	昌	盛
章（香秉）	上（其英木金男）	钦	子	孙（用）	满	堂（佳）	育（卫正）	德	养	正	壮	志	凌	云	世	代	昌	盛
敷	汉	国	廷	建	守 乃	锡 钟	树 森	石 添 思	万 祯	贤	和	圣	全	聚	积	善	家	
允	宏	思	逢	政	汝	从 积	善 正	克	成	明	礼	道	义	香	书	世	家	
朝	汉	国	章	生	柏（福）	子	汝 旭	丁	十	万	贤	和	圣	全				
奶（玉陈）	天（观华）	立（永元）	宗（廷开）	庆（接文九长）	日（富金）	裕	重（仲）	荣（财传）	振									
林（启益林国）	文	裕（建松）	恒	仁	日（拔金）	敦	厚	荣	显	庭	庆							
海	周（日）	长（元秦）	国（日木安美）	启（贵裕木观敦）	承（小生）	先	志（重）	积（金传）	善	余	庆	跃	立	文	章			
忠	廷	其茂	学	祖	朝	永	长	日	敦（忠）									
国	廷（通）	其（鼎）	上（文绪）	梦	声（舜）	子（观文新家应）	孙（建华江金樟）	蕃（吴）	盛	道	在	积	成					
樟	光	文	纯	礼	水	子	孙											
琳	荣生 荣发	玉	如（广）	光（上佐）	家（继林）	有（德信）	谟（林万松发耀）	贻（理礼代品木）	翼（学兴盛国进志）	世	代	昌	荣					
琳添	金	光	旺	学	日（元）	敦	重											
元	德（玉）	建（现）	开	长（陈）	日（锡）	敦（乃陈）	重（小明李陈榀成）	荣（雄隆）	庭	品（炳）	文	后	绳	世	书			
元（朝光富）	德（灼学）	建	开	长（孙乃陈马）	日（春观增炳）	敦	重	荣	庭	炳	文	后	绳	世	书			
	德（廷）	建（德）	开（光）	长（仁）	日（永）	敦	重（义）	荣										
元	德	建	开	长	日	敦	重	荣	庭	炳	文	后	绳	世	书			
昌（必长子曹）	善（朝家）	连（金士）	开	长	日（乃裕盛）	敦	重（仲）	国	家	亨	通	孝	行	和	顺			
永（元原马酉）	陈（锡马兴玉）	廷（木光金忠）	开（林华）	长（金榀）	日（金林荣）	敦（裕恒陈榀庆）	重（明品）	国	家	亨	通	孝	行	和	顺			
简	凤	廷	世（金岩枝夺）	长（济）	日	敦（世发）	重（曹榀钦鑫永）	国（荣）	家	亨	通	孝	行	和	顺			

续表

世次 谱系		徽公世次	25世	26世	27世	28世	29世	30世	31世	32世	33世	34世	35世	36世	37世	38世
		甲太世次	8世	9世	10世	11世	12世	13世	14世	15世	16世	17世	18世	19世	20世	21世
和七谱系	和七—闵二公支系	星溪乡后宝岱外屯车潭	迁	传	发	和	闵二	兴	继	余	六	罄	长（八）	陈（金）	京（达）	法（顺）
	和七—庚三公支系	星溪乡后宝岱	迁	传	发	和	庚三	远	满	长	文	五	九	启	齐	祖
	和七—辛四公支系	星溪前山、熊山、稻香	迁	传	发	和	辛四							凤	文	省
	和七—觅五公支系	星溪乡岐山村	迁	传	发	和	觅五	八	乌	宾	明	世	德	十	有	孔
	和七—亘六公支系	星溪乡宝岱村、后九蓬村、东坑村、铁山东涧村	迁	传	发	和	亘六	厚	伯	号	佩	则	大（完）	尚（东）	金（世）	泰（曹）
	亘六—其风公支系	石屯镇松源、石圳	迁	传	发	和	亘	厚	伯	号	佩	则	大（完）	尚（东）	金	其风
富八谱系	富八—南孙公支系	宝岩坑里、山后、星溪章口、林屯、梅坡	迁	传	发	富	正	继	广	南孙	景	富	起（仕）	新（惟）	海（如）	龄（臣长极）
	富八—境德公支系	澄源乡前村村	迁	传	发	富	正	继	广	境德	公	仕（明）	如	惟	长	孙
	富八—福龙公支系	镇前山后村城关等	迁	传	发	富	正	继	广	福龙	东	惟	良	奇	仕（柏元中豪）	海（永）
	富八—敬伦公支系	东平镇护田村	迁	传	发	富										
更九公谱系	更九—长盛公支系	外屯黄泥峡下池村	迁	传	发	更	贵	仲	甲	克	佛	南	长盛	寿	守	德
	更九—南七公支系	东平镇西表村	迁	传	发	更	贵	仲	甲	克	佛	南七	长	仲	腾	隆
	更九—光耀公支系	外屯乡下步洋村	迁	传	发	更	应	财	忠	苏	昺	周	保（佐）	旺（玉）	露	豪
独立谱系	乃荣公支系	东平安田								乃荣	金	东	明	瑞	朝	永
	希公支系	铁山镇屯尾		良	应	若	景	椿	遍	演	希公	德	鸣	永	一	守
	光满公支系	铁山镇大林原														
	林钦公支系	城关														
	玉发公支系	星溪乡富美村														日
	小妹公支系	星溪长际上山岗														
	陈财公支系	黄泥峡沙田														
	光辉公支系	铁山镇东涧村														
	日瑞公支系	石屯镇松源村														
	幼岚公支系	石屯镇工农村														

39世	40世	41世	42世	43世	44世	45世	46世	47世	48世	49世	50世	51世	52世	53世	54世	55世	56世	57世
22世	23世	24世	25世	26世	27世	28世	29世	30世	31世	32世	33世	34世	35世	36世	37世	38世	39世	40世
维（昌）	德（团）	建（松枝）	开（东子水孙福来）	齐（洪钟长贵玉）	日（庆满宝）	敦（隆端代永）	重（本春）	崇	英	达	庆	光	明	成	章			
观	海	建（尚源）	开（荣銮治）	吉（华维作益）	日（洪生来显）	隆（吕伦忠）	重（本和炳）	崇	英	达	庆	光	明	成	章			
曹（碧昌寅）	郭（章新木）	建（水金玉观）	观（胞林炳）	长（华汉治木庭）	日（觅大如才咸治）	敦（荣吕德钦水）	重（文灼富）	崇（旺）	英	达	庆	光	明	成	章			
成	马	周（仁）	瑞（尚）	霖（元源梦益读）	日（荣铭海水）	敦（丹生隆）	重（仲盛林）	崇（宗永）	英	达	庆	光	明	成	章			
汉（观）	诗（金华海楚）	建（林财志治丙永）	开（世为晋恒舜木）	长（绍觅奉福运）	日（洪乃吉荣万然）	隆（裕敦荣家福）	重（本榅家陈荣典）	崇（宗德达晓）	英（贵明克）	观（健）	庆	光	明	成	章			
陈	海（新）	金（礼）	木	锦	仁（富）	有（桂义）	礼（辉文）	治										
梓（仲玉兴元胤）	德（之官芳）	建（元天炳观阿）	开（承其超）	长（江）	守（树宝）	庄（得保榅敦木荣吕）	重（仲有祥育）	家（炎）	安	庭	庆	裴	焕	成	章			
国	廷	元（昌）	开（成陈榅）	永（乃唐观）	日（马明）	敦（榅陈林启光）	重	家	安	庭	庆	裴	焕	成	章			
洪（晋）	启（章）	林（益）	开（马明）	长（凤乃陈观齐）	日（甘马木志成仁圣金）	敦（榅文达杨宝德）	重（盛泉）	家（显华荣）	安	庭	庆	裴	焕	成	章			
敬伦	国	木	水	炳	锡	建	立											
远	永（仁锦福）	元（学）	开（江栢垂小）	诗（木）	书	敦 承（昌观妙）	重 永（岩世永）	德 绍	庆 挺	新 生	焕 达	光 人						
明	世（日）	元（如日）	德（长朝胜）	显（土生荣）	有（国若）	大（延）	志（仁水森寿金）	美（荣水贵金清仕万）	焕（林土乌）	常	新	世	道	庆	良			
京	碧（春）	华	江	盛	福	庭	光耀	明	正	兴	发	文（旺马朱）	成（信妙流）	礼（泉奕礼振）	世（祖）			
元	廷	建（进）	学（富长）	有（生光荣树春）	国（成长正）	鸿（文）	家	治										
天（传正江继祥）	陈（庆光元朝樟）	金（廷木文培）	邦（必）	学（岩）	上（尚森）	启	厚	高（常林开）	明（立）	远								
				光满	富（作）	仕	信（昌礼德）	少										
	林钦	维	水	有	妹	庆（惠）	立											
玉发	志	镇	鸿	梦	桂	生	丽（文）											
			小妹	水（光）	陈（生）	节（海）												
			陈财	陈	妹	吕（祖）	敦（维）	泽										
	光辉	玉	荣	炳	不	达	桂	品	德	祥								
			日瑞	品	荣	国	邦	先	永	远								
				幼岚	陶	章	彬											

第四节　高　寿

一、古人高寿题名（摘自1919年版政和县志）

（一）男高寿题名表

魏梓文，宝岩坑底人，五世同堂，寿九十六岁。福建学政乌拉布以督学部院名义授以《五代同堂》、《盛世人瑞》牌匾给予褒奖。政和县志以“君子偕老”、“寿考维祺，可为斯”为之扬颂。

魏允辉，城关人，寿九十三岁。

魏章生，岐山人，寿九十三岁。八旬时，知县褒以“魏水遗风”。

魏枝灼，后宝岱人，寿九十一岁。

魏开邦，郑源人，寿九十一岁。

魏晋封，宝岩人，寿九十一岁。

魏希泉，东峰人，寿八十八岁。

魏廷灼，西里屯尾人，寿八十八岁。

魏元振，安田人，寿八十七岁。

魏子庆，铁山人，寿八十七岁。

魏海枝，后宝岱人，寿八十七岁。

魏林富，城关人，寿八十七岁。

魏王枢，城关人，寿八十六岁。

魏汉蟜，城关人，寿八十六岁。

魏木江，茶溪人，寿八十六岁。

魏荣生，下池人，寿八十六岁。

魏光玉，护田人，寿八十五岁。

魏世显，后宝岱人，寿八十五岁。

魏银章，铁山人，寿八十五岁。

魏钦和，铁山人，寿八十五岁。

魏荣发，下池人，寿八十五岁。

魏秉声，铁山人，寿八十四岁。

魏升昌，城关人，寿八十四岁。

魏炳章，东涧人，寿八十四岁。

魏元满，宝岭人，寿八十四岁。

魏子钟，铁山人，武庠用山父，寿八十二岁。

魏电，增生，城关人，庠生经邦父，寿八十二岁。

魏治均，监生，后九蓬人，寿八十二岁。

魏开宝，郑源人，寿八十二岁。

魏林培，宝岭人，寿八十二岁。

魏松年，从九品，知县奖以“齿健德茂”，寿八十一岁。

魏海浩，宝岱人，寿八十一岁。

魏朝义、魏朝阳、魏朝凤，石屯人，寿八十一岁。

魏经邦，庠生，城关人，魏电子，寿八十岁。

魏章成，岐山人，知县奖以“鹤发童颜”，寿八十岁。

魏开镇，后宝岱人，寿八十岁。

魏元波，宝岩人，寿八十岁。

（二）男 1919 年达八十岁以上

魏乃铨，经历，六品衔，城关人，汉蟜之裔孙。当年八十五岁。

魏上富，下池人，当年八十一岁。

魏德标，郑源人，当年八十岁。

魏濬哲，下池人，保甲局局董，当年八十岁。

（三）女高寿题名表

魏氏，前宝岱陈德居妻，寿九十八岁。

魏氏，前宝岱陈之喜母，寿九十七岁。

潘氏，在坊营千总魏汉蟜母。寿九十六岁。

曹氏，后宝岱魏德明妻，寿九十六岁。

魏氏，字周妹，邑廪生吴怀瑾继室，寿九十三岁。

宋氏，后宝岱从九品魏长浩妻，寿九十三岁。

魏氏，字应弟，前宝岱张守先之母，寿九十三岁。

李氏，字爱姬，铁山魏国梁妻，寿九十二岁。

魏氏，傅竹源李仁绪妻，寿九十岁。

魏氏，字其玉，桃洋张廷榅妻，寿九十岁。

魏氏，字秋娥，邑绅锦松女，州同陈瑞日妻，寿八十九岁。

叶氏，后宝岱魏法养妻，寿八十九岁。

魏氏，邑庠生魏敷绪女，江西南昌县丞赵宗枝妻，寿八十八岁。

杨氏，后宝岱从九品魏懋扬妻，寿八十八岁。

魏氏，下山何仁有妻，寿八十八岁。

魏氏，前宝岱张芳贵妻，寿八十八岁。

魏氏，城关人，官湖监生杨生茂妻，寿八十六岁。

魏氏，城东耆宾范上位妻，寿八十六岁。

魏氏，后九蓬范廷辉妻，寿八十六岁。

魏氏，里洋李梦盛妻，寿八十六岁。

马氏，宝岩魏梓文妻，寿八十六岁。

林氏，在坊营千总魏汉蟜妻，寿八十五岁。

刘氏，在坊庠生魏政治妻，寿八十五岁。

魏氏，山南吴礼松妻，寿八十五岁。

梅氏，铁山武举魏国举妻，拔贡魏镛母，寿八十四岁。

魏氏，在坊附贡魏廷辉女，石门附贡陈新材妻，寿八十四岁。

魏氏，[illegible]坊吴光炳妻，寿八十四岁。

陈氏，后宝岱例贡魏建功妻，寿八十四岁。

范氏，后九蓬监生魏治均妻，寿八十四岁。

余氏，黄念山人，东峰魏海碧妻，寿八十四岁。

张氏，东涧魏炳章妻，寿八十四岁。

叶氏，铁山魏上恒妻，寿八十四岁。

陈氏，城关人，廪生兆昌女，训导魏建畿妻，寿八十三岁。

魏氏，西里大溪黄嘉声妻，寿八十三岁。

魏氏，黄墩宋永轩妻，寿八十三岁。

魏氏，监生杨廷飏母，寿八十二岁。

吴氏，后宝岱魏松年妻，寿八十二岁。

张氏，宝岭魏元标妻，寿八十二岁。

魏氏，漈头叶厚城母，寿八十二岁。

陈氏，魏山魏子钟妻，寿八十二岁。

魏氏，吴文清母，寿八十二岁。

黄氏，在坊从九品魏建周妻，寿八十二岁。

魏氏，凤林村大新之女，杨建潘之妻，寿八十二岁。

魏氏，宝岱人，在坊六品衔卢振声妻，寿八十一岁。

魏氏，在坊监生范联耀妻，寿八十一岁。

魏氏，澄源许明远妻，寿八十一岁。

叶氏，字仕兰，西溪耆民魏德相妻，寿八十一岁。

魏氏，峡上叶日新妻，寿八十一岁。

魏氏，东涧吴子富妻，寿八十岁。

魏氏，东涧吴子聪妻，寿八十岁。

张氏，铁山魏用宾妻，寿八十岁。

陈氏，下里屯尾魏元桂妻，寿八十岁。

魏氏，常住坑汤新茂母，寿八十岁。

魏氏，后九蓬吴龙香妻，寿八十岁。

魏氏，在坊赵学仕妻，寿八十岁。

（四）女 1919 年达八十岁以上

魏氏，北坑张培老妻，当年九十一岁。

魏氏，雾露窠从九品范章滋妻，当年八十八岁。

林氏，魏炳元妻，当年八十五岁。

二、今人高寿题名表

2020 年政和县魏氏宗亲 90 岁以上老人统计表

姓　名	性别	出生年月	所在乡镇	备　　注
魏有机	男	1913.7	石屯镇	2004 年 2 月去世，享年 92 岁
魏堂良	男	1918.2	铁山村	2018 年 4 月去世，享年 101 岁
魏石樑	男	1921.7	政和城关	2014 年 3 月去世，享年 94 岁
魏有钦	男	1923.7	东平村	
郑步蓝	女	1924.12	镇前郑源	魏敦映母
魏洪球	女	1925.5	外屯下池村	2017 年去世，享年 93 岁
魏堂泽	男	1925.5	铁山村	2018 年 10 月去世，享年 94 岁
魏子全	男	1926.1	外屯下池村	
卓茂杨	女	1926.4	外屯下池村	魏子宣母
吴水玉	女	1926.8	宝岱前山	魏小觅母，2019 年 8 月去世，享年 94 岁
魏乃兰	女	1926.6	杨源乡	2019 年 7 月去世，享年 94 岁
魏守钦	男	1926.1	星溪乡章口村	
魏长福	男	1926.7	杨源乡上庄村	
魏日榴	女	1927	镇前镇郑源村	2017 年去世，享年 91 岁
魏敦纲	男	1928.4	镇前郑源村	2020 年去世，享年 93 岁
叶立玉	女	1928.6	星溪冷石村	魏仲林母
周江姬	女	1928.8	澄源前村打石凸村	魏敦山祖母
魏卫连	女	1928.4	澄源上洋村	2018 年去世，享年 91 岁
陈金柳	女	1929.7	镇前西溪村	魏日兹母
吴金凤	女	1929	星溪东峰村	魏学良母，2018 年 4 月去世，享年 90 岁
魏守应	男	1929.6	镇前宝岩村	2018 年去世，享年 90 岁
魏建树	男	1929.12	星溪林屯村	
吴常凤	女	1929.1	东平西表村	魏焕旺母
张汝梅	女	1930.6	镇前宝岩村	魏长培妻
李德凤	女	1930.1	稻香茶场	魏鸿英妻
魏陈源	男	1931.9	外屯下池村	魏礼情父
魏云娇	女	1931.10	政和城关	黄远财母

第三章　谱牒　谱序　地舆

第一节　谱　牒

政和县《铁山魏氏族谱》　始修年代无考，清乾隆三十三年（1768 年）十四世孙魏世乔抄修于铁山。现存本为清同治三年（1864 年）重修于铁山，宁德鹤溪庠生陈凤昌撰修并序。8 开手写本，全一册，196 页。谱内载有乾隆三十三年（1768 年）修谱序二篇、魏甲太后裔魏景宁谱序、世系等。谱存于铁山村魏堂增家。

政和县《郑源魏氏族谱》　道光七年（1827 年）郑国让纂修，手抄本（有缺页）。谱内载有魏甲太后裔郑源魏福进支系谱序、世系等。谱存于政和县镇前镇郑源村魏敦贵家。

政和县《西溪魏氏族谱》　道光七年（1827 年）郑国让纂修，手抄本。谱内载有郑国让编撰的《魏氏世系源流》（加盖有魏敬中印）、《魏家姓氏源流》、《西溪魏氏修谱序》等 3 篇及魏甲太后裔西溪魏茂桢支系世系。谱存于政和县镇前西溪村魏日中家。

政和县《宝岩下村魏氏族谱》　道光八年（1828 年）郑国让纂修，手抄本，谱载郑国让编撰的《魏氏源流播迁考》及甲太公后裔宝岩下村魏福龙支系。谱存于政和县镇前镇宝岩下村魏氏族人家中。

政和县《莲石魏氏家乘》　清道光九年（1829 年）纂于莲石村（今政和县星溪乡冷石村），宁德郑国让编撰并序。大 16 开手写本，直书。全一册，64 页。谱内载有魏甲太后裔星溪冷石魏增二一脉谱序、世系等。谱存于政和县星溪乡冷石村魏裕义家。

政和县《宝岭魏氏家乘》　道光九年（1829 年）郑国让纂修，手抄本，谱内载有魏甲太后裔星溪宝岭魏陈章支系谱序、世系等。谱存于政和县星溪乡宝岭村魏重炎家。

政和县《稠岭魏氏家乘》　道光十一年（1831 年）郑国让纂修，手抄本，谱内载有魏甲太后裔外屯稠岭魏道春支系谱序、世系等。谱存于政和县外屯乡稠岭村魏氏族人家中。

政和县《魏氏宗谱》卷之八　（城关墓表）民国三年（1914 年）修，手抄本（破损）。谱载墓表、宗祠图、牌坊图及政和城关南门魏氏先祖遗像。谱现存于政和县城关魏正华家。

政和县《郑源魏氏族谱》　民国七年（1918 年）叶大山、魏鸿英等纂修，手抄本。谱内载有魏甲太后裔郑源魏福进支系谱序、世系等。谱存于政和县镇前镇郑源村魏敦贵家。

政和县《前村魏氏家乘》　民国七年（1918 年）叶大山纂修，手抄本。谱存于政和县澄源乡前村村魏氏族人家中。

政和县《宝岩坑里魏氏族谱》　现存本为民国八年（1919 年）重修本，修于宝岩坑里村，清庠生叶大山（字钟灵）、孝廉魏鸿英（字仲才）同撰，叶大山序。小 8 开手写本，全一册，146 页。载有《魏氏源流播迁考》1 篇，录自清道光八年（1828 年）宝岩《下村魏氏族谱》，其内容与《莲石魏氏家乘》所载之《姓氏源流考》相同。谱载魏甲太后裔宝岩魏南孙支系谱序、世系等，谱存于政和县镇前镇宝岩村魏氏族人家中。

政和县《下池魏氏家乘（层三公派下）》　民国八年（1919 年）秋叶大山纂修，手抄本。谱存于政和县外屯乡下池村魏声和家。

政和县《下池魏氏家乘（更九公派下）》　民国八年（1919 年）秋叶大山、魏柏钦纂修，手抄本。谱存政和县外屯乡魏诗忠家。

政和县《西溪魏氏族谱》　民国八年（1919 年）魏鸿英纂修，手抄本。谱存于政和县镇前西溪村魏日中家。

政和县《岐山魏氏家乘》　民国九年（1920 年）冬魏鸿英纂修，手抄本。谱存于政和县星溪乡岐山村魏仁江家。

政和县《屯尾魏氏族谱》　民国十四年（1925 年）魏鸿英纂修，手抄本。谱存于政和县铁山镇张天陈厝魏厚旭家。

政和县《铁山魏氏宗谱》　民国三十二年（1943 年）周汝昌纂修，手抄本。谱存于铁山村魏堂增家。

政和县《政和魏氏全谱》　该谱为政和魏氏之统谱，修于 2002 年 12 月，由政和魏氏全谱编委会编纂，魏日中主编并作序。谱载宋熙宁元年（1068 年）始祖魏甲太由建瓯之东游迁东岸口（政和）铁山屯头的谱序、政和魏氏世系等。16 开精装印刷本，全一册，987 页，86 万字，17 插页。福州市计委印刷厂承印 600 本，并收藏于上海图书馆和福建省图书馆及政和县魏氏宗亲联谊会。

第二节 谱 序

一、政和魏氏谱序摘编

铁山《魏氏宗谱序》

清乾隆戊子年（1768 年）序 同治三年（1864 年）十四世孙世乔抄修

尝闻国之有史，县之有志，家之有谱也。我钜鹿郡下曲阳魏氏，应公谈经于白虎观，收公字伯启，按伯而史。澹公字彦深，季景之子，诏澹别成魏史。徵公字玄成，仕唐进光禄大夫郑国公，后壬寅十六年九月为太子太师。容貌不逾中人而有胆略，善回人主，每犯颜苦谏至。

贞观初年丁亥五月旱，天下饥歉，斗米值匹绢，民则甘苦无怨。徵公因旱进陈十思十渐疏表。皇上赐金十斤，厩马十匹。贞观十年（636 年）高仕廉相，公纂郡族姓奏上太宗皇帝。魏氏系周公高裔孙，毕万封魏，因官立姓。衣冠清秀，代代相承，流今不绝。四十八姓内有一十叨族周、魏、毕、庞、邵、元、武、霍、葛，不得为婚。贞观十七年癸卯正月，徵公卒。二十二年，皇上思徵不已，自制碑文并为书石。谓侍臣曰："人以铜为镜，可以正衣冠；以古为镜，可以见兴替；以人为镜，可以知得失。朕尝保此三镜以防己过，今徵已没，朕亡一镜矣。"公生男讳叔玉，衡山公主妻之，原河南开封府广平县，汝宁府光州固始县连成村白清渡头住。儿孙习学经书，官职不少。高祖生子七人，长子兴一官，次兴二官，三兴三官，四兴四官，五兴五官，六兴六官，七兴七官。高祖在朝尚书兼理金银库被火，委唐御史元吉奏上朝廷，圣旨问法江西、江南各州长府等处。兴一官带妻李氏四十八口在西湖广州府住，兴二官带妻吴氏二十口在南昌府清建县住，兴三官带妻高氏二十口在京化府住，兴四官带妻赵氏一十八口在秦州府住，兴五官带妻江氏五十四口在衢州府住。兴六官带妻周氏三十六口同七官带妻张氏三十七口，兄弟二人外带各姓一十二家周、吴、叶、李、陈、江、许、薛、赵、高、冯、朱过江，在福建福州府黄塘街中住。祖墓在杭州城外通正山中岗心垄，左边三层街，右边三层街。送葬官倪栟成，提调官吴知县，有古记墓后石碑下。魏进延住北京华榻门城里，魏华钦朝中侍郎，魏伯政兵部尚书。天圣元年（1023 年）八月十五甲子良旦，收拾家财银两买得杭州朝天门下金臣相屋三里，田地一万。魏得成南昌府清建县知县，魏得财秦州府太守，生男魏必瑜至建宁府城里住。八十公带男上东游街住，传裔分为兴、禄、宝三房。魏化公葬东游对门莲花山，妣葬东游后门五虎奔槽山。当日原是一宗。魏得孙马赫住居，翁讲学于鹤山。

甲太公于宋朝神宗元年，东游发到东岸口铁山屯头住，生子传孙。年六十九岁，元丰己未年(1079年）正月廿日故，廿二日葬在屯头屋后墙内坪中，礴似半月载。崇宁元年壬午（1102 年）十一月壬子廿七日戊申，建造冢一座南山，坐巽向乾，水折于癸归庚，坤未长沃布，后代昌华。政和五年（1115 年）东岸口改为政和县。淳祐元年（1241 年），添一、添二、添二、添四、添五、添六兄弟白金三千八百两，松溪惠政桥建造桥墩。是年三月初八甲子吉旦起工，淳祐五年十一月完竣，桥首魏广富、提调僧马禅，同立万姓之福。兄弟桥上有名目，木匠杭州卢祖师，石匠福州刘无源，喜十花工。而甲太公铁山传裔兴盛，启公讳修文，字春四，生二子，长高一公讳国，次高二公讳朝。泰定二年（1325 年），朝公发到松溪大殿边住，传裔流芳，官宦枝枝有选。高一公原住铁山，子孙分为两巷：里巷、外巷两房。里巷伯坚公同友五人筑莲花峰，讲论经史，至忘饥渴，如是二十年，号为“山中五凤”。后以文行知名，终隐不仕。外巷宗科公叩赐拔进士，立志不馁，三科北场，恩赐省祭。两房各立蒸尝祝典，历有百代余，万派俱良书香，明经、太学、耆民永以无断。同东游分枝（注：支）并为略钗。一宗发至温阳头下屋小河边住并转水住；一宗东池魏屯桥头住，魏得胜生男高五发下池源里住，一男稠岭中住，一男小三公西里十七都谢家山住；二十公生男迁一公，泰定元年（1324 年）到宝岩金山下溪边住。一宗西里郑源、镇前住，一宗东衢里茶溪、九蓬住，一宗北里长阳雨岭住。一宗发下池源里，于洪熙元年（1425 年）乙巳三月十二发宝岱前山住。祖谱遗传年久蛀朽，兹应重修，曾知昭穆，永传后代。

西溪魏氏族谱《魏氏世系源流》

郑国让　清道光七年（1827 年）编修

始祖汉高侯无知公，信陵君孙也。尝荐陈平于高帝，佐定天下。生子均，均生恢，恢生二子，曰愉、曰悦。愉为侍中，子宙，为平原太守，其曾孙伯海公宣。传至魏相公，字弱翁，相宣帝，为一代贤良，封高平侯，图形麒麟阁。应公以博士明经于白虎观，照公续以广学，显名当时。厥后衡公，为兖州刺史。曾孙岷公，居馆陶。延及晋代阳元公讳舒者，少养于外家宁氏，竟成宅相，为尚书郎。文帝深重之，每退朝目送之曰：“魏舒堂堂，人之领袖也。”禄赐散之九族，以三公辞荣令终，为时所艳。鸾公，奉车都尉。生季景，著文笔二而余篇，南北朝仕魏，官至大司农。子彦深，为礼部侍郎。魏收所撰隋史，隋高祖谓其失实。诏澹别成，澹即深公讳也。收字伯起，仕齐为左仆射。文贞公讳徵者，北齐屯田令长贤公次子，衡公之九世孙，字元成，谥文贞，事唐太宗。初拜谏议太夫，封钜鹿男。寻晋爵郑国公，后以秘书监参与朝政，拜太子师。以敢谏显，十思十渐二表尤其著者，登凌烟阁，尝撰魏书本纪列传。贞观十七年（643 年）正月薨，太宗思之不已，御制文书石，赐葬陪昭陵。谓侍臣曰：“以铜为鉴，可整衣冠；以古为鉴，可知兴替；以人为鉴，可知得失。今……朕亡一鉴矣。”公生四子。叔玉，尚衡山公主，袭爵光禄寺少卿。生子膺，为秘书处丞。叔琬，为豫州刺史。叔璘，为礼部侍郎。叔瑜为尚书令，兼谏议大夫，善草隶。子华与甥薛稷，传其笔意，齐名当时。华为侍郎，生瞻为驾部郎中。璘生子是为汝阳令殷，殷生监察御史明，明生献陵台令凭。凭生謩，字申之，文宗访贞后，拜为左拾遗。

上问家书有存者乎，对曰：“惟故笏在。”令上献，上曰：“此甘棠也。”宣宗朝拜相，规讽谠切，上曰孙有祖风，卒赠司空。生三子，曰潜、曰滂、曰虞。其孙原迁河南汝宁府光州固始县连城村白清渡头族处，世德相承，刚正忠直。至高公进隆，为户部侍郎，储库失谨被灾，御史吴元吉勘问，谪发江南。生七子，以兴为派。唐僖宗广明元年（880 年）黄巢乱，兴一一家，带妻李氏、余氏四十八口西湖广州府住。兴二一家，带妻吴氏三十口南昌府清建县住。兴三一家，带妻高氏在二十口京化府住。兴四一家带妻赵氏十八口秦州住，兴五带江氏五十四口衢州府住。

兴六一家带妻邱氏三十六口与兴七一家带妻张氏三十七口，兼带周、吴、叶、李、陈、江、许、薛、赵、高、冯、朱十二姓，入福建福州黄塘街住。祖墓杭州城外通政山中，左边三层街，右边三层街，内存有金银石碑为记，送葬官倪柳成（一作栟成）、提调吴知县，各有绫罗家乘。自后五代之间，天下多故，因地为族，莫可详稽，此则本支散殊由也。更有大墓上元县小郊丝，复有小墓晋州相陵县溪外。又外有玄同公相武后，封钜鹿男；元忠公相中宗，封齐国公。玄宗朝有知古公拜相，封梁国公。魏扶公亦相宣宗。魏小游四为京兆，封矩鹿男，改封赵国公。此皆当时分派同宗异房也，并详志之，以见一本万殊云。

宁邑郑国让识

郑源《重修族谱序》

魏鸿英　民国七年（1918 年）

余曾王父，讳德言，号陈贤。公于道光初邀族叔讳元为公，倡首造成谱牒，昭示来兹。此可见二公见识过人，不愧务本君子也。夫以魏氏相传已久，公等一旦有志于斯，考其由来，则翰林院和斋公（注：魏建中太史）有以启之于先也。闻尝将谱册翻阅，窃叹明五公以上缺而无征，难免未窥全貌之憾！

辛亥冬抵芝城，回路经东游同宗开亮叔家，适柽洋本家文明兄在焉！晤对之余，谈及宗谱一节，文明兄谓余曰："足下既是派发东游，现有全谱珍藏，只于光绪三十三年（1907 年）重修，可以寻源探本，惟要补缮费十二元。若非我族的派，虽千金不肯售也。"余欣然曰："诚如是，先人灵爽赐之也。"谨收全谱，携回细查图系，自周而汉而唐以及宋、元、明之间，无不班班可考。惟甲太公支系未有明文，嗣后复征诸铁山宗谱，甲太公以下颇可详稽夷考。甲太公系于宋神宗熙宁戊申元年（1068 年），由东游迁居东岸口（未立政和县时地名）铁山屯头住，卒元丰己未 (1079 年），享寿六十九岁。墓在屯头厝后，碑志存焉！此秦、杨、范、魏所以同为政邑巨族也！

夫莫为之前，虽美勿彰；莫为之后，虽盛勿传。按诸谱例，三十年当修一次。余之族谱，迄今将近百载，重修岂容缓乎！爰邀堂兄长中君同作领袖，会同合族，延请叶夫子钟灵珥笔，详加订正，中间有可疑者考之，有未全者补之，以成家乘完璧。是举也，夫岂敢炫新奇以博观者之诩，不过原原本本，实为纪录推孝子仁人尊祖敬宗收族之至意，以传后裔于无穷也云尔。谱成，爰述原由而为之序。

中华民国七年（1918 年），岁次戊午五月之吉
己酉副拔，征举孝廉方正，附学生员、裔孙魏鸿英撰

前村《魏氏族谱序》

梨洋钟灵叶大山　民国七年（1918 年）季夏

……

前村魏族则由宝岩坑里迁居如此，迄今传十余世，家道宗谱杳乎无闻。本岁夏初，郑源魏子

仲才邀族人延余修谱，并寄示附近同姓急宜修订谱帙，庶不至昧本宗而有以昭示来者。兹幸前村魏盛权君同侄永培等，虽属小族而承仲才雅示，亦知是为急务，因请余执笔。余思家谱之道贵得其真，魏氏相传，代不乏名儒记录，况坑里与郑源俱系下池九房林分支，按诸旧帙，班班可考。因不揣固陋而为序。其后先造成小谱，行见根深叶茂，源远流长，俾炽而昌，云礽日起，安在衍派，不日可成巨族也哉！用僭书冠诸篇端，愿后人继续而不忘也云尔。

坑里村《重修魏氏族谱序》

魏鸿英、叶大山敬识　民国八年（1919 年）仲春

……

按我前后魏氏之谱，曾于道光初年经宁邑贵源里郑国让先生所撰，至今历岁已久，因宜亟为修订。郑源魏子仲才留心于此，四方博采，访诸东游宗开亮家，幸得魏氏家乘全本，参以铁山族谱，爰不探本溯源。旧岁戊午，仲才邀族人延予参考修订，若宝岩坑里之魏氏，实与仲才族同发派于下池九房者。先是谱帙亦系郑国让先生笔录。至本岁仲春，嗣孙建良、开棋、开椿、开贵、开品等仍速予及仲才协同纂订。予不敏，感荷是任，但为之序昭穆，别亲疏，明派别，握事略为纪录，庶几祖宗在天之灵爽可慰，而子孙尊祖敬宗之意胥在是矣！抑吾闻之根之深者枝必茂，源之远者流自长。今魏氏诸董事能知探本溯源，由是俾炽俾昌，门闾光大，不其然乎！谨序。

福金姑婆后代谱序

郑源旧谱　民国七年（1918 年）

尝闻水必有源，木必有本，人有祖宗支派，不为之序，则昧本源之实。我祖藉汉伏波将军讳援公之后嗣，其人历世久远，不能毕述。近有吾祖江南扬州为高邮州祖讳亿发公，单生一子为既京公，娶水氏安人，生一子即父铭昇公，职授兵部侍郎，现任登仕。母龚氏夫人，继母蔡氏生我兄弟二人，因被谗，降福建建宁府政和县赤岩司巡检，即离都门。父子至任，吾父朝夕欲原复旧识，至任半年，郑源魏公将嫡女赘余方二载余，幸生男宪保。方阅周恩，旨复父职，即择行至西津，县令张公抱酒送饯。及登舟时，魏氏坚不肯去，誓抱子赴水。父踌躇再三，媳执孙幼兼已年暮，不得已而暂回苦竹庄住居。辞职蒙旨依允，不二载而岳翁接余回镇前，让宅以居焉。父因俾长子，原回高邮养母袭氏，余同父继母居于此地。父与魏岳翁建立天圣堂，原是魏马二氏香火堂，故曰亲家堂。未一载，父以疾终正寝，享寿七十有七，即驰讣音余兄来镇前，以觅吉穴安葬父骸。事毕，原回江南，以先父冠带，各分一半，以为日后骨认。据岳父念女不从婿回，将己山场开列付女，以为妆奁之资。当日遂立遗嘱，町畦其山场，止许上葬，不许盗卖。日后恐异姓插入逼处混杂，吾子孙当永守此册，以垂不朽耳。

下池《魏氏源流序》

裔孙监生　魏栢钦（下池）　民国八年（1919 年）秋

魏氏之初，根由黄帝之玄孙名弃，精于稼穑，是为后稷。尧赐姓姬，历世封侯自稷传之文王，凡二十三世。及武王有天下，封其弟文王第十五子毕高公于毕，遂以毕为氏。又历十五传，毕万公筮仕于晋，尝七战有功，封之于魏，因以魏为氏。此魏受姓之始也。自是世为大夫，计凡十世，传至斯公，与韩、赵三分晋地并为列侯。及秦兼并而后，无知公在汉封为梁王，霸公（为）钜鹿太守。晋时，颜黎则徙居于梁，传至建国，乃由梁而入齐。及唐徵公佐太宗定天下而拜相，崇封郑国公，当时十思十渐之疏，其载在史者尤为出色堪重。厥孙程公仕唐为侍郎，迁入光州。唐末，纪公则离光州而迁入闽。后清贤公之副室包氏春兰，怀孕逃难在建之高阳大凤山张坊住而生子名东，仕宋太祖为金吾大将军，孙派分处建郡东游各处者不一。传至甲太公，于宋神宗熙宁元年（1068 年），乃由建之东游迁居东岸口，即今之政和县治也。葬在铁山屯头，子孙因从家焉！嗣先祖迁一公自铁山而徙居下池，为本处发派始祖，葬在下池桥后山，黄龙蟠江形，其曰名“九蓬莲”。后荫出九房，遂转声称“九房林”，支派散在各处者甚多。观此，也可以知我魏氏根源之由矣！

下池《倡修族谱序》

嗣孙魏用升谨识　民国八年（1919 年）

尝闻国有信史而知世代人事之变迁，邑有志书而知图都村属之各别，矧夫一姓之中，支派之繁衍之远，使非有谱牒以维持之，何所以稽支派、攸分渊源所自也。我祖自周（注：春秋）万公仕晋食采于魏，其以魏为氏者，二千有余年矣！前时谱虽在，止有其略，未揽其全，加之咸丰时遭乱，谱之存没又属不一。因之世代竟有难分，族属有莫晓，良可慨矣！岁在壬子，余自东和学归，不复更为他计，一意留心于谱，思求成完帙，无如支繁派广，一时无可抽豪。于是自癸丑而己未，计经七载搜罗，甄别剔查，始知我祖迁一公自铁山而居下池，其殁也卜得黄龙蟠江之吉地而葬之。嗣是派发九房，近处如宝岱衍分前山、岐山，宝岩之下村、坑里，以及稠岭、黄泥峡；远处如西里之郑源、前村、细溪，宁德县之漳源（注：漳源源系东游同宗另一支），无非共同此九房一派焉！遂乃溯而上之根，自黄帝肇始，所谓绎山脉者，追必及乎昆仑；探河源者，更必穷在星宿海止也！由是沿流而下，自黄帝而后稷时则易公孙而姓姬，至文王第十五子毕高公，因封毕而改姬为毕。在周（注：春秋）毕万公仕晋食采于魏，又易毕为魏。嗣后遂不复更，及汉而下，则初而入梁，继而入齐，唐之程公则迁入光州，唐末纪公乃从光州入闽，派衍建郡东游。宋之神宗熙宁元年（1068 年），先祖甲太公自东岸口，嗣是而铁山而下池，一派之流传缕晰可稽焉！夫以祚系之绵远，支派之浩繁，斯世斯时倘不急修族谱，何所以稽由来而识亲疏之有在哉！时值秋祭追远之期，余以一言倡诸族中，幸者皆称善。因请梨洋执友、前清庠生叶大山到舍扫砚抽毫，于我族房各自先修一本，俟其告竣，然后推及各处，均先自撰修。尚冀会订集成大谱，庶不负余之厚望也。夫是序。

重修《西溪本族谱序》

仲才氏鸿英识　民国八年（1919 年）五月

旧岁戊午，郑源魏姓家谱重行修订，而西溪本家则由郑源发派而桑梓于斯者也。前此之谱，均于道光初年经宁邑郑逊斋先生纂订。溯由来，乃因宗太史和斋公有以启之于先也。夫莫为之前虽美勿彰；莫为之后，虽盛勿传。旧谱自道光迄今历年九十余岁，若不续修，不无挂漏之弊。本年夏季，西溪宗叔祖武庠大灿及建枝、建潘诸公，亦有续修美举，因顺便延余珥笔。余不才，敢荷是任，但为之序昭穆，别代次，以存实录而已。至若本支世系图至祖宪公，另提一世，此窃取删书，断自唐虞之遗意也。闻之根之深者枝必茂，源之远者流自长。魏氏根源所出班班可考，行见云礽日起，族系蕃昌，本立道生，理有然也。兹谱成，谨识数语冠诸篇端，尤后人继序而不忘也云尔。

岐山《魏氏谱叙》

鸿英仲才氏撰　民国九年（1920 年）小阳月

家之有谱，犹国之有史，邑之有乘也。国史所纪政教，载治乱，寓褒贬而一国之大纲识焉。邑乘所以别疆域，详贡赋，志人物，而一邑之大略备焉！家谱所以重世系，序昭穆，辨亲疏而一家之源流见焉！虽然，运胄之谬，自出之详，李献吉尝以为病。盖作谱固非易事也。按我魏氏，乃姬周之后，至毕万公始以魏为姓。自汉迄唐代，不乏名宦硕辅，载于源流考者详矣！兹岐山本家之魏氏，亦自下池九蓬莲分派也。萌二公兄弟九人派发各处，萌二公之第二代增宝公住政邑，增二公移莲石，增三公择居于东坂，即岐山。迄今历世十有余代，食廪饩者有人，列庠序者有人，抡太学者有人，也可谓巨族矣。倘无谱以纪之，历世又久，几莫测其所由来矣！本年冬季，增三公裔孙恒䂙、恒麟、恒尚、恒全诸君慨然有志， 知以谱牒为急务，因延余至家，设榻纂订。余念同宗之雅，遂不计其技之拙也。闻之龙门子曰：“君子于谱，当阙其所不可知，信其所可知。”又曰：“三世不修家谱，比之不孝。”爰自萌二公起，考其世次，序其昭穆，分图以纪录之，以答本族诸君尊祖敬宗之至意。尤愿后人再加参考，追本溯源，续修于将来也云尔。

金山《重修魏氏族谱序》

政东牛眠山李大成　1981 年仲秋月

盖闻国之有史、族之有谱者，载之君臣佐使，忠坚国柱，为国为民功绩，谱者记之。氏族孝义节廉，正本清源，承先启后，继往开来，教以人伦。余阅魏氏族谱，属民国癸未（1943 年）简庭、德三二君后期倡修，乃继同治甲子（1864 年），其二十四世孙必赞公续修。后间距七十余年，事易代远，其间检契据，考坟墓、访乡老、质亲眷，可谓艰辛矣！更重新确认甲太公为铁山始祖，实属敏考。其功伟，简、德二公与撰谱者周先生也。历经又四十有年，谱牒之所以幸存，乃是二十七世孙满恭公，不畏艰险，留为本届续修有据。满地、满龙、堂基、堂增等君首重孝义，思念先祖，历修之艰难，远怀后世子孙之方续。然而理事会族众荐余为之重修，余乃牛眠山村夫，学浅业疏，岂称此任？且念满地、堂增等君，余之姻亲世友一念之乐荐。然敢有辞抱歉协修是举，仅供后人参考，诚望后世有志之孝义贤孙，仗先祖甲太公自金山创业，至今三十二世。民前乃贤哲联芳，奇英绵绵，缘创金山五景，兴建魏氏祠堂，荣宗耀祖，声誉四方。祀祠六载，莅成飞詹，高啄威严雄壮。至民国庚午（1930 年），仅有十六年，是秋火毁于寿邑股匪许玉祥之手。而后虽有所筑，简设神厨，供养先灵，至今亦欠存矣！故此无不叹息哉！权望后世怀敬先祖之念，访当年之模，略以所建，以安先灵，此系重典之大事乎！谱牒业已续修告成，略表数言，谨以为序。

铁山重修《魏氏宗谱序》

周汝昌　民国癸未年（1943 年）

氏以族而立，族以谱而传。盖人必有祖，有祖斯有族，原原本本，承承继继，莫不于谱书寓之，使作而不修，修而不继，挂一漏万，奚可哉！余观金山魏氏旧谱，其记载多略而不详，曷以故？兹因其序文以考之，其原有三：一由于甲寅、乙卯两冬间，迭遭林、连两都统之变，族众避乱四方，谱牒失修，其原一。殆十八世孙常泰公始钞，传及十九世孙应彪公，访诸父老之遗言，详著图牒，年久又复朽蠹缺略殆甚，其原二。至乾隆戊子（1768 年），其二十一世孙世乔口编，访族人续而修之，以为族之左券。延及咸丰戊午，又遭发匪之乱，谱牒无存，其原三。厥后同治甲子（1864 年），其二十四世孙必赞得先世遗稿，爰请括苍陈凤昌先生重辑，距今又七十余载矣！年代过久，所谓修而不继，其原实由乎此也。民国己卯（1939 年）秋，曾经何敬熙先生经始重辑，讵料不逾旬间，遂病亡辍事，族人等复命余为之续修。余乐成人之美，且念其族先正讳恩光夫子，本余之业师，虽不敏，其何敢有辞？特是历年兹久，往事难稽，得简庭、德三二君极力为之，旁搜典，追寻往迹，始有以按牒稽支记名书图后。取本家屯尾之谱，以相考证，稍为补苴订明谱例，摘录诸儒谱论，足以兴起后人之考思者，并为增入汇成全帙，俾百世而后得以共睹成。是亦承先启后之一助也。识者鉴诸。

民国癸未三十二年仲秋月下浣穀旦
政和善政乡勉斋居士周汝昌拜撰

西溪魏氏宗谱《前言》

花桥克济氏　张忠楫谨识　公元 1987 年

……

粤稽西溪魏氏族，本出自郑源魏氏的一支派系。自前康熙（注：乾隆）年代，由其五世祖远荣公兄弟三人随母归宁于西溪栖然，曾经其郑源本族名儒魏鸿英先生亲手厘订谱册，载明事实，历历可考。迄今相传共有十四世，子孙济济盈门，屋宇比比焕新，真有欣欣向荣预定兆贺。此次余以前岁在郑源修谱之际，承长彬兄以知己相托，嘱为谱事，经亲莅访闻，遭其物故不果。适本夏田后，荷承长琳、长位诸大雅热爱推荐，故不揣冒昧，膺担斯任，并邀同亲友连韵铿先生前来共襄斯举。唯自歉年迈才浅，有恐疏失，尚冀多予指正，无任欢迎。因而谨致此祝愿，指示骏发，云礽联芳，以弁其首。

宝岱村《新纂族谱序》

魏观玉 1982年仲冬

后宝岱村魏氏族谱，曾于道光八年（1828年）经宁德贵源里郑国让先生撰写。但早已失落，内容、图系后人完全不知，只有移居东游的族人华严抄有片段材料，后九蓬村记有该村部分图系。1936年，当时政府军队剿林营，全村惨遭烧光，所有祖上遗物烧毁，笔录材料全无。这次编写资料，除上两纸片段材料外，都是凭借口头传说推究，具体代系名讳则根据各家祭祀牌及古坟墓碑、古老分关帐本、老人的回忆，查证各地同宗族谱等等，进行整理编成。有待族人继续搜罗，再行补充。

郑源魏氏宗谱《序言》

张忠楫 1983年冬

谱者，即补也。补其遗而拾以成之帙，故谓之谱。是谱之成为一种广泛的词义，所以常在姓族中的涣散条件下，要如何采访、集结、统一记录的事，这就是谱牒的由来。是出于上古汉时官有牒，民有谱的创始。传至晋唐以及五季时期，均仍相沿习为例。追宋的朝代更加旺季，首推欧、苏两大文学家，倡讲谱学的改进，靡不精益求精的风行一时，延于元、明、清诸朝代，亦奉为宝典。截至民国初年，纂谱工作犹未尝间断，及民国戊午（1918年）以来，政局鼎沸，地方盗匪蜂起，民不聊生，致百业俱废，因之谱学一道全置之度外。直到今日，有所谓“家谱”两字，都成为一般人和后一代浑为不解。虽然当前欣逢党中央英明领导下，号召安定团结精神中，在邻村各地均纷纷掀起纂修家谱之潮，以为初步和宗睦族的先决途径，免使年远代湮，有秦越草分之憾。同时，正在方兴未艾之顷，适承洋头我友耀祥兄，为其郑源戚家谱事相托， 故允不以不敏，辞邀同家叔允询等三人前来膺担贵谱编修事务。现按旧谱考据，系在民国戊午之秋，经梨洋叶大山先生，协同其族先辈名达魏仲才先生等合为编修，对述其郑源肇基始祖福进公以至二世祖伯琳公， 皆为当时素著的乡闻人，尤为福泽绵长，贻及后代繁昌者焉。至于其他内容，亦很丰富，都写得详晰可观，足资为参考模本。现仅在其原本除袭用外，另邀请当地各老前辈莅场，俯作顾问，细加复核，对阙者补之，疑者改之，应可达到事半功倍之效，以促进釐订谱本，待谱成后伏翼各昭系穆系子孙，指日骏发昇好，使他年欲见其谱即使见其祖也， 庶有豸乎爰为之序。

屏邑北村后学克济张忠楫谨识

公元一九八三年，岁次癸亥仲冬之月

《政和县魏氏全谱》序

第二十七世孙魏日中　公元 2002 年 7 月

政和的魏姓，据现有文献记载，过去大体有过三次修谱，第一次是清道光七年至十年（1827—1830）间，第二次是民国七年至十三年（1918—1924）间，第三次是二十世纪八十年代。而此次算是第四次修谱，离前次修谱时间还不到 30 年，因而有人认为“为时尚早”。但是以往所修之谱，均为零散的房派支系之谱，而此次修谱族群较多，规模较大，力图反映魏氏历史状貌，并揭示政和魏氏历史在政和千年文明史中的地位，展望新世纪的未来。

一、此次修谱，由魏敦声等人组织倡修。1999 年底在祖地铁山召开各房派代表会议，决定纂修政和魏谱。后因编撰缺少人员，未能启动，直至 2000 年 5 月经充实人员组成编委，并延请福州大学魏仰达副教授为顾问，才正式启动修谱工作。经过全体族亲和各村工作人员的不懈努力，以及在外地工作人员的大力支持，历时两年又九个月，终于在 2002 年 1 月完成初稿，交付印刷。

二、此次修谱期间，我们曾先后外访松溪松源魏氏、柘荣太阳镇魏氏、周宁礼门魏氏、建瓯东游及天洋魏氏、寿宁岭后魏氏等，拜读了他们的族谱，吸取了丰富内容。同时，为了筹集资金，魏敦声等人还亲自出访了在上海创业的族亲，并获得他们在经济上的支助。

三、为了充实家谱内容，广泛收集资料，2001 年 4 月，魏仰达副教授到省电视教育台，复制了中央电视台的《百家姓・魏》。同年 5 月下旬，我赴福州配合他到省立图书馆，翻阅各地有关魏氏家谱文献及有关史书。同年 7 月，魏副教授赴上海探亲时，三次到上海图书馆查阅了大量文献，复制了《中华百家姓秘典・魏》《中国 100 个大姓・魏》《百家姓始祖图典》和《南薰殿圣贤画像》中的不少资料及毕公高、魏毕万、魏徵等人的画像。此外，还获得多种历代书法名家的魏字书法。与此同时，还收到在北大任教的魏丽明副教授寄来的资料，以及魏基光交来的芜锡太湖仙岛中华姓氏研究会编写的《魏一以邑以国名的姓》，等等 。

在政和，我们共收集到各乡（镇）村、各房派魏氏支谱 50 本。同时翻读县档案馆，图书馆、新华书店有关图书、资料，查遍旧县志、县文史资料并查阅了福大图书馆、福州书城、省立图书馆、上海图书馆等处总计图书文献达 70 多种。

此外，我们还收到魏亮从美国南加州大学寄来的题词，魏丽明从北大寄来的题词，魏敦贵、魏重春分别从浦城、南平寄来题词和诗词，魏农（松溪族亲）从松溪寄来的题词等。在此，特表谢意。

四、我们数人过去从未接触过家谱，如何来编修新的家谱？面对如此多的史书、文献、资料，我们反复地翻阅，细细地思考。遇到大量深奥的古文和繁体字，只好在《辞海》及许多文献中一个个地查找、翻译推敲，对旧谱中的错误、错别字及不同谱中的矛盾之处，经反复思考、考证、订正，尽量做到正确无误。在比较熟悉内容的基础上，我们开始分工合作。首先，草拟总纲，选好内容篇目，安排章节；其次，在诸多谱系中选出郑源、西溪两村较好的支谱进行试编，然后推及其他支谱。甲太公以下的谱系编，各编辑分工承担，其余的大部分由我拟稿。经过长期紧张而有序的工作，至 2001 年 11 月初，大部分初稿完成。经编委研究，魏焕寿留办公室，我和声易两人到福州，会同魏仰达副教授、周端美副教授等人，进一步审阅、研究稿件，精心编排篇目。至今年元月 14 日，将复审稿件送交福建省福州市计委印刷厂承印。为了保证印刷质量，魏仰达副教授先后走访了福州市十四家印刷厂，了解到他们的设备情况、技术水平、服务质量和价格等，最后编委会共同研究选定计委印刷厂。其后他还经常亲临该厂了解版面编排、图像制作、工作进度、装璜、装订等情况。本书稿曾三次寄回政和，经多人反复校对，确定无误后，正式付印。预计到本年 12 月成书交货。

《政和县魏氏全谱》绪论

——魏家阀阅又千秋

第二十七世孙魏日中谨识　公元 2002 年 6 月

“敬宗收族之道，未有大于谱也。”尊敬祖先，纂修谱牒，这是我族的一件大事。

“参天之木，必有其根，怀山之水，必有其源”，可谓“寻根”；“草木祖根，山祖昆仑，江河祖海”，可谓“问祖”。此不在祈福祖宗，而在明白我们自己：我们的肉体、心灵、心理与祖先血脉相连。祖先千秋阀阅，所经历的种种苦难和辉煌，无不通过心灵、心理、血脉流传到我们现在，并激励我们勇敢面向未来，从而使我们不致于太昧于自己的短暂人生！

我们整个政和的魏姓人家，几乎都是甲太公的裔孙。一根藤上的瓜，一棵树上的果，但是我们还没有纂修过足以反映全貌的总谱。

因此，此次纂谱，旨在将“涓涓小溪”汇成洪流，以形成其生生不息的澎湃气势！

一

魏家以国为氏，发源于春秋时，公元前 661 年山西芮城。始封之祖魏万，是周文王姬昌第十五子毕公高的第十五世孙，而政和魏氏始祖甲太公，又是魏万的第六十世孙。可见魏姓人家源远流长、根深叶茂。

宋神宗熙宁戊申年（1068 年），甲太公由建之东游上迁东岸口（今政和城关），迄今又历三十三世，累计 933 年。甲太公子孙兴盛，族众成林，派衍九流。甲太公为政和魏氏肇基始祖。

甲太公曾于大宋年间，“目睍金山之地，峰拥水回，秀气蟠郁，前来开创胥宇”。裔孙启一公，定居于金山（今铁山），是为始祖。启一公生二子：长子高一，坐居金山创业，支发凤林、江上、夏山等地；次子高二，于元代泰定二年（1325 年）发派松溪，为松源魏氏始祖（参见《松源魏氏会谱》，1995 年）。

元代泰定元年（1324 年），甲太公八世孙魏迁一，发徙东湖不毛之地，开辟外（魏）屯，而后定居于下池。迁一公葬于下池九蓬莲山，裔孙发祥公生九子一女，享誉盛名，美称“九房林”。

元末明初，九蓬莲兄弟父母相继弃世，以下池地狭人稠，各有迁地为良计，于是先后发派各地，开创基业，传裔留芳。

层一公发派寿宁叟岭，并支分浙江丽水、云和等地。

层二公生五子：长子增宝发派政和城关；次子增二发派莲石肇基立业，裔孙陈章乾隆十二年（1747 年）发宝岭；三子增三发派东坂，即岐山；四子道春发派稠岭，并支分下园等地；五子道和发东游，后因故迁建阳中村定居。

层三公居下池，裔孙邦助发高林，中满发黄垱、铺前，梦尧发建瓯等地。

层四公居下池，并支分东峰、黄念山、政和城邑，继相发延寿。

明五公发西里镇前，广置田产。历四世，福进公迁居郑源，是为始祖。其子伯琳，生九子。其后，孙广公发派白米垄，支分东平、黄垱。开迓公于民国初年发上漈，再发松溪吴屯；开波公于民国十五年（1926 年）发派澄源打石凸村。乾隆甲子年（1744 年），伯林公第八子宗科公孙茂祯三子远荣、远华、远扬，随母氏黄士珠迁居西溪村肇基创业。其裔孙建荣公于民国初年徙发周宁赤岩定居，开享公于民国三十二年（1943 年）支发湘源立基。

萌六公发宝岩下村，开发“荆榛荒芜”之地，裔孙智四公支发茶坑即荼溪；子应公发前九蓬，建立基业。

和七公于明洪熙元年（1425 年）三月十二日发后宝岱肇基创业。生六子：戊一发厦门，闵二居宝岱并支分车潭，庚三居宝岱并支分东游，辛四发前山，觅五发岐山、城关、东涧，亘六居宝岱并支发后九蓬，裔孙完四发长际东坑村等。

富八公于明初建村于宝岩铜口坑底，即现在的坑里。裔孙惟富因配澄源前村宋氏而迁徙前村定居，良英公发派宝岩山后村，敬伦公发派东平护田等。

更九公由下池发黄坭峡肇基，生三子：正宗、贵本、应六。其后应六公发寿宁岭后，光耀公又分支复迁狮子岩，而后迁徙外屯下步洋立业。贵本公裔孙雪杰由黄泥峡支分回迁下池，并发派政和城关定居。其八世孙长辑公二子仲胜、仲信，于明正德丙寅年（1506 年），给东平凤池杨家放牛，后于西表定居，裔孙衍发成族。

十妹适寿宁。

政和城关魏姓也是大姓之一，曾有“秦、杨、范、魏”之称。据岐山民国九年（1920 年）谱，现在的“南魏”“北魏”“营尾魏”都是甲太公裔孙。

魏姓裔孙多行善事。

南宋淳祐元年（1241 年），魏添一兄弟六人捐资白金三千八百两，独建松溪“惠政桥”。淳祐五年（1245 年）该桥竣工，桥首魏广富，提调马禅，同立万姓之福。木匠是杭州卢祖师，石匠为福州刘无源，喜十花工，而甲太传裔兴盛。

清嘉庆十九年（1814 年），魏国珣独资建造“迎恩桥”，桥址即现在的城西大桥边。知县袁鸿专门为它作序，并仿“苏堤”“白堤”之称名“魏桥”，“以彰善举”。

此外，诸如建渡船、造桥亭、铺道路，设“育婴堂”、“乐义堂”，建“义仓”，设“文运昌”捐田亩，补助学生会考和升学之用，等等。

政和的魏氏子孙，九百余年来在离乱中求生存，在逆境中创造奇迹！一代一代的繁衍，一个地方一个地方的肇基开发，以至今天。所居城镇、村庄振兴，事业兴隆，为自己族姓做出了贡献，为政和千年文明史增添篇章。

二

政和的魏氏，自甲太公上迁东岸口起，经元、明两代，至清道光初年，计七百五十余年，“使无谱以纪之，几莫测其所由来矣”！

直至道光癸未（1823 年）冬，国史馆纂修、宁邑漳源（今周宁咸村）宗史建中公，翰林告假归省，酝酿纂修家谱之紧迫。次年秋（1824 年），太史公归翰，治车北上，抵松溪，手书其三弟建海，以漳源魏氏家谱嘱托郑国让先生纂修，并令布告异地同姓者亟修谱牒。因此，道光初年东游、礼门、漳源等地魏氏纷纷修谱，政和“九房林”各派也领宗太史风旨，掀起修谱之热潮。贵源里人郑国让先生，对此次修谱工作，做出了重要的贡献。

铁山魏氏最早于清乾隆戊子年（1768 年）曾修过谱，但早已亡佚。现存最早的是同治三年（1864 年）陈凤昌先生所纂之谱。

按诸惯例，每三十年当修一次家谱。但直至民国七至十三年（1918—1924）间，才由郑源副拔魏鸿英、梨洋叶大山先生为“九房林”各派第二次修谱，离首次修谱时间九十余年。究其原因，如铁山《魏氏谱志》载：“咸丰戊午年（1858 年），发匪肆扰，惨遭回禄，族众避乱四方，房舍屋宇恍如玉石俱焚，先世家书亦罹于委变而环宇荡然烬矣！”直至于清末，以至民国初年，时局鼎沸，兵祸连绵，民不聊生，以致谱牒多年断修。

长期以来，极左思潮把族谱视为反动的东西，尤其是“文革”十年浩劫，不但不能修谱，还砸抄、销毁大量家谱文献。为避砸抄，岐山魏仁江老人，将族谱藏置于山坑岩石下八年。下池魏声和等人，不怕戴帽子，将被抄家谱夺回珍藏。至于城关，现在仅剩下民国十三年（1924 年）《魏氏宗谱·卷之八》，以致许多房派无法找到自己的谱系，无处寻宗问祖。

20 世纪 90 年代初期，经过”拨乱反正”后，各个村落又悄悄地掀起“敬宗收族”之举，但人们依然心有余悸，小心翼翼。直至近年，改革开放深化，百政刷新，一些海外赤子回国、台胞回大陆“寻根问祖”，新闻媒体对有关姓氏的传播、大量姓氏书籍的出版，许多大型图书馆、特藏部、地方文献研究室、研究中心征集，收购族谱、史书等等，从而进一步掀起各地纂谱之热潮。当此新旧世纪之交，正是在这种“热潮”激励鼓舞下，一些退休干部，利用退休后“有生之年”，首倡组织抢修本族族谱，实可称一项美举，“昭示来兹”，寓意深远。

三

此次修谱，根据本族现有 50 种（本）家谱文献研究，主要有如下几个问题

（一）源流世系。本谱源流世系，根据《史记》、《中国大百科全书·历代世系表》等，个别地方加以考证订正。有些明知有错，但无法考证的，则保留原状，让后人考证。尽管如此，但基本可以体现中华民族炎黄子孙一脉相承。

（二）富八公与萌六公谱系。根据民国七年（1918 年）郑源魏谱和民国八年（1919 年）下池魏谱，载明富八公“迁居宝岩坑里”，但坑里村民国八年（1919 年）魏谱却没有富八公。现已查明，民国八年梨洋叶大山和郑源魏鸿英二先生为宝岩坑里魏氏修谱，因坑里道光八年（1828 年）魏谱亡佚无稽，而将坑里魏氏纳入宝岩下村萌六公名下，以致弄错谱系，这次加以订正。

此外，据考查宝岩下村道光八年（1828 年）谱，代次多出六代。究竟错于哪些代次？现在无法考证。有可能是年久淡忘，将上下代次以兄弟并列所致。

（三）20 世纪八九十年代，宝岩坑里魏观玉先生为魏氏纂修大量族谱，付出了努力，做出了贡献。但他所纂各支谱中，主要存在三个问题：一是在缺乏考证情况下，继续将宝岩坑里、澄源前村、宝岩山后的魏谱纳入下村萌六公派下；二是将宝岩下村谱系中多出的“六代”推及到“九房林”各支谱，以致混淆了整个九房林支谱代次；三是 1990 年为安田魏氏修谱时，考据不足，把安田始

祖乃荣公接到茶溪村魏氏春巢公名下。这些在这次修谱中均予以纠正。

（四）下园村叶培春等先生 1981 年为黄泥峡魏氏修谱，不知何因，将其民国八年（1919 年）谱撕毁，以致其谱系无法考证。查其所修现谱，竟然世系混乱，父、子、孙代次颠倒。如佛佑公三子：南光生四子，南明生四子，南七生三子，计十一人，而该谱将其中十人统统列为寿三之子。此次以下池同宗民国八年（1919 年）谱，予以考之订正。

（五）建立独立谱系。由于屡经沧桑，年代久远，加之“文革”浩劫，至今仍有相当部分魏姓人家无法“寻根问祖”。如铁山的屯尾魏、东平安田魏，以及城关“三魏”等等。虽然这些都是甲太公后裔，暂时只好归入“独立谱系”，专设一章。这样，既维护谱牒“真实性”，又可让后人进一步考证。

（六）“九房林”始祖迁一公迁徙问题。据铁山同治三年（1864 年）谱、乾隆戊子年（1768 年）《魏氏宗谱序》：“同东游分枝（注：支）并为略叙……二十公生男迁一公，泰定元年（1324 年）到宝岩金山下溪边住……”这里，迁一公与铁山始祖启一公同为二十公之子、甲太公七世孙，不可能“同东游分支”，可能是作者搞错或由政和所迁。同时，民国七年（1918 年）魏鸿英修郑源魏谱时称迁一公由铁山迁住下池，也值得商讨。据考，迁一公并不是直接“迁住下池” 而是先在东湖（魏屯）开基，后传至三世发祥公，因配下池谢氏而迁下池定居立业。

（七）铁山屯尾魏氏最早迁徙问题有待考证。这一支系未发现道光年间曾修过谱。民国十四年（1925 年）魏鸿英公为屯尾魏氏纂谱，屯尾魏氏始祖景宁四公由下池所迁，而景宁公以上五世祖正伦（肇基）公又为下池魏氏始祖，而再往以上九世祖章善公情况，则不得而知。据目前现有文献和老辈回忆，这一支系与“九房林”各派似乎没有必然联系。同时，由东游迁政和的有宣公后裔世得、世才，以及甲太公在政和的裔孙与屯尾魏氏有无关系，有待于后人考证。

（八）安田魏氏始祖乃荣公以上世系问题。公元 1990 年，宝岩坑里魏观玉先生为安田魏氏修谱，将乃荣公列为茶溪魏氏“春剿公三子”，毫无依据，实为不当。此次查得铁山魏谱，曾有“乃荣”其人，但未说明其迁徙情况，不可轻易列入。另据（松源魏氏宗谱）云：“1995 年 4 月 2 日，源浦、秉灿去政和东平后洋村访问魏氏宗亲，获得魏氏源流资料……”该谱《外纪》：“附抄录政和安田支谱资料。”2000 年夏，我与焕寿、堂善曾二赴松溪，索阅安田原谱，但秉灿先生称“无此谱”。据推测，此谱可能与安田始祖乃荣公世系有关，只能寄于后人考证了。

（九）关于城关魏氏的谱系问题。据民国九年（1920 年）魏鸿英纂修的岐山魏谱《政和魏氏旧谱叙》：“萌二公之第二代增宝公住政邑……俾后人知所由来云。”此次声易、焕寿走访岐山 86 岁魏仁江老人，他记忆清晰，说增宝公后代敷仁在政和城关横街仔开“当铺店”，“店开得很大”。新中国成立初期还在。店后边还有一条“当铺巷”。另据魏树库回忆：1960 年下半年，他祖母赵维秀生病卧床期间，曾对他说他们是属于“九房林”的。当时他不知道什么是“九房林”。

按校订世次论，增宝公为甲太 12 世，志五公约为甲太 16 世，贵麟公约为甲太 21 世。同时，城关三魏虽然各为其祖，各有其祠，但他们公认有可比的世次，如北魏的“守”、南魏的“汝”、营尾的“柏”三个字首为同辈，“树、善”字首为同辈，等等。如果他们之间没有必然的联系，没有共同的祖先，就不可能有可比的世次可言。

城关魏氏曾有过令人属目的历史。然而我们此次无力组织他们认真探讨、考证，参加者各修其谱，参差不齐。再加上其旧谱亡佚无证，以致世系零乱，无法完臻，愧对先世，寄望后人。

修谱，尤其是修政和魏氏巨谱，是一项难度很大、极其艰巨的软件工程。我等身居僻处，坐井观天，水平低浅，况年迈力衰，竟敢不自量力，担此重任，唯恐后人奚笑。但是我们的心情十分恳切，正如《长乐厚安陈氏族史》瑞燮诗云：

世代相承一脉中，屡经离乱各西东。
支分四处情何切，派衍多秋序不同。
遗址虽留千载业，寸心难报百年功。
不因祖德追前事，秉笔奚能纪始终。

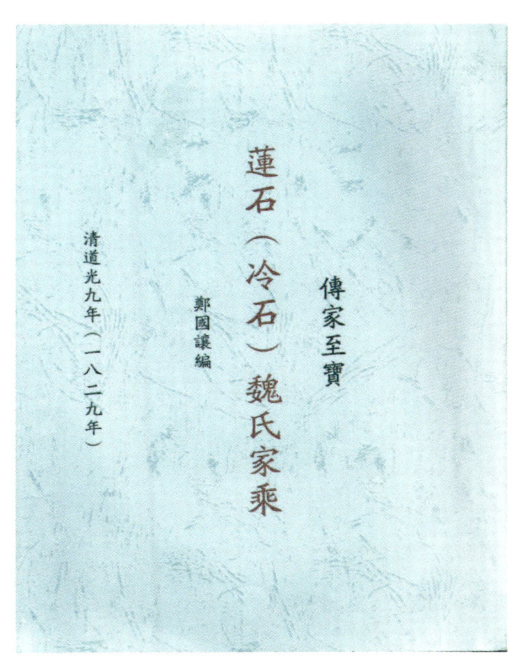

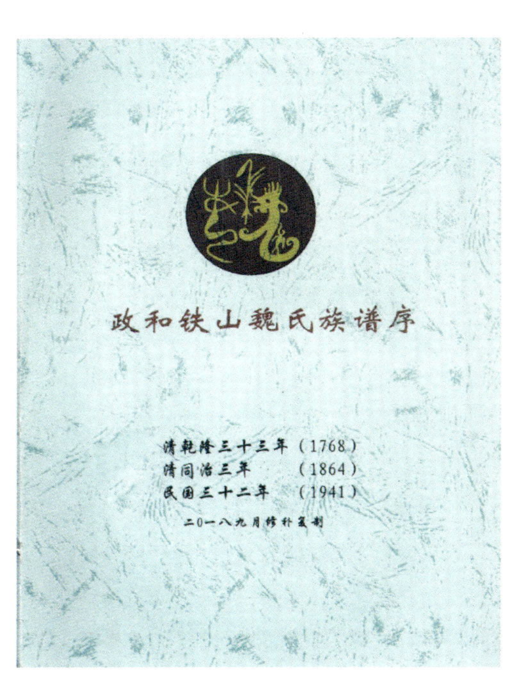

二、政和魏氏谱序影印件

西溪魏氏族谱序（清道光七年，1827 年）

魏氏世系源流
始祖漢高侯無知公
信陵君孫也嘗薦陳
平於高帝佐定天下
生子均均生恢恢生
二子曰愉曰悅愉為
侍中子宙為平原太
守其曾孫伯海公宣

傳至魏相公字弱翁
相宣帝為一代賢良
封高平侯圖形麒麟
閣應公以博士明經
於白虎觀照公續以
廣學顯名當時厥后
衛公為兖州刺史曾
孫岷公居館陶延及

晉代陽元公。諱舒者。少養於外家甯氏。竟成宅相。爲尚書郎。文帝深重之。每退朝目送之曰。魏舒堂堂。人之領袖也。祿賜散之九族。以三公辭榮。令終。爲時所艷。鸞公。爲

奉車都尉。生季景。著文筆二百餘篇。南北朝仕魏。官至大司農。子彥深。爲禮部侍郎。魏收所撰隋史。隋高祖謂其失寔。詔濬別成。濬即深公諱也。收字伯起。仕齊爲左僕

射。文貞公、諱徵者。北齊屯田令長賢公、次子。衡公之（後舒公）九世孫。字元成。謚文貞。事唐太宗。初拜諫議大夫。封鉅鹿男。尋晉爵鄭國公。後以秘書監。參與朝政。拜太子太師。以

敢諫。顯十思、十漸、二表。尤其著者。登凌煙閣。嘗譔魏書本紀列傳。貞觀十七年、正月薨。太宗思之不已。御製文書石。賜塋陪昭陵。謂侍臣曰。以銅爲鑑。可整衣冠。以古爲

鑒可知興替以人爲
鑒可知得失令徵沒
朕亡一鑑矣公生四
子叔玉尚衡山公主
襲爵光祿寺少卿生
子膺爲秘書丞叔琬
爲豫州刺史叔璘爲
禮部侍郎叔瑜爲尚

書令兼諫議大夫善
艸隸子華與錫薛稷
傳其筆意齊名當時
華爲侍郎生瞻爲駕
部郎中璘生子是爲
汝陽令殷殷生監察
御史明明生獻陵臺
令憑憑生謩字申之

文宗訪文貞後拜為
左拾遺上問家書有
存者乎對曰惟故笏
在令上獻上曰此甘
棠也宣宗朝拜相規
諷讜切上曰孫有祖
風卒贈司空二子潛
滂孫原河南開封府

光州固始縣連城村
白清渡頭族處世德
相承剛正忠直至高
公進隆為戶部侍郎
儲庫失謹被貶御史
吳元吉勘問謫發江
南生七子以興為派
唐僖宗廣明元年黄

巢亂。興一、一家。帯妻李氏。余氏。四十八口。在西湖廣州府住。興二、一家。帯妻吴氏。三十口。到南昌府清建縣住。興三、一家。帯妻高氏。二十口。在京化府住。興四、一家。帯妻

趙氏。十八口。到秦州住。興五、一家。帯江氏。五十四口。在衢州府住。興六、一家。帯妻邱氏。三十六口。興七、一家。帯妻張氏。三十七口。兼帯周、吴、葉、李、陳、江許薛趙、高、馮、朱。十

二姓。入福建福州黄塘街、住。祖墓在杭州城外。通政山中。左邊三層街。右邊三層街。内存有金銀石碑為記。送葬官、倪柳成。（一作栟成）提調、吳知縣。各有綾羅家乘。自後五代之

間。天下多故。因地寫族。莫可詳稽。此則本支散殊之由也。更有大墓。在上元縣、小郊絲。復有小墓。在晉州相陵縣、溪外。又有玄同公相武后。封鉅鹿男。元忠公、相中宗。封

齊國公。玄宗朝、有知古公。拜相。封梁國公。魏扶公、亦相宣宗。魏小游、四爲兆京。封鉅鹿男。改封趙國。此皆當時、分派。同宗、而異房者也。併詳誌之。以見一本萬殊云。

寧邑鄭國讓識

冷石魏氏族谱序（清道光九年，1829 年）

姓氏源流攷

魏本姬姓，周文王第十五子畢公高受封於畢，裔孫畢萬爲晉獻大夫，食采於魏，因以爲氏。秦以魏爲鉅鹿郡，魏氏望出鉅鹿，故曰鉅鹿郡。迨漢高

梁侯無知公信陵君孫也，嘗薦陳平於高帝佐定天下，生子均，均生恢，恢生二子曰愉曰悅，愉爲侍中，其子宙爲平原太守，曾孫伯海公宣傳至魏相。公字弱翁，相宣帝

爲一代賢良圖形麟閣封高平侯應公以博士明經於白虎觀照公績以廣學顯名當時厥後衡公爲兗州刺史曾孫泯公居館陶延晋代陽元公諱舒者少養於外家

甯氏竟成宅相爲尚書郎文帝深重之每退朝目送之曰魏舒堂堂人之領袖也祿賜散之九族以三公辭榮令終爲時所艷鸞公爲奉車都尉生季景著文筆二百餘

藹南北朝仕魏官至大司農子彥深仕隋爲禮部侍郎隋高祖以魏收所撰隋史失寔詔澹別成澹即深公諱也收字伯起深公族兄仕齊爲左僕射文貞公諱徵北齊

屯田令長贒公次子衡公之九世孫公字元成謚文貞事唐太宗初拜諫議大夫封鉅鹿男尋晉爵鄭國公後以秘書監參與朝政以敢諫顯十思十漸二表尤其著者

登凌煙閣嘗譔魏書本紀列傳貞觀十七年正月薨太宗思之不已御制文書石賜葬陪昭陵謂侍臣曰以銅爲鑑可整衣冠以古為鑒可知興替以人爲監可明得失

今徵沒朕亡一監矣公生四子叔玉尚衡山公主襲爵光祿寺少卿生子膺爲秘書丞叔琬爲豫州刺史叔璘爲禮部侍郎叔瑜爲尚書令兼諫議大夫善艸隸其子華

興甥薛稷傳其筆意
齊名當時華爲禮部
侍郎生瞻爲駕部郎
中璘生子是爲汝陽
令殷殷生監察御史
明明生獻陵臺令憑
憑生謩字申之文宗
訪文貞後拜左拾遺

上問家書有存者乎
對曰惟故笏在今上
獻上曰此甘棠也宣
宗時拜相規諷讜切
上曰孫有祖風卒贈
司生二子曰潛曰滂
其孫原遷河南汝寧
府光州固始縣連城

村白清渡頭族處世
德相繩剛正忠直至
高公進隆為戶部侍
郎儲庫失謹被災鄉
史吳元吉勘問謫發
江南生七子以興為
派唐僖宗廣明元年
黃巢亂興一帶妻李

氏余氏四十八口西
湖廣州府住興二仝
妻吳氏三十口南昌
府清建縣住興三並
妻小二十口京化府
住興四仝妻趙氏十
八口秦州住興五興
妻五十四口衢州府

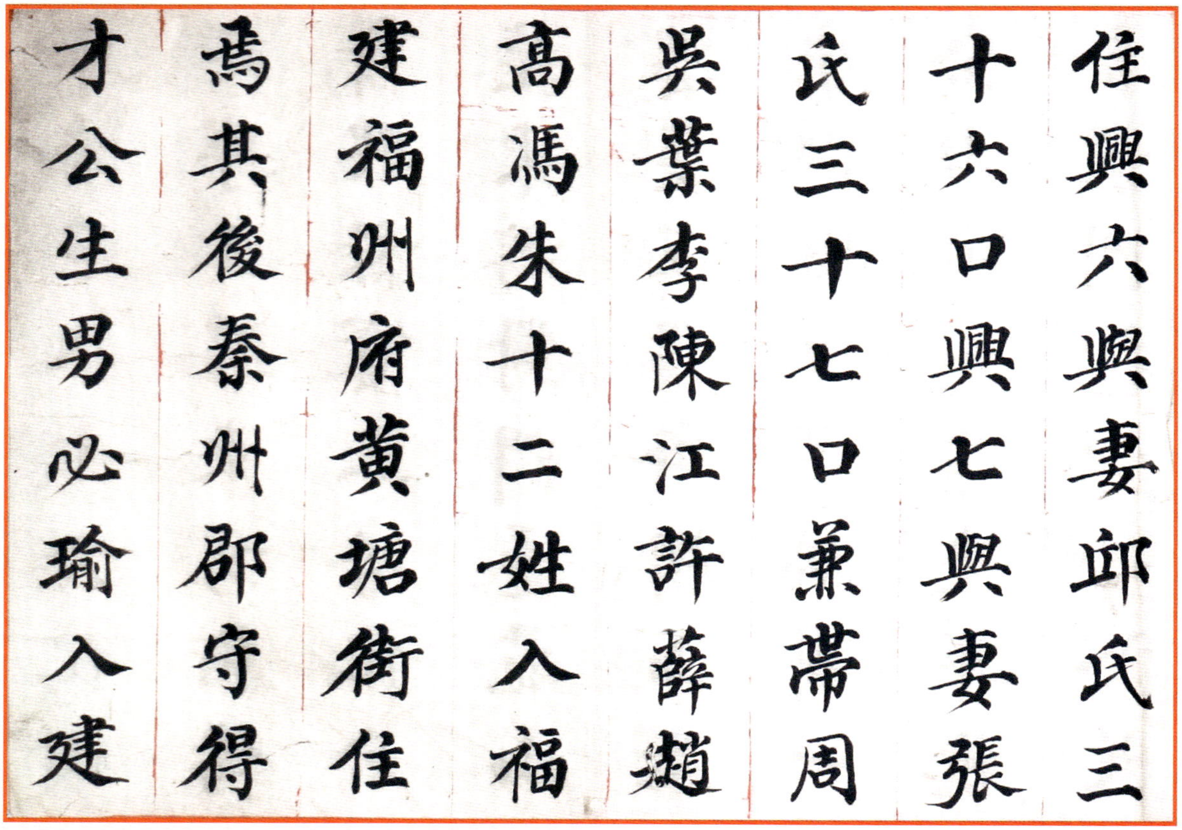

住興六興妻邱氏三
十六口興七興妻張
氏三十七口兼帶周
吳葉李陳江許薛趙
高馮朱十二姓入福
建福州府黃塘街住
焉其後秦州郡守得
才公生男必瑜入建

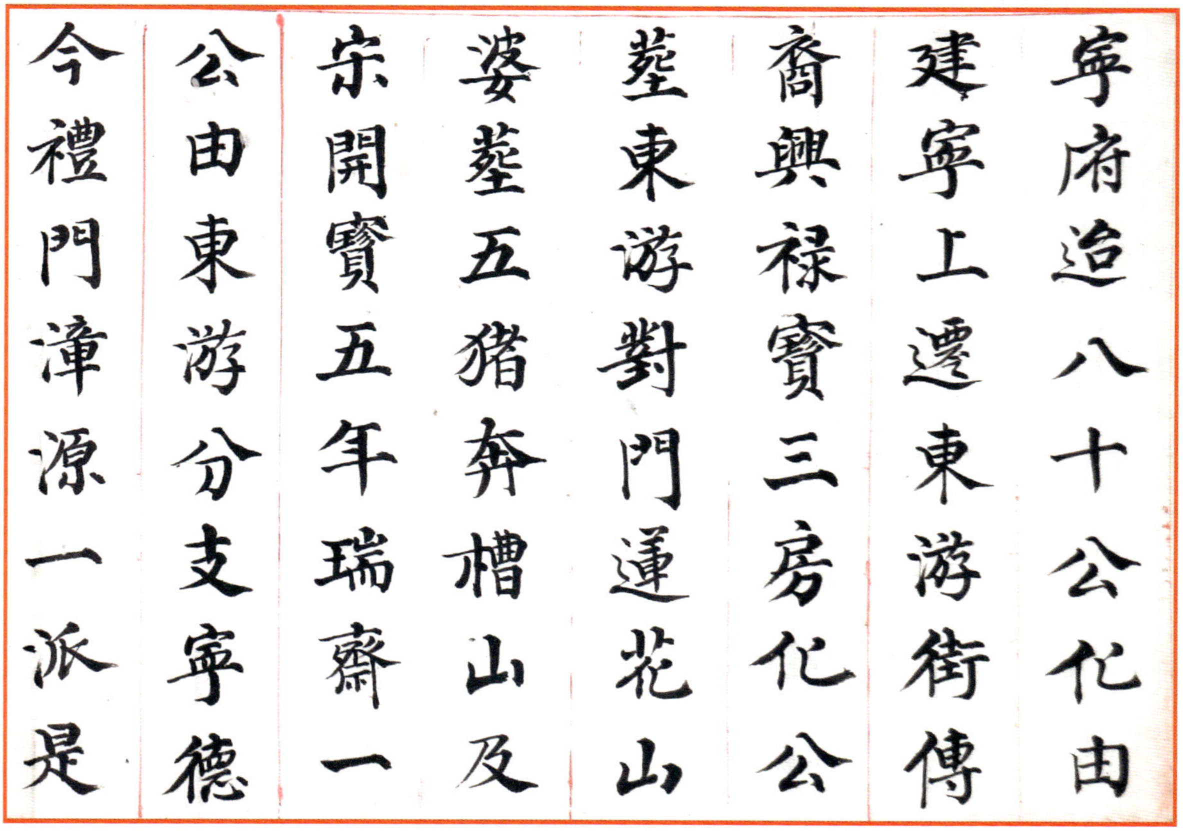

寧府迨八十公化由
建寧上遷東游街傳
裔興禄寶三房化公
塟東游對門蓮花山
婆塟五猪奔槽山及
宗開寶五年瑞齋一
公由東游分支寧德
今禮門潭源一派是

其裔也宗熙寧戊申元年甲太公亦自東游遷居東岸口東岸口政和末立縣時名鐵山屯頭而立桑梓太公墓在屯頭屋邉茲政之魏氏凡下池等處皆屬太公後也然下池有稱九蓬蓮

者蓋兄弟九人以萌爲派故遂以是得名至於長漈坑一族固由萌二公來者用詳誌之以見一本萬殊云

寧德遜齋氏謹識

第三节　地　舆

一、铁山地舆记

铁山最早名金山，据传村庄附近有金、银、铜、铁等矿藏，村民开矿种田，架桥搭亭，生活富裕而安静。村庄背靠金山，面对银坑，同时附近桐林栖落凤凰，铜盘山珠光宝气，引起皇帝注意，派钦差前来考察。村民怕财产被夺，拆掉金桥银亭，把铁矿石塞进金洞银坑。钦差看后，又问："凤林在哪里？"村民答："这里只有横坑、横林，没有凤林。"钦差回奏皇帝："此地金已走失，失金则为铁，乃铁山而非金山。从而免遭浩劫，村名也因此改为铁山。

1974年冬，铁山大队社员在蚌山（现磷肥厂对面山），开垦茶园，发现青铜剑一把、青铜矛二把及大量印纹硬陶、原始青瓷器。据省博物馆卢茂村鉴定，为春秋战国时期产物。二千余年前，铁山就有乡村。

金山有五景：崇仁书院、庵下井、仙岩庵、圣公庙、水尾桥，魏谱均有诗为证。水尾还有一凉亭，横樑上有一对联："地脉振兴喜见金山毓秀，人文蔚起欣看绿水钟灵。"据反映，自铁山有村以来，就有此凉亭。而每次重修凉亭，也都沿用上述对联。

铁山还是政和历史上出名的古战场。据旧《政和县志》载，唐乾符五年（878年），农民起义军黄巢部队由浙东进入闽中，驻黄念山一带。当时福建招讨使张谨奉命率部进驻铁山，并在铁山村尾溪边开阔地，与黄巢军遭遇，一连打了九仗，后被黄巢军歼之。后人将该"开阔地"辟为农田，改称"九战丘"。

铁山还是政和茶叶生产的发源地。

铁山还是魏姓人家的祖地。大宋年间，始祖甲太公曾"目睹金山之地"。宋神宗熙宁元年（1068

铁山村

年），甲太公由建之东游上迁东岸口铁山屯头。甲太公葬于铁山屯头屋后坪内。

铁山也是先贤过化之地。宋宣和年间，理学家朱熹的父亲朱松（在政和任县尉）葬其父朱森于铁山附近莲花山下。元末隐士张以仁、魏伯坚二人曾在莲花山下护国寺卜居讲学，与谢坤、孙温、余应三名士交流学识，启迪文明，从此村中文风大振。张、魏等五人被誉为“山中五凤”。后人将铁山称为“启贤村”、“启贤乡”。

据传宋熙宁年间，铁山一度发生大火，村庄被烧大半。魏姓祖先经过勘察，发现村尾有一火红岩石，日闪火光，夜放火焰，认为是引火致灾之物。于是在村前村后，挖百口水塘，以得灌田、养鱼、防火之利，并将村庄分为“塘头、塘尾”。

魏堂械

2001 年

二、下池地舆记

政东南里下池，古所称为东湖者，由其以“下池”名者，也以水之渠注而获称焉。源流始自政庆分界合湖屯、稠坑二涧，而并以会（汇）于魏屯渠在外洋。下经池栋口，塞峥岩垒叠，水自石滤以出。苟其陡遇大水时，难于通达，浸淫储蓄，景则一望平湖。此东湖、下池古今之称谓虽殊，而揆其命名之意则一也。内中村分三处，里村较狭，今也势微。殊毋待言，中村来龙势犹卷帘，背枕虎山为乐，右系象山为卫，村处坦平而夷迥异险仄之村处焉！外村主山，形同飞帛，名为美女照镜。左有龙山之抱，前有狮峰之朝，村望宽宏而广，殆殊狭隘之地焉！总而言之，龙悉由乎逆转，水则出于盈怀。此其精气凝聚恒积而不散，历久而常新。魏氏之聚族于斯也，宜其代有达人，族盛而昌，永为传之无穷者乎！合从为书以记。

叶大山撰

下池民国八年（1919 年）谱

外屯乡下池村

三、宝岩坑里形胜记

镇前镇宝岩坑里村

昔柳宗元所著柳州宴游诸记，于一丘一壑所在，各为穷极其胜。迄今披览之余，不禁心神向往之。盖宇宙丘壑之胜，其堪为笔载者，岂徒在古有然，远处有然，即近今近处何独不然！我西里宝岩，为政邑南路之一形胜也。环顾四面，石齿排牙，或则如天马，如玉兔，如洪船，如厨匮，如为文笔，为华表，为旗鼓，为龟蛇，种种怪异，有难罄为形容者。呜呼盛矣！至若是处之分为村落者，则有下村、外洋、山后、连山、江厝等处。而坑里之属魏氏所居，则犹迥异乎各村也。窥其来龙，里于底洋冈八面山轩轩特出，经牛牯岭脱过深峡，崭然再起，名曰松冈。四望峭壁崚空，突现罗汉诸岩，几疑为鬼斧神工所拓。由是于叠叠起伏，昂轩鹄立，奇形不一，入目之下现出廉贞主龙形象，名曰飞凤展翅；下首左翅较长，即用以收带来之水。对面保男寺后，林木苍翠，有若峨眉者焉！左顾地户山同玉案，右临贵人岩名天然。明堂水聚天心，关锁不知其曲，精气所钟，宜乎地灵而人杰也。兹当修谱，佥请为记，合从众命，于是乎书。

叶大山、魏鸿英撰
民国八年（1919年）宝岩坑里谱

四、郑源地舆记

政和县镇前镇郑源村

自古通都大邑，每多华丽元形而僻处，遐陬不少幽奇之景，所以都人士登高作赋，尤不忘乎寻芳览胜也。政西镇前馆前有村名曰“郑源”，旧本为郑氏所居，故以郑源名之。自魏氏聚族于斯，郑氏式微，不觉为魏氏所有矣！为稽来龙，发自附近皆同，而其近脉，则自石仔岭头开帐中落，再蹁铁炉坑，脱过深峡，顿起星峰，翻身逆结，现出飞凤落洋，面朝筠竹岭。一派峰峦秀拱，收尽群源之水。昔魏伯琳公处此，得山川真气所钟，殷富非人可比。为观四面，回绕环抱有情，左有笔架石龙冈，以为之顾；右有天马山石牛窝，以为之卫。水流发自石陇坑洋，委曲朝堂，绕过村处左边，以出镇口之岩，名以玉印锁口之洲，恍同游鱼。口建屋桥一座，是为福源桥。桥头有庵一栋，系称福源庵。至其路途所遄，上通郢地而以达宁邑，下经镇前而以趋政城。此其所见之大节目也。若其杂项所呈，难以枚举。兹当为修族谱，合从为记之云。

钟灵　叶大山撰

民国戊午七年（1918年）仲夏之夜

五、西表村地舆记

西表村位于东平镇西面，相距12公里。因山高岭峻，道路崎岖，旧时村名称“山表”，新中国成立后改称“西表”。

政和县东平镇西表村

西表历史上归政和县东平里三十三都，现属东平镇一个行政村。境内群山环抱，山峦重叠，围成一处盆地。村庄坐落于盆地上端，两条小溪汇流于村中。村舍傍山面水，中间厝桥（称魏桥）（嘉庆十五年建）与拱桥相连。左右山冈延伸在村外，隔溪相望，村尾建座回龙厝桥，古称“双龙抢珠”桥。青松翠竹随风舞，山景水秀锦色美。村容整洁优雅，风景秀丽。

西表村具有革命斗争传统。宋末元初就有邱梦龙在金场坪立寨起义。1934年，工农红军独立团团长黄立贵、政委陈一率部队800余人挺进西表，在西表魏氏祠堂成立“建松政革命委员会”。发展共产党，建立工农武装，开展声势浩大的农民革命运动。后扩展到政和、建瓯、建阳、松溪、庆元、水吉等地。而后被国民党反动派军队围剿转入地下游击战争，建立了革命根据地。西表人民坚持到全国解放，为革命事业做出贡献。新中国成立后，在共产党和人民政府领导下，1978年开通东平至西表村公路12公里。村中铺设水泥路面。古代建有西表鹿鸣初小，如今新建西表村学校大楼一座、电视差转台、医疗站、村部大会场，年产120吨清水笋罐头厂、竹木、碾米加工厂、商店。村民家家有彩电、电话，电灯明亮，客班车天天来往，交通方便。户户建新房，旧貌变新颜，欣欣向荣的新气象。

魏声易、魏焕寿撰

2001年10月

六、心中的故乡

郑源乃明五公名下子孙居住地，那里有薄雾淡笼的远山，潺潺东流的小溪，炊烟袅袅的人家和不间断的琅琅读书声。整个村子坐西朝东，坐落在凤凰山脚下，西南面是郁郁葱葱的青山，那里有数百年的杉树、柳杉；北边荡漾着哗哗溪水，那里有群群欢快愉悦的鲤鱼在嬉戏。村东边是片片稻田，每到秋天，稻子成熟，犹如黄金铺在人们的面前，村子的生命在祖祖辈辈中延续。

郑源魏氏系于明朝年间由下池乔迁到镇前再由镇前，迁入郑源。据传当时住镇前村魏氏祖宗曾放牛群，而牛群常到凤凰来仪山脚下过夜，哪怕寒冬腊月，大雪纷飞，到处厚雪铺地，而此处却是蒸汽融融。为此，魏氏祖宗福进公（郑源始祖）觉得此处乃是风水宝地，故迁居之，至今已十七代了。福进公之子魏伯琳公据称是指物成金的财王，亲手置买田地、山林，助建庵寺若干。

郑源魏氏自古就有吃苦耐劳、教子弄武习文的习俗。早在清代就有考武取得朝廷俸给“康强逢吉”牌匾的甲等第二名的魏开章公和取得“文魁”牌匾的举孝廉方正乙酉科副拔魏鸿英，父子同登朝廷武文名衔。

新中国成立后，郑源魏氏更是以培养人才为己任，本村虽只有几十户人家，几百人口，几十年来出副教授二人，讲师一人，博士一人，硕士二人，本科十五人，大专十四人，中专四十六人，参加工作共有一百余人。其中处级五人，科级一人，教师十二人。这些在各个单位工作的人，他们不辜负乡亲们的期望，除了努力做好本职工作外，时刻想着故乡的人，故乡的水、故乡的情，故乡的月。例如郑源属自然村，国家无拨款建学校，为了使故乡出更多的人才，由魏敦进、魏敦映牵头，魏敦贵、魏重春、魏明强、魏骞等二十余人共捐资八万余元，为家乡新建240平方米的校舍，供儿童上学。魏明强还出资购买水泥二十吨，为故乡巷道铺上了水泥。魏重春、魏锦锋等十余人捐款千余元购买鲤鱼苗放养故乡村边溪，目前大的已十余斤，真是人欢鱼跃。

郑源魏氏源远流长，靠的是祖宗恩泽，靠的是个人的拼搏。魏氏的未来也一定会“日出江花红胜火，春来江水绿如蓝”。

魏敦映

2001 年 4 月

政和县古四境图

七、后宝岱村略记

后宝岱村在县城南三十里处，是星溪乡的一个自然村，古称“灯盏窠”。村前一片田野，一条小溪从中而过，左右两山似锦旗在风中飘扬，称“周瑜摇旗”。水尾桥横关锁，四面山峰重叠。满山竹、木成荫，盛产笋干、香菇、木耳、药材等，故也称“宝袋”。

这里冬暖夏凉，四季如春。明洪熙元年（1425 年）三月十二日，和七公迁徙于此肇基立业，繁衍子孙。后并发后九蓬、长漈东坑、稻乡、城关、厦门等地。历史上，和七公子孙中有文武生十余人。如十世孙金辉公到少林寺学武，用犁担打死猛虎，其兄弟赤手擒虎救小弟；十六世孙绍瑞，未曾学武，参加武考获武贡；十五世孙开来为民国初年县参议员，荣沐（开武）曾在福州周荫人部任职等。

民国二十五至二十九年（1936—1940 年），大刀会“林营”头目林乃导（林熙明），以宝岱为据点，进行活动。当时政府军和民团屡次进剿被挫败。1936 年，大军前来围剿，全村被烧毁。村民四处逃命，无家可归，住在笋厂岩下，历尽艰辛。新中国成立后，百废待举，直到 20 世纪 70 年代，才恢复到现在的村庄。

魏观玉
1982 年宝岱总谱

政和县星溪乡后宝岱村

第四章　文化遗产

第一节　古人文著

一、古人专著

（清）魏宽　政和城关人，著有《星溪唱和集》。今佚。

（清）魏宽、魏王枢　政和城关人，有和诗（清康熙间知县张寿峒建四谋轩，召五人和诗，其中有魏宽、魏王枢二人）。

附文：

四谋轩成，招刘王二学博小饮

和诗

清 魏宽

一

山邑无他事，　幽怀寄此轩。　循声传凤阙，　德聚应星垣。
溪水缘城绕，　寒鸦绕树喧。　翛然成独往，　此意最难言。

二

峰岚当槛出，　杞菊傍栏栽。　看竹频开径，　携琴独上台。
清幽饶雅致，　磊落羡雄才。　客到常投辖，　斜阳送羽杯。

和诗

清 魏王枢

一

公余饶野兴，　胜地构新轩。　竹密成幽径，　风清度短垣。
鸣琴山应响，　敲韵鸟频喧。　三径初成后，　翛然独寤言。

二

琴樽随意设，　兰菊及时栽。　野色侵书幌，　溪光映月台。
仁风孚比户，　化雨作群才。　剧饮更深后，　花香入酒杯。

（清）袁鸿 江苏震泽人，清嘉庆十六年（1811 年）任政和县令。撰有《魏桥序》。

附文：

魏桥序

袁鸿

县治西门外旧有桥，建自前明正统五年（1440 年）。后圮，嘉靖十九年（1540 年）重建。国朝乾隆初年毁于火，设船以济，山水发，常停渡楫，民称不便，然未有谋及之者。嘉庆七年（1802 年），附贡生魏国珣独力捐建。十三、十九两年，被水冲失，复独任其事而重新之。又念水发莫御，恐后无继其志者，为捐田若干亩，岁入谷五十石，以谷值采木，除岁修外，预备重建之需。此即贮谷救荒之意，为计久远，岂仅好善乐施于一时者所可同日而语哉！考前明之建是桥也，初名“通津桥”，继名“崇德”，又更名“迎恩”，以桥在皇华馆前故耳。今馆久废，桥又重建，余乃改名魏桥，所以表魏生之善也，不亦宜乎？昔白乐天筑堤于苏州，人以白堤名之；苏东坡筑堤于杭州，人以苏堤名之。两公守郡惠民，民不能忘，名之以志政迹。魏生济人不倦，予嘉其事名之，以彰善举。魏生与两公出处虽分，而其有功则一也。后之扶杖藜而过此桥者，仰企其风，共相勉为善士，则更有厚望焉。

（清）魏敬中 周宁咸村人，著有政和县志序。

附文及原稿图：

政和县志序

清道光九年（1829 年）

魏敬中

政邑，旧宁德关隶镇地也。其析为县也，自有宋咸平始。立县之初，韦斋先生尝为之尉，建云根、星溪书院以倡学者。于是龙马之祥笃生大贤，所以应期运开风气者久而弥烈。余尝数经兹土，见其峰峭入云，林深隐雾，瑰奇郁积数百年，知必有伟人杰士诞毓其间，而余耳目所及莫之详也。

岁己丑，会城大修通志，檄郡县征旧乘，采近事以闻。邑侯瑞昌程公延绅士开局重修，未几乞养去，会稽梁明府继之。下车之始，他务未遑，首从事于此。适局中纂志草成，驰一介以属于余。余方服阕归朝，行有日，道所经由，窃幸此邦文献之有征也。为停旬日，乐观其成。

按前乘，明初黄令裳、郭少尹斯垕据袁君采《政和杂志》《县令小录》，余孝友笔录、陈三诏小谱等纂而为志。岁久阙轶，万历中，车令鸣时修之，简古有识，而因革代殊。国朝乾隆中，谭令垣重加补葺，届今又七十余载。邑人士搜遗访逸，条增件系，渐有成绪。而余程限有期，无由极意搜罗以臻明备，特就所裒录者订讹补轶，定其部居，归诸体要，各为序论以明大旨。若夫从容商榷，次第增辑，尚望诸君子焉。《诗》有云：“高山仰止，景行行止。”政虽处僻，纪载阙如，然论其人，则考亭过化，其风存焉；读其书，则西山《学记》，其文在焉。要其有开必先，韦斋先生实与兹邑气脉相流贯；居官法其治，学校师其教，闾里从其化。览斯志者，可以知所本矣。

道光十有一年岁在辛卯孟冬穀旦

赐进士出身，奉政大夫、翰林院编修、国史馆纂修 宁德魏敬中撰

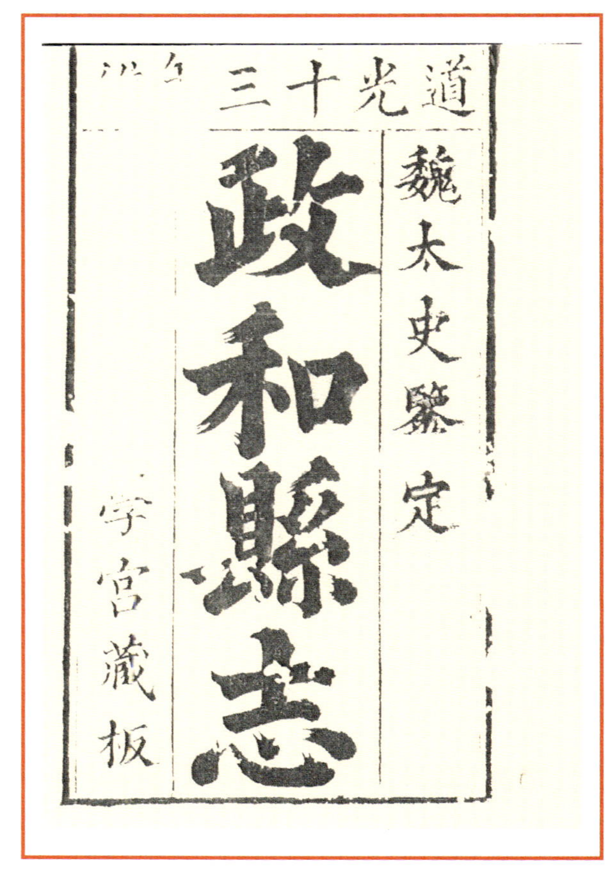

道光十三

魏太史鑒定

政和縣志

學宮藏板

序

政邑舊寓德關隸鎮地也其析

為縣也自有宋咸平始立縣之初

韋齋先生嘗為之尉建雲

根星溪書院以倡學者於是

龍馬之祥篤生大賢所以應郢

政和縣志　卷首　序

運闢風氣者久而彌烈余嘗

數經茲土見其峯峭入雲林

深隱霧瑰奇鬱積數百年知必

有偉人傑士誕毓其間而余耳

目所及莫之詳也歲己丑會城

大修通志檄飭邑徵舊乘采迫

事以閩邑侯瑞[illegible]公延紳士開

局重修恭繫之養吉會稽梁明

府綰之下車之始他務未遑首

從事於此適局中纂志草成馳

一介以屬於余方服闋歸

朝行省日道所經由竊幸此邦

政和縣志　卷首　序　二

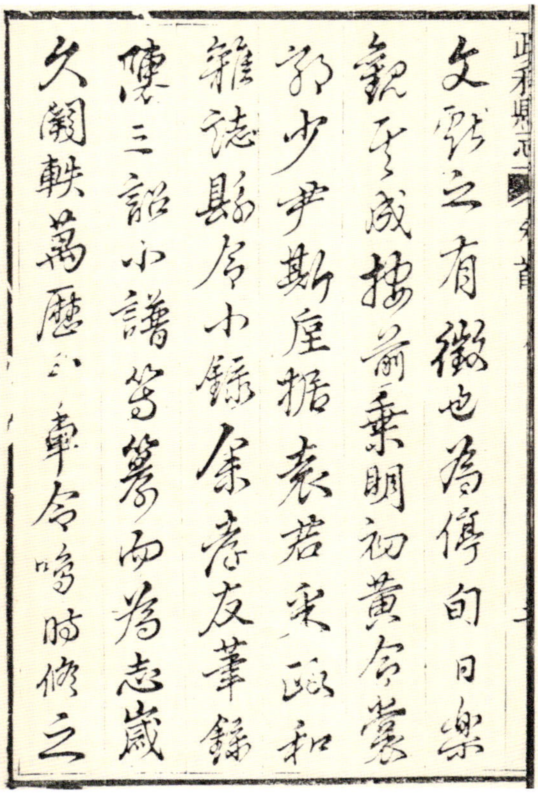

政和縣志　卷首　序

文獻之有徵也為傳旬日樂觀厥成按前乘明初黃令裳鄭少尹斯庭據袁君采政和雜志縣令小錄余彥友華錄傳三詔小譜節纂而為志歲久闕軼萬曆間韋令鳴時修之

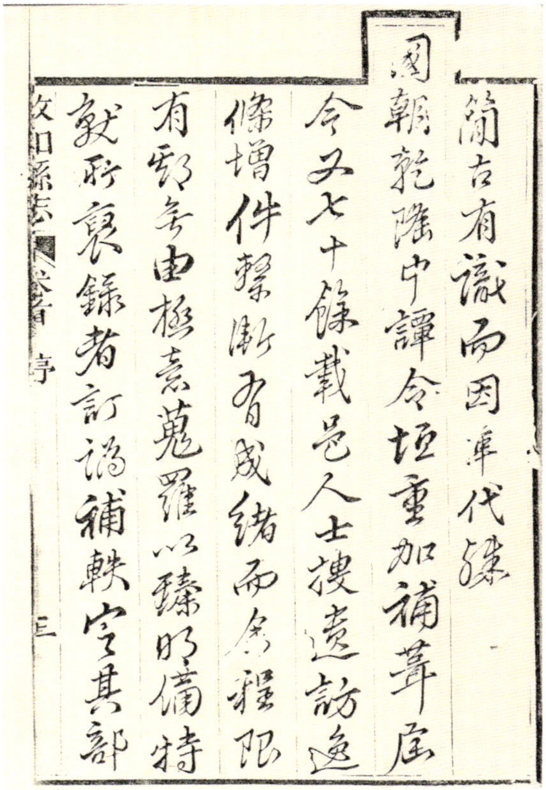

簡古有識而因準代緣國朝乾隆中譚令垣重加補葺厘令又七十餘載邑人士搜遺訪逸條增件繫斷有成緒而條程限有鄒令由極袁蒐羅以臻明備特敷所裒錄者訂譌補軼定其部

政和縣志　卷首　序　三

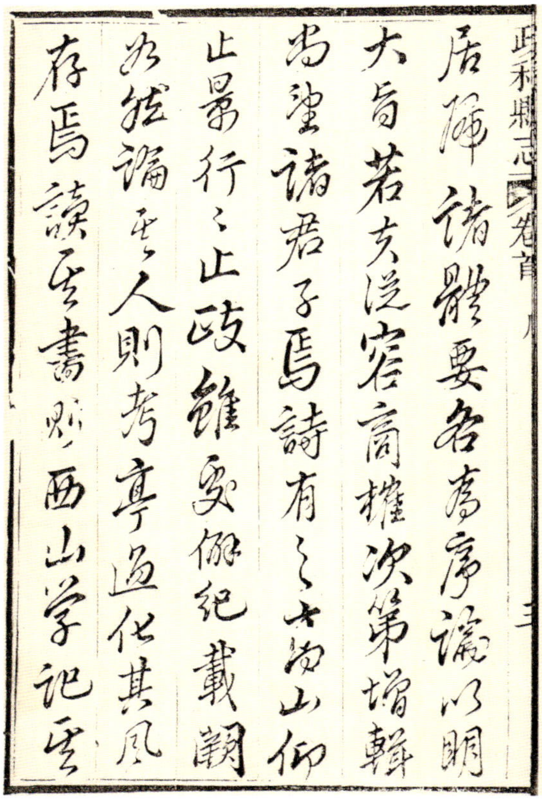

居揮諸體要各為序論以明大旨若夫從宦商榷次第增輯尚望諸君子焉詩有之高山仰止景行行止政雖變例紀載闕如然論其人則考亭過化其風存焉讀其書則西山學記其

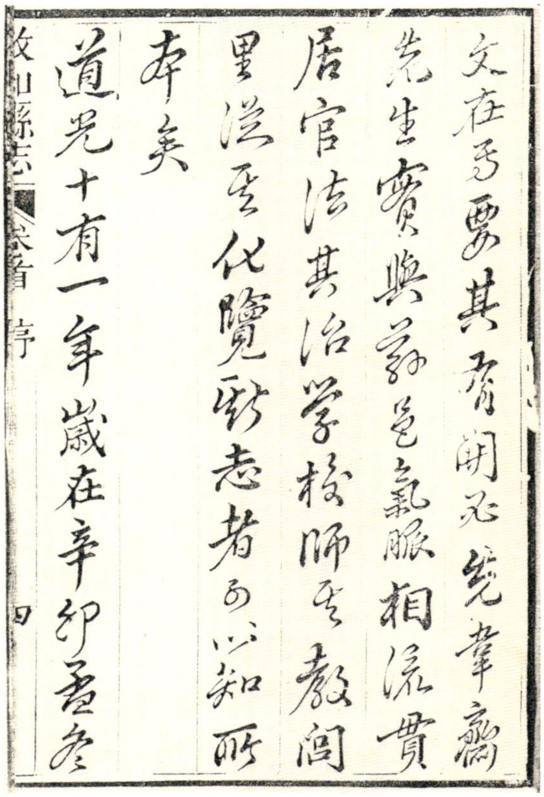

政和縣志　卷首

文在焉要其旨歸則先輩儒先生實與邑氣脈相流貫居官法其治學校師其教閭里從其化覽斯志者可以知所本矣

道光十有一年歲在辛卯孟冬

政和縣志　卷首　序　四

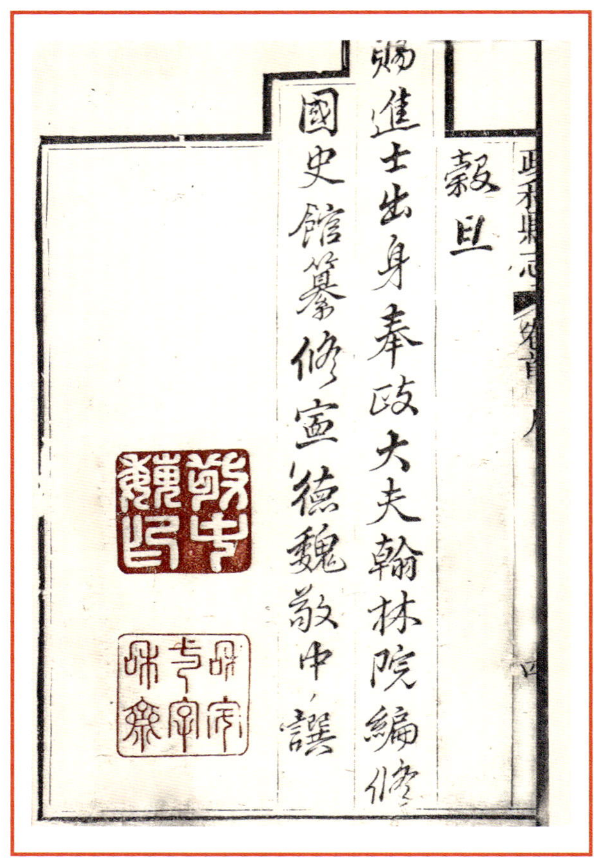

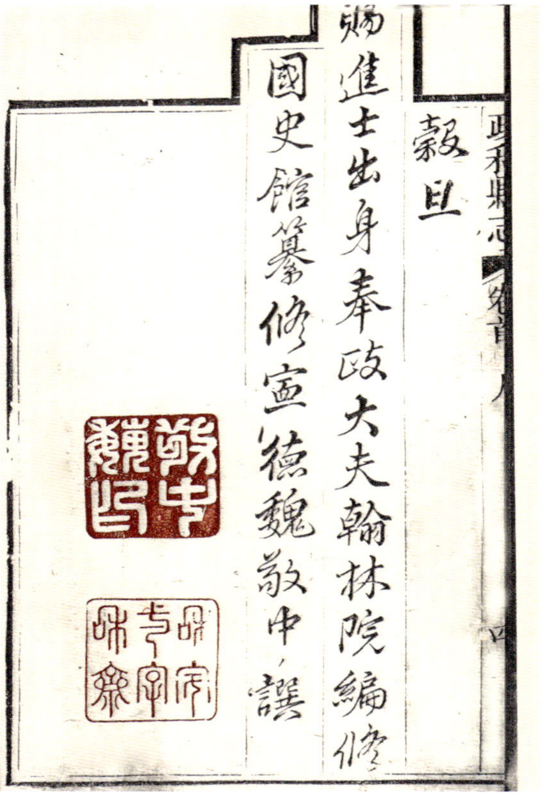
穀旦
賜進士出身奉政大夫翰林院編修
國史館纂修宣德魏敬中譔

•福建旧方志丛书•
政和县志
[清] 程鹏里 魏敬中 修纂
福建省地方志编纂委员会 整理
厦门大学出版社
XIAMEN UNIVERSITY PRESS

重印魏敬中编纂的《政和县志》

（清）魏铨 政和铁山人，著有《趋庭随录》12 卷，今佚。

（民国）魏象新 政和铁山人，著有《民国戊午匪乱记》，司法《改良条文十三则》二文。附文：

民国戊午匪乱纪

魏象新

政和自咸丰戊午（1858 年）发匪蹂躏后，地方相安六十年。民国二年（1913 年），岁饥，匪徒聚众劫掠，经知事李熙亲督兵队剿办，一鼓而平。五年六月，有许莫多猝入县署之变，然不过勒令知事，输款三千而已，与民无犯。南北争起，土匪窃发。七年戊午，有郑匪率众三百余人，于三月十九日卯刻由南门入，前驱百人直攻县署。队长徐绍德督警击战，毙匪数名。匪退，盘踞屏政交界之地。时巡防军调郡，兵力单薄，象新适因省议会闭会在籍，随与县长钱鸿文，邑绅宋秉和、杨行方、陈箕用、张沛恩、赵晋、范振纲、曹兆奎、魏钟晋、秦兆昌等会议。招募临时警兵，选派魏钟俊、李联升为队长，并将匪情分别函致李督军、蔡道尹，蒙准分饬会剿。巡防军排长胡桂芳仍回政邑，人心稍定。特以钱知事交卸在即未经进剿，匪党窜入本邑西里，地方绅董叶搴与象新计议，回西里召联力守。四月，匪扰西里�竹坑等村，杨源张旭光在茶坑督联力战，毙匪二。追至富竹坪，而匪复扰南路东衢乡，所至淫掠。新任知事黄体震既至，象新随上书痛陈匪患，倡

办城乡八区联甲，各区举联甲总董、局董分任指挥守御之责。设联甲事务所于县城，以象新综理之。是时，匪党图攻后宝岱村以为巢穴，总董魏开来急切谋于象新，特请兵队会联防御。匪奔大要[①]，由山岗入北坑，局董朱凤翔、范守春、吴赞周等会合筠竹坑、黄坛、大要等村联丁六百余人奋击，大破之。临时警备队长魏钟俊督队前往会剿，途次执侦探毙之，匪副首逃匿南路后半山，被擒，交由魏钟俊带案。局董朱凤翔等亦获逃匪二名，由县电请宪令，连前匪枪毙之，南路悉平。既而古田、屏、瓯大股进迫西里杨源村，校长张沛恩闻耗，请于县，由魏钟俊督队援救，未至。五月四日，局董张旭光、陈云翔等大会坂头联丁二千六百余人，与该股战于黄淡坑之胡丘、洋头，不利，联丁张大熊死之。该股知有援，暂引退。钟俊回邑，匪复攻杨源，据之。总董陈章炎飞报到县，随派胡排长督队直攻杨源，不克，退入坂头村。该股焚烧杨源，退据屏辖岭下。西里各村联丁日夜轮流守隘，备历艰苦。而该股复致书于坂头联甲局，通令输饷，否则，预备迎战。事急，总董陈章炎同局董张作霖、舒声尧、陈良才等漏夜奔邑请援，幸县请派巡防二排适至，象新商县及陈章炎、宋秉和、杨行方、魏钟晋等，请密约屏南、宁德知事订期派兵会剿，黄知事如议，遣张、刘、胡三排长督率大队会联进攻，屏邑如期派兵接应。该股知诸军并进，不战而退，西里悉平。方西里军务吃紧之际，有高匪在南里之北岩寺结党起事，知事以全力顾西里，该匪遂由南里漈面等村蔓延。感化乡局董范懋烈请派魏钟俊率队往击，大坪等村联丁鱼贯而来，庆邑兵队亦至，匪党背道而走，被庆兵捉获数名。东路联丁亦擒获匪副首一名，于岭腰村就地枪毙之，东路悉平。旋有张匪聚众攻劫西津盐埠，被击而散。嗣因巡防队之变，排长胡桂芳几死于非命。地方多故，迄无宁日。迨何排长奉委驻防来政，西里连山之薛匪，经局董吴赞周、范守春等请兵会联击毙之。平治未久，东平里匪氛又炽，前劫盐埠之张匪复率众占据里之南禅庵，进窥东常市，人心大慌。总董宋衍椿乘夜来邑，请遣兵队进攻，何排长率兵往，匪竟奔逃，犹复劫掠附近建瓯地方。十一月十九日，突率众百余人攻陷里之界溪村，焚烧房屋百余间，局董陈鸿恩及联丁数人均被害。政、松两邑会剿之，西路悉平。东平地接建瓯，匪党出没无常，总董宋衍椿等自联甲开办以来，筹集经费，添招警兵。又躬履建郡购领枪械，种种计划，防患未尝不周，乃竟有界溪之祸，岂数之不可逃耶？政邑自去年三月发生土匪，警告几遍全邑，而西里、城区、南路、东路及东平之界溪村，为害尤烈。人民流离痛苦，不可言状，诚政邑数十载来未有之奇变。象新以大义所在，出而举办联甲，受任于危难之际，艰险万状，原为桑梓服务，何敢自炫功劳？特念遭害之区联甲总董、局董之成绩卓著，及联丁兵队之冲敌陷阵殉难死节，其义烈诚难泯没。兹者大乱削平，邑乘重修，所有去年匪乱经过事实，允宜博采汇编，特就见闻所及，据事直书。间有遗漏谬误之处，务乞诸君子更而正之。

整顿司法之改良条文十三则

省议员 魏象新

第一条，本署办理司法事件，照章设置司法书记员及录事等，承本县长暨承审员之指挥，行其职务。其从前书吏名目，概行革除。

第二条，本署办理民刑诉讼事件，照章设置承发吏、司法警察、检验吏等项，承本县长暨承审员之指挥，行其职务。其名额由县酌定，所有从前差役名目，概行革除。

---

① 大要，今星溪乡大绍。

第三条，司法书记员及录事人等，均在署办公。所有卷据等件，由本县长暨承审员督饬，书记员随时编档，妥为保管，不准携带出外。遇有诉讼当事人请求抄录案卷，除本署有认为事关秘密，未便给抄各件外，余每抄百字，照章征收银五分，作为补助书记员、录事办公之费。

第四条，派出吏警，民事每案不逾二人，刑事每案不逾四人，均由标票官依次轮标。经标定后，不准顶名替代，及私相购买情事。倘有违犯，查出从重革究。前条刑事案件，遇有掳劫盗匪重案，准由各该乡联丁会同法警探拿。并得依当事人及地方绅董之请求，察看情形，随时添派警兵，以资协助。所有派出警兵，除由县给以相当川资外，不得藉案需索，扰累居民，违者从重革究。

第五条，民事案件，承发吏递送传票等件，每件向诉讼当事人征收公费银一钱，如在十里以外，每五里加征银五分；路远不能一日往返者，每日加征食宿费银三钱，并酌定川资实数，由本县长或承审员于票上标明盖章。如照额外需索者，准由当事人指名禀究。其刑事案件川资食宿等费，均系由县给发，不得向当事人征取。

第六条，民刑案件开庭审理，所有从前各项堂费名目，概行革除。其刑事验伤吏警人等，尤不准巧立名目，索取规费，违者均从重革究。

第七条，遇有民刑诉讼必须调查时，除由县标派吏警查复外，倘系所覆不实，或显有别项情弊者，准由地方绅董据实呈县，或重行派查，或另施相当处分，以杜蒙混而成信谳。

第八条，书记、吏警办理案件，如有延搁贿勒，及藉案招摇撞骗情弊，一经发觉，即应从严惩究。

第九条，诉讼人已经填到投审，如收发、书记、吏警有压搁勒贿情弊，准诉讼人喊禀，立予开庭审理，并将该收发等分别惩究。

第十条，民事诉案，两造经公和解，准予呈请销案，不得勒取规费。

政和城关古城区图

第十一条，犯罪人徒期已满，既经照章开释，不得索取规费。

第十二条，诉讼状词，收发应随收随送，不得延搁，以及有做快做批等弊。如违革究。

第十三条，县长办理命案，轻舆下乡，随带检验吏一人，书记一人，提堂一人，法警四人。以上随从吏警不得藉命株累无辜，勒取规费，有违严究不贷。

二、政和魏氏族谱诗词选

咏狮子岩[①]

明　郭斯垕　摘自《政和县志》

倚马筹坑岭上望，分明狮子在高岗。孤峰回挺天光碧，巨石还依曙色苍。
苔径落花微有露，林僧出定自焚香。禅房昼静清如水，玉磬声声发上方。

洞宫丹室[②]

明　郭斯垕　摘自《政和县志》

魏君仙去山犹好，碧水丹崖世所稀。洞口无门云自出，坛边有树鹤来归。
风帆渡海瞻蓬岛，鸟道横空近武夷。犹记炼丹炉畔立，一声长笛落花飞。

咏本村溪梅原韵

清太史魏敬中 摘自西溪旧谱

最爱溪边这树梅，当窗花影月徘徊。因怀两岸风光渺，还羡一枝淑气回。
艳色分明流水去，琼痕却似带春来。恐惊地僻无人识，早吐幽香斗雪开。

步前韵

魏鸿英　民国八年（1919 年）

借问村前此老梅，几生修得费徘徊。水流石畔溪声静，花发枝头春信回。
两岸幽香风送到，半潭疏影月移来。多情有鹤闲相守，一至天寒应候开。

① 狮子岩庵，于元朝年间（1330—1333 年）由下池魏善所建。

② 洞宫山，乃魏虞真人修道之地。

题宝岩八首

郑国让　原载清道光八年（1828 年）宝岩魏氏族谱

昔唐柳宗元著《永州八记》，描摹永州之山川景物，无不淋漓尽致，令后人叹为观止。然政之宝岩，群峰耸立，怪石丛生，林壑深幽，松涛万顷，“依依风景惬人情”，不亦同工异曲之妙哉？

其一

跋涉长途日屡迁，骖停此地意陶然。盘回山径羊肠曲，缥缈林烟雾气连。
暂向绿畴看布谷，还依古树听流泉。行行忽觉鸡喧午，笑指村居近目前。

其二

载瞻衡宇已分明，环傍山隅曙色呈。旷野翩翩飞鹭羽，林深隐隐语人声。
爨[①]烟冲舞松间鹤，竹叶斜侵屋角楹。竞羡乔居偏得地，依依风景惬人情。

其三

守真守朴俗恬然，欢笑迎宾礼数虔。稚子候门通款曲，老翁剪烛重流连。
盘丰雅爱饶山味，地僻何妨少海鲜。湑我青州情洽浃，酩酊昂首啸诗篇。

其四

三春泽足杏飞红，耕作齐拚况瘁躬。犁雨蓑衣穿陇北，锄云箬笠满山东。
犊牵漫向花阴里，薪负常归月影中。大利归农传自昔，有秋共信在勤功。

其五

凭栏把玩兴悠悠，形胜还忻眼底收。云罩高峰迷竹径，霞飞碧汉映溪流。
听莺客向桥边立，采蕨人争岭外搜。涧水倒奔归绝壑，清如白练豁双眸。

其六

四面山环妙入神，峰峰耸秀最宜人。临风乌语珠频碎，沐雨花容锦缀新。
笋动春雷攒凤尾，松参霄汉叠龙鳞。樵歌牧笛云深处，唱彻林端听却真。

其七

撩衣蹑屐陟崔嵬，群木森森叠地栽。乘兴偶然游竹坞，探幽奚异列仙台。
风前翠滴瞻垂杏，雨后黄铺喜熟梅。兀坐林中情自旷，樵夫笑向问由来。

其八

山明水秀景何幽，自是灵钟许客游。屐印峰头花展笑，诗吟竹里鸟争酬。
岩高每觉云施树，林密依然气近秋。一览归来忻载笔，为描名胜与长留。

① 爨（cuan 窜）：烧火煮饭。

词四首

郑国让　清道光八年（1828 年）　原载下村魏谱

伯琳公赞

创业陶朱世泽长（韵）成家永古流芳（叶）诒谋克善众称扬（叶）历久弥彰（叶）栋宇翚飞鸟革（句）恢宏智力独强（叶）而今孙子享无疆（叶）才足夸张

上调画堂春

鹤山公赞

德懋通人共仰（句）望隆举族争钦（韵）行规折矩无瑕累（句）遐福自天临（叶）桂子能承基业（句）兰孙克称人心（叶）桑榆暮景欢无极（句）啧啧集褒音（叶）

上调锦堂春

香山公赞

慷慨宜人望特隆（韵）品希叔度踵高风（叶）彼苍锡嘏惟凭德（句）此老还膺春顾中（叶）孙若子（句）集堂东（叶）鸾停鹄峙□能容（叶）耄年娱目知谁事（句）继起声华乐靡□（叶）

上调鹧鸪天

隆山公赞

持业当思勤与俭（句）此老独兼优（韵）训子课孙识远谋（叶）矫矫越恒流（叶）施报冥冥真不爽（句）为善永无忧（叶）多寿多男岂在求（叶）德懋自迓天庥（叶）

上调武陵春

真武山[①]

郑国让　清道光九年（1829 年）莲石旧谱

曾闻迹显武当山，谁把形图挂此间。生面偶开奇造化，英灵自信遍尘寰。
发披青草凝青碧，气吐睛烟著往还。涧底声疑磨剑杵，毅然长镇此山关。

华寿公赞

郑国让　道光九年（1829 年）宝岭魏谱

倏尔山间成胜概（韵）振起自由人不懈（叶）数家烟火结为邻（句）出相爱（叶）入相待（叶）亲友盘桓真率对（叶）○罔念萧何门地隘（韵）屡想弟兄分境界（叶）情深便不苦关山（句）觅一会（叶）得一快（叶）笃挚天伦长不改（叶）

上调天仙子

① 长际有座真武山，还有真武坑。

宝岭景概六首

郑国让 清道光九年（1829 年）宝岭魏谱

其一

灵钟本自九龙来，妙处诸峰次第陪。宝岭何尝非胜概，紫芝时长白云隈。

其二

四壁青山水一溪，浓阴绿树数莺啼。泉听雅韵如琴鼓，屋看高撑与竹齐。

其三

鹿豕遨游木石居，耕山茹草钓高鱼。民人罕识机关巧，浑噩犹存太古初。

其四

园林夹半种春蔬，禾黍阴阴戴月锄。梅雨不时闲箬笠，水风随处战棕榈。

其五

苍烟淡霭远山头，野雉嘐嘐小麦抽。闲逸耦耕沮共溺，清冷溪壑洗巢由。

其六

识路牛羊不用牵，下来群饮碧溪泉。牧童取道河边过，犊背曾看作画船。

黄泥峡即景偶成

魏鸿英　民国八年（1919 年）

疏竹

潇潇洒洒自心虚，君子由来喜与居。四季长春成雅趣，羡他劲节更何如。

乔松

擎天挺秀在山峰，一到岁寒色倍浓。鳞老不随群草落，问谁有此耐冷容。

赞鹤辉南二公

孙裕昆　民国三十二年（1943 年）铁山魏谱

鹤山事业，虎观人格。经学世承，科第代赫。金山灵钟，社会拔特。才足济时，弊政改策。难弟难兄，恭友各得。孝廉义方，惟民之则。利物救人，其仪不忒。允矣君子，庙食国色。

岐山题咏四则

魏鸿英 民国九年（1920 年）

其一

岐山瑞兆古流传，周室开基八百年。此地命名何自起，后先媲美卜谁然。

其二

长年修竹报平安，物景收罗亦可观。对面朝山齐顾我，九龙峰耸接云端。

其三

村少人稀数十烟，优游舜日共尧天。犁锄告竣无余事，但祝明春大有年。

其四

睦族敬宗尚比邻，男儿立志在光前。吾家阀阅须珍守，休入歧途玷祖先。

咏金山五景

周汝昌 民国三十二年（1943 年）铁山旧谱

崇仁书院

当年黉序屹山村，学子莘莘卒一门。过化名区流泽远，崇仁犹有古风存。

庵下井

古井护关夹路傍，瞰泉有窍发文章。天生一镒清如许，荡漾村情景非常。

仙岩庵

宝刹崇墉不记年，梵声隐隐过前川。鸟啼夜月山源处，瑞气傍村古色鲜。

圣公庙

圣公[①] 韬略果何如？九战当年事不虚。至今庙貌崇禋祀，拥护方隅乐安舒。

水尾桥

桥横为锁枕中流，络绎行人接迹游。漫道虹腰无所似，徒杠可作济人舟。

---

① 圣公，即张谨，时为朝廷招讨使。乾符五年（878 年）为黄巢军所杀。

第二节　今人文著

一、今人专著

魏日中　政和县镇前镇西溪村人，政和县人事局高级统计师，著有《踏雪寻梅》诗集一卷。另有发表论文《镇前公社农产量和农民收入的调查报告》（《福建统计工作》1982.2）、《石屯公社晚稻测产的方法》（《福建统计学刊》1983.4）、《论统计》（《福建统计学刊》1985.2）、《政和县统计局认真开展乡镇工业数字质量检查》（《福建统计工作》1987.24），论文《振兴政和矿业》（《福建统计学刊》1989.3）。

魏观景　政和县外屯乡黄泥峡人，政和县退休教师，著有《观景诗文》一卷。

魏万能　政和县城关人，政和县原人大主任，《韦斋与政和》、《云根诗联》编委会主任，主编《云根画册》。有《怀先垄》《朱子书院始云根》《文公颂》等20多首诗词。

魏旭方　政和县城关人，福建省特级教师，政和县人民政府原教育督学。论文《"X+1+Y"备课模式谈》发表于教育核心刊物《中小学管理》（CN11-2524/G4）2003年第7期及《教学与管理》（CN14-1024/G4）2003年第2期，论文《校务工作评价与量化管理探讨》发表于《教学与管理》（CN14-1024/G4）2002年第7期，论文《改革学校人事制度推进素质教育进程》发表于《福建教育》（CN35-1017/G4）2000年第6期，论文《发挥电教优势优化作文教学》发表于《福建教育》（CN35-1017/G4）2001年第8期，论文《明确主攻目标推进素质教育》发表于《福建教育督导》（闽报刊字00301号）1999年第5期。论文《从特殊的节日礼物 谈新型的师生关系》，发表于《福建教育督导》（闽报刊字00301号）2000年第3期；论文《改革评价机制优化管理过程》，发表于《福建教育督导》（闽报刊字00301号）2000年第6期；论文《多媒体下的社会课情感教学尝试》，发表于《福建教育督导》（闽报刊字00301号）2003年第3期；论文《开展教师互动式评价的尝试》，发表于《福建教育督导》（闽报刊字00301号）2003年第5期。主编《政和县魏氏志》，撰有《政和魏甲太源流考》《政和城关营尾魏氏家族考》《政和魏氏"九房林"之层一公考》《政和坂头魏姓考》《太史公魏敬中与政和》等文章。

魏万进　政和县城关人，现任政和县政协主席，福建省作家协会会员，散文《大岭秋色浓》发表于《福建乡土》2013年第4期，散文《佛子山记》发表于《海峡瞭望》2010年12月总190期。著有散文集《山风》一卷，由海峡出版发行集团海峡书局出版。

魏子彪　政和县下池村人，现任外屯乡兽医站站长、民政办主任。主要论文《提高牛人工授精的“冷配三率”》，发表于《畜禽业》CN 刊物 2007 年第 1 期；《一例农户养猪发生猪亚硝酸盐中毒的诊治》，发表于《畜禽业》CN 刊物 2015 年第 11 期上发表。

魏丽明　女，政和县铁山镇人，北京大学外国语学院亚非系主任，教授、博士生导师。出版学术著作有《泰戈尔文学作品研究》（合著）、《中印文学专题比较专题》（合著）、《东方作家传记研究》（合著）、《“万世的旅人”泰戈尔》、《男性作家的写作策略》、《“理想之中国”——泰戈尔论中国》、《中印开辟神话刍议》、《泰戈尔的文学起源思想探析》等。《泰戈尔与中国》（英文版）在印度出版，是《泰戈尔落在中国的心》主编之一。

魏杨旺　政和县澄源乡下榅洋深堀人，现任福建省监狱管理局办公室副主任。论文《以“两法”为载体，提高预防职务犯罪的能力》，2003 年 11 月发表于《中国监狱学刊》第 6 期（CN13-1201/D）；论文《福建监狱企业发展战略的几点探索》，2010 年 3 月发表于《中国监狱学刊》第 2 期（CN13-1201/D ）；论文《深刻理解首要标准，牢牢把握福建监狱劳动改造工作科学发展方向》，2011 年 11 月发表于《中国监狱学刊》第 6 期（CN13-1201/D），并获司法部企业质量管理协会一等奖。论文《致力于推进福建监狱理论创新》，2012 年 3 月发表于《海峡通讯》第 3 期（CN35-1299/D）；论文《监狱企业转型升级问题研究》，2017 年 3 月发表于《中国监狱学刊》第 2 期（CN13-1201/D）。

魏彪　政和县镇前镇西溪村人，福建成达鼓风机有限公司总经理。论文《各种形状的两叶圆弧型转子罗茨鼓风机的比较》刊登于 1998 年第 5 期《风机技术》，《三叶罗茨鼓风机圆弧型转子型线设计》刊登于 2000 年第 4 期《风机技术》（刊号 ISSN1006-8155）。

魏重政　政和县镇前镇郑源自然村人，北京师范大学心理学部教育学硕士。论文《从脑与认知神经科学视角看儿童道德发展与教育》，发表于《人民教育》2017 年第 1 期（CN11-1199/G4）；论文《面对校园欺凌：我们怎么做？》，发表于《人民教育》2016 年第 11 期（CN11-1199/G4）；论文《性少数学生心理健康与遭受校园欺凌之间关系研究》，发表于《中国临床心理学杂志》2015 年 23 期第 4 卷（43-1214/R）；论文《充足睡眠对儿童的身心发展至关重要》，发表 2015 年第 20 期（CN11-1199/G4）；论文《在家庭中实现孩子的思想基本权利》，发表于《中华家教》2016 年第 283 期（CN11-1156/C）；《在家庭中实现孩子的性权利》，发表于《中华家教》2016 年第 281 期（CN11-1156/C ）。

魏荣凯　政和县城关人，福建省作家协会会员。著有小说《那时年少》（2013 年江西高校出版社出版）、《一路泥泞，一路花开》（2016 年鹭江出版社出版）、《南天风雷陈贵芳传》《纤云劫》等作品。另有《苍凌剑》《玄武祭》《李三娘传奇》等长篇小说发表于报刊。

魏敦笙　政和县西溪村人，高级工程师。论文《基于最大稳定极值区域的机场目标识别》，发表于《微型电脑应用》2012 年 05 期（CN31-1634/TP）；论文《飞机结构航材需求预测方法研究》，发表于《军民两用技术与产品》2015 年第 4 期（CN11-4538/V）；论文《民用飞机结构件交付状态研究》，发表于《科学技术创新》2018 年 25 期（CN23-1600/N）。

刘桦　女，福建省建瓯市人，魏敦笙夫人，硕士研究生，临床药师。论文《液质联用技术在环烯醚萜苷类化合物研究中的应用》，发表于《药学服务与研究》2011 年 01 期（CN31-1877/R）；《近红外光谱技术在线监测积雪草药材活性成分的大孔树脂分离纯化过程》，发表于《光谱学与光谱分析》2013 年第 33 卷第 1 期（CN 11-2200/O4）；论文《Physicochemical characterization and pharmacokinetics evaluation of β-caryophyllene/β-cyclodextrininclusion complex》，发表于国际核心期刊《International Journal of Pharmaceutics》2013 年第 450 期（ISSN：0378-5173）；论文《人参叶总皂苷大孔树脂分离纯化工艺的近红外光谱在线监测模型及其含量测定》，发表于《光谱学与光谱分析》2013 年第 33 卷第 12 期（CN11-2200/O4）；论文《甲巯咪唑致严重粒细胞缺乏 1 例》，发表于《中南药学》2018 年 8 月第 16 卷第 8 期（CN43-1408/R）。

二、今人诗词

（一）魏氏宗亲作品选

宝岱杂景诗六则

魏观玉 1982 年宝岱总谱

其一

祖山发祥稠岭巅，穿帐过峡起伏缠。透迤降脱凹形地。适宜村居景象新。

其二

村处凹地景悠悠，竹松苍翠无冬秋。两砂环抱桥关锁，龙回脉转村运优。

其三

宝岱村处万山中，深处幽居乐为农。到底世情同样色，勤劳朴素最古风。

其四

经济山林贫穷移，生活提高尼纶衣。大经轮奂住舒适，只为边隅路难易。

其五

电灯照明不夜天，千里演唱在眼前。往惜煤油黑朦胧，如今进化旧貌迁。

其六

尊宗敬祖须当提，满腔热情孰达知。纂写家乘成大典，千秋记载不忘迟。

撰谱学咏二首

魏日中 2001 年

始祖甲太公

始祖甲太发东游，东征阀阅又千秋。钜鹿之光透七闽，魏家烟火接斗牛。

祖地金山（铁山）

祖地金山龙凤游，仙岩琼阁九战丘。两岸乡关映烟影，一泓碧水向西流。

诗 四 首

魏敦贵　2001 年

魏氏谱

时逢盛世修族谱，为寻先祖有恩思。尔今试作诗几首，后裔子孙恭前步。

关隶镇

卜前上宅千古亘，官仑营马镇衙坪。共饮方圆五溪水，朱松考证关隶名。

怀祖父[1]

才行兼优第匾留，笔架森然科名求。亘古桥联书香径，凝对寒窗几度愁。

咏故乡

2019 年冬

灵源惠泽桑梓地，笔架森然秀气天。华堂代有耀宗匾，儒风长扬飞凤身。
慧心引领入国联，异邦生彩著华篇。玉印分明探学海，碑林金鉴正世裔。

颂徵公二首

魏敦贵　2019 年冬

之一

贞观之治起宏基，大唐宏图世所稀。千秋金鉴正今古，神州祥和百姓依。

之二

犯颜直谏无胆怯，治国安邦有大略。帝王人镜显神威，乾坤朗朗辨真伪。

水调歌头·赋故乡郑源

魏敦贵　2019 年冬

山青鸟争鸣，水秀鱼竞欣。驿道庵堂庙宇，书画入眼帘。七坝波光云影，八道彩虹相间。天然秀色景，人鲤悦心颜。

观音舟，聚贤亭，圣母殿。佛缘感应人生，元宵不夜天，老屋茗香酒醇。对饮乡愁无限，古村文脉远。玉印伴柳茵，神奇安泽宁。

① 祖父：魏鸿英。

颂徵公三首

魏仰达 2002 年

之一

犯颜直谏世堪赞，耿耿忠心日月光。诤臣典范史无二，丰碑屹立永留芳。

之二

谏君十思著华章，治国安邦智其中。良臣贤主双合璧，泱泱盛唐世称雄。

之三

兼听偏听辨是非，载舟覆舟哲理清。正己率下树榜样，择贤任能天下昌。

魏氏族谱编撰为贺

魏亮 壬午（2002 年）孟春写于洛杉矶南加州大学

之一

笔抒故土先贤志，弦拟新纪游子情。德馨才茂身乃立，政通人和脉方兴。

之二

春阳晨诵风盈卷，秋灯夜读雨沾衫。潜修立业昌邦策，不负故园父老心。

修谱有感

魏声易 2001 年

房派支系各千秋，淙淙小溪汇洪流。今日云集修宗谱，他年儿孙绍箕裘。

家谱感言

魏福建 2001 年

家谱族史 ，承前启后。激励族亲，团结奋进。

清平乐・题政和魏氏全谱

魏敦映 2001 年 5 月

三年苦累，寻来一脉会。字里行间铸亲情，使睹者尽陶醉。

著述魏氏先祖，也写今朝人物。辉煌共勉向前，但愿后辈常顾。

诗三首

魏观景　2002年

喜读政和魏氏全谱

嗣闇经文愧家志，开卷顿觉有洞天。姬魏绵绵长河史，谱道疏疏几度编？
新作究源还正本，合族展览破迷津。百代宗风共挺立，侯爵前头是龙颜。

下池九房林祖墓即景

青山素裹著锦衣，一镜平川映涟漪。圣地生辉声名远，何处不是九房林。

祖居黄泥峡感怀

更九公徙迁黄泥峡肇基立业，繁衍至今，六百余年矣。劳作先辈，苦不堪言。幸逢解放，面貌与日俱新，天人同乐。故作此句以记之耳。

几朝寒露几层霜，腊梅当作杜鹃尝。扶摇青枝长翠秀，望将陈壁易画梁。
沧海桑田多世故，愁肠泡影空悠荡。裔拾沉怀酬新业，聊把先人未境还。

魏徵礼赞六首

魏观景　2019年9月

政治家

国公爵位晋殊荣，亘古诤臣旷世名。直谏匡襄君闪失，矢的弊染圣昭明。
十思十渐疏心劲，无颇无偏王道平。不畏犯颜风入骨，贞观之治耀丹青。

思想家

良相情怀四海明，于无声处慎兼听。载舟覆舟波涛涌，民本民怨向背间。
法理刑赏原劝善，仁德施政溢温馨。君臣许国人惟旨，天下归心庆太平。

经学家

先师布道儒风盛，博览经学谏自如。探索前贤精易礼，潜心论语悟尚书。
兴文偃武守成重，理国安邦纲纪纾。不世人君怀若谷，贞观媲美舜尧时。

史学家

魏相学识造诣深，监修国史率时贤。群书治要君龟镜，入木隋书究祸因。
朗明篇章扬鉴戒，殷殷肺腑效唐天。良臣殂逝斯人去，著述丰碑鉴古今。

文学家

理政功勋创盛唐，文学阵地建辉煌。奏疏史论三分木，诗导心灵志纵横。
超脱浮华官体臼，人和歌舞进乐坛。才华横溢无伦比，一代鸿儒千古香。

书法家

双馨德艺宫前立，瀚墨书林负盛名。史赞功深平虞褚，声先颜柳劲雄妍。
垂遗洪范稀珍宝，气韵笔锋宛若人。坐席卓冠彰大器，巍巍骏业满唐天。

怀先耋（五首）

魏万能 2012 年 10 月

之一

祖先百世不寻常，天赐萱堂内外香。盛世如今修族谱，从此儿孙福泽长。

之二

鲤鱼相对有灵穴，修正点明皆是佛。獭仔潭中展锦被，有功有德始为福。

注：赞魏公璜。鲤鱼：指东峰村鲤鱼山。獭仔：指獭仔山。锦被：指东峰村锦被潭。

之三

梵声隐隐过前川，宝福崇墉不记年。福地从来贵人得，瑞气如虹景色鲜。

注：赞魏公汉蟜。宝福：指铁山大红村宝福寺。

之四

三面青山绕凤城，一泓好水碧潭清。后人长诵魏桥序，后乐先忧最有情。

注：赞魏公国珣。凤城：指石屯镇松源村雾露科凤山。

之五

以仁为首孝为先，立德炳斋品至贤。师表千秋人皆颂，绵绵香火照先茔。

注：赞魏公廷耀，字炳斋。香火：指石屯镇西津村头墓地旁有一小庙，香火常年不断。

祝贺政和魏氏宗亲会成立赋诗三首

魏万能　2017 年 10 月

一

根从钜鹿出宏图，甲太金山始定居。鼎足九房成望族，寻根溯本谊难疏。

二

祖德水源深似海，宗功木本重如山。尊祖敬宗传千古，光前裕后永流丹。

三

天地为媒结宗同，宗支衍庆枝荣繁。同叶同枝同根生，天涯海角血缘浓。

祝贺政和魏宗亲联谊会成立取得圆满成功

魏正华　2017 年 10 月

魏氏源流出姬姓，始祖毕万启发祥。徵贤后裔枝繁茂，甲太恩泽世代昌。

赞魏振贤、刁云英夫妇镇前之行

魏正华　2017 年 2 月

和煦春风拂面来，千年古镇遇贤才。精神矍铄宗亲赞，耄耋之年佳话传。

贺 茶 王

魏正华　2017 年

祝贺魏思忠世发茶厂白茶“牡丹雀舌”荣获第六届政和白茶斗茶赛“茶王”称号：

思忠潜心制白茶，细嫩形美色泽鲜。滋味厚醇香四溢，牡丹雀舌载誉归。

祝贺福建省魏氏委员会政和县联络处、政和魏徵文化研究会第二次代表大会暨政和县魏氏妇联成立大会圆满成功

巍巍魏氏源流长，瓜瓞绵绵百世昌。
和睦族人承孝道，爱国敬祖美名扬。

沁园春·瞻九房莲祖陵

魏敦映 2019 年

云涛翻滚，雾海澎湃，龙潭沸腾。看群山飞来，唯安我祖，已近千载，曾孙万众。遍布神州，九房一脉，时逢盛世好修陵。真功德，晚辈怀宗祖，把旧颜改。

协商讨，博广意，理石台阶栏杆雕注。揽谱中精华，奇文诗书，古今历史，观者心舒。魏碑丰彩，国粹之笔，赏风景这边独处。声声赞 . 携手同心力，贵在步步。

诗 三 首

魏重春

九房陵祭祖

2009 年 4 月

山明水秀九房陵，福地佳穴罩万年。先辈修德传祖训，恩泽世代永方兴。

魏徵公祠

2019 年 12 月

谁主相魂落风山？警言天下念危安。守成继往开新业，本固邦宁渡小康。

颂魏相公

2020 年 2 月

一朝贤相负芳名，辅佐安邦天下平。缔造贞观唐鼎盛，千秋金鉴府清廉。
兼听警句防失过，舟论良言哲理明。不世之臣存百姓，丰碑无字述华篇。

卜 算 子

魏重春 2020 年 2 月

名相魏徵公，辅佐唐宗帝。精谏兴国大盛唐，举世谁能敌。　　进谏尽为公，帝相双合璧。百姓安居盛世宁，天下为及第。

长 相 思

魏重春 2020 年 2 月

水载舟，水覆舟。辅佐安邦帝相和，贞观耀金瓯。
明兼听，暗偏听。逆耳忠言良药灵，仁德施众心。

（二）政和县诗词楹联协会作品选

魏 徵 颂

杨世玮　2019 年

忠言直谏佐君王，正气千秋震四方。卓越功勋谁与比，魏徵宰相永名扬。

名相魏徵

南野　2019 年

贞观之治大唐兴，一代名臣有魏徵。直谏良言谁与比？凌烟阁里永留声。

宰猪退佃魏大鳌

张大握　2019 年

宰猪退佃闹东平，西表寻常百姓生。安置伤员心细致，递传情报自分明。
集筹粮草乡间出，运送辎囊夜里行。骤雨腥风夭逝早，苏区榜上有其名。

赞魏国珣独资建桥

杨世玮　2019 年

独资复建迎恩桥，不忘家乡自在描。彰显国珣施善举，热心公益话今朝。

赞魏廷耀

杨世玮　2019 年

捐俸留心公益事，尚耕励读赐牌坊。殷勤至俭修文庙，孝义双全嗣业昌。

得高夫妇斗魔王

张大握　2019 年

闽北政和桑梓地，夫妻结对斗魔王。长期敌后传情报，偶尔堂前品茗香。
用尽酷刑浑不怕，再添滋味又何妨。一心向党殷红色，留下英名璀璨光。

魏万能获首届文脉奖（诗二首）

张则钦　2019 年

之一

十五春秋如一日，时时都在为云根。如今文脉能传世，名就功成证苦心。

之二

始终不改是初心，退而难休只为民。装点家乡成胜景，三山秀色远传闻。

贺魏万能荣获首届文脉奖

范永亮　2019 年

十五春秋载暑寒，云根书院展宏观。凿山筑路担风险，问道捐资照胆肝。
落实详规躬始末，谋篇布局巧中盘。魏公义举民称颂，文脉传承奖慰坛。

祝贺魏万能荣获文脉奖

杨世玮　2019 年

云雾迷蒙好壮观，根深叶茂启贤冠。书声琅琅皆诗韵，院构巍巍是杏坛。
重拓方塘堪洗砚，建修黉宇任凭栏。传承文脉邀吟友，嘉奖魏公照胆肝。

贺《政和魏氏志》付梓

张大泽　2019 年

千秋金鉴昭明德，铁骨功臣自远修。武略长怀生国计，文韬早遂报家忧。
强身注念支群力，立志铭心树远猷。才俊子孙求发展，承前启后永芳流。

一卷家书扬国风

——读《政和魏氏志》有感

张大泽　2019 年

众论臣衷赞魏公，风云激荡刻心中。千秋金鉴情云璨，一片冰心太史隆。
且喜后贤镶锦绣，漫怀先祖绚诗雄。万年血脉融华夏，立志家书扬国风。

《福建政和魏氏志》告竣喜贺

杨世玮　2019 年

福地行仁敬祖先，建心溯本且尊贤。魏家前辈留芳史，氏谱敦和入锦篇。
家训良风传百代，族规业绩纪千年。志书慎做今圆满，庆典豪情上九天。

咏 魏 徵

熊源泉

几番际退终归唐，幸得明君视若膀。忠谏逆鳞史无匹，劲节松筠人共仰。
人鉴史鉴蜚声远，品极名极岁月长。坐看青史留佳谥，浣笔犹觉浩气扬。

题魏徵公祠

熊源泉

红楼翠阁琉璃盖，玉板紫坛对古槐。水映龙岗晴逾好，绿浮柏林云自开。
廊升寒野开新局，柱立香埔起宏台。旭光临户融日月，煌煌圣跡足慷慨。

建祠有感

魏旭方　2019 年

千秋金鉴传天下，仁者之言古圣书。一代诤臣铭砥柱，十思玉语记元初。
高怀载道前贤治，壮志忧时举世梳。寄意承恩祠宇建，钟情家国永芳居。

三、楹联

政和魏徵公祠楹联选

大德宽仁良臣犯颜扶国运　盛唐宏图帝王人镜正古今

魏敦贵撰

相显凌烟一代良相　名成贞观千古诤臣

张则钦撰

德业昭昭俎豆馨香名扬四海　功勋灿灿蒸尝礼祀派衍千秋

熊源泉撰

十思宏文启贞观盛世　一道述怀开大唐诗风

魏万能撰

立德隆礼千秋尊古今　守道居仁万世泽后人

熊源泉撰

宏宇初张天岸远　灵祠长祀人中龙

熊源泉撰

青龙腾云得山水清气　朱阙映日极天地大观

熊源泉撰

清流化育涵濡天地气　水镜分明凝聚古今情

熊源泉撰

贤风长扬木本寻源金山地　香远益清枝衍碧莲九房天

魏敦贵撰

名相祠中思木本　状元峰上溯同源

魏旭方撰

儒门擎启蓝天近　文脉联袂根底深

魏观景撰

金山玉树株株秀　九蓬莲花朵朵馨

魏日中撰

秉十思防十渐促成明主　杨六正抑六邪始为良臣

杨则钦

名相以俭养廉开一世风范　诤臣忠谏勤政秉千秋德操

魏万能

峰比高飞凤山与青龙山并峙　德为邻朱文公与郑国公分祠

魏万能

一代名相立天地　千秋金鉴照古今

古联精选

登高极目长空雄图篸远　府仰兴怀故土继往开来

古联精选

魏亮博士为魏徵公祠撰写的对联

一

上联：政通人和 上十思疏先贤盖以人为鉴
下联：时安物阜 行万里路后生须格物致知
横批：固本浚源

二

上联：书山安有路　父祖双肩担耕读，披荆斩棘燃星火；
下联：学海岂无舟　儿郎一力定风波，济世利民承华章。
横批：光前裕后

魏氏九房林楹联

魏敦贵　2010 年仲夏

宗归一脉千秋旺　莲香九房万代兴

九蓬莲地九祥发　九房宗支九品红

孙贤思恩久　祖德世泽长

谱延祖德孝廉方正　孙续道脉才行兼优

诗行乡间寻雅韵　笔走家书溢墨香

弘扬祖德　世延诗书

下池九房亭楹联

范永亮　2017 年 11 月 1 日

地动山摇仙指蛙岩留胜景
龙飞凤舞鹤鸣堰塞喜嘉宾

村后龙盘虎踞呈紫气
亭前象真脉旺锁宏财

天门开通阔却深藏来水
地户闭锁喉能环抱宏福

下池九房亭

四、文赋

编谱修陵记

魏敦贵

“百善孝为先”，盛世编谱修陵乃首善事。清道光前，吾族所纂各支谱，均无“源流世系”图，难成谱系。民国初年，清末拔贡郑源魏鸿英公修谱时“窃叹”九房林以上世系“缺而无征”。至辛亥冬（1911年），鸿英公在建瓯东游柽洋同宗魏文明家，以十二块银元买回全谱，以补完臻。清代、民国尤以郑国让、叶大山及本族魏鸿英等名儒文魁编纂诸多村、乡魏氏族谱，始为后者修谱提供了极为珍贵的史料依据，真乃功德无量也。

为追宗寻源又时逢盛世，由铁山魏堂增等众族孙首倡，推郑源族孙魏敦声（原副县长）为主任委员，西溪族孙魏日中为主编，郑源族孙魏仰达教授为顾问，铁山族孙魏堂械（原民政局书记）为常务副主任，下池族孙魏声易和西表族孙魏焕寿等组成《政和魏氏全谱》编纂委员会，筹资十余万元，宗亲魏礼情、魏重生等大力支持资助，以五十余本旧谱为依据，查阅数十万字史料，录集古迹、古物、古记和主要绪论、诗词。历时三年多，书写近百万字，编成《政和魏氏全谱》，真乃耗尽心血、令人钦羡。笔者赞曰：

白发苍苍修族谱，为寻先祖有恩思。
阅尽千年宗族史，遂成百万自家书。

又如族孙魏敦映词《清平乐》赞曰：三年苦累，寻来一脉会。字里行间铸亲情，令睹者尽陶醉。著述魏氏先祖，也写今朝人物。辉煌共勉向前，但愿后辈常顾。

九蓬莲，因九兄弟得美称“九房林”。该山在政和县城东向浦赛线17公里外屯下池村口。九房始祖陵地处丹山碧水，山势雄奇，景色秀丽，犹如黄龙蟠江，乃风水宝地。祖陵已700余年，历史悠久，因世故变迁，风雨侵蚀，又年久失修，山路窄小泥泞，坟陵面目全非。世孙二万余众，清明祭祖拥挤不堪，族人无有不话，唯愿组织修缮。

近年，继全谱成册首发后，为遂众愿，公推族孙魏敦声主持，魏声易、魏敦贵、魏焕寿、魏敦进（宝岭）、魏子全组成筹建组，魏华贵等助理，数十次聚会筹集资金、踏看地形、设计方案。更有族亲600余人乐善好施，主动捐款十余万元，仅用半年时间，砌护坡，铺陵道，立墓碑，建莲阁，刻碑栏。历千辛万苦，遂成现状。唯因地势及资金所限，并无大范围倡捐，更因时间紧迫，确有诸多不尽如人意处，诚待善者续力补就。谨以七律一首拙作借以共勉：

人生品重忠和孝，世间良图读与耕。
著谱修陵怀先祖，碧水香莲一脉功。
清明时节踏青日，瞻仰始祖方为荣。
黄龙蟠江吉祥地，应许人杰九宗同。

2009年5月

魏公万能重建云根书院记

祝 熹

戊戌夏，余随林公文志赴齐鲁考察。一日，自尼山归曲阜。车窗外，斜阳千里，平野尽望。先生喟然语余曰：“齐鲁自古圣贤之地，吾乡亦为理学名邦。齐鲁有‘万世师表’之孔子，吾乡有‘大儒世泽’之朱子。习近平总书记有言，儒家思想乃中华民族生生不息、发展壮大之重要滋养。建书院，尊圣人，宏儒学，崇道德，不亦宜乎？朱子文化研究会当关注弘扬朱子文化之大德，奖掖先进，以彰其德。政和有魏万能者，当褒扬之。”

“政和”乃宋徽宗年号，北宋政和五年（1115年）易闽地关隶县名为政和县。政和八年（1118年），朱子之父韦斋先生同上舍出身，授政和县尉，举家入闽。政事之暇，于桥南正拜山下创星溪书院，于县北黄熊山麓创云根书院，以供职事之余，读书观理而养其高大之趣，以风化县人子弟，使知兴学。邦民称韦斋“既民之父母，又民之师保也”。韦斋去县，百姓思复念之，千年而降，或立祠祭祀，或重修书院，或勒石铭记。云根书院，屡废屡修，自宋以还，重建者六。然自清嘉庆十一年（1806年），知县丁日恭重建之后，废弃久矣。

魏公万能，政和城关人，历任政和县副县长、中共政和县委副书记、政和县人大主任。曾主持九层际电站工程建设，负责洞宫山水库、下榅洋水库、芹山水库移民安置。所做之事，“农”“林”“水”也。

政和魏姓，其肇基始祖魏甲太，于宋神宗熙宁元年（1068年）迁铁山屯头开基，逮今千年矣。家族有仁人之心，兼善之情。魏氏子弟，或参建县学，或倡修书院。岁月不居，光阴荏苒，时甲申年，有识之士谏曰：“重建云根书院，可乎？”政和官长然之，遂成立云根书院筹建委员会，魏公万能任委员会主任。

政和文脉之浸润，家族传统之使命，魏公虽自以为乃建水库修电站之粗人，却以当仁不让之心，阔步而出，穿过城区繁华街巷，站立青龙山上：正拜山在侧，黄熊山在望，千山堆叠，青峰秀峦；双水夹流，星溪逶迤，潺潺湲湲，西流而去。民居祥和，斜阳楼角，溪桥跨岸，市声隐隐……市井溪山之胜，靡不呈献。千里浩然气，一点快哉风，魏公遂选址青龙山。

政府支持，单位鼎力，犹未足也。魏公请商贾赞助、邦民捐款，亦曾赴上海同乡会，游说同乡，合众官员之力量，积众邦民之火焰，买山地、开山路、推土方、跑设计、购材料，事事躬亲，一一区划，心心念念，夙兴夜寐。历时三年，岁次丙戌，方塘半亩，得清如许；斗拱飞檐，殿宇森然；曲苑回廊，移步换景。书院规模尽备矣！然塑像未立，文字阙如，版面空缺，楹联

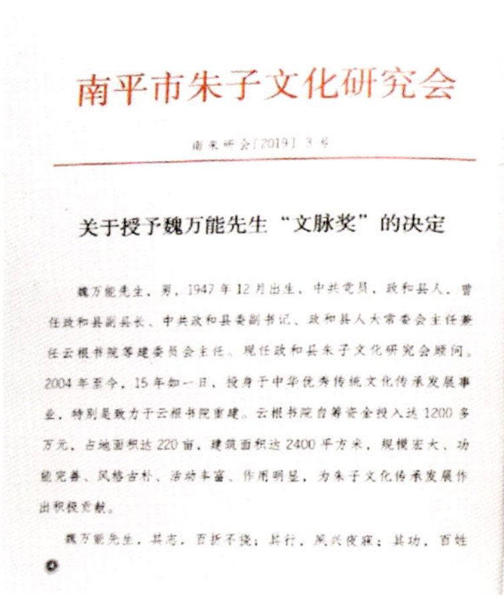

南平市朱子文化研究会

南朱研会〔2019〕3号

关于授予魏万能先生“文脉奖”的决定

魏万能先生，男，1947年12月出生，中共党员，政和县人。曾任政和县副县长、中共政和县委副书记、政和县人大常委会主任兼任云根书院筹建委员会主任。现任政和县朱子文化研究会顾问。2004年至今，15年如一日，投身于中华优秀传统文化传承发展事业，特别是致力于云根书院重建。云根书院自筹资金投入达1200多万元，占地面积达220亩，建筑面积达2400平方米，规模宏大、功能完善、风格古朴、活动丰富、作用明显，为朱子文化传承发展作出积极贡献。

魏万能先生，其志，百折不挠；其行，夙兴夜寐；其功，百姓

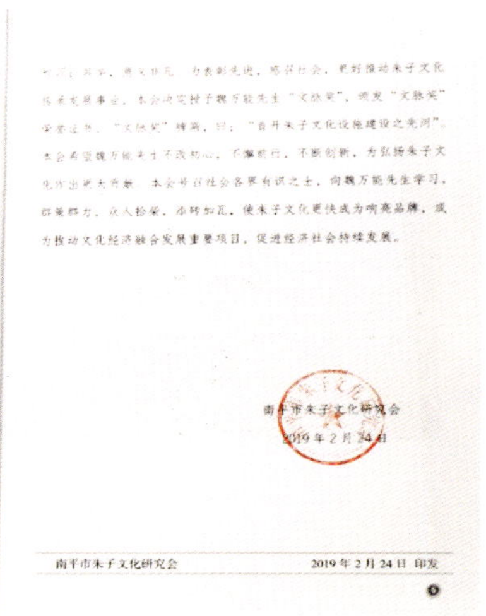

[illegible]为表彰先进，感召社会，更好推动朱子文化传承发展事业，本会决定授予魏万能先生“文脉奖”，颁发“文脉奖”荣誉证书、“文脉奖”牌匾，曰：“首开朱子文化设施建设之先河”。本会希望魏万能先生不改初心，不懈前行，不断创新，为弘扬朱子文化作出更大贡献。本会号召社会各界有识之士，向魏万能先生学习，群策群力，众人拾柴，添砖加瓦，使朱子文化更快成为响亮品牌，成为推动文化经济融合发展重要项目，促进经济社会持续发展。

南平市朱子文化研究会
2019年2月24日

南平市朱子文化研究会 2019年2月24日印发

未拟。魏公遍阅县志，撰《韦斋在政和》，编《朱子生平》，拟《政和大事记》，再以退林、韦斋、朱子为楔入，整理宋代理学名贤、政和历代先贤、政和革命先烈，搜罗韦斋、朱子诗词。又上溯前贤古训，《三字经》《千字文》《弟子规》《朱子家训》《朱柏庐治家格言》。塑孔子行教像、朱子雕像、祝夫人育子像。集朱子书法为匾为联，亦请名家拟联，邀书家题匾，约作家撰文，诸如此类，不一而足。以石雕、影雕、彩绘瓷砖表现，倘天地不易、岁月静美，则斯文不坠可不朽矣！戊戌季冬，余谒云根书院，魏公带余遍观书院之像、之文、之诗、之联。余窃长叹曰："闽北文化建筑布置罕出其右者。"吾亦乃知林公文志所赞非谬也！

魏公承德业，继前哲，青龙山上云根书院之鼎新，规模宏大，远避市廛。政和邑民，靓女俊男，往来不绝，登高望远，凭栏俯瞰。千家山郭，屋舍历历；叠嶂重峦，星溪粼粼。瞻仰先贤，诵其诗，受其教，继往开来之情油然而生也。由是邦民奋发，里中赞叹，政和儒风亦复蔚然矣。

魏公立大志，做小事，则事事易成；发宏愿，结善缘，则人人钦佩；行公益，建书院，则自有泽德。熊邑之士，闻公之风，当叹慕则效而兴起也。

云根书院

佛子山记

魏万进

政和佛子山地质公园是国家级风景名胜区，素有“小黄山”之称。

从稠岭盘山公路的大弯处，沿着逶迤的山路前行，便可通往佛子山核心景区。这里一路山峰奇异，怪石嶙峋，山水清幽，诸峰竞相向上高耸，一比高远，直冲云霄。岩石的性质、古树的种类、花草的颜色、风霜的形态也都与众不同。

佛子山最幽深的山峰，是猪头峰。远远望去，猪头峰沉没在绿色的沧海中，峰尖上的岩石长着数棵千年古松，穿插在白云之中，白昼耀眼的阳光为山峰披上了金黄的衣裳，散发的光芒更是把天空染成了绛红色。夜晚微明的月光笼着因风而发出吹埙声音的松涛，像草虫细极凄厉的鸣声，一忽而大，一忽而小，像是很远，又像是在眼前，似乎是那曾经的天蓬元帅正在望月哀思，以致叹息声声！泉水拍打着石壁，泠泠作响。迎面飘来若蒙蒙细雨的山泉，清心爽澈，阳光照射下，发出七彩的光波，分外耀眼。小路在原始森林中穿梭，林深叶茂，青翠掩映，有紫荆、红豆杉、油杉、银杏，政和杏等。岩石上清香的果实，红的像宝石，紫的像玛瑙，猕猴桃层层叠叠的藤蔓自然绕成硕大的成串果实，沁人肺腑。美丽的山鸟相和争鸣，嘤嘤地唱着和谐的音律，蝉不停地鸣叫，山花引来蝴蝶蹁跹起舞。人在其间顿感与大自然融为一体，物我两忘。行走于起伏的山路，山崖石脊如驼峰弓起不定，后面的人头几乎挨着前面人的鞋底，前面的人回头只能看到后面人的头顶，远远望去，好似现实版的“叠罗汉”，煞为壮观。石阶上滑动的苔藓，偶尔留下一点来客的踪迹，却不知是谁曾在此停留。这不由引起我的遐思——先贤朱熹来过佛子山，一定也曾经过此地，才能写下令人宛若身临其境的“踏破千林黄叶堆，林间台殿郁崔嵬。谷泉喷薄秋愈响，山势空蒙画中垂”（《佛子行吟》）。

佛子山最雄奇的山峰，是狮子峰。此峰是石笋状的石峰，岩体巨大，冲天而起。远眺如雄狮，昂首云端，声震山川万壑，鬼斧神工，令人震撼。明代诗人郭斯垕有诗赞咏：“倚马稠坑岭上望，分明狮子在高岗。孤峰回挺天光碧，巨石还依曙色苍。”随峰回路，移步换景，从西南方看，像露出海面探头探脑的海狮；从南往上看，像硕大的春笋，含咀着云霞，吸饮着阳光，蕴藏着无限生机；从狮峰寺往上看，又像是俊逸山鹰，伫立高山，傲视苍穹。据说有人曾上过狮子峰顶，但是必须从山峰背后用绳子吊到顶上。人立山顶，可以看到南面龟头岩、兄弟岩、鲤鱼背、石屏障、

佛子岩

腾龙松、狮峰庙、母狮岩等诸多景观。峰顶圆滑，长有郁郁苍苍千年古松，形状如飞翔的愤怒虬龙，枝叶向四处伸展，特别的茂盛，更有不少杜鹃树，点缀其间。峰上景色四时分明，春天山花烂漫，鸟语花香；夏天翠绿如黛，蝉鸣轰耳；秋天霜叶点染，色彩缤纷；冬天银妆素裹，晶莹剔透。

佛子山最具人文景观的山峰是佛子岩。两峰相对，像两个巨人站在天地间，相互对话。形态有如久别重逢的夫妻，正呢喃细语相思之苦，称为夫妻岩。在夫妻岩的中间佛子岩，就像依偎父母间的孩子，三岩并处，恰如三口相拥，令人倍觉温馨。转变视线，专注眺望佛子岩，此时景致又迥然不同，整个岩石有如虔诚的佛家弟子正面壁参禅，禅意甚浓，叫人肃穆。此情此景，令我似乎对山水有了别样的感悟：一个没有内涵的少女再天生丽质也难有真正的魅力，因为她需要文化那永不磨损的光芒。山水也同样如此，观景时，如果只知山水景致而不知山水之后的人文，那无疑是以极品茗茶做牛饮解渴之物，可谓名副其实的“大煞风景”。

佛子山最秀美的山峰，是笔架峰。笔架峰是三座浑圆天成的山峰，奇特突兀，云烟连绵，林木掩映，尤为奇特的是三座山峰好像是被人为攒聚一般，大小相近，高低相致，排列有序，别具俊秀脱俗，酷似文房中的笔架。笔架峰的云霭如梦幻般，“晴时早晚遍地雾，阴雨成天满山云”，每当旭日东升或夕阳西下，云雾便从四面八方涌起，有如盛大的仪仗队，纷纷郁郁地升腾上来。山峰包在其间，恰似点点绿岛漂浮浩瀚云海。当云雾消散、太阳出来的时候，各种景致一应清晰，山下的农舍、山坡上的水牛均可一一指点数清，宛若蓬莱仙境一般。常有游人形容佛子山不是玉帝纵情山水的绝妙丹青，就是王母留在凡间的文房宝山。过去对于这类形容，更多的只是会心一笑，但身临其境，感怀其中，恍惚间便会感觉，其实佛子山就是个人间仙境，或许在其白云深处，此时就有几位仙人正在把酒言欢、谈学论道。佛子山的天柱岩，从山腰拔地而起，耸立云表，按原始宇宙观的天圆地方的说法，天柱岩就是盘古开天辟地中盘古的四肢化成的擎天之柱。又像一支天笔，以蓝天做纸，一旁是酷似笔筒的签筒岩，以及躺在山脚溪边若砚的方形巨岩，恰好组成一套文房四宝。正如陆游的《笔砚纸墨戏作》：“水复山重客到稀，文房四士独相依。”

佛子山最险异的山峰，是悬柱岩。悬柱岩是巨大的柱状岩体，悬空于绝壁之巅，高耸云表。根部层状的砂岩已经风化剥落，三分之二已悬空，风从树尖上刮起，树林摇荡，山峰与树木好像相随着都将坠下。就连山上猿猴，只要偷偷看一下悬柱岩，都会吓得背起幼崽惊叫逃窜。山鹰从柱旁飞过，也会惊得魄飞胆破。游客中有人提出疑问：“悬柱岩为何悬空，还能悬空多久？”对此质疑，令我不由想到：“悬柱岩经过了千万年，看似欲倒却能巍峨屹立。其实自然就是如此奇妙，有些看起来似乎就要崩塌，却可能过了万年还依然如故，但也可能在明天或者是后天的某个时间崩塌了。这一点在我们面对地质灾难时，不能不引起警觉和注意！”

佛子山最完整的地质遗迹，是蛙岩。佛子山是火山岩峰林地貌，与丹霞、喀斯特地貌不同。佛子山是在白垩纪多次火山喷发生成的，距今有二亿年的历史。沿溪的山峰、岩崖在深大断裂上，因火山多次喷发，岩浆层层覆盖，形成有节有纹理的发育。山势的东高西低，形成的河床非常的陡峭，时逢雨季，山洪暴发，如猛兽般咆哮奔腾，不断冲刷着这里山峰、岩崖下半部分。或许是山体的下半部分被山洪掏空，或许是因为发生过地震的诱发，这里发生过山崩。山崩的那天，山峰、岩崖轰然崩塌，野兽惊慌，四散逃窜，猿猴发出凄厉的长啸。崩落的岩体巨大、坚硬，瞬间形成堰塞坝，溪水倒流，涌起的大浪高数十丈，形成了堰塞湖。堰塞湖更是在泥沙淤积后成为近 20 公里的古堰塞湖地质遗迹，以至现在溪流上景观多样，有圆圆的滚石、石笋，有带横纹、曲纹的叠石，亦有叠石堆成的岩洞、飞溅的瀑布、阡陌的水道。溪流中有一岩石极像石蛙，翘首欲跃，故称为蛙岩。而在这里，这类形态各异的石头还有许多，都是山崖崩裂落坠下来的。并且因为山崩石落造成急流突起，每到汛期，坝上水流下泻形成的瀑布，更是雷霆轰耳、水龙奔腾。

佛子山重叠的山峦，秀丽的山峰，奇异的构造形态，梦幻般的云海，壮观的晚霞，其中美妙，着实难以用语言来描述。这样的奇景独独钟情于稠岭，不仅是大自然对我们的一种特殊赏赐，更体现了大自然对我们的深情眷顾。无论是周边住客，还是游览过客，得以享受奇景的我们，都是自然的宠儿，都有义务有责任为保护这片世外桃源尽心出力。真心的祝福这片俊秀天地在千百万年后，依然能够继续绽放其傲人风姿，令我们的子孙继续为之叹服！

注：佛子山是政和魏氏的主要聚居地之一，政和魏氏主要聚居村落外屯、下池、稠岭、佛子岩、黄泥岐、下步洋等村均在其境内。

2012 年 3 月

佛子山全景

魏徵公祠记

政和县魏徵公祠筹建委员会

魏徵，字玄成，河北钜鹿县下曲阳人（今晋州市）。少孤贫怀大志，好学多所通涉。隋乱诡为道士，目睹隋末烽烟四起，决然别师出现，从军李密瓦岗。密溃，则见高祖，自请安辑山东，乃升秘书丞。唐太宗即位，任谏议大夫。旋拜尚书右丞兼谏议大夫、秘书监、侍中、左光禄大夫、封郑国公，后为太子太师。魏徵辅佐唐太宗由勘乱以武转为守业以文之历史转折，确立以德治、仁政、王道治国大政方针，主张用儒家思想教化社会子民，显仁扬善。其耿直有胆识，犯颜直谏，前后进谏二百余奏，奏奏铿锵。陈谏剀切当帝心者，秉承至公为止，孜孜奉国，为民耿耿，竭诚直谏君主领悟“人惟邦本，本固邦宁”哲理，用水可载舟也可覆舟做比，揭示民之伟大，不可背违。启迪唐太宗虚怀纳谏，广开言路，使其成为“兼听则明”之千古贤明英主。其倡导以法为纲，依法治国，德主刑辅，防范于未然之立法原则，为《贞观律》奠定理论基础。其不遗余力监修五代史，编著《群书治要》《隋书》，所载章疏四篇，可为万代王者法。其在文学、诗歌、书法各个领域均有高深造诣，为中华文化做出开拓性的贡献。徵公辅佐太宗安邦定国、富国裕民，缔造贞观盛世。这位身正而心动、上不负时主，下不阿权幸，中不侈亲族，外不为朋党，不以逢时改节，不以图位卖忠的徵公，在贞观十七年（643年）病逝，太宗亲临宅第哀悼，罢朝五日，命百官吊唁。太宗登宫苑西楼送殡，遥望尽哀，并撰文书石立碑赐司空，谥文贞，陪葬昭陵。之后，太宗临朝叹曰：“以铜为鉴，可正衣冠；以古为鉴，可知兴替；以人为鉴，可明得失。征殁，朕亡一鉴矣！”徵公去世后第二个月，诏令在凌烟阁中绘制功臣魏徵等24人画像，以资表彰。契协云龙，义均鱼水。徵公深为国人所敬仰，赞颂唐太宗为“千古一帝”，赞扬魏徵为“千古金鉴”、“天下第一相”。实乃誉满中华，位尊青史者。

倘言政邑魏氏一宗，乃系源自魏徵第十八世孙甲太，于宋熙宁年由建安东游入政邑东岸口，在铁山屯头肇基定居，繁衍生息。勃发裔后，广布政域内外，甲太则尊政邑魏氏始祖。甲太第八代启一公次子高二，从铁山迁松溪县豪田里周墩魏源开拓定居，为松溪县魏氏开基始祖。甲太第八代迁一公派发外屯下池肇基立业，迁一公孙发祥生九子一女，美称“九房林”。

置身新时期盛世隆兴之际，瑞恩先祖至公至上之品格，开创伟业之功勋，奉国终生之精神。二〇一八年，政和魏徵文化研究会倡议筹建魏徵公祠，用彰先祖遗泽流芳，效法魏徵反腐倡廉，力矫时弊的道德勇气，根绝社会罪恶，消除社会丑陋，建立一个和谐、安定、健康、繁荣的社会，实现中华民族伟大复兴的中国梦。承蒙宗亲热烈响应，踊跃捐助，经过一年的策划、设计、施工，将于二〇二一年顺利竣工。历时年余，公祠伫立于城南青龙山峰，德为邻朱文公与郑国公分祠，主体有魏徵公祠牌楼、文化箴言碑苑、十思廊、魏徵公祠等部分，集纪念性、启导性为一体，具有廉政教育基地、中华传统美德教育基地、青少年思想教育基地、魏徵文化学术研究基地的作用，也是各地魏氏宗亲祭祖恳亲等多元化功能的人文景观。

魏徵公祠建设得到各级领导和各界人士和福建省魏徵文化研究会和南平市魏徵文化研究会等支持帮助，以及有关名士的题词、撰联、书写的帮助。公祠筹建委全体同仁以一颗赤诚之心，无私奉献，集思广益，凝聚各方能工巧匠和社会贤达的智慧，把好事办好。在筹措建设资金中得到亲宗的企业家、慈善家以及广大乡亲的慷慨资助。截至目前，总金额达350万元。为彰显宗亲们赤诚之心，特将捐款芳名刻碑纪念，借以褒扬，昭示功德，启迪后人。值此向所有关心、支持魏徵公祠建设的各级各部门和各界人士致以谢意！一代名相光辉中华，鼎新公祠，同仰千秋。

魏观景　谨识

二〇一九年十月

政和县魏徵公祠筹建委员会

主　任： 魏重生

副主任： 魏万能、魏礼情、魏敦贵、魏学富、魏克龙

成　员： 魏旭方、魏汝伟、魏日胜、魏重景、魏　灵、魏雨清、魏妙钟、魏华进、魏明强、魏正华、魏敦满、魏守有、魏思忠

秘书长： 魏旭方

副秘书长： 魏敦满

下设三个工作小组

设计施工组：

组　长： 魏万能

副组长： 魏克龙

成　员： 魏思忠、魏汝伟、魏敦满、魏敦进

筹款财务组：

组　长： 魏重生

副组长： 魏礼情、魏学富

成　员： 魏旭方、魏敦满、魏日胜、魏明强、魏正华、魏学英、魏敦美

文化建设组：

组　长： 魏敦贵

成　员： 魏旭方、魏日中、魏观景、魏正华、魏荣凯

郑源福源廊桥碑记

魏观景

盖夫廊桥，以其捷足众生，造型美观，且具艺术魅力，故而见诸四方，传承不殆。在历史长河中，桥与人同，阅历春秋，感受沧桑，有尧天舜日，有滂沱黑雨，荣辱兴衰，不胜辞章矣。当今盛世，政纲明达，善举一端，应运而生。郑源福源廊桥，即为此幸中喷薄而出之大观也。

郑源在洞宫山北段支脉凤山至结处，面向千年古镇，背倚辖内万亩群山。地貌平缓，青山环绕，四水朝注，龙岗、凤山紧锁水尾隘口，小桥流水，云留紫气，钟灵毓秀聚于一堂，俨然天铺地设，神工造作之美哉。清咸丰四年（1854 年），魏建儒等先辈诸贤有感河流阻隔，驿道维艰，毅然筹集银帑，创建福源廊桥，连接南北通途。旅人挑夫驻足歇息，四海咸欢，八方称道。然有不测，及至 1958 年“大跃进”狂热波及，廊桥横遭拆除之厄。百余年之宏伟遗作，毁于一旦妄行，岂不扼腕痛惜！无奈之下，又于 1963 年困难时期全村捐款 250 元，在原址架造座简易木桥，权宜行人来往。

弹指一挥间，时序半世纪。景仰先人造福社稷之功德，且喜裔后发扬光大之壮志。是以己丑金秋派下嗣孙魏敦贵、魏敦映、魏敦进、魏重春、魏重胜、叶昌尧等各后起之秀，决然倡议重建福源桥。成立建桥理事会，举荐魏敦贵为会长，魏敦映等 5 人为副会长，魏陈庆等 5 人为会员。从而拉开建桥序幕，着手清理拓宽河道，架设沿河护栏，铺设临村水泥硬化道路，修理蓄水河坝，投放鱼苗，栽种名贵树种。继而多方筹资，几经外出考察享誉名桥，博览众长，精心设计，以期完美。举村上下，历经三载寒暑春秋，朝暮不停之艰辛，屡履南来北往、车水马龙之劳顿，遂于庚寅年 8 月初冬日竖柱落成。一座造价一百二十万元之福源廊桥，破土耸立，蔚为成观。桥为单孔木构楼阁式石拱屋桥，长 33 米，高 9.3 米，面铺钢筋水泥。桥屋 11 开间，中亭三层，两侧两层，均用翘檐，集桥、亭、楼、阁于一体，古朴而多姿，壮观而活泼。墨匠技艺，不愧班门。桥东西两面，镶嵌 12 块牌匾，题写“孝廉方正”、“贤德儒风”、“佛缘感应”、“神奇安泽”各词，书写系邑人及上海等地名家墨迹，遒劲雄健，极具功力。楹联均为魏敦贵编撰，山水人文熔于一炉，乡土气息至为浓郁，字里行间充满爱民爱乡情怀。书体行楷并见，各有千秋。五个八角斗拱青天，中间浮雕八仙增寿，其余中国画双龙抢珠、双凤朝阳及古典人物故事，并精心选取制作九幅古代壁画。墨分五色，浓淡兼施，人物有神，颇见品位。桥屋内设五座神龛，塑观音菩萨、魏虞真仙多尊佛神像，传承佛道教文化与廊桥文化相结合，亦合乎民俗民风之需求。举目四望，桥翰墨，四溢飘香，文化品位，弥足珍奇也。

郑源村福源廊桥

于桥上侧河中间，依天然设置一只舟船，船头高高伫立一尊石雕露天观音，有如从天而降，脚踏莲花，手持念珠葫芦，慈眉慧眼，注视前方水中石印，于情于景，珠联璧合。雕工刀法流畅飘逸，栩栩如生。基座四面楷书诗词，追宗溯源，讴歌山河。此番巧用景致，将天然、人文、神佛三者浑然组合，蔚成妙趣横生之景象，可谓别出心裁，独具匠心之杰作也。桥与船之间，布置碑廊，上书魏徵丞相之名篇《十思疏》，辅佐唐太宗开拓贞观之治盛世，名垂千古耳。此外集郡源先贤及今人诗词篇章，尽情唱颂山光水色，仁里人杰，廊桥风韵，游足洞天之情感。气势浑厚，意境深远，不乏上乘佳作者也。

诚然夫，郑源福源廊桥规模恢宏，工艺精湛，涵儒丰泽，典雅壮观，堪称廊桥建筑之佼佼者也。复以环境清幽，流水透澈，人鲤同欢，古木参天，丹桂飘香，山花竞放之怡然美景，实乃佛缘圣境、游览胜地之美哉。值此宏观在展、功成业就之际，为彰示故里乡亲、仁人志士、莘莘学子爱国爱乡，无私奉献，鼎力建树千秋宏业之精神，特予立碑张榜，撰文记述，功载史册，名播四海云尔。正是：

贤人建树智者兴，儒风长宜驻乡间。
岁月有数人长久，景仰重观耀宗先。

郑源圣母殿碑记

魏观景

山川有幸传佛音，圣母仪然位龙神。
千里恳典临水现，闾山宗法佑通天。

佛教者，乃释迦牟尼所创立之宗教也。其教义之核心在于净身修炼、行善积德、慈悲为怀、普度众生、驱邪扶正、庇佑平安。中华民族崇尚神明由来已久，早在商代就有祭神活动。至唐代高僧玄奘受命出使西天，到佛教发源地印度天竺翻译佛经，迄今已有 1400 多年矣。

至此，佛教正式传入中国，与时俱进，广泛传播，形成了中华民族之一大佛教文化，求灵礼佛成为国人至诚不渝之宗教信仰。在历史演绎过程中，对教道一端，虽然有过异说别论，甚至挞伐鞭笞，自谓无神论者。尤其是“文革”十年，呼号破除封建迷信，叫嚷横扫一切牛鬼蛇神，对几千年来所形成的中华民族传统文化——儒家伦理纲常、道家生命哲学、释家宗教信仰进行疯狂摧残，几乎毁灭殆尽，使之九州失色，大地冰封，浩劫之状，史无前例矣。尽管如此，依然摧毁不了芸芸众生心灵深处之虔诚信仰，正如孙中山先生所说：“国民不可无宗教思想。”故而及至改革开放，经过正本清源，拨乱反正，还来人民信仰自由之民权。旋即庙门重开，香火再旺，僧人诵经，信众朝拜，呈现一派万民乐道之美好风光。此情此景，可谓“野火烧不尽，春风吹又生”也。从正反教益中让世人得到启迪：天地不可违，教道不可悖，心向不可背。这是历史足迹留下之深刻印记，也是中华民族天人合哲学思想之诠释与解读耳。

有曰仁者乐善，善者乐施。郑源村先辈感悟天地造化，神明有感，佛光广大，福荫黎民。是以由郑尚标、陈光旺、魏开邦等人为首，于大清光绪辛巳年（1881 年）慨然建造一座大奶殿，冠名“圣母宝宫”。为单层结构，100 平方米规模，塑绘三尊佛像，橼梁书写对联。殿址坐落村边牛山鼻孔处。其龙从洞宫山分脉而来，行至此处回头顾祖，朝对三峰，毓灵秀气，堪称上格龙脉也。殿前环绕一条小河，河水由左侧三方溪涧汇合而下，水质洁净，清冽见底，有如朱熹所赞“问渠那得清如许，为有源头活水来”之美。宝宫落成，饮誉四方，香客频至，求灵不迭。斯时斯世，有此建树，实属非凡之举，孔子曰：“逝者如斯乎。”时空越过一百三十余年，恰逢当今盛世在即，政教相融，朝佛盛行，以至殿容日显拥挤，颇有不适需求之感。盖因此衷，魏敦贵、魏敦映等人同村井乡亲座谈协商，决议革故鼎新，重建圣母大殿。经广泛观摩，精心设计，组织施工，群策群力，历时十个多月，即于辛卯年（2011 年）辛卯月 26 日竖柱升梁，焕然成就，一展圣观。

青出于蓝而胜于蓝。新圣母殿故步原址，面积三百余平方米，造价 80 余万元。采用双层翘檐式结构，突出传统建筑艺术风格，整体布局恢宏壮观，古朴端庄。屋脊装饰双龙抢珠，两边墙头伫立双凤朝阳及双狮呈祥，色泽亮丽，神态生动。二层中亭正面牌匾楷书“顺天圣母”四个黑色大字，标志临水殿陈靖姑大奶之皇恩封诰，书体刚劲雄健，挺拔俊秀。正殿宽阔静穆，三位大奶正坐来龙中轴线上，头戴平顶仪冠，身着对襟长袍，面容雍正饱满，目观大千世界，神态泰然祥和，胸怀黎民众生。塑绘艺术，颇具档次。屋顶造作三个青天，中间绘画天女散花，两边撒泼山水人文，落笔粗犷，境界旷远，巉岩别致，古木多姿，小桥流水，屋舍人家，渲染出山川峻秀多彩，民享田园乐趣境界。正堂四墩杉木大柱书写原殿对联，其余均为魏敦贵新作，承前启后，古今交辉，对仗工整，意境深远。书法遒劲，风格迥异，不乏是集邑境书坛奇葩之大成也。两边墙壁框镶 8 幅人物工笔画，荟萃政邑史上贤臣名宦，彪炳诸杰显迹业绩，践行斯人风范，蔚成政教合璧，相得益彰之效果。阶前竖立四根独家捐资石柱，中间两根雕刻蛟龙出水，沿柱盘旋，起伏翻身，排空搏击，展示出无可匹敌之气势。下栋中道两边砌两口长方形天井，四周固以不锈钢栏杆，小巧锃亮，雅致秀气，有如画龙点睛之笔。两边厢壁上也装饰 8 幅瓷砖山水画，皆为本邑名山胜地。此作甚有内涵，不仅展示各山景致风光，更是铺展吾县道教文化之大观。欣赏之中让人领略其深厚底蕴：时间久远，庵殿广布。道观斐然，道士众多。修道活跃，道果丰硕。遗迹诸多，名士慕至。观赏这些画作，深感政和这片古老土地不但孕育出朱熹这样的理学大家，还蕴藏着如此丰厚之道教文化，令人叹吟：朱子孕地诚可诵，道人洞天也堪称。大门上面，楷书“圣母殿”三个金色大字，昭显殿名，熠熠生辉。门外阶梯两旁，雄踞两尊个人捐资购置之石狮，体壮剽悍，含珠昂首，两眼锐利，傲然吐气，尽显王者至尊气概。

郑源村圣母殿

诚悦乎，新圣母殿位居天垂之象，造作精堪有致，气宇祥和清馨，涵泽佛圣风韵。景致宜人，底蕴深厚，蹈光临水，声名远播。实为四海信众求福增寿，祈保平安之至佳圣母殿也。

郑源福源庵碑记

魏观景

曰庵者，源流久远，其义演绎匪同也。古时之庵，系指狭小草屋，谓之“结草为屋”。尔后，文人之书斋亦称为“庵”。至汉代后，乃建专供佛徒尼僧居住之庵堂，“庵”则成为佛教女子出家行佛事之专用名称，沿袭至今而无更异者也。至于郑源村先期之福源庵，当今耄耋老人，亦只唯见其庵，不悉其详。是以推测，或当建于清代晚期。及至建国后，受破除迷信狂飙冲击，福源庵被拆除毁没，残留庵址，寂寞无声矣。所幸乾元启运，时代再造，郑源村后起之秀，奋发有为，尤以执着乡愁之最者魏敦贵、魏敦映等人，领略祖产珍贵，决然率众上场，于原址开拓扩大，重建福源庵。使其再现玄黄，纳受人间香火。此衷此举，不胜可嘉哉。

新构福源庵，蹈前坐北朝南，依山傍水，与福源廊桥同途共宗，并列生辉。其规模宽阔，面积为270平方米，投资百万元。建筑风格沿用传统斗拱翘檐式，凸显端庄之气派。内中布设井然有序，正堂屋顶有藻井，描绘释迦牟尼佛从降生到涅槃之八相成道图。工笔细腻，着色淡雅，涵盖安宁祥和之感。佛坐正中为三宝大佛，左侧观音菩萨，右侧为地藏王菩萨。两边厢壁列立十八罗汉诸佛，一展各自神态特征，镏金闪烁，引人注目。阶前竖立四根石柱，当中两根为青石镂空浮雕，蚊龙翻腾，大气磅礴。梁柱书写笔者联作，字刻阳体，尤显书风刚劲，神韵飘逸。天门墙头上镶一大匾额，书“佛光普照”金色大字，雄健大气，与恢宏庵阁相形相襟，呈现出技艺双馨之美也。下栋书画联袂，色彩斑斓。正门内盘坐弥勒佛，慈眉大肚，笑容可掬。弥勒背后为韦佗佛，目注观音，心态切切。左厢壁绘画北宋第一神品《寒林雪景图》，右厢壁为范宽《溪山行旅图》，两相照映，情趣横生。正门外装饰也见雅致，门楣上刻“福源庵”名。大门上匾额“五福怡源”为魏敦贵所书，石质门托刻对联“朗诵三千崇佛道，博学五车正人中”。两侧亦为石刻浮雕松龄鹤寿，梅兰竹鹿，寄寓福禄寿喜之愿景也。

记述余兴，赋诗一首：

曾经几度客如林，
落花时节竟消沉。
佛道自有回天日，
晚爱还来钟鼓鸣。

福源庵

后宝岱村与和七公家族

魏旭方

政和星溪乡后宝岱自然村，古称“灯盏科”。处在大风山深处的一块小盆地，在政和县城南15千米处，东界外屯车潭村，南邻九蓬村，西连前宝岱村，北接东山村。村前有一片小田野，一条小溪从中而过，左右两山护卫，水尾桥横跨两山之中，把守着小村。四周山峦叠翠，竹、木成荫，物产丰富。这块风水宝地是政和魏氏族人开发和世居的地方。

相传在明朝永乐年间，居住在下池村“九房林”的第七兄弟和七公在大风山中放牛，时常寻牛于此，见牛长期逗留此处，每每驱赶不愿离去。和七公见此处小盆地虽在高山，但水草丰茂，环境优美，宜居、宜业。于是和七公于明洪熙元年（1425年）三月十二日从下池村迁徙于此开荒种地，建村立业，成为后宝岱村的开村始祖。

和七公娶张新娘为妻，生有六子。六子分迁到各地：戊一支发到厦门，闵二支分外屯车潭，庚三后裔徙居建安东游，辛四支分前山，觅五的子孙分迁到岐山、东涧及政和城邑。亘六支发九蓬，裔孙分迁长际东坑村（完四）、铁山东涧等地。和七公葬后宝岱村头路边，妣葬村后主龙山招仑中穴。

历经近600年繁衍，和七公一族已成为“九房林”的重要一支，其子孙遍布各地，现在祖居地后宝岱村魏氏有145户，660多人，占村里人口95%以上。后宝岱村虽在高山深处，但名气不小，在政和县历史中也留下不可磨灭的痕迹。根据县志及族谱记载，和七公后裔文武生员多达十余人。古时，大风山深处山高林密，野兽出没，又时常被土匪骚扰，后宝岱的魏氏先祖为了适应生存，他们崇文尚武，保卫自己的家园。据政和县志和族谱记载，和七公裔孙中武有十世孙魏金辉到少林寺学武，用犁担打死猛虎，其兄弟赤手擒虎救小弟。十五世孙魏晋陞考取武庠生，魏荣沐（开武）曾在福州周荫人司令部任军官。十六世孙武贡生绍瑞等。文有十一世孙监生魏泰袍，十四世孙监生魏治均，例贡魏建功，从九品魏懋扬，十五世孙清附贡、民国县参议员魏开来，十六世孙从九品魏长浩等，这些先祖在政和魏氏历史上留下了浓重一笔。此外，十六世孙魏长荣烈士，1952年参加中国人民志愿军，任炮兵连连长，在朝鲜战场牺牲。十九世孙魏重成烈士，1994年12月应征入伍，在中国人民解放军32276部队52分队服役。1995年9月6日下午，他与同乡战友张应有，在部队驻地江西鹰潭市某村，为抢救被湍急流水冲入旋涡的妇女周梅兰双双牺牲，时年仅17岁。经南京军区后勤部政

魏虞真人仙殿遗址

通济桥

治部批准，追认其为革命烈士，并追记二等功。中共鹰潭市委、市政府、鹰潭军分区联合授予“爱民模范”称号。

和七公的后裔不但崇文尚武，且乐善好施，投身于公益事业，在乡村山野均留下了他们的善举遗迹，有的保留至今。如清乾隆二十三年（1758 年），魏陈寿兄弟等同建后宝岱后门云梯亭。清乾隆三十七年（1772 年），监生魏泰袍、魏松年等筹建后宝岱村尾通济桥。清光绪十八年（1892 年），魏建棠等建后宝岱魏虞真人仙殿。民国二年（1913 年），章生裔孙魏裕丰，后宝岱魏开来、开勋、开彝捐资重建在大石坪村山溪建延寿桥（又名八十桥）等等。

后宝岱建村至今近 600 年，期间屡遭土匪骚扰，国民党欺压。民国二十五至二十九年（1936—1940 年），林乃导（林熙明）以宝岱一带为据点“称帝”。民国二十七年（1938 年）10 月，国民党政府军派兵进剿，受其牵连，后宝岱村全被烧毁，村民四处逃命，无家可归，居住在笋厂、岩下，历尽艰辛。新中国成立后，在政府的帮助下，通过魏氏族人的共同努力，到 20 世纪 70 年代才恢复到现在的村庄规模。改革开放后，后宝岱村逐步实现了三通，大山深处的村民通往外面世界再无障碍。目前后宝岱的魏氏族人根据后宝岱村的特点，正在精心打造清凉休闲胜地。

2019 年 12 月

五、探考

政和魏甲太源流考

魏旭方

在编写《南平魏氏志》过程中，部分编辑人员对甲太公是否二郎公的次子魏邈提出了质疑，为此我们进行了调查和研究。

1911 年，政和县郑源村魏鸿英从东游所获得光绪三十三年（1907 年）修的《魏氏宗谱》（共六卷）。从 1919 年起，不知何故，部分政和魏氏支系在重修族谱时，却以这套族谱为依据，把魏甲太与魏邈当作同一人，谱系亦接入了魏清贤支系。比如民国八年（1919 年）魏柏钦在为下池村修谱时，亦将谱系纳入到魏清贤的支系下。2002 年在编修《政和魏氏全谱》时，参照了这些后编族谱，也将魏甲太一族接入到魏清贤系中。

那么魏甲太与魏邈是否同一人呢?

根据建阳光绪二十六年（1900 年）《钜鹿魏氏族谱》第六卷、光绪三十三年（1907 年）建瓯东游《钜鹿魏氏族谱》第三卷、高阳派系等族谱查阅，魏清贤七世孙魏邈（二郎次子），字念远，建阳人，治平二年（1065 年）任泉州平江县主簿。魏邈子魏嘿，字思道，建阳人，熙宁九年（1076 年）榜五甲进士，任漳州漳浦县令，生有景铨、景山、授恩、滨、九功五子。

政和魏甲太（讳邈），宋熙宁元年（1068 年），58 岁时从建瓯东游迁到政和铁山屯头，卒于宋神宗元丰二年（1079 年），葬于铁山屯头屋后墙内坪，坐南朝北。该墓立有宋崇宁元年（1102 年）石碑一方为据。魏甲太生一子名八五，八五生二子，小大（讳景）和小三。

上述可看出政和的魏甲太与建阳的魏邈虽然是生活在同一时代，但其经历和家族成员不尽相同。此外，根据建阳光绪二十六年（1900 年）《钜鹿魏氏族谱》第六卷、建瓯东游光绪三十三年（1907 年）《钜鹿魏氏族谱》第三卷记载，清贤公的后裔是毕万六十九世才迁到东游的，而建阳魏邈则是第六十世，从时间和代次上都相差甚远。况且建阳魏邈于 1066 年才到泉州平江县任主簿，1068 年是否可能携家从东游前往政和铁山呢？值得商榷。

1911 年，政和县郑源村魏鸿英从东游所获谱系后，在民国七年（1918 年）郑源《重修族谱序》中写到："辛亥冬抵芝城，回路经东游同宗开亮叔家，适柽洋本家文明兄在焉！晤对之余，谈及宗谱一节，文明兄谓余曰："足下既是派发东游，现有全谱珍藏，只于光绪三十三年重修，可以寻源探本，惟要补缮费十二元。若非我族的派，虽千金不肯售也。"余欣然曰：'诚如是，先人灵爽赐之也。'谨收全谱携回细查图系，自周而汉而唐以及宋、元、明之间，无不班班可考。惟甲太公支系未有明文，嗣后复征诸铁山宗谱，甲太公以下颇可详稽夷考。"可见魏鸿英当时并未确定魏甲太是魏清贤公的裔孙。这套谱系在这次走访中已获得，并无法证明魏甲太就是魏邈。民国八年（1919 年）魏鸿英在编撰岐山魏氏族谱时也未将魏甲太接入魏清贤系中。

综上所述，建阳魏邈与政和魏甲太虽是同一时期人，但是否同一人，无法得到证实。

据铁山乾隆戊子年（1768 年）《魏氏宗谱序》记载：……高祖生子七人，长子兴一官，次兴二官，三兴三官，四兴四官，五兴五官，六兴六官，七兴七官。高祖在朝尚书兼理金银库被火，委唐御史元吉奏上朝廷，圣旨问法江西、江南各州长府等处。兴一官带妻李氏四十八口在西湖广州府住，兴二官带妻吴氏二十口在南昌府清建县住，兴三官带妻高氏二十口在京化府住，兴四官带妻赵氏一十八口在秦州府住，兴五官带妻江氏五十四口在衢州府住，兴六官带妻周氏三十六口同七官带妻张氏三十七口，兄弟二人外带各姓一十二家周、吴、叶、李、陈、江、许、薛、赵、高、冯、朱，过江在福建福州府黄塘街中住。……八十公（化公）带男上东游街住，传裔分为兴、禄、宝三房，魏化公葬东游对门莲花山，妣葬东游后门五虎奔槽山。当日原是一宗，魏得孙在马赫住居，翁讲学于家鹤山。甲太公于宋朝神宗元年（1068 年）东游发到东岸口铁山屯头住，生子传孙，于六十九岁元丰己未年（1079 年）正月廿日故……"

根据清道光九年（1829 年）郑国让编撰的政和宝岭《魏氏家乘》中的《魏氏姓氏源流》记载："……迨八十公化由建宁上迁东游街，传裔兴、禄、宝三房，化公葬东游对面莲花山，婆葬五猪奔槽山。宋开宝五年（972 年），瑞斋一公由东游支分宁德礼门，今碧岩漳源等处是一公派也。甲太公于宋熙宁戊申元年（1068 年），自东游迁居东岸口（东岸口乃政和未改县时名也）铁山屯头……"道光七年（1827 年）政和《西溪魏氏族谱》（该谱是郑国让受魏敬中嘱托编撰的，在其卷首加盖了“魏敬中印”、“和斋”两枚印章，以视认可）、道光九年（1829年）政和《岐山魏姓家乘》、光绪三十三年（1907年）建瓯东游《钜鹿魏氏族谱》的谱序与上述描述大致相同。因此，可推断政和魏甲太应为魏兴六家族魏化三的后裔。

至于魏甲太是魏化三第几代孙，待进一步考证。

为此我们联系了礼门宗亲魏圣柏（《福建魏氏志》副主编，宁德魏氏宗亲秘书长），请他帮助查寻，并提供化三公的有关资料。

安阳魏氏魏徵第五世孙魏谟，为礼门魏氏第一世祖。魏谟裔孙魏高字进隆，原系河南汝宁府固始县人，仕唐朝户部侍郎，因储库失火被谪江南。公生七子，以兴为派。唐僖宗广明元年（880年），因避黄巢之乱，兴六、兴七携眷七十三人并兼带门人周、吴、叶、李、陈、江、薛、赵、高、冯、朱十二姓入福建福州黄塘街暂住十四年，旋迁建宁建安县安太里（现建瓯东游）开基。兴六次子通公，生子化三，化三生四子：长聪、次明、三智、四惠。长子聪公，生子瑞斋。宋乾德三年（965年），瑞斋迁徙福建福宁府宁德县周挡（今周宁）十八都龙峰境（今周宁县礼门洋头村），尊为礼门魏氏开基始祖。至今1000多年，已繁衍到魏徵五十二代裔孙。

化三公的孙子瑞斋于965年从东游迁往周宁礼门，是魏徵的第十三世孙。

礼门谱系：

一世	二世	三世	四世	五世	六世	七世	八世	九世
魏徵	叔璘	殷	明	凭	谟	虞	高	兴六
十世	**十一世**	**十二世**	**十三世**					
通	化三	聪	瑞斋	瑞斋公于公元965年从东游迁往周宁礼门				

魏甲太则于1068年从东游迁往政和铁山，与瑞斋公相差103年，大约迟4至5代人才从东游迁出。按这样计算，甲太应为魏徵的第十七世或十八世（政和魏氏全谱中甲太为魏徵的十九世）。

政和谱系：

一世	二世	三世	四世	五世	六世	七世	八世	九世	十世
魏徵	叔璘	殷	明	凭	谟	虞	高	兴六	通
十一世	**十二世**	**十三世**	**十四世**	**十五世**	**十六世**	**十七世**	**十八世**	甲太公于公元1068年从东游迁往政和铁山	
化三	?	?	?	?	?	?	甲太		

礼门魏氏已繁衍至魏徵第五十二世。政和魏甲太约是魏徵的第十八世，政和魏氏从甲太至今也繁衍三十三世，约为魏徵的五十一世左右。与礼门繁衍大体相同。

2018年7月

政和城关魏氏由来

魏万能

“参天之木，必有其根；怀山之水，必有其源”、“敬宗睦族之道，未有大于谱也”，专敬祖先，纂修谱牒，这是我们后裔的一件大事。

魏氏，黄帝姬姓之嫡裔，周文王第十五子高，姬姓，被封于毕（今陕西西安一带），史称毕公高。

春秋时期，毕公高裔孙毕万仕晋国大夫，公元前661年，晋献公念其战功，赐魏地予毕万为邑（今陕西芮城县），其后裔以封邑为氏，称为魏氏。公元前445年，毕万裔孙魏斯建立为国，其称魏文侯，为战国七雄之一。公元前225年，秦国灭亡魏国，以其地为郡，称作鹿郡，郡治在钜鹿（今河北平乡西南）。国民为了纪念故国，便以国名为姓氏，史称魏氏之宗。毕万被后裔称为魏氏始祖。

战国，魏公无忌是魏昭王的儿子，封于信陵，号称“信陵君”。战国四公子之一，名冠诸侯。公元前257年，秦国压境，赵国危在旦夕。他窃得兵符，救赵胜秦。公元247年，他号令诸侯，统帅楚、赵、韩、燕五国联军，在黄河以南击败了强秦。他是魏氏承上启下人物。

西汉初期，魏公无知任汉为高梁王，尝荐陈平于高帝，佐定天下。魏公无知裔孙魏歆任钜鹿太守，后发展为巨姓望族。魏公无知裔孙魏汉任任城（今山东微山县西北）太守，世代显贵，成为魏氏另一大望族。所以魏姓人言郡望，必称钜鹿、任城。

东汉时，魏歆裔孙徙居于梁（今河南开封市），传至魏建国，入曲阳（今河北曲阳沙河东），建国子魏舒晋武帝时累官至司农。南北朝时，魏舒裔孙应宝又名长贤，为屯田令，生二子，次子魏徵，字玄成，唐初杰出的政治家、历史学家，一代良臣。

唐代，魏徵之世孙谟，字申之。生三子潜、滂、虞，居河南开封府光州固始县连城村，曰“清渡头”。虞生子高，字进隆，仕唐为户部侍郎，因储库失谨被灾，遭御史吴元吉勘问，唐僖宗广明元年（880年），谪发江南（现杭州）。魏高生七子，以兴为派，期间黄巢乱，兵祸连绵。唐僖宗中和元年（881年），兴六携妻邱氏36口，兴七带妻张氏37口，随从有吴、周、叶、李、陈、江、许、薛、赵、高、冯、朱十二姓，由杭州再迁入闽，在福州黄塘街居住。

唐乾宁二年（895年），再迁入建安县安秦里石痕面（今建瓯东游洋面村）肇基。兴六生四子，次子通公，通生化三。化三迁东游莲花山，生四子，化三裔孙甲太公，宋熙宁元年（1068年），因“目睍金山（铁山）之地，峰拥水回，秀气蟠郁，前来开创胥宇”，遂由建安东游徙迁“东岸口”（今政和）铁山屯头。甲太公为政和大多数魏氏始祖。甲太公八世孙启一定居铁山，启一公生二子，长子九世孙高一，坐居铁山；次子九世孙高二派发松溪，为松溪魏氏始祖。

甲太公八世孙迁一，元泰定元年（1324年）派发外屯（魏屯）。后迁下池肇基立业，生二子，长子甲太公九世孙传二。传二公生二子，长子甲太公十世孙发祥，生九子一女，世称“九房林”。次子甲太公十一世孙层二（萌二）公生五子，长子甲太公十二世孙增宝公居政和城关，增二公居莲石，增三居岐山，四子道春居稠岭。五子道和居东游，再迁建阳中村。

据星溪岐山民国九年（1920年）家谱记载，层二公长子增宝公住政邑。甲太公十二世孙增宝公，大约明成化年间（约1465年），从星溪长际坑（莲石又名冷石）迁居政和城关渡头洋黄源仔肇基。后迁入政和城关创业，配黄氏，公妣合葬城关星溪里牛山。增宝公为政和城关魏氏始祖。

据城关魏氏祖辈说，增宝后裔至云江、云山分天地房后，城关魏氏逐渐发展为三个支系。一为“北魏”支系，居住在城内北门学后弄、百岁弄、城墙头、高栋仔一带，由于城关魏氏旧谱亡佚，除城关星溪里牛山有增宝公墓地残断的墓碑和墓地外，很长一段时间没有更多的资料可以考证。近二十年前找到星溪东峰村魏璜公墓，其墓碑背面的记载，政和城关“北魏”先祖才有确实的姓名和时间，其中大约150年间（启、梓、云江、云山），先祖辈分还需更进一步考证。魏声易、魏焕寿在编撰全县魏氏家族谱时”，走访岐山86岁魏仁江老人。他记忆清晰，说增宝公后代敷仁在政和城关横街仔“开当铺店很大，解放初店面边还有一条当铺巷”。从魏璜墓碑得到证实，记载有男宫、宁、宽、寅，孙敷经、敷缵、敷缟、敷绪、敷纬。除敷绪留在政和外，其他都在外面经商，赚回许多钱，为城关魏氏子孙打下丰厚的经济基础。另据魏树库回忆，1960年下半年，他祖母赵维秀生病卧床时，曾对他说他们是属于“九房林”的后裔。又有魏森梓在文革“破四旧”时烧魏氏家谱，看增宝公后裔有启、梓等名字。

二为“南魏”支系，也称溪边魏厝，居住城关七星溪沿河一带。南魏有记载始祖志五公，传国祯公、龙耀公、文礼公、荣烈公、王枢公、允炜公、宏祁公、思泉公、逢年公。

三为“营尾魏”支系，即居住南门营尾一带魏姓。营尾魏支系有贵麟公、朝纲（朝江）公、汉书（舒）公、国祯（国珍）公、章清公、水生公、伯生公、福先公、柏翎公。

城关三魏氏支系，虽然各为其祖，过去各有祠堂，但是公认有可比的世次，如“北魏”魏璜（生于1633年），与“南魏”魏荣烈（生于1630年），荣烈子魏王枢（生于1670年）与魏璜子魏宽（生于1676年）同是岁贡，同授训导，都尤长于诗。同一世次。

政和城关魏氏也是大姓之一，曾有“秦、杨、范、魏”之称。先辈们经历了战争、疾病、困苦共患难，他们不畏艰难，前赴后继，开拓进取，以农耕为主，过着日出而作、日落而息的清贫生活，使得政和魏氏一代又一代得到繁衍和发展。一个地方一个地方肇基创业，以至今天，为我们所居城镇乡村振兴、兴隆，为广大百姓做出了贡献，为政和千年文明增添了篇章。

自清末民国以来，战乱频起，水灾常患。加之20世纪60年代“破四旧”时，家谱被焚，有的墓碑不知下落，原有谱籍已佚。俗云“三世不修谱则世系乱，世系乱则子孙视为路人”，当今许多青年人和大学生毕业务工在外，甚至落户外乡。长此下去，支系难辨，门第不分，血缘关系、长幼尊卑、祖德宗功等亦皆湮没，何谈尊宗敬祖，和邻睦族，继承和发扬先祖的优良传统和仁厚家风?

欣逢国富民强的太平盛世，按“寻渊源、修祖墓、建祠堂、续家谱”四项要求，由于族人的努力，多年夙愿，上可建光前之功，下可树裕后之德，迈步而实现。所有这些工作，非一人之力而为，得益于众宗亲同仁竭力合作和努力。

古人云：国有史而知兴替，家有谱而明世系。作为中华传统文化的一大精粹的家谱，编纂却非易事。此次修谱期间，曾先后拜读魏氏族谱和《政和县志》，吸收丰富内容，充实家谱内容，广泛收集资料。但难免有疏漏和不尽人意之处，诚望魏氏宗亲批评指正。我们期望族中贤达进一步挖掘史料，以裨今谱之不足。诚望后人对先祖仁德有续，孝行节义有传，望族人珍藏。同时，期望今后每隔二三十年续族谱，让我们托庇祖宗、光宗耀祖、恩泽千秋、福有万代，以德为本，以民为本，承前启后，继往开来，积功厚德，为魏氏后代做表率与典范，为振兴魏氏宗族大展宏图，勤俭自强，家业有成。慎终追远，学习先辈们的品质和开拓创业精神，为实现中华民族伟大复兴的中国梦而努力奋斗。祝愿政和魏氏子子孙孙、世世代代兴旺发达，繁荣昌盛。

政和魏氏“九房林”之层一公考

魏旭方

迁一公于元朝泰定元年（1324 年）迁移至东湖（今外屯村）开创基业，不久定居外屯下池村。又传三世魏发祥，生九子一女，发展成九房，誉为“九房林”。“九房林”是政和魏氏的一个大家族，从层二公至更九公的后裔支支可考，唯有层一公与十妹后裔不详。

据政和“九房林”历代族人传说，“九房林”层一公派发寿宁，而寿宁庾岭（今名于岭）历代魏氏族人中传说，庾岭魏氏宗亲都是发源于政和下池，是“九房林”层一公的后裔，其开基祖为万六公。那么层一公是否派发寿宁庾岭，与寿宁庾岭开基祖魏万六又有什么关系呢？

根据政和县铁山清乾隆三十三年（1768 年）十四世孙魏世乔抄修的《魏氏宗谱序》记载：“二十公生男迁一公，泰定元年（1324 年）到宝岩金山下溪边住。一宗西里郑源、镇前住，一宗东衢里茶溪、九蓬住，一宗北里长阳（今名长洋）雨岭住。一宗发下池源里，于洪熙元年（1425 年）乙巳三月十二发宝岱前山住。”据《政和县志》记载：“后晋天福六年（941 年），节度使王延政析宁德县东、南、西、北里地……”寿宁与政和的部分区域属北里地。“明景泰六年（1455 年），析县之南里十都，北里十一都、十二都，东里十三、十四都地，置寿宁县，同隶建宁”，此后政和再无北里地。可见上述“一宗北里长阳雨岭住”，应为现今的寿宁地界。另据民国九年（1920 年）魏鸿英在为政和星溪岐山魏氏编撰《魏氏家乘》所抄录的《政和魏氏旧谱序》中记载：“迁一公于泰定间由铁山移居魏屯之下池，子传二公，孙发祥公，曾孙层一公、萌二公兄弟九人，派发各处，寿宁邑馀岭后、西里宝岩、郑源、茶溪、东衢里、宝岱、九蓬均由九房林分派也……”按古人例，每三十年应修族谱，因此魏鸿英在民国九年（1920 年）为政和星溪岐山魏氏编撰《魏氏家乘》所抄录的《政和魏氏旧谱序》应为清朝时期的谱序，其可信度较高。此外，当年寿宁的“庾岭”与铁山清乾隆三十三年（1768 年）《魏氏宗谱序》记载的“雨岭”及星溪岐山《魏氏家乘》中《政和魏氏旧谱序》中记载的“馀岭”的第一个字在本地方言中均为同音，可以确定所述的这三处应为同一地方。从上述来看，现寿宁庾岭魏氏族人为层一公的后裔可能性极高。

若寿宁庾岭魏氏族人是层一公的后裔，那么层一公与庾岭的魏氏开基祖万六公是什么关系呢？为什么庾岭的魏氏开基祖不是层一公呢？从庾岭宗亲提供的乾隆三十二年（1767 年）所修的魏氏家谱看，万六公至修谱时已繁衍十四代，约为三百年左右。按此推算，万六公应生活在 1467 年左右。据铁山清乾隆三十三年（1768 年）《魏氏宗谱序》记载：“一宗发下池源里，于洪熙元年（1425 年）乙巳三月十二发宝岱前山住。”经考证，该宗为“九房林”的和七公。层一公是“九房林”长兄，应同一时期或早于和七公派发到寿宁，从年代上对比，可以看出万六公应比层一公晚一到二代。从代次来看，庾岭的魏氏从万六公始到乾隆三十二年（1767 年）繁衍十四代，政和层二公到乾隆年间已繁衍十六代，相比之下，层二公高出万六公二代左右。从上述的年代换算和代次的推演，显然万六公应为层一公孙子一代。

为什么在族人口口相传中都说层一公是派发寿宁庾岭的，然而庾岭魏氏一世祖不是层一公而是万六公呢？我想这应是后人的误读。因为在我们庾岭历代族人中都说庾岭魏氏宗亲都是发源于政和下池，是“九房林”层一公的后裔，久而久之并演变成“层一公派发寿宁庾岭”这一说法。

层一公也许并没有真正到庚岭立基繁衍，所以庚岭家谱记载庚岭的一世祖为万六公。

那么层一公去哪里呢？铁山清乾隆三十三年（1768 年）《魏氏宗谱序》记载的“一宗北里长阳雨岭住”，这里的“长阳”、“雨（庚）岭”是不同的村子，去雨（庚）岭必经长阳（长洋），也许“一宗北里长阳雨岭住”只是泛指，并不是实指层一公到了“雨（庚）岭”，毕竟层一公派发到寿宁也已三百多年，后人只知是派发到这一带。也许层一公派发到寿宁后就在长阳这一带定居，繁衍子孙。此外，庚岭乾隆三十二年（1767 年）所修的魏氏家谱中记载：“……魏万六公，此是建安东屯街分入本处……”可见层一公并未到庚岭。（注：建安东屯街应是指东游，魏甲太于 1068 年从东游到政和铁山）

从人口来看，目前万六公后裔已达五六百人（含丽水、云和等地）。政和的魏氏族人有一万余人，其中大部分为“九房林”的后裔。从层二公到更九平均每房有一千人左右（不含派发到外地的人口），显然万六公后裔五六百人不是层一公的全部后裔，万六公只是层一公后裔中的其中一房而派发到庚岭，因而万六公成为庚岭的一世祖。

另外根据历代族人传说，政和县“九房林”族谱是随“九房林”的十妹陪嫁到寿宁。寿宁庚岭历代魏氏族人传说中也提到十妹陪嫁有族谱一事。据传庚岭魏氏家族中有一本老族谱被分支到浙江云和的魏氏宗亲带走，是否与十妹陪嫁的族谱为同一本，亦不能确定。层一公派发到寿宁和十妹嫁寿宁为同一时代，两者之间是否有什么关联，有待于我们进一步考证。

2019 年 4 月

政和城关营尾魏氏家族考

魏旭方

一、茶岭祖墓考

南门营尾魏氏家族先祖贵麟公、朝纲公陵墓在距茶岭村 100 米的公路边上，现存两块墓碑，墓穴坐西南朝东北方向。

两墓碑简介：贵麟，生失考，大约卒于嘉庆年间，葬于政和茶岭。夫人吴氏、陈氏，生卒失考。生二子。墓尚在，贵麟—— 章清公支系后裔尚在祭扫。由于墓碑残缺，其安葬时间：“十一月十八日。”没有年份，碑中文字：“魏讳贵麟六府君墓。”右边文字：“男朝祥、朝纲，孙宗宝、宗玉同立”。

朝纲（江），贵麟公次子，生失考，约卒于 1831 年前后，葬于政和茶岭与贵麟公墓同一地点。夫人张氏，生卒失考，葬于政和茶岭与上述墓同一地点。生二子，汉基、汉舒。碑上左边文字：“道光十一年（1831 年）二月十七日吉旦。”中间文字：“故考魏朝纲、妣张氏之墓志。”右边文字“阳男汉基、汉舒，孙国林、国金、国茂、国荣、国玉、国全、国枝、国波（浓），曾孙章迪、章成、章生”。

墓地说明：贵麟、朝纲墓地，文革前共有 3 块墓碑，应分别为贵麟公一块，吴氏、陈氏孺人一块及朝纲公婆合一块。前几年在修缮该墓地时，墓穴中均为金瓮，并无棺椁。从安葬形式看，该墓地应为重新安葬的风水墓。因此墓碑中所写的安葬日期并非卒日，卒日应是墓碑中日期的前三年，或更早。

二、营尾魏氏太高祖汉书公墓碑考

汉书（又名汉舒），朝纲公次子，生失考，1872 年 12 月葬于政和南路教场。生一子国珍（祖宗牌位上为“祯”）。墓碑上左边文字：“同治十一年十一月一日吉时安葬。”中间文字：“皇清魏公讳汉书三府君墓。”右边文字：“男国珍、孙章清同立。”

待考：“汉舒”（朝纲墓碑记载）与“汉书”是否同一人，若是同一人，为何在朝纲公的墓碑中记载的八位“国”字辈的孙子中没有国珍（祯）这名字，在三位“章”字辈的曾孙中没章清这个名字？若不是同一人，为何从清朝至今，章清派下的族人一直祭扫这些祖墓，而从朝纲公的墓碑中记载应是个大家族，却不见其他族人祭扫。

分析一：可能是汉基与汉舒兄弟两年纪相差比较大，弟弟小于侄儿，在朝纲公去世时，汉舒尚未成家，故朝纲公的墓碑上没有孙子国珍、曾孙章清二人名字。从朝纲和汉舒的墓碑的安葬时间看可以验证这一点。两人墓碑安葬时间相差 41 年，而朝纲公的墓是重葬（卒时时间应是墓碑安葬时间的三年之前），汉舒公是原葬，两人去世时间相差近 50 年，也就两代人的时间。照此推断，是朝纲公老来得子生了汉舒公，为此他比一些“国”字辈的侄儿还小，可能朝纲公去世时次子汉舒公尚未婚配生子，因此朝纲公的墓碑上没有孙国珍、曾孙章清二人名字也就不足为怪。

分析二：可能是汉舒公年少外出谋生与家失联，并在外成家立业，直到朝纲公去世尚未归来。因此造成朝纲公墓碑上有汉舒的名字，而没有孙子国珍、曾孙章清二人名字。其依据有二，一是汉书公的墓碑上有“皇清”二字。在清朝时有一种说法，就是先人客死他乡，加上“皇清”让其有归属感。二是在我们祖宗牌位上只有汉书公的名讳，而没有其夫人的名讳，按正常来说，夫妇的名讳都应体现在祖宗牌位上。以此推论：可能汉舒公年少外出谋生，并在外成家，直至客死他乡，后由子国珍将其安葬故里，故在墓碑中榜加“皇清”二字。而祖宗牌位上没有其夫人的名讳，可能是汉舒外在娶亲未得族人认可，或是他乡女子，从未回到政和，故而在祖宗牌位上淡去其名讳。

在道光、咸丰、同治年间（约 1800—1900 年），营尾魏氏应是个大家族，从现有的资料看，在那一时期，有姓名可查的“国”字辈南门营尾魏氏先人就达 15 人以上。另外从一些老人讲述中得知，南门营尾多数为魏氏族人居住，现今从魏氏老宅子的建筑中可窥一斑，许多宅子与隔壁宅子共用一堵墙，只有同一户人家或兄弟盖房才能如此。不知为何当年如此一个大家族，到了新中国成立初期还不到 10 人，其他族人去向何处？

2018 年 12 月

西溪村的开基历史探源

魏日中 宋祖通 魏日球 魏何弟

西溪村是镇前镇（唐代为“建州关隶镇五岭里”）管辖的一个行政村。西溪村原由王厝、墘头、丁坑三个自然村组成，王厝、墘头隔岸相对，后来逐渐扩建，连为一个整体。丁坑自然村离行政村五华里，与西门、洞宫毗邻。西溪村与坂头村、连坑村隔邻，与周宁的赤岩村、泗桥村、红阳村相邻。

西溪四面环山，峰峭入云，林深隐雾。村址地势平坦，西溪的后门山，“仙人插掌，五龙同展”。西门溪、源里溪二泉“合璧”，圳头潭、门前潭、碓下潭“三潭印月”。两岸万木葱茏，一溪绿水潺潺。西溪的学校在村头，居高临下，一览全村。西溪的读书人，从这里起步。

西溪的历史渊源追溯，很难说清楚。据传最早在西溪开基的是蔡姓人家。据黄家渊老人讲，蔡姓的村址在“凸后墓碌”，即现今西溪小学校址，范围可容纳十几户家庭居住，何时因何迁徙不得而知。蔡姓人家迁徙之后，八十余年前还回到西溪修家谱，把“众厅”后的那棵大树记到家谱里，蔡姓人家大概是迁到建瓯一带了。我记得少年时常到众厅后阁捕捉蝙蝠，见到那棵大树根残骸，有农村担水用的水桶那么粗。后来，听说被叶德贵砍柴卖了。

再者是王姓开基，村址叫“王厝坪”，即现在的圳头范兴福家旧屋子那一带。后来从圳头沿溪而下的房子也是王姓的。王姓人现在还有王文春一族，王声福一家人。

再后就是杨姓开基，村址叫“杨厝”，即现在的行政村靠后门林部分。杨家曾养过马，有一句传说，西溪的菜（蔡）被羊（杨）吃了，意思是蔡姓败了，杨家兴了。后来，杨家也败了。黄老讲，现在凸后墓林仔还有一些杨姓墓址，榅树坂的大榅树可能是杨姓人种的。

据黄家渊老人讲，宋姓开基应该同王姓、杨姓差不多时间。宋姓原从洋尾村所迁。传当时洋尾村常出现来自衙后（赤岩）的“妖精”，叫“猪母精”。那时赤岩没有村，是一片大树林，“猪母精”常到洋尾村骚扰。于是宋祥符五年（1012 年）潘七郎公创建梅溪殿，以镇“猪母精”。京兆潘七郎公墓于宋建中靖国元年（1101 年）建于西溪村庵兜墓林仔，至今已有九百余年历史了。宋先宝老人讲，西溪的宋姓开基地址最早在“七坪尾”，即现在的下宅桥对面“沙坂”的地方，而后又迁徙到“中村”，即现在的庵兜地方。我们今天还可以看到庵兜旧村址。而后又来到墘头（田埂头）建村。为什么到墘头建村？是那时候牛经常到田埂头吃草，晚上不回到中村过夜，认为那里是建村的好地方。也如许姓在澄源上洋梧桐林开基一样，“白牛寻隐梧桐”；也如宝岩山后村魏姓开基，是因为牛进苦竹林不回家之缘故。

《政和文史资料》（1983/3）地名办列表：“元朝陈姓在田埂上方建村，取名墘头。”黄家渊老人指出，应该是宋姓在田埂建村，而墘头村的陈姓大概是明朝尾从周宁礼门迁到墘头住“桩场”，替人收苗收租的。

黄姓在西溪开基大概是明末清初由坂头楼下迁来的，始祖黄国宝，他的墓地在长坂。到家字头这一辈，是第九代。黄家以传统中医药为业，经济基础较好，黄老祖父还是个“秀才”。

魏姓发自魏屯下池九房林第五房明五公，元末明初迁镇前，历四世迁郑源。清乾隆甲子（1744 年）年，始祖魏茂祯公三子远荣、远华、远扬，随母氏黄仕珠，由郑源迁徙西溪村定居，迄今历十二世，三百七十余人口。魏氏早期居“魏厝里”，在村中间，后发展至西边、下头林一带。其中魏开柱一族，属于周宁礼门魏氏三十三世，于 20 世纪 40 年代从周宁县李墩乡（现已置镇）楼坪村北洋自然村所迁，迄今历四世，二十余人。

据范加祥老人讲，西溪村的范姓，先由澄源牛途迁前洋，而后再迁西溪，历十三代。原来，范姓不知从何地迁来，是范家祥老人从“翁婆图”上抄下名字，到牛途去寻根问祖，才找到源流，并请坂头浦声弟先生修了家谱。

丁坑村赖姓源自闽西长汀，后由周宁芹溪大山所迁，历今六代，约上百人。丁坑人艰苦勤劳。

西溪的叶姓，原由漈下所迁。传其始祖到杨家入赘，杨家败落后继承其遗产。

黄老说，祝家洋的“祝”字，是“土改”造册时他加的。祝家洋开基人叫阿保仔，姓潘，来自周宁黄山里。阿保来时，我（黄）懂事了，先是在家洋上壑住，后因上壑天气太冷，迁到下壑住。上壑有“牛城”放牛，大量牛肥用来种棕树。阿保仔自己有二十几头牛，另外别人的也有二十几头，共放牧四十多头牛。阿保仔自家劳力好几个，雇用二人放牛，长工二人，另打零工好几人。最旺时，有几万斤谷子收入。当时，坂头村流氓经常到阿保仔家吃、拿，阿保仔受不了，后来迁徙到建瓯川石一带了。现在潘姓，西溪还有人，潘定富一族便是了。

西溪的陈姓有四个来源。陈华全一族，由周宁礼门樟垱所迁，前面有讲过住墘头；陈乃有一族，由坂头村所迁；陈文泰、文燕一族，由坂头苏坑所迁，最早住在狮子岗；陈明孝一族，由周宁洋尾周垱所迁。西溪的祝姓，祝长禄一族，由坂头村所迁，最早住在庵后的后门厂。张姓，张光伴一族，由杨梅林所迁。熊姓的熊启海，早期住源里启海厂。还有刘姓、许姓等。

西溪村从开基到现在，究竟有多久，没人知道。“西溪”二字，我最早看到是明朝《万历政和县志》：“善政乡”、“西里十六都……一图去县东南七十里，曰翠竹溪、曰磻溪、曰西门……二图，去东南六十里，曰西溪、曰郑源、曰镇前、曰榅洋”。我想，西溪历史同前后村的历史，应该相差不远吧。西门村开基建村至今八百余年（宋宁宗庆元元年，即 1195 年）。

分析西溪村史，本人认为应从如下五方面探考：一是通过对旧村址“凸后墓碌”、“王厝坪”等地方考古鉴定，二是找到“众厅”后、“榅树坂”、“六种丘洋”原有大树根残骸进行化验鉴定。三是根据庵兜墓林仔宋七郎公的墓葬时间，宋建中靖国元（1101 年）年推算；四是《政和文史资料》（1983/3）中地名办：“元朝陈姓在田埂头上建村，取名墘头。”这里黄老说陈姓有误，应是宋姓。元代至今七百多年，而宋姓最早开基是“七坪尾”，之后又移居“中村”，最后才到墘头“田埂头”建村，可能经过好几代了。五是根据墘头村民介绍，他们开基祖宗是潘七郎公第七代子孙，由此也可大体算出时间。以上从宋姓在西溪开基始祖算起，潘七郎公建墓时间（1101 年）推算，至今是 917 年，加宋潘七郎公的年龄，再他的父亲辈，有上千年历史。

西溪全体村民是西溪历史的创造者。千百年来，西溪村民不管大姓小姓，和睦相处，同甘共苦，在饥荒、匪乱、病害中求生存，一代一代的繁衍。在绝境中创造奇迹，用才华、智慧驾驭梦想，终于赢得今天的辉煌！

西溪村民深受好评，有坂头花桥克济氏张忠辑和连坑村连韵铿二位老先生诗引以为证：

西溪地处近闽东，物自静观兴贯通。
溯本追源人意好，综今缕古我情殷。
爰居爰处成佳境，踱来踱去教化功。
旧貌新颜相比是，勤劳果实最尊崇。

2018 年 7 月

“魏马同享”的典故

魏旭方

在政和历代魏氏族人和马氏族人中传说着“魏马同享”的典故。这则典故源于元朝年间的政和镇前的魏马两家。

马昇（1256—1333 年），东汉伏波将军马援公后裔，祖籍江苏扬州府高邮州。时任元朝兵部侍郎，因受奸臣陷害，从兵部侍郎被贬为九品的政和县赤岩司巡检（赤岩今属周宁）。皇命不可违，马昇携其长子马含、次子马舍及两位夫人举家赴任。到任后，遇到同朝时旧僚、曾任高邮知州、告老还乡的镇前魏公（名讳失考）。他乡遇故交倍感亲切，两人相惜十分投缘，朝夕相处谈经论史。魏公不因马昇被贬而有所怠慢于他，不到半年，魏公遂将爱女魏福金许配给马昇二子马舍为妻，二年后生子宪保。

不久朝廷降旨马昇官复原职，马公择日举家回京。行至西津，时任县尹张仲达设宴饯行。临登舟之时，马舍夫人魏福金思乡念亲情重，遂产生退意，以子幼父老为由不愿离去。若苦相逼，则要抱幼子宪保赴水。马昇无奈，先令长子马含护送其母龚氏及妻儿回祖籍江苏高邮，以奉祀祖先。自己则与侧室及次子马舍、儿媳魏福金、孙宪保 5 人转程于苦竹庄（今石屯富竹庄）暂住，希望儿媳能回心转意再到京都赴任，无奈媳妇福金坚决不肯前往，马昇只好具疏辞官。辞职得到朝庭同意后，次年，魏公将女儿福金及马昇父子一家接回镇前，并让出自己所居房屋给马昇一家居住，魏公则迁至镇前郑源。

马昇一家定居镇前后，魏、马两家关系更为密切，魏公与马昇公感情日益深厚，迎来送往于镇前与郑源之间，并长时逗留于两村居中的三二桥矮亭间。因而魏马二公协商在此山麓共建一庵，并于 1332 年建成了“亲家堂”，为魏、马二氏的香火堂，后人也叫“天圣堂”。

次年，马昇因病去世，享年七十七岁。长子马含从高邮回镇前奔丧后，在返回高邮兄弟离别时，两兄弟将父亲马昇的官帽、官带（腰带）一分为二，各执其一，以便日后骨肉相认为凭据。

镇前马昇像与马氏祠堂

郑源村魏马同享纪念亭

魏公念女不从女婿回高邮，于是将在镇前的房产田地尽归其女婿为产业。立据“此后此地尽付于女，遂立遗嘱町畦，其山场等物直溪为界，后世即许魏马上葬，不许盗卖。恐异姓插入逼处混杂，吾子孙当永守此册，以垂不朽耳”。

魏马两家结秦晋之好，共奉香火，共享产业，这乃“魏马同享”的典故出处。

马舍以魏公所馈之田产为基础，精心经营，稳步发展。马姓一族经数百年繁衍生息，遂形成今镇前马氏一派，至今已历二十六世，马舍、魏福金的后裔已达数千之众。

本文参考资料《镇前马氏族谱》、《政和县姓氏志》、《郑源魏氏族谱》。

外屯、下池地名考

魏福建、魏子全、魏声易

现在的外屯，最早是一片“沼泽地”，称之为“东湖”。据上洋许姓家谱载，其始祖许延二因避仇，于唐宣宗年间到建州隐居，始寓于东湖。因此地位于建州之东，又积水成湖，故称东湖。誉为东湖圣地。

魏氏始祖最早在此垦屯，开基建村，因称魏屯。政和民国及其以前的县志及外屯的徐姓、杨姓家谱均称“魏屯”。《民国初年政和行政区及乡村分布表》中外屯村名“魏屯”，其街市墟场称“魏屯街”。原来池栋亭梁上即书“魏屯池栋亭”，原外屯街尾拱门上方书“魏屯街”三大字。

民国廿五年（1936 年），魏屯杨祖俊任联保主任，以“魏”字笔画多不好写而改为同音“外”。此举并非“笔画多”，实为别有用心。民国廿七年（1938 年），外屯联保改为乡。民国廿九年（1940 年），院勺村刘锡恩出任外屯乡长，对外屯街尾拱门进行修建，拱门上方书“魏屯街”三大字，下边落款“刘锡恩书”。杨祖俊、邱荣生指责刘锡恩：“你把外屯卖给下池魏厝了。”刘说：“你们知什么，外屯就是魏姓的魏，不信去看县志。”最后，邱荣生无法否认，就用竹竿把落款“刘锡恩书”四字去掉，保留“魏屯街”三大字，一直沿用到公元 1963 年改溪时，才被拆去。

下池原名象池。最初外村为谢姓开基，里村为夏姓开基，现称夏地坑。魏姓从魏屯发下池，先迁外村，后建里村和中村。因村两边山呈“象”形，又因水尾口锁，积水成“池”，故称象池。

2002 年 6 月

政和坂头魏姓考

魏旭方

坂头村古时也称磻溪。

政和县杨源坂头村的村民以陈姓为主，鲜有魏姓。在 2002 年，魏日中先生在为坂头长坑仔村陈氏修家谱时发现了坂头陈氏《第三代祖彦芳、彦仁公置买坂头村四水流归契底》（附图），才知道坂头村原来也有魏姓。该契约是原坂头村魏仕魁、魏仕名兄弟将房屋田产卖给坂头陈氏第三代祖陈彦芳、陈彦仁的契约，立契时间为明洪武十七年（1384 年）八月。该契约载于民国十九年（1930 年）长坑山东岭《陈氏宗谱》之中，该宗谱是由镇前郑源魏鸿英所编撰，目前收藏于杨源坂头长坑仔村陈富声家中。

据坂头村老一辈人讲，唐时坂头村曾分为东面坂头、西面下池和南面下林（今竹头）三处。东面坂头为魏、叶两姓建村，元朝大德年间（1298—1307 年）陈贵四举家迁徙到磻溪坂头居住，这支陈氏定居坂头后辟田园、置产业、既耕且读，经几代人繁衍，到明朝初年形成旺族。而魏、叶氏则渐弱，人丁稀少，相继外迁。到明洪武年间，坂头村魏氏仅存魏仕魁、魏仕名兄弟两家。由于势单，只能将所有房产田地尽卖于陈氏兄弟，远走他乡。可见在明洪武十七年（1384 年）以前坂头村是有魏姓人家居住的。

此外，柘荣魏氏崇祯元年（1628 年）《重修谱序》记载：“……唐时有曰徵者，居于钜鹿曲阳，仕太宗为丞相。五世有讳谟者，擢进士第，官至执政，移于润州。故以钜鹿为郡以志之。五代乱离，子孙繁多，四方播徙，分于建宁府后街并浦城、政和磻溪诸地。于是移长溪之廉上，至宋高宗建

政和杨源坂头村

炎间（1127—1130年）讳文纶者又自廉上移于福安之江洋。历七世至魏九公自江洋分居银场后，为泰阳魏氏始祖。”此中提到的“……政和磻溪……”即为现今的政和县杨源坂乡头村，从另一侧面证实了在宋高宗年间坂头村有魏姓居住。

那么坂头这支魏姓源于哪里呢？从坂头村史看，在唐朝时魏姓就在此地建村，从政和现有可查到的魏姓文字记载，政和魏氏始祖为魏甲太，甲太公于宋神宗熙宁元年（1068年）从建瓯东游迁至政和铁山定居。显然，坂头魏姓不属于甲太后裔。再者，若江洋、泰阳魏姓源于政和坂头的话（柘荣《重修谱序》记载：“……政和磻溪诸地。于是移长溪之廉上，至宋高宗建炎间（1127—1130年）讳文纶者，又自廉上移于福安之江洋”），那么从1068年至1127年短短的59年就从铁山到杨源坂头、长溪廉上，再到江洋，显然这是不可能的，所以坂头魏姓并非魏甲太的后裔。

柘荣崇祯元年（1628年）谱序里提到魏徵裔孙“谟”。据《天洋魏氏宗谱》载：“魏徵三子叔璘，任礼部侍郎；生子殷，为汝阳令；殷生明，为监察使；明生凭（冯），为献陵台令；凭生谟。”谟公裔孙魏甲太，宋神宗熙宁元年（1068年），由建瓯东游上迁东岸口（今政和城关）铁山屯头开基。可初步判定魏甲太与坂头、江洋、泰阳魏姓均为魏徵裔孙谟公后裔。

据记载：“谟生三子潜、滂、虞。虞生子高，字进隆，仕唐为户部侍郎，因储库失谨被灾，遭御史吴元吉勘问，唐僖宗广明元年（880年），谪发江南（现杭州）。魏高生七子，以兴为派，期间黄巢乱，兵祸连绵。唐僖宗中和元年（881年），兴六携妻邱氏三十六口，兴七带妻张氏三十七口，随从有吴、周、叶、李、陈、江、许、薛、赵、高、冯、朱十二姓，由杭州再迁入闽，在福州黄塘街居住。十四年后，于唐乾宁二年（895年），再迁入建安县安泰里石痕面（现建瓯

第三代祖彦仁芳公置買坂頭村四水流歸契底
政和縣磻溪坂頭村住人魏仕魁仝弟仕名等承祖手
置得本村來龍主山門前照山西至下店大路葡萄、
坑直崗分水為界北至衙仔牛漿堀直崗蘇坑溪
為界東至下壠路水井屋為界又後門主山東至龍、
體為界北至蘇坑溪仔為界西至深井屋後水圳為
為界南至來坑路碓路木下井下屋邊為界又水
井三口魚塘一隻園圃四水流歸溝圳門路齊全盡
行立下文契託中說諭盡送與
陳彦仁芳兄弟同出成買為業三面言議杜斷價銀叁
拾兩正立契之日交收足訖不少毫厘又前田地屋
宇世業俱賣與陳宅目今魏家人丁稀少只得
並將寸土塊石再託公人勸諭盡行倒與陳宅當下
領得起火米叁石肉五觔鞋一雙豆五斗准為離鄉纏
費之資即日甘退與陳宅子孫永遠掌管倘魏家
子孫出頭興盛之日到鄉不得重言事端二家甘允
無悔故立文契付與買主永遠為照
洪武十七年八月　吉旦
立盡賣契魏仕魁
仝賣弟魏仕名
為中人葉因四
在見人彭玉益
代筆人僧惟庵

坂头魏氏兄弟出让房屋、田产契

东游洋面村）肇基。”而柘荣《重修谱序》记载：“……五世有讳谟……五代（907—960年）乱离，子孙繁多，四方播徙，分于建宁府后街并浦城、政和磻溪诸地。于是移长溪之廉上……”可见浦城魏氏、政和的魏甲太与兴六、兴七同是谟公后裔，且时间上有承继关系。因此政和坂头的魏姓可能是五代中后唐（923—936年）时期从建瓯东游到坂头建村的。

据柘荣魏氏宗亲老一辈传，江洋、泰阳魏氏可能源于政和。但从柘荣魏氏崇祯元年（1628年）《重修谱序》记载，无法确定源于政和，但同属谟公后裔是可肯定的。因此，江洋、泰阳魏姓与浦城、政和坂头、周宁礼门魏姓可能于五代时期都从建瓯东游迁徙出来。

注：周宁礼门魏姓是瑞斋公于宋乾德三年（965年）从建瓯东游迁宁德十八都龙峰境（今周宁礼门洋头村）。

2019年5月

松溪梅口村山底魏氏宗亲寻祖记

魏基光

我祖原住松溪郑墩镇梅口村对门山底，多年来寻找祖先从未间断。2000年5月，乘县魏氏族谱编写有利之机，查阅旧谱，走访老人，实地考证。山底和护田白米垄系同祖，郑源道光七年（1827年）谱记载孙广迁居护田白米垄。据曾在山底长大的敦本（字老仔）老人口述，始祖是乾隆初从郑源来山底，后到白米垄。到敦字辈，共住十代，200多年。山底村20世纪30年代有30多户，山林魏姓占半数多。1943年，国民党移民并村拆毁。梅口后门山（洪生公）、胡头山、壁上、山底路后均有魏氏墓。据白米垄后裔敦灼（字大老）老人口述，始祖是从郑源到白米垄，后到山底。白米垄共住一百多年，兴旺时期有20多栋房子。从山底到白米垄几华里大片山林都是魏家的，因护田杨宅人砍了魏宅树木，把杨宅人打死，造成大祸，逃离白米垄。

在山底故址，找到道光十年（1830年）二月“子德寿，孙光完、光孙”为魏公廷富立的碑。经敦本老人确认，光孙是他的曾祖父。现散居各地的山底人都是廷富公的后裔，到敦字辈共六代，分别为廷、德、光、仁、永（日）、敦。光绪十八年（1892年），子仁旺、孙永舜为母张氏寿弟立的碑，找不到后代，无法编入。

山底和白米垄关系密切，首先是字辈相同，如德、日、敦，敦本和敦灼均有往来；其次是从山底到白米垄，成片山林为魏氏家族所有。始祖来自郑源，孙广约在雍正年间到白米垄，乾隆初分居山底。

2001年5月

太史公魏敬中与政和

魏旭方

魏敬中（1778—1860），又名建中，字治原，号和斋、和宇，宁德县东洋里樟源村（今周宁县樟源村）人。清嘉庆二十四年（1819 年）殿试获二甲第六名，赐进士出身，钦点翰林院庶吉士。散馆后授编修，任国史馆总撰。道光十五年（1835 年），魏敬中重纂《福建通志》，于道光十九年（1839 年）完成。有《炳烛轩抄撮》《屋漏讼过录》《观我生日记》等文集行世。

从嘉庆到道光年间，魏敬中数次路过和逗留政和，与政和有着不解之缘。

仰慕朱子理学　掌教星溪书院

据《周宁县志》记载：魏敬中 18 岁进县学，23 岁考选拔贡，为本科经魁。翌年春天，首次赴京参加会试，未能考取，回闽主讲于松溪湛卢书院和星溪书院。魏敬中回乡后四处请教，尽访名士，一边教学一边寒窗苦读。其在政和星溪书院的讲学是他入仕前的重要经历。政和县是朱氏入闽第一站，理学家朱熹的祖居地。政和星溪书院乃理学家朱熹父亲朱松任政和县尉期间，于宋宣和五年（1123 年）所创建，后又建云根书院。朱熹来政和祭祖扫墓时，常讲学于星溪、云根两书院。在朱氏一家三代（朱森、朱松、朱熹）的推动下，政和读书向学之风兴起，研经致史之气勃发，教育的成效促成了人才的脱颖而出，科场得意者屡见。据《政和县志》记载，宋绍兴五年（1135 年）至咸淳七年（1271 年）的 130 多年间，全县出过 8 名进士、45 名举人和 381 名贡生，后举进士者屡见不鲜。魏敬中掌教于星溪书院，不仅是因其科举成效，更是因仰慕朱子，推崇理

星溪书院

学的心理使然，在其后经历可窥一斑。他在政和县志“序”写道：“立县之初，韦斋先生尝为之尉，建云根、星溪书院以倡学者。于是龙马之祥，笃生大贤，所以应期运、开风气者久而弥烈。……要其有开必先，韦斋先生实与兹邑气脉相流贯，居官法其治，学校师其教，闾里从其化。”道光十一年（1831 年）在政和逗留期间，专程拜谒朱熹祖父朱森墓并赋诗：

冬日谒退林翁墓

雨洗寒山泼眼青，名贤先泽景芳型。
龟蛇肖状藏真蜕，龙马储祥孕秀灵。
红烛修书征旧乘，紫藤垂荫护幽扃。
我来瞻拜情何极？草树余芳尽德馨。

欣允出任总纂　大才编修县志

道光九年（1829 年）春，各州县大修通志。时任知县程鹏里开始重修政和县志，至道光十一（1831 年）年梁承纶知县上任时仍未修好，于是梁承纶知县聘请时任翰林编修、国史馆总纂的魏敬中为政和修志。此时恰好魏敬中因其母病逝守孝三年期满，欲回朝履职途经政和，遂停留十余日，统领编纂。在志序中写道“……而余程限有期，无由极意搜罗以臻明备，特就所裒录者订讹补轶，定其部居，归诸体要，各为序论以明大旨。若夫从容商榷，次第增辑，尚望诸君子焉。”通过魏敬中的统筹编纂，《政和县志》于道光十三年（1833 年）刊印发行。该志在省内堪称善本，其珍藏本和魏敬中手书的序珍藏于省馆之中。

当年政和城关有“秦、杨、范、魏”四大家族，政和城关魏氏为旺族之一，魏敬中或路过或逗留，自然与本族交往甚密，由他主纂政和县志，政和魏氏精英积极响应，加入到修志工作之中。魏镛任与修，魏国琨、魏廷耀任采辑，魏廷旌任缮写，魏廷枢任校刊。

至此之后，每每修志，均有政和魏氏族人参与。

感召魏氏宗亲　倡修同宗族谱

魏敬中极为重视族谱的编修。道光三年（1823 年）冬告假回家省亲，期间与乡贤郑国让探讨编修族谱的重义，并着手对家乡周宁樟源魏氏族谱进行采编。由于假期有限，于道光四年（1824 年）秋北上履职，无法将编辑的族谱缮录成册。行至松溪，放心不下，写信与其三弟建海，将其樟源魏氏族谱稿交托于郑国让，嘱其完成编纂。

同时，布令异地同姓者亟修谱牒，“昭示来兹而联骨肉一气之雅”。政和魏氏与魏敬中一族本是同宗同源，均是魏徵十五世孙化三的后裔（化三孙魏瑞斋于 965 年从东游

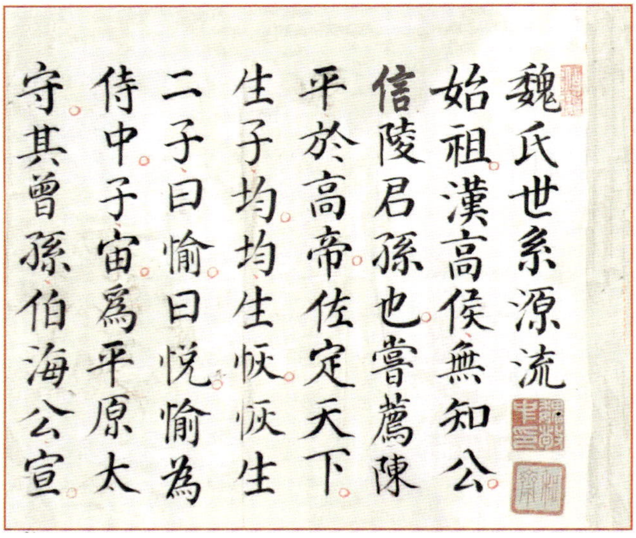
魏氏世系源流
始祖漢高侯無知公
信陵君孫也嘗薦陳
平於高帝佐定天下
生子均均生恢恢生
二子曰愉曰悦愉為
侍中子宙爲平原太
守其曾孫伯海公宣

魏敬中在西溪魏氏族谱盖印

到周宁礼门，化三裔孙魏甲太于1068年从东游到政和铁山）。郑国让在道光七年（1827年）编撰郑源魏氏族谱写道：“兹政之西里郑源村，元为、陈贤二公于祭祖时曾见夫子，领其风旨，庸知以是为急务，而请余珥笔，敢荷是任。……”

在其感召下，政和魏氏“九房林”各派，纷纷掀起纂谱之热潮。受魏敬中之托，郑国让于道光七年至道光九年（1827—1829年）间在政和先后编修郑源、西溪、下村、莲石、宝岭、岐山等地多部族谱，魏敬中在西溪族谱加盖了“魏敬中印”和“和斋”两枚印章，以示认可。

魏敬中从北上应试、政和讲学、进京做官、回家省亲、倡修族谱、服丧往返、主修县志、辞官回乡、浦城讲学等，每一次的路过，每一次逗留，政和都深深留下他的印记。政和魏氏宗亲因有这样一位大才而感到十分骄傲，两地宗亲关系更为密切。在光绪三十一年（1905年）政和西溪村魏府叶老夫人八十岁时，魏敬中之孙，赐进士出身，同知衔山西即用知县、掌教莲峰书院的魏鸿勋称其为宗叔母，并送上了“婺宿长辉”牌匾。足以彰显两地魏氏亲情。

七律·颂魏敬中

水秀樟源沐彩霞，地灵人杰翰林夸。
七回八折题金榜，几处三番话玉嘉。
炳烛轩修朝媚日，潜心编纂逐年华。
大行正教崇四术，太史公言成一家。

注：四术，指诗、书、礼、乐。

魏虞真人宫观遗址初探

魏万能

琅嬛福地洞宫山，在政和县东南的洞宫山脉之中心，东接周宁九龙际、滴水岩、陈峭，南临屏南白水洋，为鸳鸯溪上游，平均海拔1089米。冬暖夏凉，四季分明，年平均气温14℃，年降水量达1800毫米。云山雾锁，岩奇石怪，丹崖瀑流，潭深洞幽。相传有“二十六潭、三十六洞、四十九景”之称和“小蓬莱”“小武夷”的美誉。

老子云：“窈兮冥兮，其中有精。其精甚真，其中有信。”山岳是道的“精、真、信”的形与象。唐代司马承祯（647—735年）《天地宫府图》曰：“精象玄著，列宫阙与清景。幽质潜凝，开洞府于名山。”

洞宫山自唐朝以来就被司马承祯誉为“琅嬛福地、魏虞洞天”，名列道教第二十七福地，为政和县仙山福地，不但自然景观优美、人文历史悠久，而且水力资源丰富。20世纪80年代初，本人有幸被县委政府派往洞宫山，主持洞宫水库开发建设。走进洞宫山，深入洞宫山，第一次零距离观赏、感受、探究洞宫。宝丰岩有雄起挺拔直插云表的丹崖赤壁、昂首东望傲视群山的麒麟、威武雄奇踏山踩云的狮子岩，宽敞幽深、形态别致的炼丹室。有蓬岛奇境飞升台、香炉峰、巨蟆岩、观音岩、罗汉岩、狮子岩、莲花石、石笋、石龟等天然景观，有流传于洞宫山村庄的魏虞洞天、张华遇仙看天书、魏虞斩蛇精、蝙蝠仙姑、山鹿报恩、仙牛望月、仙人棋案、叶飞会师、陈家辙借银等美丽传说故事，有藏匿于上车桥石刻预言、雾中桥怪圈谜团，还有洞宫西门村每年六月初独具特色的“迎仙节”、传统祭祖“七月半”的民俗民风等令人应接不暇。

历时五年洞宫水库建设期间，本人在工作之余走访了洞宫山的山山水水，探访了魏虞洞天、飞升台、炼丹室等魏虞真人足迹，却唯独不见南宋诗人陆游《雨晴游洞宫山天庆观坐间复雨》描绘的天庆观和真人宫处所。相传魏真人乃彭祖的第三个儿子篯骞（魏王子骞），虞真人是虞冲。根据《政和县志》和《浑肖经》记载：“初，篯武、篯夷之亡入闽也。国无君，大夫虞冲谋立彭祖少子篯骞，遂走入洞宫而隐焉。”又引“《杂志》魏王子骞初隐洞宫时，大夫虞冲从而求之。骞辞不归，冲亦不去，遂相与炼丹于石室”。查阅史料和《政和县志》，仅记载洞宫村边于唐朝咸通元年，即公元870年，由叶延一、许延二捐资，僧人可珍主持建造的“洞宫寺”，而非道观。洞宫寺在水库建成后被淹没于库底之中，整个洞宫山区没有发现任何道观建筑。

2016年，洞宫山文化研究会组织武夷学院专家深入洞宫山进行实地考察，考察队进住洞宫西门，前往宝丰岩勘察，拾级而上，一条长约六百米的石阶山坡，坡顶山岗地势平缓，正前方一片形式各异山石兀立眼前，一处高达二十余米断崖往东北方向延展，断崖上突下凹，形成断裂岩谷，俗称“鹿坑窟”。相传魏虞真人在洞宫山炼丹修道时是以山鹿为坐骑，真人成仙登天后，山鹿老死宫门，被人埋葬于此，当地人把这崖谷叫作“鹿坑窟”。谷口一块三层楼高形似三角形巨石直立于山谷门前，即山门石。石后是直径达十米圆形漏斗，人称仙人井。据说仙人作法时，东边慕龙坑龙井潭的溪水会从仙人井冒出。进入崖谷顿觉幽暗静谧，好像置身于远离喧嚣的另一层时空，恍如隔世。再沿着相对狭小崖谷往上三五十米，几块巨石挡住路径，攀爬上巨石，三五块岩石围成一个相对平缓的斗室，面积约二三十平方。东北侧山边是一排山石垒砌遗迹，专家推测此地当为真人或道士居住理想之地。

考察组离开“鹿坑窟”，沿路西行五百米许，爬上一小山岔，眼前现出一大片密密麻麻毛竹林，面积约四五百亩。穿过阴暗潮湿的竹海小径，横亘于眼前是巍然耸立，直拔云表的一片丹崖巨岩，高上百米，三大巨岩垂直并立，如面壁横贯四五百米。上有乔松，苍翠而挺拔；岩下洞多石怪，有一线天、甘泉洞、白岩银坑洞、石蟾拜仙等等。东西两侧为宝台峰，高楼岩屋，类比宫阙仙宇。宝丰岩北东西三岩品立，一如盛开莲花，浑然似仙宫神宇，人间桂宫。唐代著名道士杜光庭在《洞天福地岳读名山记》说“乾坤既辟，清浊肇分，融为江河，结为山岳……或上配辰宿，或下藏洞天，皆大圣、上真主宰其事”。中国道教仪轨称“三石成观，五石照宫”，专家组惊叹于宝丰岩大自然的鬼斧神工，自成天然的道教宫观。相传魏虞真人在此栖身炼丹成仙，其宫观遗址犹存。宋代理学家朱熹弟子黄榦游历宝丰岩时，在真人宫前手书“魏虞洞天”匾额。

考察宝丰岩寺历史可知宝丰岩历代为道教名家修身炼丹宫观，明朝成化至弘治年间，西门村黄氏先祖第十三世孙黄秀钦，字法基，号莲花居士，就在翠屏峰下宫观修道。其墓葬在宫观后岩石下，西门黄氏每年清明节扫墓祭祀，至今保存完好。宝丰岩原名翠屏峰，乾隆王子游历洞宫山时，赐名宝峰岩。清朝白莲教起义后，采取“尊佛抑道”之策，西门村民在宫观西侧主峰岩下建岩下庵，供奉魏虞二真人及诸佛。古之道观因无人看管，自行荒废。从此，宝丰岩寺由纯粹的道观变成了道教和佛教相融之胜地，清光绪年间在岩下庵前修建“宝峰禅寺”。但洞宫西门村民对魏虞二真仙的信仰从未间断，西门村每年六月初一举办“迎仙节”，前往宝丰岩，用华丽木刻轿把魏虞二位真人的木雕塑像抬到本村官厅的圣母宫安座，活动按祭仙仪轨进行。西门村年龄在八十以上的健康老年人，对解放前西门村每年举办“迎仙节”的盛况记忆犹新。两顶木刻轿在20世纪60年代“因破四旧”时，随同原宝丰寺一起被拆毁。该木刻轿雕刻工艺十分精美，两顶轿门眉冠以横匾，其一“逍遥自在”，其二横匾“有求必应”。1995年，西门老年会于岩下庵原址重建“宝丰岩寺”。

中国传统道教对于中华山水文化研究至臻至熟，有关福地两类，其一为神仙洞府，二是堪舆风水，将宇宙大周天和人体小周天对应。杜光庭《洞天福地岳读名山记》说“右三境之山，皆争气所化。上有宫阙，大圣所游之处。下应人身，十三宫府”，仙山于人体十二辰宫加元神宫相对应，达到天人合一，得道升天境界。因此，凡道教宫观建筑都十分讲究堪舆风水，阴阳互补，使道教宫观融于山水最佳处所，达到集聚山岳之“精、真、信”于一体，让修道者安居期间，融合名山情景、洞天福地之精气，从而实现修身健康，长生不老，得道成仙。按西门知情人士介绍，据说当年建岩下庵时，因宝丰岩正位是魏虞真人道观，不宜在道观原址上再修建佛教庵堂，村民就按先主后宾次序，在真人观西侧设岩下庵。嗣后在修建宝丰岩寺时，因原道观荒废，便将魏虞真人塑像迁移至宝丰岩寺内供奉。

宝丰岩作为琅嬛福地洞宫山“二十六潭、三十六洞、四十九景”的核心景观，被称作“魏虞洞天”，为魏、虞二真人栖身炼丹之所。洞宫山文化研究会依据专家考察发现，分别确认荒废几百年的天庆观遗址和真人宫遗址，为挖掘、保护琅嬛福地洞宫山道教历史文化，为构建洞宫山道教养生福地做出了积极贡献。

杨源洞宫山

洞宫山魏真人考

宋 恒

洞宫山在政和县杨源乡境内，地处国家级风景名胜区屏南鸳鸯溪上游，北与浙江交界，面积约 10 平方公里，海拔 1459 米。因山中一巨石呈“宫”字状，其山洞又有洞中宫殿之称，故名。据有关史料记载，洞宫山为道教“洞天福地”之二十七福地。历代以来，一直有道侣栖止，香客不绝，其中最著名的神仙是魏真人和虞真人，民间流传着不少关于他们的故事。然而真实的魏、虞二真人究竟何许人呢？

据明永乐版《政和县志》以及宋代历史地理学著作《舆地广记》所载，认为魏真人是彭祖第三子魏王子骞，然而此说相当可疑。彭祖是商周朝时代的人，而此一时期，就连道家鼻祖老子才刚出道，包括洞宫山在内的闽北地区，还处在蛮荒时期，根本不可能有人在洞宫山修道。

将魏王子骞当作彭祖第三子，其实是出于误读。又有把魏王子骞解作魏王的儿子骞，《三国志·魏志》语：“魏子骞为十三仙地主，筑升真观于峰顶，有天鉴池、摹鹤岩诸胜。以始皇二年，架虹桥而宴曾孙，奏‘人间可哀’之曲。”结尾又语：“按魏子骞遇张湛十三仙，及宴曾孙，俱始皇二年事，何其盛也？”可见魏王子骞生活在战国期，其时道家仅是诸子百家之一，当时闽北地区仍属未开化的“闽越”之地，魏王子骞到过武夷山，但是否到过洞宫山并无依据。

魏真人的最大可能是东汉炼丹名家魏伯阳。

魏伯阳名翱，字伯阳，会稽上虞人，道号“云牙子”或“云霞子”。身份称呼主要的有：魏神仙、魏仙师、魏真人、火龙真人、万古丹经王等。生平事迹未见于正史，但在《周易参同契》下篇第八十八章有隐语自述：“郐国鄙夫，幽谷朽生，挟怀朴素，不乐权荣。栖迟僻陋，忽略令名，执守恬淡，希时安平。远客燕间，乃撰斯文，歌序大《易》。三圣遗言，察其旨趣，统共伦。”五代后蜀彭晓认为“此乃魏公自述”，南宋朱熹则说：“魏君实上虞人，当作会稽，或是魏，隐语作郐。”其父为东汉“八俊”之一的魏朗，曾任过太守、尚书。魏朗后因“党禁”而遭祸，可能是此事给了魏伯阳极大刺激，因而避世入山修道。

最早为魏伯阳作传的是晋代著名道家葛洪，在其《神仙传》一书中记载：“魏伯阳者，吴人也。本高门之子，而性好道术。”西蜀彭晓在《周易参同契分章通真义》一书的序言中说，魏伯阳是东汉会稽上虞人，不知师承谁氏，他“博赡文词，通诸纬候”，曾以其所撰《周易参同契》“密示青州徐从事，徐乃隐名而注之。至后汉孝桓帝时，公复传授与同郡淳于叔通，遂行于世”。这说明魏伯阳是生活于东汉桓帝（147—167 年）前后的人物。尽管魏伯阳生平事迹不详，但他所作的《周易参同契》，一直流传至今，并作为第一本全面系统论述内丹术的专著，而被誉为“万古丹经王”。

福建道教的发展，与福建的文化开发历史密切相关。先秦时期，包括闽北洞宫山在内的闽北地区，仍处于比较落后的蛮荒时期，生活在这里的土著，据厦门大学林惠祥教授考证，是一种在人种学上称为丛林矮黑人的部落。今天这些人仅在东南亚岛国丛林中尚有踪迹，其文化遗存也极为罕见，唯一的证据就是武夷山风景区内的悬崖船棺。而到目前为止，闽北出土的大量考古文物，基本上属于与吴越文化密切相关的闽越文化。在武夷山，最有代表性就是汉城遗址。这种情况说明闽北的文化发展,大致经历了一个先秦土著文化——闽越文化,随后又为中原文化所替代的过程。洞宫山的历史，与这一过程大致吻合：夏商周时期，包括洞宫山在内的闽北地区尚不太为人所知，故司马迁在《史记·东越》中只提到“闽越王无诸……其先皆越王勾践之后”。由此可见，一直到战国末期，才开始有较大批的越人入闽。秦时，开始有零星中原人为避秦苛政入闽。汉武帝时因闽越人反,曾派兵平定,于是大量的中原人随之入闽。随着南北文化的交流,洞宫山逐渐为世所知,迄东汉时，随着炼丹术的兴盛和道教的兴起，闽北诸山成为修道炼丹的佳处。《后汉书·方术》载，泉州道士徐登，精医善巫术。此后，著名方士左慈和道士葛玄、郑思远等相继来福建隐居或修道。明嘉靖《建宁府志》载，东汉年间，南昌道士尉梅福，弃妻来福建，隐居建州城北“栖真岩”学道炼丹。与此同时，霍林山人韩众和茅盈来宁德霍童山修炼。可见道教在福建开始普遍传播的主要时期是在汉武帝之后。

后人虽然将魏伯阳等这类炼丹修道者列入道教人物，实际上与宗教意义上的道教人物有很大区别。道家始于周代老子，但真正成为有组织的宗教是在东汉，其代表是“五斗米道”。而魏伯阳等人似与宗教无关，更多的是专事炼丹修道的“隐士”式人物。这些炼丹修道者，平时多在深山老林人迹罕至处，行踪不定，偶尔才与世人接触。在一般人的心目中具有很大的神秘性，有相当一部分老死山林中不为人知，所以就“不知所终”或“升仙而去”。

唐代时，洞宫山列为道教的洞天福地。其时中国道教已相当兴盛，洞宫山也相当出名了。具体依据是唐道士司马承祯所编《天地宫府图》等书，据该书云：洞天福地就是地上的仙山，它包括十大洞天、三十六小洞天和七十二福地，构成道教地上仙境的主体部分。十大洞天处大地名山之间，是上天遣群仙统治之所；七十二福地在大地名山之间，上帝命真人治之，其间多得道之所。第二十七福地即洞宫山，“在建州关隶镇五岭里”，即今政和县杨源乡境内。

在魏伯阳的生活年代，恰与福建道教的这一发展过程相符。与此同时，由于魏伯阳是会稽上虞人，距洞宫山不过数百里，从地理因素上来说，完全可能知道这些地方。有关资料记载上说他“往来莫知其踪”，又说他曾云游长白山，遇异人得传内丹真法。这说明魏伯阳在当时并非固定在一个地方修道，完全有可能到过包括洞宫山在内的周边地区。

除此以外，尚有二则记录可作魏伯阳曾在洞宫山中修道炼丹的旁证。一是葛洪《神仙传魏伯阳》的记载：“后与弟子三人，入山作神丹。丹成，知弟子心怀未尽，乃试之曰：‘丹虽成，然先宜与犬度之。若犬飞，然后人可服耳。若犬死，即不可服。’乃与犬食之，犬即死。伯阳谓弟子曰：‘作丹唯恐不成，今既成而犬身之死，恐是未合神明最对意，服之，恐复如犬，为之奈何。’弟子曰：‘先生当服之否。’伯阳曰：‘吾背违世路，委家入山，不得道，亦耻复还。死之与生，吾当服之。’乃服丹，入口即死。弟子顾视相谓曰：‘作丹以求长生，服之即死，当奈此何。’独一弟子曰：‘吾师非常人也，服此而死得无有意耶？’因乃取丹服之，亦死。余二弟子相谓曰：‘所得丹者，欲求长生耳。今服之既死，焉用此为。不服药，自得数十岁在世间也。’遂不服，乃共出山，欲为伯阳及死弟子求棺木。二子去后，伯阳即起，将所服丹，纳死弟子及白犬口中，皆起。弟子姓虞，遂皆仙去。道逢入山伐木人，乃作手书与乡里人，寄谢二弟子，弟子乃始懊恨。”

另一则是元代伊世珍《琅环记》中的记载：张茂先博学强记，尝为建安从事。游于洞宫，遇一人于涂，问华曰：“君读书几何？”华曰：“华之未读者，则二十年内书盖有之也。若二十年外，则华固已尽读之矣。”其人论议超然，华颇内服，相与欢甚。因共至一处，大石中忽然有门，引华入数步，则别是天地，宫室嵯峨。引入一室中，陈书满架，其人曰："此历代史也。"又至一室，则曰："万国志也。"每室各有奇书，唯一室屋颇高，封识甚严，有二犬守之。华问故，答曰："此皆玉京紫微、金真七瑛、丹书紫字诸秘籍。"指二犬曰："此龙也。"华历观诸室书，皆汉以前事，多所未闻者，如《三坟》、《九丘》、《梼杌》、《春秋》亦皆在焉。华心乐之，欲赁住数十日，其人笑曰："君痴矣，此岂可赁地耶？"即命小童送出，华问地名，对曰："琅环福地也。"华甫出，门忽然自闭。华回视之，但见杂草藤萝绕石而生，石上苔藓亦合初无缝隙。抚石徘徊久之，望石下拜而去。华后著《博物志》，多琅嬛中所得，帝使削去，可惜也。

张华（生于公元 232 年）早于葛洪 50 多年（葛洪生于 284 年），晋代文学家，所著《博物志》中有多则道家方术故事。《琅环记》虽是元代人所撰笔记小说，但也不是纯粹杜撰，当有传说作为素材。两则故事可以明显看出渊源关系。综合这些书的作者及成书年代来看，洞宫山为世所知并有人入山炼丹的年代，应在西汉以后。

由此可见，洞宫山魏真人即是东汉魏伯阳。

至于虞真人，葛洪文中明确记载是魏真人弟子姓虞，除外还有徐姓弟子，徐、虞谐音，民间常常混为一读。那么虞（徐）真人又是何许人呢？

《参同契》成书问世后，很快就出现了第一种注本，注解者为江东名士经学家虞翻（164—233 年）。虞注本今佚，但包括胡适在内的专家公认虞翻确实注过《参同契》，"实为历代研究《参同契》之第一人"。关于虞翻，《三国志·吴书十二·虞翻》中说："虞翻，字仲翔，会稽余姚人也。太守王朗命为功曹""翻既归，（孙）策复命为功曹，待以交友之礼，身诣翻第"。从中可以看出，虞翻先是在会稽太守王朗手下为官，后来又汉室分崩，他乃归入东吴孙策麾下。虞翻成为魏伯阳弟子，有人分析其可能性是存在的。据史书所载，虞翻出生于公元 164 年，比魏伯阳年龄小约十五到二十岁左右。且与魏伯阳同为会稽人，余姚距上虞境仅数十里，最重要的是虞翻何以能在如此短的时间里得到魏伯阳的《周易参同契》原本并为其作注？在神法秘传的方术中，《周易参同契》在当时应该是一本十分珍贵的秘籍，加上由于当时的复制以抄写为主，一般人不可能在很短的时间内就得到，并为之作注。要得到这种秘籍的，一般只能是自己极亲近的人，只有作为嫡传弟子，才有最大的可能获得此秘籍。再者，虞翻对《周易参同契》相当了解程度，后来有位炼丹家阴长生也曾为《周易参同契》作注，注中引虞翻注"委时去害，依托丘山。循游廖廓，与鬼为邻"句时云："虞翻以为委边著鬼是魏字。"可见虞翻是知道《参同契》为魏伯阳所著。而在虞翻所注中，其学术观点上表现出的一致性，也证明他们之间的师承关系，至少也有过相当密切的交往。而这一点也恰恰从另一个角度证明魏真人即是魏伯阳。

这些历史传闻记载，使得魏、虞真人成为洞宫山一带百姓信仰的重要神仙之一。尽管没有专门供奉魏、虞真人的道观，却在好几处有他们的神像。除洞宫山魏虞洞天之外，廊桥上也有供奉，并在一些重大祭祀活动中出现。

魏伯阳的著作有《参同契》以及为"补塞遗脱"而作的《五相类》各一卷，此外《抱朴子内篇·遐览》载有《魏伯阳内经》一卷。影响最大的当为《周易参同契》，该书被国际科学界公认为世界现存最古老的炼丹著作之一。

在《参同契》之前，已有丹经出现，如现存的《黄帝九鼎神丹经》和《太清金液神丹经》，均成书于西汉末东汉初，都是最古老的炼丹著作。然而这两部丹经为具体丹法的实验记录，远没有像《参同契》那样形成一套完整的理论体系。正因为如此，《参同契》一书自唐以后，地位日隆，至宋代终于被称为“万古丹经王”（张伯端《悟真篇》）、“丹法之祖”（《周易参同契解》王夷序）。

所谓“参同”，意为《周易》理论、道家哲学与炼丹术三者参合。该书全文约6000余字，“词韵皆古，奥雅难通”，并采用许多隐语，所以历代有很多注本行世，仅《正统道藏》就收入唐宋以后注本11种，现当代为之做注解的人就更多了。最为详尽的当为国学大师南怀瑾先生的《我说“周易参同契”》。历代注释名家对它的基本内容的理解存在着各种分歧，但不管怎样众解纷纭，魏伯阳均为《周易参同契》的公认作者。他为后人留下的皇皇巨著——《周易参同契》，不仅是一本最系统的道家内丹派经典著作，同时也是世界古代史上第一部系统地用文字记录物质变化的书籍，其在中国文化和科技发展史上的崇高地位，永远彪炳史册。

洞宫山古图

魏伯阳——洞宫山修炼得道成仙

魏日中

魏伯阳（约 151—221 年），东汉恒帝时著名炼丹理论家，名翱，号云牙子，会稽上虞（今浙江省上虞县丰惠镇）人。出身世家，不肯仕官。性好丹道，后得高人传授秘诀，隐居潜修，著《周易参同契》三卷经典，为后世道家所崇，誉为“万古丹经王”。魏伯阳“避世”进山修炼神丹，行踪不定，未见正史，时人莫知其所从来。

晋·葛洪《神仙传·魏伯阳》和《太平广记》记载魏伯阳进山修炼，服丹成仙的故事。魏伯阳和三个弟子一起到山里炼仙丹，仙丹炼成后，知道弟子们还有俗念，就想试弟子一下，先让狗吃了仙丹，气绝身亡。他自己吃了仙丹也死了，弟子们不知所措，只有一个弟子服仙丹，另外两个弟子逃跑了。其实，魏伯阳是假死，他用真丹救活服药的弟子和那只狗。后来，他和弟子都成了仙人。魏伯阳写信给那两个逃跑的弟子，那两弟子后悔不迭。

读宋恒先生著《洞宫山魏真人考》一文，心中甚是兴奋与感激。根据宋恒先生考证研究：“洞宫山魏真人即是东汉魏伯阳”“虞翻成为魏伯阳的弟子”“虞真人”。而我 1999—2002 年受族人嘱托，编修《政和魏氏全谱》，十多年来调查、访问、研究，“寻根问祖”得出同样的观点。魏伯阳“进山炼丹”的故事发生在我的家乡——“第二十七福地”，福建省政和县境内洞宫山区。

据福建旧方志丛书《政和县志》载：洞宫山（即琅嬛福地，详《名胜志》），在西里十六都，去县治一百四十里。道家谓三十七福地。山峰重叠，状如莲叶，谓九莲峰。每岁春秋新霁，宝气上腾，烟如火喷。古时尝有魏、虞二真人（魏伯阳与虞翻）于此炼丹，丹成飞升，因号“魏虞洞天”。九莲峰下，涧多萱草，或曰真人余丹所化也。……委曲而西，山势开敞，有平田数顷，魏、虞二真人宫在焉，额曰“魏虞洞天”。笔法类二米，宋黄榦书也。旁有禅院，亦名洞宫。出山门南望，而山之类武彝者，且十数遥见青石坛。高三百六十丈，如笾豆然，仙人飞升所也，名仙人坛，又名飞升坛。坛左右有二香，山有莲花石及石幕岩、金钟岩、三清岩、观音岩、罗汉岩，皆绝奇。极顶有香炉山，有甓瓮岩，俗称为南越洞。坛之东，石笋插天，而南更为石壁，上有五龛，疑凿削成者，阔皆三丈余，盖真人炼丹之室矣。（丹室下半岭有亭，明知县车鸣时建，署名“遗爱”）丹室之南为狮子岩，其首圆大而怪，昂然高入云中，草树丛生，类拳毛倒披之势。方窦横开，有若张口呀然回顾丹室也。……每秋爽夜静时，闻空中有笙箫、鸾鹤之声，自丹室而东，窅然依凿石以上，逐至飞升坛云。顾徘徊四望，万仞围绕之外，天光垂碧，苍茫无际，乃知魏虞洞中之胜，固在即离间耳。

明赵迪咏炼丹室：“仙人有丹室，遥隔翠微里。石鼎云影红，星坛霞气紫。珠林散暮声，碧月落秋水。灵迹今尚存，神光夜中起。”

典史郭斯垕和诗：“魏君仙去山犹存，碧水丹崖世所稀。洞口无门云自出，坛边有树鹤来归。风帆渡海瞻蓬岛，鸟道横空近武夷。曾记炼丹炉畔立，一声长笛落花飞。”

如今坂头花桥神龛有“魏虞真仙”塑像一尊。民间传说，魏、虞二真人，指魏向阳和虞伕启二人。据我多年调查、访问和思考，魏伯阳和魏向阳最大可能是同一人，一是其父魏朗因“党禁”遭祸，“避世”之人，不露真名，用假名；二是民间把“伯”字误认“向”字是常有的事；三是魏氏神仙中只有“魏伯阳”没有“魏向阳”此人；四是“第二十七福地”洞宫山神仙不可能是一般神仙，是有相当炼丹理论的神仙；五是道教大发展在汉代，魏伯阳正好是那时代的仙人，他又是会稽上虞人，离此“不过数百里”，完全可知洞宫山；六是有一种认为魏真人是彭祖第三子魏骞，我认为彭祖第三子魏骞时期（公元前 245 年）这里恐怕是“蛮荒”之地，洞宫山只有猴子活动，根本不可能有人修道。

参考文献资料

1.《洞宫山魏真人考》，宋恒著。
2.《苍南魏氏志》，魏启芳著。
3.《政和县志》，福建地方旧丛书。
4.《魏虞斩鳝精》，陈经良著。
5. 赵迪：明，福州府闽县人。

2018 年 11 月 07 日

洞宫山九孔岩

六、传说

陈公成佛

刘永锋

洗路雨

狮峰寺石碑

每年农历六月十三日，佛子山上必下一场雨，俗称洗路雨。把上狮峰寺的路洗得干干净净，迎接第二天的狮峰寺香期的到来。

宋朝崇宁年间，下池大户魏姓人家雇用一个长工，因为长工地位低下，名字早已被人淡忘，只知道他姓陈。在魏家，陈姓长工为人憨厚，做事勤勤恳恳，任劳任怨，深得魏东家喜欢。可是魏夫人为人刻薄，偷偷使坏，三年时间在陈长工饭菜里不曾洒盐，陈长工依旧无怨无悔地做事情。

农历六月十三那一天，陈长工突然向魏东家说："我明天要到狮峰岩修炼了。"魏东家感谢陈长工三年来的帮忙，在最后一次吃饭时说："我们把菜和在一起吃吧！"当魏东家尝了一口陈长工的菜后，问魏夫人："陈长工的菜忘记洒盐了吗？"陈长工说："我已经这样吃了三年。"魏东家深感愧疚，希望侍奉陈长工为家族长辈悉心照顾直至终老。陈长工说："你还是跟我走吧。"吃完饭，陈长工沐浴后，叫魏东家用他洗过的洗澡水也擦擦身子。魏夫人问："我能不能也用你的洗澡水擦擦身子？"陈长工回答说："你不能。"魏东家擦完身子就把水直接倒在水井里，魏夫人马上跳了下去，滚了几下，不一会儿，魏夫人变成了一只母猪。他们连夜从下池出发，母猪跟在后面。当他们来到佛子山脚下时，天下起了瓢泼大雨，当他们爬到狮峰岩石室时，天已经大亮，雨也停了。魏东家回头一看，雨水冲刷了他们的足迹，也洗刷了母猪的身上的脏东西。

陈长工在此成为陈公佛，魏东家也得道升天。母猪深有悔意，在石室后山上用鼻子拱地悔过，最后拱出了一个坪，被魏氏后人用来盖狮峰寺，最终成为母猪精。直到现在，从稠岭看狮子岩时，有人说像母猪样子。

从此，每年农历六月十三日，也就是陈公佛香期前一天，必有一场雨洗刷路面。相传就是为了洗刷母猪带来的脏气，迎接广大信徒虔诚膜拜。

三请陈公佛

佛子山上最高峰是天柱峰，天柱峰旁有座庵叫狮峰庵，又叫圆照庵，后人称为狮峰寺。有石碑为证。庵里供有陈公佛像，佛像原先是在石室里供奉的。

天柱峰前有一块巨大的石头，石头下面是一间巨大的石室。室内高约 4 米，可容二百人左右，室内前左边有一眼泉水，清澈见底，永不枯竭。相传这就是陈公佛成佛的地方。

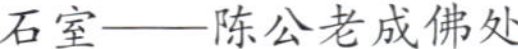
石室——陈公老成佛处

狮峰寺大殿

每年农历六月十四日香期，信徒成群结队前来烧香拜佛。陈公佛有求必应，求雨必有雨，求子必有子，深得广大信徒敬仰。

到了元至顺元年（1330 年），下池村人魏善，字道海，乐善好施，带领魏氏族人共同在狮峰下建狮峰庵，用来表达对陈公佛的敬意和怀念。

新庵落成后，魏善等人看好日子，热热闹闹地把陈佛公请到新庵“居住”。第二天，魏善发现陈公佛不见了，有人发现陈公佛回到石室了，大家一起到石室查看，果然陈公佛静静地坐在那里。接着，魏善等人又把陈公佛请到新庵，可是第二天，陈公佛又回到了石室。魏善等人又三请陈公佛到新庵，陈公佛又回到了石室。

“是不是少了点什么仪式？”魏善等人百思不得其解。

晚上，陈公佛托梦给魏善，说：“石室是我修真成道之所，必须要有佛像。”

第二天，魏善重塑了陈公佛像，摆在石室。果然，新庵的陈公佛不再跑回石室了。因此，石室和狮峰庵都有供奉佛像。后人为了感恩魏善贡献，把他也塑成佛像，伴随陈公佛左右。

狮峰岩庵重抄町畦簿序中记载：“盖狮子岩庵乃宋崇宁年间陈公祖师修真成道之所也。”这种说法不准确，陈公佛修真成道是在石室，而不是狮峰庵。

曲径留风水

狮峰庵在天柱峰前，始建于元朝至顺元年（1330 年），庵前有一段小路是由石头砌成，曲曲折折，小路两边用石头垒墙，把狮峰寺遮得若隐若现，一眼难以看到狮峰大门。为什么可以取直的一段路要用许多石头砌成弯弯曲曲的呢？

狮峰寺出来向左行，也有一段长约二百米的古道，古道平直，边上也有一排排石头墙。公路没开通前，这里曾是交通要道。它可以通往澄源乡的上洋、星溪头，镇前镇的半源，外屯乡的大档、溪头等地。据老人说，这里曾经是 100 多人的小村庄，村名不详，大多魏姓。后搬到外屯的佛子岩自然村、下步洋自然村、政和城关、铁山的铁山村、大红村。可以肯定，古道边上的石墙是房子地基。难道狮峰门前那段石墙也是地基吗？

相传狮峰庵门前有一座石头冈，阻挡在庵门前，香客到庵里烧香要迂回老长一段路才能到达。因为陈公佛显灵，香客很多，香火旺盛，庵里香烟缭绕。为了方便香客出入，庵里住持请人把石头冈凿开，开出一个大口，给香客通行。从此以后，前来烧香的人却越来越少，狮子庵开始没落了。据说狮峰庵风水被破坏了。

后来，庵里住持请来风水先生查看，风水先生说："这里要建墙遮挡风水，防止外流。"于是住持请来石匠修路砌墙，修修改改，几经折腾，风水渐渐被拦住了，庵火又开始旺了起来。同时，石路也被修得曲曲折折，石墙也出现多处断头，出现了如今模样。

榅树的传说

狮峰庵门前原先有五棵大榅树，如今只剩两棵，那三棵榅树哪里去呢?

相传第一棵榅树是被砍来做饭甑的。饭甑一般用榅树制成。制作饭甑师傅把榅树劈成厚度均匀的木片，经过加工处理，用绳子把柔软有弹性的木片绑成近似圆柱形的盛器，这就是饭甑。用饭甑蒸饭特别香，还可以一次性煮多人的饭，深得农户的喜欢。狮峰庵香火旺，香客多，原有饭甑不能满足香客用斋，住持想做一个新的饭甑，他把目光盯到了庵门前那棵枯了枝的大榅树上。后经过问签出卦，经得允许，那棵枯死的大榅树被砍了。

第二棵榅树也几近枯死，经得陈公佛允许，被砍后出卖，用于庵里修缮。第三棵榅树下落至今不详。

门前的榅树

现存的两棵榅树中有一棵曾经差点被砍。有一年，天气特别干旱，那棵榅树长满了毛毛虫，虫子长约十公分，咬得榅树变得枯枝枯叶。有人打起了榅树主意，在陈公佛前抽了签，问了卦，始终得不到陈公佛的允许，只好放弃了砍伐。庵里住持到陈公佛像面前问卦，说："这棵树已被虫子咬得快要死了，要留就请陈公保佑，否则就没了。"不久，陈公显灵，那棵榅树上的虫子没了，榅树重新焕发活力。

如今，这两棵大榅树成了镇庵之宝。

佛子山与狮峰庵

魏子传一二事

魏育林

魏子传，又名魏铨，后改名方祺，号平甫，晚清廪生，铁山人。从小聪明伶俐，很得大家喜欢。他的传说，在铁山乃至政和有广泛的流传，但大部分都是打抱不平、弃恶扬善。在此举两个简单例子。

巧治蛋贩子

有一天，子传到凤林走亲戚，半路见一农妇伤心落泪。原来是一过路蛋贩子，欺负她乡下小脚女人，买十个蛋只付给五个就走了。子传问清蛋贩子去向，宽慰农妇，追跟贩子。快到凤林村花桥头时，追上蛋贩子。蛋贩子见子传一表人才，以为遇上大买主，笑问："先生要买蛋吗？"子传点头，蛋贩子很高兴，"要买多少？"蛋贩子问子传。子传说："全买了。但要数一下，看值多少钱。"刚好花桥边有一块大岩石，子传叫蛋贩子用手把岩石围住，他便一五一十地将筐里的蛋放在岩石上。蛋越放越多，蛋贩子蹲着腰酸肩痛，加上太阳暴晒，大汗淋漓。数到筐里只剩五个蛋时，子传拿着对他说："做生意要讲公道，你刚才为什么欺负乡下妇人，买十个蛋为什么只给五个。"说完，子传便把五个蛋交给乡下妇人了。

剃刀砍树

魏子传名声很大，有钱的财主勾结官府，想治一治子传。有一天，县令把子传带到县衙，指着大樟树（即现在县府内那棵樟树），对子传说："听说你很聪明，我给你一把扳斧，必须一斧砍倒大树，砍倒了有赏，砍不倒本县要治你的罪。"子传知道县令想治他，马上回答："砍此树何用板斧，只要给我一把剃刀。"县老爷命令拿来剃刀，看子传的笑话，并好好治他一下。子传拿着剃刀，在大树下转来转去，一直在辨认暴露的树根，就是不下手。县老爷等急了，大声嚷道："还不砍树，在那里转来转去干什么？"子传不紧不慢地答："县太爷不要急，我在找大樟树的主根呢。再大的树，只要把主根割断，他就非死不可了。"县太爷一听，觉得子传话中有话，莫非抓住自己把柄？于是换上副笑脸说："本官听说你聪明机智，果然名不虚传，请到后堂用茶。"子传"哼"了一声，头也不回地走出了衙门。

魏子传的机智，有很多传说，可惜因年代久远，无文字记载。据传长毛（太平天国）起义军到政和邀子传任军师，子传不从，后被挟持而去，不知所终。据传当时子传还说："过去我一人保东路，现在东路保不了我一人。"

第三节　家规家训

家譜則例

傳曰子孫之于祖宗無美而揚之是誣也有而不知不明也知而不傳不仁也故尊祖莫先重譜重譜莫亟表行然必有寔蹟寔事没乃傳之以昭來茲女德有堪旌表必志行可徵者亟録餘不漫書

本支百世圖准蘊譜例每名之下分註事寔准朱寔紀例也書生誌其始也書行敘其齒也書字表其名也書號别其字也書卒止其歲也書壽考其終也書塋紀其地也書娶正其配也子某某嗣某傳也妾有子者書之以有繼無子不書微之也母出不書示正家也婦嫁不録絶之也孀婦來嫁者不録醜之也來而有子者不得已

而書之也上殤書早卒明可繼也中殤下殤書夭不可繼也無子而又無繼者書止慣之也繼之者書其兄弟之子其繼之明其所自出不敢失天性之親也爲人後書繼其公之嗣明其例所應繼也女子適人者書壻其重婚姻也再嫁不録勵女節也還從不相聞與其後不與會者

書失傳從釋者註其下黜之也撫異姓爲嗣者繫以黑線防亂宗也則例森嚴家乘之所以配夫史者不可一毫苟也譜首之載以姓氏源流親疏派别此固敦睦之遺意亦竊史記補三皇例也

行寔節孝諸録都就已往者追紀其生前此固益棺論定之意也然則例

寔昉於歐蘓

魏有十二姓不相婚嫁唐
貞觀初高士廉纂郡姓
族氏世家五十三姓奏
上太宗如魏係畢公之
後内有十姓周姬畢魏
龐邵元武霍葛此固不
得為婚更有京兆王氏
乃信陵君孫卑子後者
今孫氏係魏文子之後
尤不得為婚庸細舉之
以謹將來

选自道光九年（1829年）莲石《魏氏家乘》

第四节　祠　庙

一、政和县铁山魏氏宗祠

坐落在铁山镇铁山村中，民国四年（1915 年）魏子鸿、魏子凤、魏满谦等为首创建，经六载而落成。砖木结构，分上、下厅及后堂三部分，高梁大柱，规模宏敞。正厅中堂设神座，立祖宗牌位，旁也建神龛二座。下栋中设拜台，旁建两廊。后堂中设叙事厅，左右各建会宴室二间。民国十九年（1930 年）毁于匪患，后虽经重建，但规模远不如前。1954 年，该建筑被区政府征用拆建。1996 年冬，魏氏裔孙集资重新购得旧址产权。

原铁山魏氏宗祠石刻匾额

二、政和东平西表魏氏宗祠

坐落在政和县东平镇西表村。明嘉靖元年（1522 年），魏仲信、魏仲胜向邱姓购买旧房基一块，在西表村内创建魏氏祠堂。占地面积约 260 平方米，建筑面积 120 多平方米。坐西北朝东南。土木结构，为上、下两进厅，中位天井、厢房。大厅面阔三间，进深 12.5 米，穿斗式结构，风火马头墙。砖砌大门，门楣上方饰有砖雕纹饰，镌刻“魏氏宗祠”“奕代流香”等文字。民国 23 年（1934 年）8 月，中央工农红军 58 团挺进西表村，建松政苏维埃政府，便设在该祠堂内。祠堂在革命战争年代及“文化大革命”中相继遭破坏，1967 年毁于火，1979 年筹资修建，1999 年被列为县文物保护单位。2013 年被列为省文物保护单位。

西表魏氏祠堂

三、政和外屯下池魏氏祠堂

坐落在外屯乡下池自然村中，为魏氏“九房林”之祖祠。始建于元朝至顺元年（1330 年），原建筑为土木结构，面积 152 平方米。分上、下两厅，上厅正堂设祖先牌位，下栋建戏台。清咸丰八年（1859 年）毁于战火，咸丰九年重建。1964 年因暴雨侵袭而部分倾塌，1965 年重修。

下池魏氏祠堂

四、政和镇前郑源魏氏宗祠

坐落在镇前郑源自然村南侧，东邻笔架峰，背靠牛龙岗，坐北朝南。清宣统三年（1911 年）七月，魏开章、魏建雄等倡建。土木结构，分上、下两厅，中设拜坛，大门及檐阶皆 3 级。门楣上镌刻“魏氏宗祠”，大门两侧镌刻“凤山主龙系望族，众水朝堂一脉通”楹联。原建筑毁于 20 世纪 60 年代，2001 年按旧制重建，改为砖木结构。

郑源魏氏祠堂

五、政和镇前西溪魏氏祠堂记

祠堂，即祭祀祖宗或先贤的庙堂。我西溪村魏氏自 1744 年（乾隆甲子）由郑源迁徙以来，二百余年未有祠堂，直至新中国成立后的 1954 年，族孙魏开应、魏长琳、魏长涓、魏长财、魏长燕等慨然以先祖为念，倡导建造西溪魏氏祠堂，卜居下头陂西麓众厅旁，以奉祭祀。

1958 年“大跃进”时，西溪魏氏祠堂被改作大队（当时行政村称“大队”）仓库。1987 年西溪魏氏第三次修编家谱时，村里重新归还了祠堂。

经几十年风雨侵蚀，祠堂土墙坍塌，木头腐烂，屋顶破损漏水，无法使用。

2012 年初，西溪魏氏族人在魏日宽、魏日青、魏日兹等人带领下，筹资四十余万，在祠堂原址填高扩大重建，择吉日于 2012 年农历十月二十二日竖柱、升梁，庆典会宴。

郑源宗亲魏敦贵、下园宗亲魏观景莅临参宴庆贺，并为祠堂撰联，深表谢意。

祠堂沿袭旧制，坐东朝西，正面红墙，外观巍峨。高十二米，占地二百余平方。屋面青砖琉璃瓦，飞檐翘角，正脊“双龙戏珠”，熠熠生辉，光彩照人。

祠堂分上下两幢，正中是天井，围绕天井是连接正堂的行廊，沿两侧登七阶而上，进入正堂。正堂神座是列祖列宗牌位。祠堂阔三间，深六间，由二十二根柱子支撑屋顶。柱子粗的足有一抱，细的也有二尺六寸余。整座祠堂庄严肃穆，落落大方，宽敞明亮。

自此以后，每年农历七月十四日，西溪魏氏子孙家家户户敬备美酒佳肴、香纸等供品进行正常祭祀活动，以妥先祖，以侑先灵。

西溪魏氏祠堂的完善装修寄望于后人继续不断努力，再接再励！

嗣孙魏日中、魏何弟谨记
2019 年 4 月 5 日

西溪魏氏祠堂

六、政和魏徵公祠

政和县魏徵公祠，在政和县城关状元峰山麓，坐东南朝西北。宽 18 米，深 78 米。占地面积 1404 平方米，建筑面积 855 平方米，总造价 550 万元。于 2018 年 9 月 30 日破土动工，计划 2021 年春建成。魏徵公祠倚状元峰，接三朱祠，聚生、灵、福三气于一体，是极佳的风水宝地。为三进式方式，至下而上建筑依次为牌楼与魏徵广场，广场中央为 3.6 米高的魏徵石雕像，广场两侧为历史名家书法碑廊。石雕像身后为十思廊，基墙为长 17 米、高 2.4 米的政和魏氏迁徙石刻浮雕图，十思廊梁上悬挂有“千秋金鉴”“为政者师”十余块褒扬魏徵的牌匾。十思廊与公祠大殿之间为聚会广场。公祠大殿一层为魏徵纪念堂，殿内正中为魏徵铜制坐像，正面两侧为 24 位魏氏先贤简介，左右两侧墙上为魏徵文著和魏徵生平典故。一层大殿外侧为弘扬魏徵文化的诗词、楹联等。大殿左侧为“千秋金鉴”石牌坊、魏徵公祠记、捐款芳名坊等。大殿二层为纪念政和魏氏先贤和宣扬政和魏氏文化场所，大殿顶棚分别有“魏徵谏言”“魏徵拯民”“奠基金山”“九房衍支”“携谱远嫁”“魏马同享”“三建魏桥”“红色祠堂”8 幅彩画，大殿内外周墙为政和魏氏繁衍、分布、世次、先贤典故等。魏徵公祠是政和魏氏族人标志性的建筑，是弘扬魏徵文化和传承魏氏文化、纪念先祖、教育后代的重要场所，也将成为政和县的廉政文化教育基地。

魏明强
二〇二〇年七月

魏徵公祠俯瞰

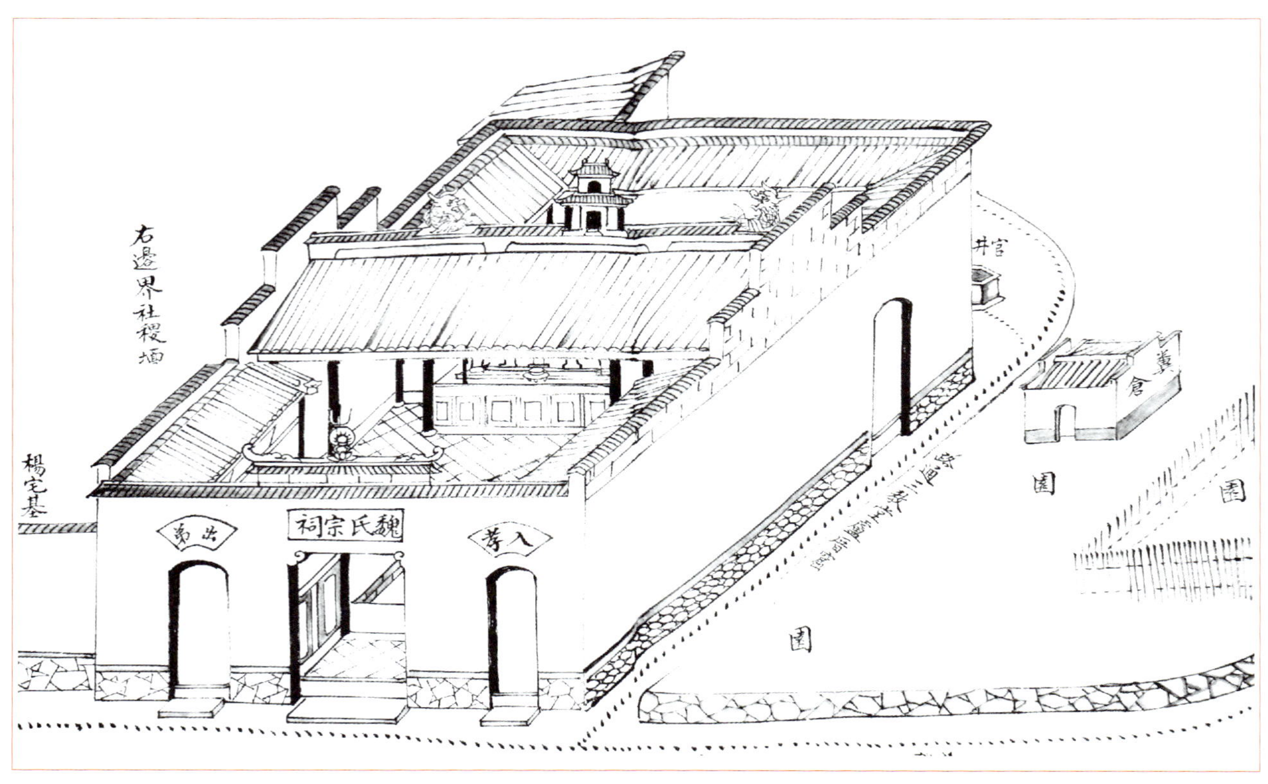

政和城关魏氏宗祠（原址在现福地步行街）

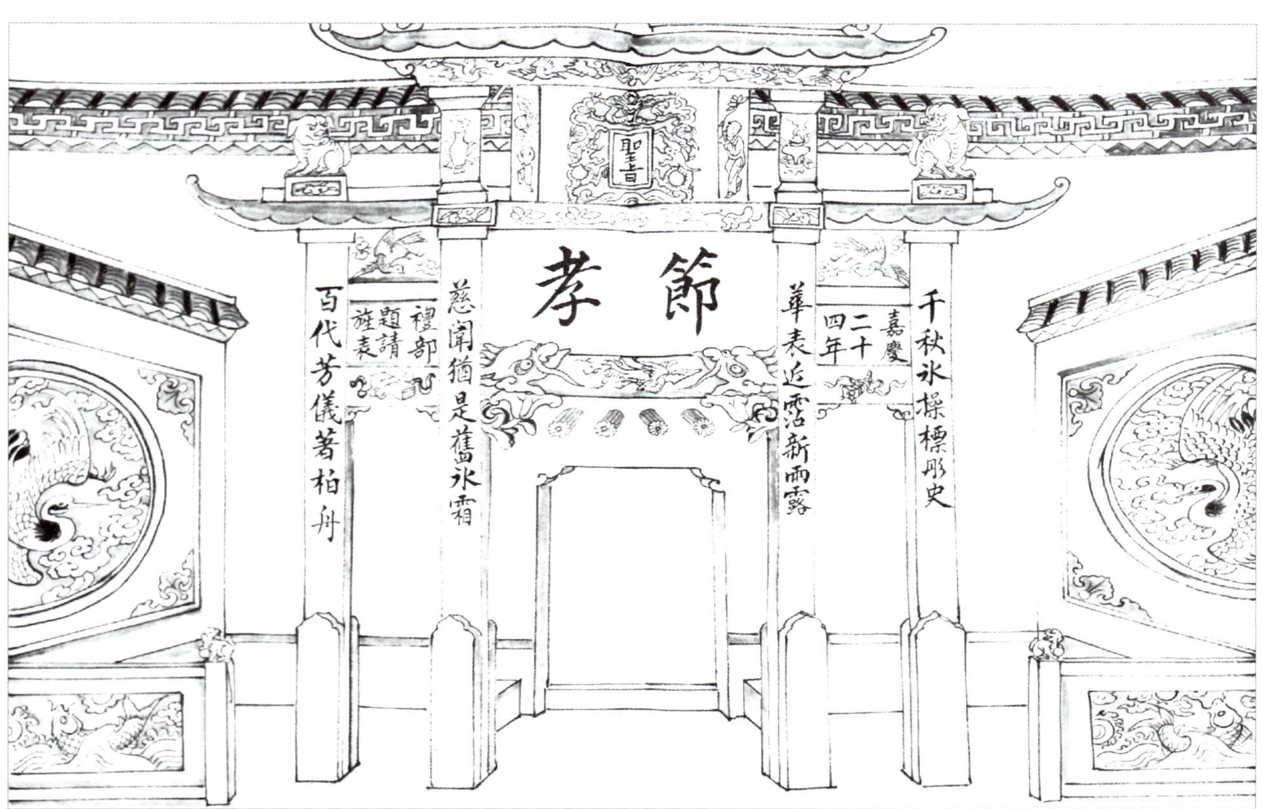

贞节牌坊：魏式文请旨为母吴氏建造牌坊。嘉庆廿四年（1819 年），由礼部请旌表获准，聘请石刻名匠，在榕磨刻完工，水运至政和。牌坊建造如期完工，占地三百平方（原址在前街）。

第五节 陵 墓

一、政和魏氏始祖甲太公墓

宋神宗熙宁元年（1068 年），魏甲太迁居政和铁山屯头，卒于宋神宗元丰二年（1079 年），享寿 69 岁。卒葬铁山，其墓在今铁山村中弄龙口处，北纬 27 度 23 分 50 秒，东经 118 度 55 分 35 秒，坐南朝北。该墓立有宋崇宁元年（1102 年）石碑一方，碑高 83 公分，宽 76 公分，半月形碑首。墓坪东西宽 4 米，南北长约 6 米，面积约 24 平方米。2002 年重修时在墓后另立新碑一方。

二、政和“九房林”始祖魏迁一公墓

魏迁一，甲太公第八世孙，于元泰定元年（1324 年）徙外屯开基立业。后移居下池村，至三世孙魏发祥，生九子，繁衍为九房，成为著名的“九房林”始祖。卒后葬下池九蓬莲山，北纬 27 度 19 分 36 秒，东经 118 度 58 分 24 秒，墓穴坐西北朝东南（坐辛戌向辰）。墓坪深 28 米，阔 23 米，面积 644 平方米，原有墓林 25 亩。2000 年底，魏氏后裔集资重修。2001 年 1 月 9 日重立新碑一方，碑高 1.38 米，宽 0.58 米，厚 4 厘米。为现政和最具规模的魏氏祖墓。

三、政和“九房林”和七公墓

和七，甲太公第十一世孙，“九房林”兄弟排行第七，于明洪熙元年（1425年）三月十二日从下池村迁徙后宝岱，为后宝岱村的开村始祖。其墓在后宝岱村头路边，坐北朝南，北纬27度18分54秒，东经118度55分38秒。2019年，和七公后裔对其墓进行重修，于同年11月14日完工。和七公娶张新娘为妻，生有戊一、闵二、庚三、辛四、觅五、亘六六子。

四、政和“九房林”更九公墓

更九，甲太公第十一世孙，“九房林”兄弟排行第九，约明初迁往寿宁县平溪镇岭后村。后裔又迁回政和外屯黄泥峡、下步洋、东平西表等地。其墓在岭后村村尾，坐东朝西，北纬27度19分52秒，东经119度16分27秒。

五、政和城关魏氏始祖魏臻宝墓

魏增宝（生卒年不详，约明永乐至成化年间），又名臻宝，甲太公十二世孙，层二公长子，大约明成化年间（1466年左右），居住在城关渡头洋黄源仔肇基立业，配黄氏。公妣合葬城关星溪里牛山，北纬27度21分22秒，东经118度46分16秒，坐北朝南。

六、政和城关魏璜墓

魏璜墓在政和星溪乡东峰村，北纬 27 度 21 分 56 秒，东经 118 度 54 分 20 秒，坐西北朝东南。其碑正面右边为："男宫、宁、宽、寅，孙敷经、敷缵、敷缟、敷绣、敷绪、敷纬同立，三十四年孟冬吉旦。"其碑背面文字：璜，字正北，行五，生于明崇祯癸酉年（1633 年）六（九）月十日巳时，终于清康熙三十二年（1693 年）十一月十九日，享寿六十一岁。今卜康熙乙亥年（1695 年）十月十八日未时安葬本山，坐乜亥三乾丁亥分金佳城。三十四年孟冬月吉旦。

七、政和城关魏汉蟜墓

魏汉蟜，监生、武生，例授营千总，敷绪子。墓在政和铁山大红宝福寺燕仔巢大岩下，北纬 27 度 27 分 16 秒，东经 118 度 54 分 40 秒，坐东朝西。墓碑记载生于清雍正甲辰二年（1724 年）八月初八亥时，卒于清嘉庆己巳十四年（1809 年）正月二十日丑时。其有三子十一孙十曾孙。男国珣、国瑶、国珩，孙廷枢、廷檄、廷策、廷楫、廷佐、廷佑、廷焕、廷辉、廷耀、廷藩、廷栋。曾孙建荣、建平、建邦、建和、建华、建猷、建烈、建业、建津、建昌同立。

八、政和城关魏国珣墓

清乾隆附贡生，汉蟜子。生于清乾隆己巳十四年（1749 年）八月十六日子时，卒于清嘉庆庚辰二十五年（1820 年）五月二十九日巳时，享年七十二岁。其墓在政和松源雾露科巢凤山，北纬 27 度 21 分 55 秒，东经 118 度 48 分 16 秒，坐东南朝西北。墓碑刻有"皇清恩赐正八品，岁进士"。男廷耀，孙建极、建猷、建模、建韬、建平、建略同立。

九、政和城关魏廷耀墓

魏廷耀，号炳斋，附贡生，国珣子。生卒失考。葬于石屯镇西津村头公路边山上，北纬 27 度 21 分 11 秒，东经 118 度 49 分 58 秒，坐北朝南。原墓碑刻有“清奉直大夫魏公炳斋之墓”，男建机，孙乃疆。由于墓碑破损，于 1984 年 12 月修重立。

十、政和城关营尾魏贵麟、魏朝纲墓

该墓在政和星溪茶岭村的公路上方，北纬 27 度 20 分 0 秒，东经 118 度 51 分 55 秒，墓穴坐南朝北。是政和营尾开基始祖贵麟与其二子朝纲等公婆二次葬的小型风水墓葬群，墓葬时间为清道光年间。在“文革”前有多块墓碑，后多数遭到破坏。现存两块墓碑，第一块为贵麟公，墓碑残缺，其安葬时间“十一月十八日”，没有年份，碑上文字：“魏讳贵麟六府君墓。”右边文字“男朝祥、朝纲，孙宗宝、宗玉同立”。第二块是朝纲公，碑上左边文字：“道光十一年（1831 年）二月十七日吉旦。”中间文字：“故考魏朝纲、妣张氏之墓。”右边文字“阳男汉基、汉舒，孙国林、国金、国茂、国荣、国玉、国全、国枝、国波（浓），曾孙章迪、章成、章生”。

十一、政和城关南门魏思泉墓

思泉，宏祁子，号石亭，乾隆丙子年（1756 年）七月初九日亥时生，道光二年（1822 年）七月廿七日辰时卒。配游氏。公葬东峰吴屯里小布田塝头。

十二、政和城关营尾魏汉书墓

汉书（又名汉舒），朝纲公次子，生失考。1872 年 12 月，葬于政和南路教场。生一子，国珍。墓碑上左边文字："同治十一年（1872 年）十一月一日吉时安葬。"中间文字："皇清魏公讳汉书三府君墓。"右边文字："男国珍，孙章清同立。"

第六节 非物质文化遗产

一、茶树压条法

“千年古县，万里茶香”。政和县产茶有着悠久的历史，曾经的种茶只是作为旧时百姓普通谋求生计的一种手段，而现如今，茶已经成为了政和县最亮丽的一张名片。茶叶，也成为了政和县最重要的经济来源。而这一切，不得不提到一个人——魏春生。

光绪五年，即公元 1879 年，生活在政和县铁山镇东城十余里的村民魏春生，家中后院生长着一棵野生茶树，每逢冬去春来，这种政和特有的大白茶总是飘散着阵阵清香。后来有一天，院墙不知何故倒塌，压倒了这棵古老的野生白茶树。春生公惋惜心痛，却也无力回天。哪知道不久之后，坍塌的墙下，竟长出许多的青葱绿芽，春生公惊奇，于是将残垣断壁尽数清理后，竟惊奇发现原来那棵白茶树被压倒后，枝条埋在土里，培植出更多的生命，在无意之中发明大白茶“茶树压条法”。

春生公大喜，将此法传授族人、宗亲，从那以后，越来越多的百姓、茶农口口相授。从春生公无意中发现，后人在此基础上逐渐发明了扦插法，即将古树的枝条插至土内，培育出新苗。勤劳的政和人民以此法得以大量繁殖推广茶树，并利用政和大白茶为原料，制作的各色名茶相继问世，品质大幅度提高。

据考证，光绪六年，即公元 1880 年，政和县对良种大白茶树加以大量繁殖，于光绪十五年，即公元 1889 年正式开始采制白毫银针。相传当时有下里铁山人周少白见白银针受欧美欢迎，就试制银针四箱，运往福州，交洋行探销很成功。第二年，又和邱国梁合制四箱运国外销售，效果甚佳，以后便逐渐发展，愈制愈多，并推而广之，政和白茶进入产业化生产的鼎盛时期。

可以说，春生公的发现对政和白茶的发展有着重要的意义。时光荏苒，那棵古老的大白茶树早已湮没在岁月长河之中。但今天，坐落于铁山镇的世发茶厂，作为魏氏子孙，作为政和很多茶企之一，不忘祖训，秉承传统制茶方法，更以“九房林”为名，始终遵循着“健康本色，茶语自然”的理念，不忘初心，砥砺前行，坚守自然，严守工序，将带着魏氏祖先的智慧和担负着推广政和白茶的责任，走向更好的未来！

魏荣凯 撰

二、寻访木偶雕制大师魏福利

“在台湾最大的木偶戏博物馆，收藏着一套不知从哪里来的木偶，他们请我去鉴定：那是政和木偶，是政和清末著名木偶雕刻艺人魏福利的精彩作品。”

我国著名木偶戏研究专家叶明生的话，让政和文化界人士大为惊叹。

魏福利，清末人士。他精于木偶雕刻技艺，成名后举家迁居东平。附近建瓯、建阳、松溪，甚至浙江庆元、龙泉的木偶艺人都仰慕他的技艺，购买他的作品。据传要买他雕刻木偶的人要先交定金，可谓生意红火。

魏福利是政和哪里人？他的技艺是否有后人传承？我做了多方寻访和考证。

寻访：魏福利乃星溪乡后宝岱村人氏

省级四平提线木偶戏传承人，东平苏地木偶艺人吴来旺日常演出的很多木偶衣服上，都写有“东平魏福利造”字样。在一件吴来旺收藏的木偶衣服上，发现一行比较模糊的字样：“政邑后宝X村……”这木偶衣服上还有“民国癸亥年（1923年）伊清显置用”字样，相比而言，“民国癸亥年伊清显置用”字样清晰，明显可以看出为木偶师傅伊清显后期所加写上去，并非魏福利雕制木偶时所写，所以可以断定这担木偶是1923年以前所雕制的。

后来，福建省戏曲研究院研究员叶明生老师在庆元县一位木偶戏老艺人的木偶衣服上，发现“魏福利，住政邑后宝岱村，自造佛像魏字号为记”字样，和苏地吴来旺师傅木偶衣服上“政邑后宝x”吻合。所以确定魏福利乃星溪乡宝岱村后宝岱自然村人氏。

为了探寻魏福利的更多信息，2018年11月18日，我和叶明生老师来到后宝岱村探访。

后宝岱村悬挂于大风山半山腰上，有400多人口，全村姓魏。后宝岱村出生长大的魏隆众（宝岱魏氏28世，时年67岁）说：我的父亲叫巍洪呈（宝岱魏氏27世），1901年出生，1980年去世。爷爷叫魏绍林（宝岱魏氏26世）。父亲在世的时候有说过，我们后宝岱出了一个木偶雕刻艺人，很厉害。魏福利的古厝就在村边，已荒废几十年。厝门口有一颗柿子树，依然年年开花挂果。

据魏隆众说，魏福利出名以后就迁居东平了。魏隆众的话和魏福利雕饰的木偶衣服上“东平人魏福利”的信息相符。

魏福利雕饰的木偶

政和魏姓始祖择居外屯下池，派发九房。明洪熙元年（1425年），第七房和七公迁居后宝岱。魏隆众说：“魏福利和我们同房。”但是在后宝岱魏氏家谱上，却找不到魏福利的名字。因为家谱上记载很简单，只是一个名，没有字。以前人有名有字有号，“魏福利”是否是号不得而知。

据魏隆众介绍：在家谱上，与他爷爷魏绍林（宝岱魏氏26世）同辈的有个名叫“魏绍丕”的人，人称“魏裕老”，

魏福利雕制木偶戏戏服印模和古戏衣

生二子魏洪钟、魏洪奴，迁居东平凤头。1972 年，魏洪奴后人到后宝岱寻亲问祖，曾在魏隆众家午餐，后来又失去联系。

“魏绍丕”是不是魏福利？或者魏绍丕后人会不会知道一些魏福利的消息，我们赶到东平镇凤头村寻访。

在凤头村 6 号，寻找到时年 84 岁的魏钦奴老人。他的父亲魏君旺，1898 年生人，1964 年去世。他的曾祖魏志熙，爷爷魏马达。从他的族亲关系上看，不是我们要寻找的魏绍丕后人。

魏钦奴老人说，他小时候常去看木偶艺人阙世江表演木偶，听父亲说，阙世江的木偶是从福州马尾买来的。

寻找魏福利的线索暂告一个段落。

木偶：述说着木偶雕饰大师的传奇故事

东平苏地木偶艺人吴来旺，是最贴近魏福利的人。贴近在于吴来旺收藏有 2 担魏福利雕制的木偶里，还保存着魏福利制作木偶戏衣的印模。

吴来旺，1946 年出生，自小跟随父亲吴福兴学习四平木偶戏演出。在他还是小学生的时候，遇到周末或放假，就跟着父亲到处演出。吴来旺的四平木偶戏，传承自政和杨源岭头万昌堂（嘉庆末至道光初）吴日沐、吴日源兄弟，二代吴达芳、吴达燕，三代陈祖松，四代吴福兴（清末），五代吴来旺。

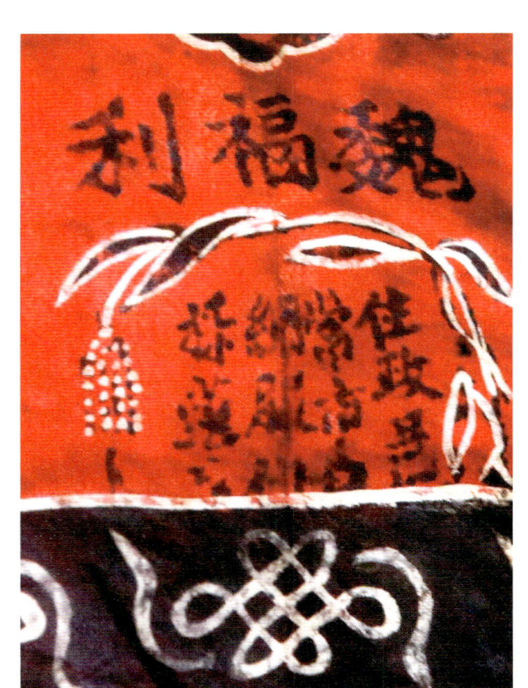

文革时期破四旧，20 岁的吴来旺私存了一套父亲买来的木偶担子，直至 1978 年情形转变，他拿出私存的木偶担子，到各地演出。这套木偶就是魏福利雕制，写有“民国癸亥年伊清显置用”字样的木偶。

吴来旺父亲吴福兴是清光绪癸卯年（1903 年）生人，他见过魏福利，还和吴来旺讲过一些魏福利的故事。

魏福利开始的时候专事佛像雕刻。因为当时木偶戏盛行，很多人拜师学习木偶表演技艺，但是木偶担子要从福州马尾那边买，而且很贵。有木偶师傅就问魏福利：“你会不会雕刻木偶？”魏福利回答说：“试一试。”

魏福利第一次小试牛刀，就是帮助东平木偶艺人暨厚本雕刻木偶。暨厚本，本东平人氏，是吴来旺祖师陈祖松的第一个徒弟，与吴来旺父亲吴福兴是师兄弟。

个把月时间，木偶雕刻完成。魏福利雕刀细腻，雕刻人物逼真，木偶服饰鲜艳，印花工整漂亮。质量比肩福州马尾师傅，价格便宜很多，一时间请魏福利雕刻木偶的人渐多。

魏福利木偶雕制生意红火，甚至要收定金才落刀。

魏福利负责木偶雕刻，妻子、儿媳帮忙制作木偶戏衣，一家人收入甚丰。可是魏福利嗜好鸦片，身体日渐消瘦，拖延时有发生。

魏福利后来怎么去世，墓葬哪里，无从考证。

魏福利身后无丁，没有传人，故该作坊也在清末时期敛迹，其制作工艺随之失传。

魏福利，政和木偶雕制界的传奇。

斯人不在，但一百多年后的今天，木偶艺人还在使用他雕刻的木偶。

印模作证，在吴来旺师傅的家里，保存着魏福利制作木偶衣服印模。

木偶，在述说着魏福利的传奇故事。

印模，在聆听着木偶戏的出将入相。

魏福利雕制木偶戏戏服印模

李隆智文图

我国著名木偶戏研究专家叶明生在东平苏地研究魏福雕饰木偶戏衣和印模

第七节 其他名胜古迹与文物

一、政和洞宫山

洞宫山离县城70公里，在杨源乡境内，总面积50平方公里。其主山重叠有九峰，状如莲叶，谓之九莲峰。每岁春秋新霁之夕，宝气上腾，其焰如火喷。商周时魏、虞二真人者识之，于此采银以炼外丹，丹成升天，故此地号魏虞洞天，一号无为神化洞天，又称“琅环福地”，是为道教第二十七福地。今为省级风景名胜区。洞宫山峰峦秀拔、岩壑奇伟，恍若仙境，九莲峰下山谷平衍若水之洋，名谷洋。河床平整光滑，无半点沙砾。旁岫夹立，若墙壁然，更起迭伏，皆回拱九莲峰下。沿西门山岭右行，奇峰峭拔，其左皆石壁，上有乔松，谓之翠屏峰。自翠屏峰磬折而南，楼岩如屋，愈怪愈奇，而巍然并立者是东西二宝台峰。自宝台峰委曲而西，山势开豁，有平田数顷。相传是魏、虞二真人之宫遗址，史籍中称之为“魏虞洞天”。其匾额笔法类二米，宋人黄榦所书。出山门南望，其山有十奇。遥见青石之坛，高三百六十尺，如笾豆，是真人飞升之所。故名仙人坛，又名飞升坛。坛之左右有二座香炉峰，还有莲花岩，观音岩、罗汉岩，皆绝奇。坛之东石笋插天，而南为绝壁，壁之上有五龛，龛皆如凿，而阔三丈余，为真人炼丹之室。丹室之南为狮子岩，其首园大而高入云。回顾丹室，狮子岩下三里滩有巨石如龟形，此之谓十奇。每逢秋爽夜静时，闻空中有笙箫鸾鹤之声，丹室而东，攀石而上，遂至飞升坛。徘徊四望，万山烜绕，天光垂碧，杳然无际，而魏虞洞天之形胜至此极矣，无以加矣。

远在春秋之时，洞宫山就已被认定是“仙人”驻足之处，老子《玉真经》中就有“魏夫人以罗浮、天台、大霍、洞宫四山为栖真之所”的记载，但真正使洞宫山成为道教名山并与武夷山结下不解之缘的，而是至今在当地民间信仰中影响甚广的魏、虞真人。武夷君的传说世人皆知，武夷君即彭祖，《浑兴经》曰：“彭祖者，名铿，姓籛氏。籛武、籛夷，彭祖二子也，咸威有至德。迨商之末，彭祖归气，籛武嗣于彭而籛夷佐之。商纣将以为卿士。籛武、籛夷咸不义于王而亡入闽，后人因名其所隐之山曰武夷。”“周穆王追谥彭祖为魏侯，汉武帝加谥为魏王。初，籛武、籛夷之亡入闽，国无君，大夫虞冲谋立彭祖少子籛骞为嗣，骞不可。请躬至闽迎其兄归戴之。周武王杀纣，骞遂走入洞宫山而隐”。《杂志》又载：“魏王子骞初隐洞宫山，大夫虞冲从而求之。骞辞不归，冲亦不去，遂相与炼丹于石室。”尝养白鹤一，白狗一，丹成二人骑鹤狗登云而去。商周时，彭祖三个儿子分别修道于闽北武夷与

宝峰禅寺

洞宫这东西两座名山，从而造就了中国道教文化中的二处洞天和福地。

据《武夷登仙录》载，天台山华真仙师，命第七子名属仁者游历名山洞府，仙号控鹤仙人，魏王子武、王子骞、张湛、孙绰、赵元琦、彭令昭、刘景、顾思远、白石先生、马鸣先生、胡仙姬、李仙姬、大鱼仙姬、小鱼仙姬都徒于控鹤仙人，受金精木液绝谷羽化之法，后皆成道，换骨飞升。皇太姥魏夫人、魏王、王子武、王子夷、王子骞所蜕之骨，皆藏于武夷山大王石东峭壁上岩屋中。今太姥山则魏夫人栖身之所，武夷山则魏王籛铿，王子籛武、籛夷栖身之所。洞宫山则魏王子骞、大夫虞冲栖身之所，张湛之神山，孙绰之湛卢山，赵元琦之大风山，彭令昭之卢山，刘景之厚山（奖山），顾思远之满月山，白石先生之百丈山，马鸣先生之紫芝山，胡仙姬之铜盘山，李仙姬之白鹤山，大鱼仙姬之浙山，小鱼仙姬之鋆源山，则皆栖身所也。

（摘自《韦斋》一书）

二、政和护国寺

护国寺坐落于铁山镇凤林村莲花峰下，始建于五代晋天福四年（939年）。元末清初，有誉称山中五凤的魏伯坚与张以仁、谢坤、孙蕴、余应等五位名士，因不愿出仕，隐居凤林，在明朝初期，创办贤林学舍，广收学生，传授知识，启迪文明，开展文化交流。

护国寺

护国寺其正门外墙漆书“南无阿弥陀佛”，“护国禅寺”匾额两侧柱联为“三有九生同登觉岸，四道天途共进玄门”，禅意深远。过天王殿，绕天井，步回廊，即入宏伟庄严的大雄宝殿。该殿为清康熙五十年（1711年）僧心镜募捐重建。再登九步台梯，即为观音殿，殿内无佛塑像，仅悬一张布描佛像。正梁未见修建年代，右梁书写住山僧通澈、监院僧心镜师弟子等字样。左梁下悬一牌匾，正中书写苍劲有力四个字：浩月澄空。匾右抬头为：乾隆乙酉年（1765年）清和月，政和县知县良友许庭耀；匾左落款为：护国住持恒修立。护国寺西侧有宋代理学家朱熹祖父朱森之墓，寺北侧有明朝广东市舶提举升两淮都盐运使司卢亮之墓，1983年，两墓公布为县级文物保护单位。朱熹之父朱松宣和五年（1123年）赴任政和县尉，曾在护国寺大悲殿左侧建书屋一间，供儿朱熹读书。2000年，朱子后裔在书屋原址建朱熹殿一座，内供朱熹塑像，为两重翘檐殿堂。

三、政和佛子山狮峰庵

狮峰庵，本名圆照庵（又名陈公老庵），在福建省政和县国家地质公园佛子山中，至今已有七百多年的历史。相传北宋徽宗崇宁年间，居住在此有户魏家人氏，魏家夫人苛刻暴戾。其家中有一姓陈的长工，生性憨厚老实，却遭魏家夫人苛待，三年饭菜不曾洒盐，陈长工依旧任劳任怨，从无怨言。三年后，魏氏户主得悉此事，一面深感愧疚，一面感慨于长工的淳朴忠诚，于是将长工奉为家族长辈留，在家中悉心奉养照顾，直至终老。传说陈长工逝世后，在此得道成仙，每每乡民祈晴求雨，则无不显应。而魏家后人感恩他忠厚朴实、宽于待人、勤恳一生，在元至顺元年（1330年）由魏家子孙下池村的魏善（字道海）带领魏氏族人共同在狮峰下建狮峰庵，以表达对他的敬意和怀念。

狮峰庵年岁久远，经历风吹雨打，清乾隆戊寅年（1758年），下池村魏国琏、魏相生、魏荣生、魏得遇等人重修完善。传说魏善夫妇乐善好施，百年以后，便在狮峰庵中化身为佛。于是在此次重修中塑上魏善夫妇真容流传至今。

庵中僧侣更替，时移世易，直至文革时期遭逢毁坏。后得魏氏族人和村民募捐再次重建，于1989年7月开光接神，宣告完竣，庵中原貌不仅得以保存，更有陈长工、魏善的塑像在其中。

现如今，狮峰庵不仅是佛子山的一个景点，也是一处进香修心祈愿的好去处，更是彰显魏氏祖先博施济众、饮水思源的优秀品质。

魏荣凯 撰

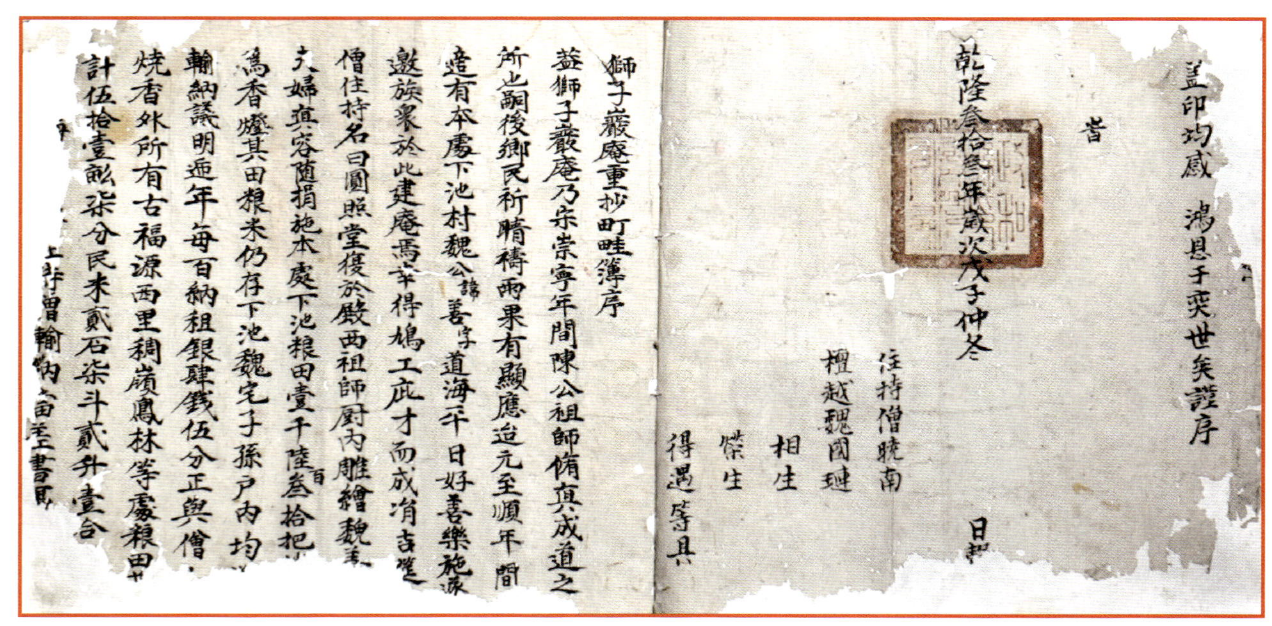
盖印均感　鴻恩于奕世矣謹序
旹
乾隆叁拾叁年歲次戊子仲冬　日
住持僧曉南
檀越魏國璡
相生
榮生
得遇等具

獅子巖庵重抄町畦簿序
蓋獅子巖庵乃宋崇寧年間陳公祖師脩真成道之
所也嗣後鄉民祈晴禱雨果有顯應迨元至順年間
造有本處下池村魏公諱善字道海平日好善樂施
邀族衆於此建庵焉幸得鳩工庀才而成涓吉
僧住持名曰圓照堂後於殿西祖師廚內雕繪魏公
夫婦真容隨捐施本處下池粮田壹千陸百叁拾把
為香燈其田粮米仍存下池魏宅子孫戶內均
輸納議明逓年每百納租銀肆錢伍分正與僧
燒香外所有古福源西里稠嶺鳳林等處粮田
計伍拾壹畝柒分民米貳石柒斗貳升壹合

狮峰庵庙谱

佛子山狮峰庵

四、宝岩坑里村“五福堂”与魏梓文

“五福堂”，在政和县镇前镇宝岩坑里村中，是大山深处的一座古民居。明初，政和魏氏富八公在坑里肇基建村，为坑里村始祖。“五福堂”约建于200年前清朝年间，是传统的民宅，古朴庄重，其主宅与左右后宅相通，形成一个古民居小群体，是深山里为数不多的大宅子。“五福堂”不因有二百多年的历史而有名气，而是因其主人——魏梓文被载入政和史册而传于后世。

魏梓文，字子兼，政和县魏氏“九房林”富八公第12世孙。据《政和县志》和《政和魏氏全谱》记载，梓文公生1800年闰5月，终于1895年2月16日，享年96岁。娶镇前马尚英为妻，马氏生于1794年，终于1879年，享年86岁。生四子：之安、之泰、之顺、之和；二女：淑鸾、瑞鸾。寿终时五世同堂，孙曾达124人，其长子、三子、孙子国梁为武庠生。

梓文公年高望重，五世同堂，实为罕见，一生忠实厚道，被视为山乡楷模。1888年至1889年，时任福建学政的乌拉布以督学部院名义授以“盛世人瑞”牌匾，挂其大门上方，给予褒奖；《政和县志》以“君子偕老”、“寿考维祺，可为斯”为之扬颂。

二百多年过去了，梓文公的后裔已到第十代，发展成政和魏氏的一个大家族。而包含岁月洗礼的“五福堂”，已是斑驳陆离，但依然默默矗立在坑里村中，注视着魏氏族人的发展壮大。

魏旭方 撰

宝岩坑里五福堂

五、婺宿长辉匾

西溪村是个美丽的村子，我家原先的旧房屋就在村子的溪边，屋内正栋上方悬挂一块牌匾，匾上有“婺宿长辉”四个金光闪闪的大字。匾的右边落款是：“光绪三十一年（1905 年）孟春月穀旦，恭祝宗叔母叶老孺人八秩荣寿。”匾的左边落款是：“赐进士出身，同知衔山西即用知县、掌教莲峰书院魏鸿勋顿首拜。”匾的末尾有魏鸿勋印鉴。

婺宿长辉匾

记得少时听我祖母讲，那块匾是我们四房头“大共家”的时候，太婆八十大寿，周宁咸村亲戚不辞辛苦，派了八人步行几十公里送来的。那时候，我们家大办酒席，宴请送匾的客人和村人。后来我外出读书、工作，年久尘封，几乎忘了这些事。直到一九八七年修家谱时，我翻阅了家谱，才知道这位太婆名叶仕兰（1826—1905 年），生四子：建生、建枝、建木、建东；二女：建娥、建娇。太公名德重（1821—1886 年），一名德相，字克端，耆民。公葬于里长坂龙头溪猫仔墓，姥葬下头坡中里穴。目前，太婆名下西溪魏氏子孙发展到第八代，共三百五十二人，可谓“椿萱并茂”，“兰桂齐芳”！

1966 年，在史无前例的“无产阶级文化大革命”中，我家屋子正栋上方的匾也难免被砸，幸好被我两个弟弟抢回藏起来，但有些部分已损坏了。

魏鸿勋是魏建中公之裔孙。我祖上与建中公的往来始于清道光丁亥（1827 年）年五月，先祖成宾、成熙和成聪领宗太史建中公风旨首修族谱，建中公特地嘱托宁邑漳源人郑国让先生撰修。该谱现留在我家中，建中公、郑先生印鉴依旧清晰可见。

西溪村人都知道建中公与我族关系。建中公是周宁咸村漳源人，西溪魏氏与漳源魏氏同属建瓯东游分支。建中公以“孝悌而教人”，称“异地同姓”者要“昭示来兹，而连骨肉一气之雅，其用心实勤而厚矣”。而魏鸿勋赠匾以祖父名义，对西溪魏府叶老孺人谓“宗叔母”，千年共祖，三代赠匾，可见魏氏宗风之深远，意义之重大！

2002 年，政和魏氏第四次修谱时，我等曾到东游、柘荣、周宁礼门访亲，探听到建中公及其裔孙也常到各地拜祖，赠联、送匾等等。

魏日中拜撰

2018 年 6 月 26 日

六、政和大风山

大风山，在星溪乡境内，距城东约 10 公里，海拔 1209 米，是境内四大道教名山之一。据古籍载，商周时彭祖之鼓师赵元琦在此修道升天，曾曰“不畏大风，则大山可登”，故后人以“大风”名之。山有五峰并列，古志称“绝类庐山五老峰”。峰顶有仙殿，近俯城关，远眺湛卢。有灵泉龙井、飞升岩、元代高僧泗洲禅僧石造坐像和皇太姥魏夫人骑牛游玩此山所留牛迹三处，故亦称此山为太姥山，是福建多处太姥山之一。

七、载德绥厚匾

政和外屯下池老宅大厅中悬挂一块老匾，此匾乃时任福建省省长萨镇冰所赠，在当时穷山辟壤的政和实属少见。匾的正中为“载德绥厚”四个金色大字，匾的正中上方为“福建省印”字样的方块印章，右款为“福建省长萨镇冰为”，左款为“清贡元魏廷植七旬敬立，中华民国十四年（1925年）十二月”。

魏家修，号廷植，清贡生，国子监魏光枢次子，层四公裔孙。魏廷植在政和不仅是一位德高望重的长者，而且还是一位医术精湛的名医。民国十三年（1924 年），已 69 岁高龄的魏廷植受民国政府委托出任外屯团总，可见其能力之强、民望之高。次年，民国十四年（1925）时任福建省长萨镇冰闻其七十高寿，赠匾给予褒扬。

魏旭方 撰

“载德绥厚”匾

第五章　人　物

第一节　魏氏先贤

毕公高　魏氏出自姬姓，周文王姬昌第十五子姬高，受封于毕，进爵为公，故称“毕公高”。毕公高和周公旦（姬旦）同是辅弼武王姬发，创建周王朝的股肱重臣。武王十一年（前 1046 年）一月二十五日，武王兴师伐纣，在周公、毕公协助下，牧野一战灭纣，创建周王朝，拜毕公高为太傅（即后来宰相，我国官典史上第一位宰相）。武王去世，成王年幼，周公旦摄王位，擢升毕公高为太师，协助朝政。七年后周公引退，毕公、召公辅佐。成王临终，毕公受命与召公同辅康王。康王以公奉命所作《毕命》为治国方略，实现天下大治。

毕　万　姬姓毕氏名万，毕公高第十五代裔孙，是魏氏的姓源始祖。自毕公高武王五十一年始受封，此后 400 多年，毕国被西戎所灭，毕公高后裔逃入晋国（前 661 年）。毕万因随晋献公消灭耿、霍、魏三国有功，晋献公于是将魏地赐封给毕万，并任命他为大夫。毕万封十一年，晋献公四子争立，晋乱，毕万之势弥大，从其国名魏氏，成为战国七雄之一。毕万为魏氏始祖。此后，魏氏人丁兴旺，英才辈出，为中华民族繁荣发展做出重大的贡献。

魏武子　出生公元前约680年，名犨，字武子，毕万之子。他是最早出人头地的魏氏先人。晋献公二十二年（前655年），其跟随晋公子重耳出亡，周游列国19年，在楚国云梦泽赤手空拳，活捉貘兽，神勇举世无双，被誉为“矫矫人中虎”。重耳返国，立为晋文公。魏武子于晋文公元年（前636年）袭魏氏封地，位列大夫，辅佐晋文公成就霸业。魏武子传魏悼子，魏悼子传魏昭子。

魏　绛　（？—前552年），谥庄，即魏昭子，魏武子之孙。悼公元年（前572年），魏绛为中军司马，后升为下军主将，春秋时为晋国卿。悼公欲伐戎狄，大夫魏绛力主和戎，陈述和戎五利。悼公采纳其主张，即命魏绛为和戎之使，山戎诸国歃血定盟，奉晋约束，不侵不叛，各保宁宇。从此绥抚诸戎，修明政治，专力经营中原，成了名副其实的霸主。魏绛在执法上严毅方正，在政治上具有远见卓识，是一位善于领兵作战的将领。他最大的贡献是八年之内九和诸侯，实践和戎之策。

魏　舒　（？—前509年），亦字荼，谥“献”，亦称魏献子，魏绛之孙，东周春秋后期晋国卿，著名的军事改革家、军事家、政治家。前514年，魏献子主持国政，魏氏从此成为晋国的主要家族，执政六年，展尽才华，奠定了日后三家分晋魏国的基础，使魏军成为当时的一支劲旅。魏舒的大原之战，把兵车改为步兵，改车战为步战，大败敌兵。其步兵方阵的出现是春秋军事史上的大事，是我国车战向步战转变的划时代标志。晋军步战的创始者。

魏文侯　（前472—前396年），名斯，又名都，魏绛的七世孙。司马迁在《史记》中推崇文侯：“是时独文侯好学。”文侯礼贤下士，师事儒门子弟子夏、田子方、段木等人，任用李悝、翟璜为相，实行变法，奖励耕战。任用乐羊、吴起等为将，抵御秦军进犯，卫境扩疆。任用西门豹兴修水利，发展经济，使魏国一跃为中原的霸主。魏文侯是战国初期魏国开国君主，魏国百年霸业的开创者。

魏武侯　（？—前370年），名击，魏文侯之子，战国初期魏国国君。他是韩、赵、魏三家分晋后魏国的第二代国君，他完成了文侯的未尽事业。魏武侯为太子时，受父王魏文侯和田子方等儒家名流的教导和影响，成为一个既明理识道，又注重自身道德修养的国君。他任用田文为相，吴起为将，国富兵强。在位期间将魏国的百年霸业再一次推向高峰，遂形成战国七雄并立的局面。

魏无忌　（？—前243年），魏昭王的儿子，魏安釐王同父异母的弟弟。安釐王即位，封为信陵君。他是战国时代著名的政治家、军事家，官至魏国上将军，和平原君赵胜、孟尝君田文、春申君黄歇合称“战国四公子”。魏文侯为人仁爱宽厚，礼贤下士，门下曾有三千食客。前257年秦国围赵，他设法窃符救赵，击杀将军晋鄙，率其军救赵，击退秦军。此后居赵十年，前247年，他回魏，被任为上将军，联合五国击破秦军于河处。其有《魏公子兵法》传世。

魏无知　魏无忌之孙，秦末人。楚汉战争时从汉王，被任为部将，是汉朝的开国元勋。陈平背楚降汉，因其求见刘邦，遂得重用，引为亲信，任陈平为护军都尉。汉王老臣不服，议论纷纷，汉王心疑，诘责魏无知和陈平。陈平说："皇上采用先生计谋，克敌胜利，这不是我的功劳，不是魏无知，我怎么能入朝为官。"汉王于是赏赐了魏无知。后来陈平六出奇计灭楚兴汉。当汉王封陈平户牖侯时，陈平说："非魏无知，臣安得进计？"汉王说，"子可谓不背本矣。"于是复赏魏无知，按功封为高梁侯。

魏　歆　字子胡，魏无忌六世孙，魏徵先祖。幼孤，有志操，博洽经史。在汉成帝时，因钜鹿郡治所设在下曲阳，故他"位终钜鹿太守，仍家焉"。他深爱这里美丽富饶、民风淳朴、文化底蕴深厚，便从此定居下来，在钜鹿郡为官终生，形成固守钜鹿魏氏一族。下曲阳魏氏，历汉、晋、魏、齐、周、隋、唐，世为望族，史不绝书。其子孙繁衍生息，枝繁叶茂，代有才人，世代有名门望族。

魏　钊　魏徵的曾祖父，本名显义，字弘理，北魏孝文帝赐名钊，仍命以显义为字，称其"雅性俊辩，博涉群书，有当世才，兼资文武。知名梁、楚、淮、泗之间"。孝文帝伐南，授钊官为内直郎，随侍左右。后因战事有功，被封北魏义阳太守和陵江将军。他与诸将统兵讨袭，所向披靡，孝文帝赞誉："中国士人，吾拔抉咸尽，文武胆略，未有若钊俦。"加封建忠将军，并追赠其父处为顺州刺史。其卒年 64 岁。

魏　彦　魏徵的祖父，字惠卿，博学善属文。陈留公李崇对他器重，引为镇西参军事，曾随军征讨。归来后，求著作郎，“思树不朽之业”。因为《晋书》出自多人之手，他想正其纰缪，删其游辞，勒成一家之典。彭城王请他为掾，兼知主客郎中，就没能撰成《晋书》。因彭城王遇害，魏彦退归田里，清河王复引为咨议。因该王势高名重，深为权势所疾，魏彦恐罹其祸，因而以疾固辞。北魏孝明帝初，其官拜骠骑长史，又转光州刺史。卒年68岁。

魏长贤　（550—624年），魏徵的父亲，博涉经史，辞藻精华，举秀才，除汝南王悦参军事。北齐时，魏长贤被平阳王淹召为法曹参军，转著作佐郎，继承父亲遗志，更撰《晋书》，编纂国史。北齐时，魏长贤因给武成帝写讥讽时政的奏章，触犯幸臣，被贬为上党屯留县令。长贤无辜遭贬，世人为之惋惜。他心底平静，处处怡然。武平年间，其因病辞职。北周武帝宇文邕征服齐朝，多次征召，他都以患病辞谢，不复任，卒年74岁。贞观七年（633年），其被追赠定州刺史。

魏　徵　（580—643年），字玄成，祖籍巨鹿郡下曲阳（现晋州市）。唐朝政治家、思想家、文学家和史学家，因直言进谏，辅佐唐太宗共同创建“贞观之治”的大业，被后人称为“一代名相”、“千秋金鉴”“帝王之镜”。其“水能载舟，亦能覆舟”“民为邦本，本古国宁”、“居安思危，戒奢以俭”的治国理念得到历代国家管理者的推崇，贞观十七年（643年），魏徵病逝。官至光禄大夫，封郑国公，谥号“文贞”。

魏徵陵墓在陕西省礼泉县。著有《隋书》序论，《梁书》、《陈书》、《齐书》的总论等。其言论多见《贞观政要》。其中最著名并流传下来的谏文表——《谏太宗十思疏》。

魏　收　（505—572 年），魏子建之子，魏策族兄。北朝著名的政治家、史学家、文学家。字伯起，机警尚文，硕学奇才，与温子升，邢邵，世称“三才”。北魏入仕，魏收曾任太学博士，散骑侍郎，敕典起居注，并修国史，又兼中书侍郎。北齐时任中书令（宰相）兼著作郎，后历任尚书右仆射，监修国史，奉命编辑《魏书》130 卷，列为《二十四史》之一。北齐武平三年（572 年）卒，享年 66 岁，赠司徒、尚书左仆射，谥文贞。有集 70 卷传世。

魏　谟　魏徵六世孙，魏凭子，字申之，擢进士第，唐文宗时官拜右补阙。宣宗时进同中书门下平章事（宰相），检校尚书右仆射，太子少保。唐咸通元年（860 年）卒，时年 66 岁，赠司徒。时籍河南光州固始县连城村白清渡头族处。他弃官后，举家南迁。其孙魏高，户部侍郎，因储库失谨被贬，谪发江南（杭州），生七子，以兴为派。唐僖宗广明元年（880 年），黄巢乱，兴六带妻邱氏三十六口，兴七带妻张氏三十七口，兼带十二姓入福建福州黄塘街住。

花木兰　生于西汉初年，原姓魏氏，河南商丘虞城营廓镇周庄村小魏庄人。因匈奴犯边，木兰女扮男装，替父从军，征战疆场十二载，屡建功勋，回朝后封为尚书。唐代追封其为“孝烈将军”，设祠祀之。每年农历四月初八日是其生日，举行庙会。由于木兰的姓氏与家乡的争议，在虞城县木兰祠前，元统二年（1334 年）立的《孝烈将军祠像辩证记》和清嘉庆年间立的《孝烈将军祠辩误正名记》，这两块碑明确写着“将军魏氏”，证实了木兰的本姓。虞城县“木兰传说”，2008 年 6 月，被国家列入非物质文化遗产名录。

魏　玩　字玉如，湖北襄阳人，文学家魏泰之姊，北宋宰相曾布之妻。封鲁国夫人，时称魏夫人，北宋杰出的词人。她博涉群书，工诗尤擅词，理学大师朱熹评论：“本朝妇人能文者，唯魏夫人（魏玩）和李易安（李清照）二人而已。”她原著《魏夫人集》已散失，《全宋词》辑录了其词作十四首，语言清丽，音词谐婉。

魏了翁　（1178—1237 年），字华父，号鹤山，邛州蒲江（今属四川）人，庆元五年（1199 年）进士及第。官至礼部尚书兼直学士院，以端明殿学士，同签书枢密院事之职，督视江淮京湖军马。魏了翁是著名的理学家，推崇朱熹的理学，开门授徒，自成一家，从学者甚众，人称“鹤山先生”。其著作有《鹤山全集》等，卒后被赠太师、秦国公，谥号“文靖”。

魏　源　（1794—1857 年），原名远达，字默深、墨生，号良图，湖南邵阳人。清代启蒙思想家、政治家、文学家，道光二年（1822 年）进士及第，官至高邮知州。晚年弃官归隐，潜心佛学。他与龚自珍同属主张“通经致用”文经学派。受林则徐嘱托，编成《海国图志》。他主张“师夷之长技以制夷”的新思想，学习西方技艺，抵制外国侵略，提倡办民用工业，改革漕运，盐法等，开馆授徒。他开启了了解世界，使中国人的思想从传统转向近代。辑有《魏源集》。

第二节　政和魏氏古代人物

一、职官、科举生员、乡贤

魏甲太　（1010—1079 年），宋神宗熙宁元年（1068 年），时年 58 岁，从建安（今建瓯）东游迁居政和铁山屯头开创基业，成为今日政和、松溪大多数魏姓人的肇基始祖。其子孙遍布全县各乡镇，是政和、松溪居民的重要组成部分。元丰二年（1079 年）卒于铁山，葬铁山屯头，其墓现存。

魏周孚　（生卒年不详，宋朝年间），字信忠，政和人。熙宁九年（1076 年）特奏名五等，敕赐英州文学。后受永福县令。

魏　尉　（生卒年不详，宋朝年间），字思睿，政和人。南宋隆兴元年（1163 年）特奏名四等，忠州文学、霍丘县令，荆州通判，赐洗马都尉。

魏子成　（生卒年不详，宋朝年间），字恤化，政和人。南宋嘉泰四年（1204 年）贡士出身，授迪功郎（八品）、永安府磨照，改判官。

魏子飞　（生卒年不详，宋朝年间），字飞英，政和人。南宋嘉定七年（1209 年）张徹榜特奏名二等，荣州文学，授迪功郎、都康军太尉县令。

魏添一　（生卒年不详，南宋人），政和人。南宋淳祐元年（1241 年），魏添一、添二、添三、添四、添五、添六兄弟耗银 3800 两，创建松溪惠政桥，历经五年竣工。此举被载入县志。

魏伯坚　（生卒年不详，元末明初年间），政和铁山人。与国子助教谢坤、云龙知州孙蕴、训导余应等，卜筑于凤林莲花峰下。夜则同灯，旦则同窗，讲经论史至忘饥渴，如是者二十年，号“山中五凤”。后俱以文行知名，伯坚终隐不仕。

魏迁一　（生卒年不详，约元末年间），甲太公八世孙，号春六，字元禧。于元朝泰定元年（1324 年），从铁山迁移至东湖（今外屯村）开创基业。不久定居外屯下池村，为外屯魏氏肇基始祖。

魏发祥 （生卒年不详，元末年间），称伯伍。外屯魏氏肇基始祖魏迁一长孙，配谢氏，生九子一女，分别是层一、层二、层三、层四、明五、萌六、和七、富八、更九、十妹，美誉为“九房林”。其后裔人数众多，分布甚广，是政和魏氏最大的一个支系。

魏层二 （生卒年不详，约明洪武至永乐年间），“九房林”排行第二。为人豪爽，乐善好施，广结好友，重守承诺。从下池迁往冷石，带领子孙在荒芜的山上建村立业。生有五男，分居于政和城关、星溪冷石、星溪岐山、外屯稠岭、建阳中村等地。公葬冷石莲花山。清朝道光九年（1829年），长际坑（莲石）魏谱赞其：“公兄弟九人而公居次。少怀湖海意气，好施不吝，广结纳而语诺无苟。梓居下池，当其地区人稠，爰有迁地为良之计。初戾兹土，荆榛荒芜，公力开辟结庐。于是广种植，多畜牧牛羊，寝讹竹木，险翳骎骎焉在一村落矣！公迨晚年倚杖逍遥，荆门侯仆，俨然隐君子之流。亚者观其耕食拓饮，理乱无闻，竟永贻孙子于荣辱不加者，不更想公之为人与！”

魏萌六 （生卒年不详，约明洪武至永乐年间），“九房林”排行第六。由下池迁居宝岩下村创立基业，为下村魏氏始祖。清朝道光八年（1828年）宝岩下村魏语赞：“公兄弟九人，而公行六，自少气宇轩昂，倜傥不群。性游侠，慷慨不吝，好舍施，礼交都下名士，相与盘桓款待不疏。及长，以下池地窄而土瘠，由是偕孺人迁之宝岩。耕田而食，拓泉而饮，课子孙广畜牧，茂林修竹，手植不疲。屋宇建构，质而无华，葛巾野服，荷锄垂钓。时称一隐君子人也。”

魏增宝 （生卒年不详，约明宣德至成化年间），又名臻宝，甲太公十二世孙，层二公长子，大约明成化年间（1466年左右），从星溪冷石村（莲石）迁居城关渡头洋黄源仔肇基立业。配黄氏，公妣合葬城关星溪里牛山。增宝公为政和城关魏氏始祖。

魏　启 （生卒年不详，明朝年间），政和人，明朝乡宾。

魏云山 （生卒年不详，明朝年间），政和人，明朝乡宾。

魏云江 （生卒年不详，明朝年间），政和人，明朝乡宾。

魏朝缙 （生卒年不详，明朝年间），政和人，明朝乡宾。

魏 斐 （生卒年不详，约明宣德至成化年间），政和人。明天顺年间岁贡，都昌教谕。

魏 俊 （生卒年不详，约明弘治至嘉靖年间），政和人。岁贡，明正德年间训导。

魏廷举 （生卒年不详，约明弘治至嘉靖年间），政和人，明嘉靖年间（1522—1566）例贡。

魏志五 （生卒年不详，明朝），政和城关人，南门魏氏始祖。耆宾。民国十三年（1924年）《魏氏宗谱卷之八》赞：

择仁而处，相地以居。初迁蛟堀，后徙城隅。既知稼穑，亦尚诗书。后人发甲，善积庆余。

魏国祯 （生卒年不详，明朝），政和城关人。志五子，庠生。民国十三年（1924年）《魏氏宗谱卷之八》赞：

取与严于一介，利禄不慕万钟。本淡泊以明志，亦谨慎而谦恭。如公学古有获，几追往哲芳踪。

魏龙耀 （生卒年不详，明朝），庠生，国祯子，政和城关人。民国十三年（1924年）《魏氏宗谱卷之八》赞：

宝钧义方，教子王祐。手植三槐，公之后人。鹊起依然，成德达材。非积善以余庆，何儿子之多才。天道福善，以岂谬哉！

魏良鼎 （生卒不详，约明末年间），政和城关人。崇祯间例贡，授工部文思院太史。

魏廷波 （？—1627年），讳南，政和铁山人。太学生。

魏文晨 （生卒年不详，约明万历末至清康熙年间），龙耀次子，政和城关人，庠生。民国十三年（1924 年）《魏氏宗谱卷之八》赞：

名家高弟子，学术有渊源。庸德温温盛，威仪抑抑浑。陔南森玉树，堂北茂椿萱。泮水生香日，兄弟庆一门。

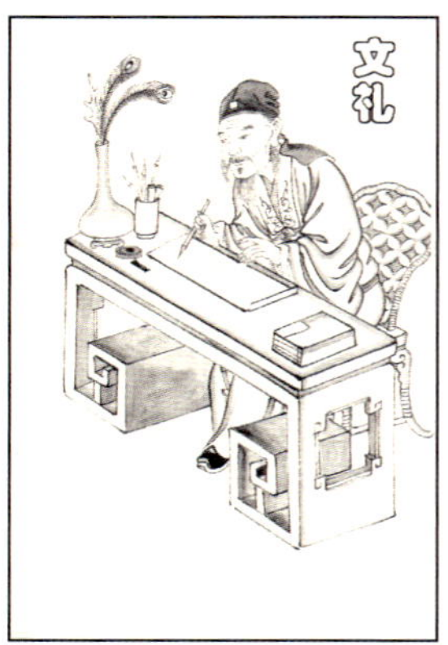

魏文礼 （生卒年不详，约明万历末至清康熙年间），政和城关人，庠生。民国十三年（1924 年）《魏氏宗谱卷之八》赞：

居家务勤俭，不荒又不懈。经史广心胸，诗书开眼界。年少便登科，采芹如拾芥。谆谆训儿孙，时把类徇戒。

魏文乐 （生卒年不详，约明万历末至清康熙年间），政和城关人，岁贡。民国十三年（1924 年）《魏氏宗谱卷之八》赞：

食饩已多年，乡荐逢其会。夙有羊叔风，轻裘并缓带。诚实积诸中，才华发诸外。齿与德俱优，门闾日光大。

魏荣烈 （1630—1691 年），附生加捐州同，文礼子，政和城关人。因其子王枢贵，而获赠登仕郎。民国十三年（1924 年）《魏氏宗谱卷之八》赞：

课儿无他事，经史是良田。槐子三株秀，孙曾四代联。宅心纯正直，无党又无偏。裕后光前美，惟公得两全。

魏　璜　字正北，行五，生于明崇祯癸酉六年（1633年）六月十日巳时，卒于清康熙癸酉三十二年（1693年）十一月十九日，行庚61岁。卒后葬星溪乡东峰村獭仔山。正北有四子六孙，子寅、宽、宁、宫，孙敷纬、敷绪、敷绣、敷缟、敷经、敷缵。

魏大能　（生卒年不详，约明末清初），政和铁山人，太学生。

魏伯琳　（生卒年不详，约崇祯至康熙年间），郑源魏氏始祖福进公儿子，娶叶姜女、宋新女为妻，生有九个儿子。其中郑源村居住五子分五派，西溪居住二子分两派，还有两派失考。伯琳公继承父业，建构屋舍楼宇，开荒田地，振兴家族，子孙至今受其恩泽。清道光八年（1828年），郑逊斋先生《伯琳公赞·画堂春》：

创业陶朱世泽长（韵）成家永古流芳（叶）诒谋克善众称扬（叶）历久弥彰（叶）栋宇翚飞乌革（句）恢宏智力独强（叶）而今孙子享无疆（叶）才足夸张（叶）

魏荣望　（生卒年不详，约崇祯至康熙年间），增生，政和城关人。民国十三年（1924年）《魏氏宗谱卷之八》赞：

首戴天，足履地。交正人，行正事。宗族乡党沐其仁，邻里戚朋服其义。如公美德夫复何议。

魏庆云　（生卒年不详，约明末至康熙年间），河南滑县人，进士。清康熙七年（1668年）任政和知县，为官清廉谨慎。卒日，士民敛金以赙。

魏荣武　（生卒年不详，约明崇祯至清康熙年间），政和城关人。民国十三年（1924年）《魏氏宗谱卷之八》赞：

躬耕面南，力服西畴。栉风沐雨，东作秋收。府仰俱足，荣辱无忧。作德日逸，其心休休。

魏王旃　（生卒年不详，约清顺治至康熙年间），政和城关人，康熙年间岁贡。以子允晖贵，赠修职佐郎。民国十三年（1924年）《魏氏宗谱卷之八》赞：

少年食饩，晚贡成均。青衿虽旧，锦袍自新。绘公遗像，写公性真。明德之后，必有达人。

魏　岱　（生卒年不详，约清顺治至康熙年间），龙溪人，贡生。清康熙五十三年（1714年）任政和训导。

魏万鸿　（生卒年不详，约清顺治至康熙年间），政和城关人，廪生。民国十三年（1924 年）《魏氏宗谱卷之八》赞：

自幼颖悟，聪敏过人。胸襟潇洒，不染俗尘。既游于艺，亦依乎仁。赞勷义举，德积福臻。

魏万俊　（生卒年不详，约清顺治至康熙年间），政和城关人，监生。民国十三年（1924 年）《魏氏宗谱卷之八》赞：

和平处世，勤俭持家。安贞抱朴，崇实黜华。庭栽兰菊，野种桑麻。守身严谨，玉洁无瑕。

魏之琮　（生卒年不详，约清康熙至乾隆年间），政和人，清朝乡宾。

魏一梓　（生卒年不详，约康熙至乾隆年间），政和人，清乡宾。

魏王相　（生卒年不详，约康熙至雍正年间），政和城关人，附监。民国十三年（1924 年）《魏氏宗谱卷之八》赞：

博览经史，修身砥行。廉洁持躬，孝友为政。处士待人，必恭必敬。庭帏之乐，祖父重庆。

魏王枢　（生卒不详，约 1670—1760 年），魏荣烈子，岁贡，政和城关人。字宁维，号卫庵。少有文名，尝与邑张寿峒唱和，而绝不涉私。与宽、张侃、胡之适诸人同时联咏于四谋轩。雍正四年丙午（1726 年），授宁化训导，以风教磨砺士类，翕然向风。学宫右迫民居，枢捐俸，集人士醵金廓之，建文昌阁于其右。又倡修文庙及俎豆乐器，焕然一新。秩满，合庠吁留，在任十七年，文风丕变，宪副雷鋐出其门下。解组之日，人士遮道攀辕不忍舍。卒年八十有六。民国十三年（1924 年）《魏氏宗谱卷之八》赞：

阙北承恩日，闽南仕路通。汀州沾化雨，宁化沐春风。解组因年老，发白颜如童。孙曾绕膝下，五福备其躬。

魏允辉　（约 1690—1790 年），字廷彩，号璧村，政和县城关人。岁贡，平和训导，署教谕。以崇圣学，正身率范，崇雅黜浮，多士争相砥砺。任职届满被留任，在任十一年，其门下两成进士，八登贤书。捐俸扩建书院，直至高龄方辞职，平和人设主祀之。回归家乡不攀附权贵，参与公益，清乾隆十六年（1751 年）与魏邦基、魏绍文等捐资重建文笔塔，清乾隆三十一年（1766 年）募建城东兴贤书院，清乾隆三十七年（1772 年）与魏邦基、魏宏祁、魏震等募建文昌庙。并日与朋辈弹琴赋诗、焚香煮茗，兼得辋川画意，卒年九十三岁。民国十三年（1924 年）《魏氏宗谱卷之八》赞：

漳州施化雨，教泽及平和。远近闻风起，士民鼓腹歌。宦游十一载，门下汇征多。（公司训导十一年及门者两成进士，八登贤书）文庙规模狭，捐俸倡建过。辞归解组日，饯席满街罗。享寿耄三岁，谋贻燕翼窠。

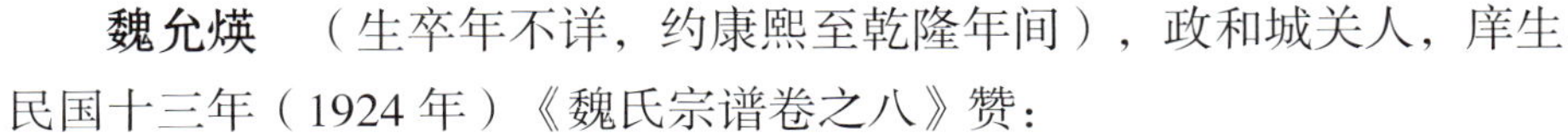

魏允熯　（生卒年不详，约康熙至乾隆年间），政和城关人，庠生。民国十三年（1924 年）《魏氏宗谱卷之八》赞：

雅尚俭朴，清介自持。不为利动，不为俗移。安祥镇定，举止合宜。后世儿孙，仰其丰仪。

魏　宽　（1676—？年），政和城关人，字天怀，号裕庵，岁贡。增宝公裔孙，魏璜子。性聪颖，雅有文名，尤长于诗。邑侯张公寿峒以诗倡邑中，宽与张侃、胡之适、魏王枢诸人同时联咏。著有《星溪唱和集》行世，今佚。年未五十，康熙年间（约 1726 年）选授归化训导，以疾辞。

魏宏祚　（生卒年不详，约康熙至乾隆年间），政和城关人。清雍正癸卯（1723 年）拔贡。民国十三年（1924 年）《魏氏宗谱卷之八》赞：

拔帜文坛日，三场得意时。经筵称巨子，笔阵胜雄师。磊落英思发，纵横盛气宜。科名遗蹟在，谱牒表鸿仪。

魏振鹭　（生卒年不详，约清康熙至乾隆年间），字雪胎，政和城关人。吩咐儿子景每个冬天做棉袄送给无衣者，除夕率先筹集钱米，救助贫民之无食者。买黄源山为义冢，供于路死或困难之人安葬，其义举得众人赞扬。

魏　景　（生卒年不详，约清康熙至乾隆年间），振鹭子，字衣祖，政和城关人，庠生。每个冬天做棉袄送给无衣者，除夕率先筹集钱米，救助贫民之无食者。买黄源山为义冢，供于路死或困难之人安葬，倡首募建柿田罗坑桥基，其义举得众人赞扬。

魏允炜　（1693—1765 年），魏王枢子，政和城关人，庠生。民国十三年（1924 年）《魏氏宗谱卷之八》赞：

折旋中矩，周旋中规。孝友根于天性，廉洁见诸行为。宗族称其美，乡党无异词。古稀绵寿算，余庆比螽斯。

魏宏祒　（生卒年不详，约康熙至乾隆年间），政和城关人，庠生。民国十三年（1924 年）《魏氏宗谱卷之八》赞：

勤读诗书，少年进泮。势利不趋，经史满案。秉性谦恭，临事果断。寿跻古稀，筹添鹤算。

魏敷绪　（生卒年不详，约清康熙至乾隆年间），魏宽子，魏汉蟜父亲。政和城关人，庠生。

魏宏祁　（1725—1790 年），允炜子，政和城关人，宿儒。清乾隆三十七年（1772 年），与魏允辉、魏邦基、魏震等募建文昌庙。民国十三年（1924 年）《魏氏宗谱卷之八》赞：

倡建兴贤宫，名垂邑乘中。刊刻敬信录，好善孰与同。堂北椿萱茂，陔南兰桂丛。吉人天锡福，食报应无穷。

魏绍文　（生卒年不详，约清雍正至乾隆年间），政和人，监生。清乾隆十六年（1751 年）应知县唐晋、典史潘世杰捐俸倡建，与魏允辉、魏邦基等捐资重建文笔塔。清乾隆二十六年（1761 年）修县志任采辑。

魏国坊　（1770—？年），字汉贤，号表君，政和铁山人，武庠生。清道光十二年（1832 年）修县志，捐印番三十元。

魏富昇　（生卒年不详，约清雍正乾隆年间），萌六公裔孙。幼失怙恃，伶丁孤苦。长克成立，勤力积俭，于是构屋宇、广田地，令季子士满负笈从师，俨然富翁家也。然公之持身涉世无刻薄绝机关，始终不异，以故享乔松之乐，兰桂子孙，森森林立。此天之所以佑孤苦于有成者，实天之报善人于不爽云尔。

魏鸿造 （生卒年不详，约清雍正乾隆年间），铁山村人，字思温。性和厚，幼以礼法自绳，平生无疾言厉色。兄弟七人，以鸿造友爱，咸相得无间，里党为举乡宾。

魏陈章 （生卒年不详，约清雍正乾隆年间），层二公裔孙，清乾隆十二年（1747 年）举家从冷石徙居宝岭。豪放洒脱，热情好客，妻贤子孝。生有七个儿女。清朝道光九年（1829 年）《魏氏家乘》赞：

公少有侠气，梓居长漈坑，人稠地窄，爰有迁地为良之计。乾隆十二年乃挈家于宝岭，辟田地，广种植，山僻之区顿成大观。孺人氏李，勤纺织，娴中馈，抚男女七人，咸遵清诲，昔储光义，有云：衣食既有余，时时会宾友。夏来菰米饭，秋至菊花酒。孺人喜逢迎，稚子解趋走。日暮闲园里，团团荫榆柳。酩酊乘夜归，凉风吹户牖。应为题是诗，绘乃图，挂于高堂之素壁乎！

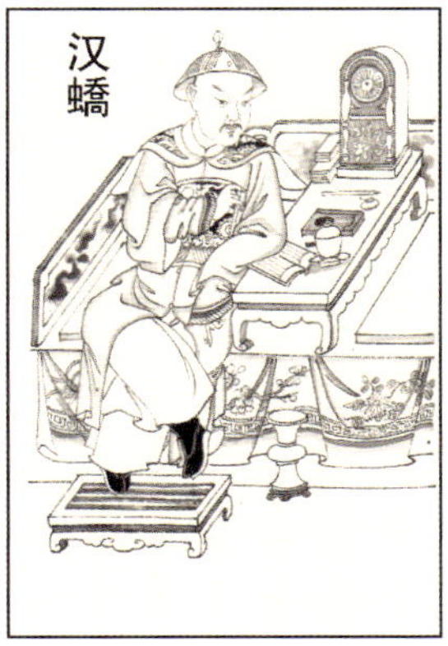

魏汉蟜 （1724—1809 年），政和城关人，归化训导魏宽之孙，敷绪三子。字志伸，监生、武生，乾隆间以武举授正六品营千总。其少习诗书，正直不阿，富而有礼。对地方公益，无不捐资倡建。1800 年，劝捐款督建星溪桥；1802 年，修建文昌阁祀奎星之神。“置文运田，辅助兵兴”，设“乐义堂”，施棺掩骼，且独建“捷应亭”，造“正乙庙”。其有三子十孙十曾孙，子国珣、国瑶、国珩，孙廷栋、廷藩、廷耀、廷焕、廷佑、廷佐、廷楫、廷策、廷檄、廷枢，曾孙建昌、建津、建业、建烈、建猷、建华、建和、建邦、建平、建荣。卒后葬铁山大红宝福寺燕仔巢大岩下。

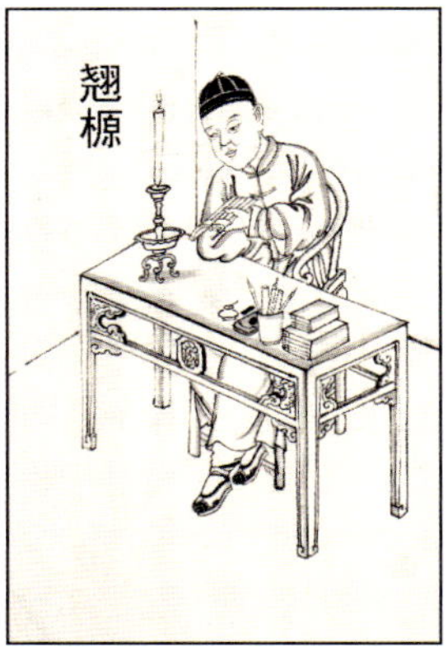

魏翘榡 （生卒年不详，清乾隆年间），字仕满，政和城关人，邑庠生。年少失父，兄弟 5 人翘榡最小。兄弟分房后，翘榡独自承担奉养母亲，始终信守承诺。奉养三十年，并以教书补贴家用。母亲逝世，丧葬事宜独自承担。堂兄，生员翘南多病，随着家庭人口增加，家业逐步耗尽，翘榡尽其所能予以帮助。翘榡生性孝顺友好，乐于助人，其妻范氏均能理解和体会，始终无怨言，是一位难得的好女子。

魏汉虬 （生卒年不详，约清雍正至乾隆年间），政和城关人，清监生。清乾隆二十六年（1761 年）修县志任采辑。

魏章生 （1739—1831 年），号明老，星溪乡岐山人。公为人乐善好施，1816 年与兄弟章成、章琳三人捐资建茶岭亭。在大石坪村山溪，建延寿桥方便村民，募捐修章口路方便行人。寿九十三岁，八旬时知县赠予“魏水遗风”匾。

魏邦基 （生卒年不详，约清雍正至乾隆年间），政和城关人，清乾隆年间岁贡。清乾隆十六年（1751 年），邦基应知县唐晋等倡议，与魏允辉、魏绍文等捐资重建文笔塔台。清乾隆二十六年（1761 年）修县志担任采辑，清乾隆三十七年（1772 年）与魏允辉、魏宏祁、魏震等募建文昌庙。

魏国珣 （1749—1820 年），魏汉蟜之子，政和城关人。字比德，号东玉，邑庠生，乾隆五十年（1785 年）附贡。性豁达朴易，热心社会公益，出巨资修建邑文庙，捐充书院膏火田十二石四斗。嘉庆七年（1802 年）独捐资修建城西迎恩桥（现在的西大桥），涉者称便。嘉庆十三年（1808 年）、十九年（1814 年），该桥圮于洪水，众皆惜之，唯国珣复独资重建，其貌更胜原桥。竣工后，又捐资置田七十石，以其租为该桥守护及维修之资，其善举被群众广为称颂。为彰显其乐善好施之举，知县袁鸿将该桥命名为“魏桥”，并撰《魏桥序》为之记。享年七十二岁。卒后葬于松源雾露科巢凤山。

魏能恭 （生卒年不详，约雍正至乾隆年间），沙县人，清乾隆二十七年（1762 年）任政和训导。

魏一鉴 （生卒年不详，约清雍正至乾隆年间），政和人，清监生。清乾隆二十六年（1761 年）修县志任采辑。

魏国珩 （生卒年不详，约清乾隆至道光年间），汉蟜三子，政和城关人，清嘉庆十三年（1808 年）附贡。清道光三年（1823 年）五月城内遭水灾，知县谭文藻严禁私垦盗砍，国珩响应董事魏国琨、魏对扬等号召，与魏廷燿、魏国玓、魏式文等捐资购买田产，召佃 4 人分界守护。

魏国琨 （生卒年不详，约乾隆至道光年间），政和城关人，监生。清道光三年（1823 年）五月城内遭水灾，知县谭文藻严禁私垦盗砍，与董事魏对扬等劝人捐资购买田产，召佃 4 人分界守护。清道光十二年（1832 年）修县志任采辑，劝捐修志并捐光番四元。

魏国举 （1759—1818 年），文辉长子，字坚福，号之恺，政和铁山人。武举人，乾隆四十四年（1779）己亥科，中试第四十二名，任漳州府诏安营千总并署诏安守备，敕授承信校尉。在乾隆年间募建铁山崇仁书院。

魏国玓 （生卒年不详，约清乾隆至道光年间），政和城关人，清乾隆五十七年（1792 年）附贡。清道光三年（1823 年）五月城内遭水灾，知县谭文藻严禁私垦盗砍，响应董事魏国琨、魏对扬等号召，与魏廷燿、魏国珩、魏式文等捐资购买田产，召佃 4 人分界守护。

魏宏仪 （生卒年不详，约清乾隆至嘉庆年间），政和城关人，监生。嘉庆五年（1800 年），魏宏仪等募题，增建文昌庙戟门、焕文楼，祀奎星之神，与僧昌华、绅董杨友枟等十人继修城南英节庙。嘉庆二十一年（1816 年）仲冬（11 月）至嘉庆二十五年（1820 年）季夏（6 月），与魏对扬、魏廷耀等重修文昌庙。民国十三年（1924 年）《魏氏宗谱卷之八》赞：

居心诚实，秉性温和。处家庭则孝慈可法，对闾里则爱敬无他。地方公益倡首者多，（公尝与置文运昌田为韦斋先生祠善后产）绵绵遗泽没世不磨。

魏基嵘 （生卒年不详，约清乾隆至嘉庆年间），政和城关人，庠生。民国十三年（1924 年）《魏氏宗谱卷之八》赞：

秉刚直之性，发为才华。光前人之美，予能克家。守身之贞，不染于邪。操行之洁，如玉无瑕。惟公盛德在躬，宜乎福祉频加。

魏泰袍 （生卒年不详，约清乾隆至嘉庆年间），政和人，监生。清乾隆三十七年（1772 年），与魏松年等筹建后宝岱村尾通济桥。

魏文炜 （生卒年不详，约清乾隆至嘉庆年间），鸿造次子，字準。政和铁山人，监生。兴建山洋水井及铁山村头水井亭。

魏思泉 （1756—1822 年），宏祁子，政和城关人，庠生。民国十三年（1924 年）《魏氏宗谱卷之八》赞：

性情雍穆，雅度温良。待人忠厚，虑事精详。内助之贤，媲美孟光。眉齐白发，瑞霭华堂。振兴义举，文运光昌。诗书衍庆，世德流芳。

魏对扬 （生卒年不详，约清乾隆至嘉庆年间），政和城关人，庠生。嘉庆五年（1800 年），与魏宏仪等募题，增建文昌庙戟门、焕文楼，祀奎星之神。嘉庆丙子年（1816 年）仲冬（11 月）至庚辰（1820 年）季夏（6 月），与魏宏仪、魏廷耀等重修文昌庙。清道光三年（1823 年）五月城内遭水灾，知县谭文藻严禁私垦盗砍，对扬与董事魏国琨等劝人捐资购买田产，召佃 4 人分界守护。民国十三年（1924 年）《魏氏宗谱卷之八》赞：

敬以持己，恕以行仁。家风丕振，世业维新。善声义举，卓著于人。谦谦君子，葆素存真。

魏梦芳 （1764—1825 年），翘榡三子，字义老，名光义，又名光坦，政和城关人。岁贡，由监生援例从九品。嘉庆八年（1803 年），历署江西左安司巡检、龙泉县典史。归故里后，于新桥头观音阁外重建凉亭。倪屯熙亭桥圮，济者以渡，梦芳曾捐舟楫。民国十三年（1924 年）《魏氏宗谱卷之八》赞：

名登仕宦，勤政爱民。夙夜供职，协恭同寅。黎庶向化，各亲其亲。解组归来，力善行仁。地方义举，革故鼎新。光前裕后，旷代一人。

魏敬中 （1778—1860 年），又名建中，字治原，号和斋、和宇，宁德县东洋里樟源村（今周宁县樟源村）人。清嘉庆二十四年（1819 年）殿试获二甲第六名，赐进士出身，钦点翰林院庶吉士。散馆后授编修，任国史馆总撰。道光十五年（1835 年），魏敬中重纂《福建通志》，于道光十九年（1839 年）完成。有《炳烛轩抄撮》《屋漏讼过录》《观我生日记》等文集行世。历掌莲峰、南浦、湛卢、星溪、凤池书院。道光癸未（1823 年）冬，公翰林归省，布令异地同姓者亟修谱牒，“昭示来兹，而联骨肉一气之雅”。在其感召下，政和魏氏“九房莲”各派，纷纷掀起纂谱之热潮。道光十三年（1833 年），受聘总纂《政和县志》。而后敬中裔孙常到下池、西溪、柘荣等地拜祖、赠联、送匾等。

魏锦松 （生卒年不详，约清乾隆至咸丰年间），政和城关人，附生。嘉庆十二年（1807 年）与魏崇德等重修云根书院碑，清道光十二年（1832 年）劝捐修志，参与募建尚义门补衮楼。清道光二十二年（1842 年），会同知县袁万里及院董魏国纶、魏廷藩、魏廷枢、魏建畿、魏铨及其他院董创建东和试院。清道光二十三年（1843 年），与知县袁万里会同东和试院董创建熊山书院。咸丰年间，与魏廷藩、魏廷枢、魏圣功、魏建畿、魏国经、魏炳勋、魏乃训等置禅岩寺田皮五十石，供善后租用，名曰“文光社”。民国十三年（1924 年）《魏氏宗谱卷之八》赞：

公才裕经济，公德在地方。身居绅士位，夙昔有峻望。留心倡义举，遗爱等甘棠。谱牒存真相，应流百世芳。

魏　镛 （1787—1861 年），武孝廉国举之季子，又名子聪，字鸣盛，政和铁山人，拔贡。少具宿慧，潜心经史，自汉魏六朝暨唐宋名家，无不涉猎。而为文能一空依傍，兼有诸家之长，故屡试高等。旋选道光乙酉（1825 年）拔贡，就职直隶州州判。道光十二年（1832 年）修县志，任与修。道光年间在凤林贤林学舍讲学，与孙祖光募建大黉桥。平生不乐士进，常闭门种花、畜鸟、养鱼，藉诗酒以自娱，翛然有超世绝俗之概。卒年七十余。

魏治均 （1789—1870 年），武庠生魏晋陞父，政和后九蓬人，监生。寿八十二岁。

魏锦林 （生卒年不详，约清乾隆至咸丰年间），政和城关人，从九品。民国十三年（1924 年）《魏氏宗谱卷之八》赞：

严义利之辨，清介自持。本谦恭之性，动止合宜。惟公之行，正直无私。惟公之德，可法可师。典型在夙昔，纪述示来兹。

魏式文　（生卒年不详，约乾隆至道光年间），志五公裔孙，字伯韬，政和城关人，监生。善诗文，因父丧，母卖去嫁妆，劝他赴福州做红菇生意，连年盈利，成为富户。式文请旨为母建造牌坊，嘉庆廿四年（1819 年），由礼部请旌表获准，聘请石刻名匠，在榕磨刻完工，水运至政和。牌坊建造如期完工，占地三百平方。清道光三年（1823 年）五月城内遭水灾，知县谭文藻严禁私垦盗砍，响应董事魏国琨、魏对扬等劝人捐资购买田产，召佃 4 人分界守护。民国十三年（1924 年）《魏氏宗谱卷之八》赞：

夙承母志，克振家声。光前裕后，利就名成。母旌节孝，恩赐宠荣。建立牌坊，运石省城。溪滩浅阻，夜雨水生。孝心所感，出于至诚。

魏逢年　（1789—1845 年），思泉子，政和城关人，庠生。民国十三年（1924 年）《魏氏宗谱卷之八》赞：

自幼知勤学，分阴戒蹉跎。诗书堆满案，经史广包罗。膝下儿孙盛，门庭吉庆多。典型昭谱牒，奕世沐余波。

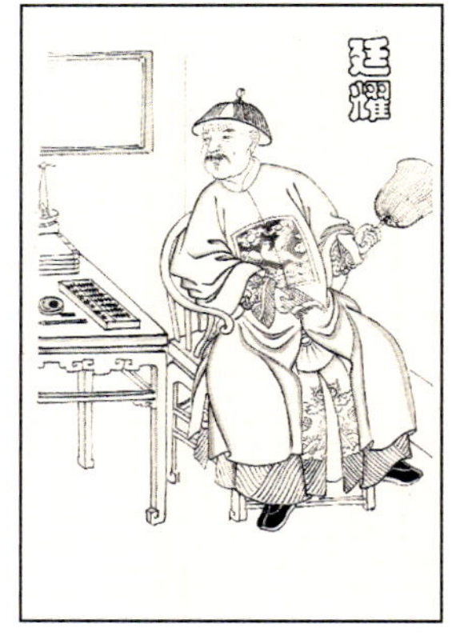

魏廷耀　（生卒年不详，清乾隆至道光年间），政和城关人，号炳斋，清嘉庆二十五年（1820 年）附贡生。监生魏国琨第二子，后过继伯父国珣公。国珣公曾娶吴氏、余氏为妻，廷耀尽心侍奉，甚得二母喜爱。其生性孝顺友好，年少在书塾就读，每夜归来，母亲必问其课业情况，廷耀经常劝母先寝，而独自灯下读书。十六岁附学籍。不久二母相继过世，廷耀非常哀痛。其父晚年娶陈氏，陈氏挥霍无度，廷耀没有过多责备，与陈氏友好相处。亲生父亲逝世，亲兄弟六人，各自抚养媳妇儿女，随着人口增加，生活困难，廷耀经常给予他们帮助。养父的女儿出嫁时，陪嫁粮食四十担田地，养父想增加却没有结果。廷耀体会养父的心意，就再增了六十担租地。二十九岁的时候，妻子去世，他发誓不在娶妻，把精力放置于公益事业中。同县人提倡修建文庙，建熊山书院，率先捐以重资。后又捐租地十六担，守护松城。道光十五至十七年（1835—1837 年）间，全县饥荒，廷耀开仓施舍粥饭，救活了许多人。还曾捐房屋建魏文靖祠，并且请了老师教育族人子弟，造福于乡族。清道光十二年（1832 年）修县志任采辑，并捐印番六十元。民国七年（1918 年），知事黄体震闻知，并把这些事迹告知时任大总统，赠“众善俱备”匾额表彰。卒后葬于石屯镇西津村头公路边山上。儿子建畿、孙子乃疆都为贡生。

魏廷旌　（生卒年不详，约清乾隆至道光年间），政和城关人，庠生。清道光十二年（1832 年）修县志任缮写。

魏廷辉 （生卒年不详，约清乾隆至道光年间），政和城关人，清嘉庆二十五年（1820年）附贡。

魏廷藩 （生卒年不详，约乾隆至咸丰年间），汉蟜孙，政和城关人，生员、训导。道光七年（1827年）同魏廷耀、魏廷枢、魏圣功等重修文昌庙，清道光十二年（1832年）修县志捐光番四元。清道光二十二年（1842年），任东和试院院董，会同知县袁万里及院董魏锦松、魏国伦、魏国经、魏廷枢、魏建畿、魏铨等创办东和试院。咸丰年间，与魏锦松、魏廷枢、魏圣功、魏建畿、魏国经、魏炳勋、魏乃训等置禅岩寺田皮五十石，为善后租用，名曰“文光社”。

魏廷枢 （生卒年不详，约清乾隆至咸丰年间），汉蟜孙，政和城关人，清道光十五年（1835年）岁贡。道光七年（1827年），同魏廷耀、魏廷藩、魏圣功等重修文昌庙；清道光十二年（1832年）修志，廷枢任校刊，并捐光番十元。清道光二十二年（1842年），任东和试院院董，会同知县袁万里及院董魏锦松、魏国伦、魏国经、魏廷藩、魏建畿、魏铨等创办东和试院。道光三十年（1850年），廷枢在旧治南城隍庙后设育婴所，出资收养弃婴。咸丰年间，与魏锦松、魏廷藩、魏圣功、魏建畿、魏国经、魏炳勋、魏乃训等置禅岩寺田皮五十石，为善后租用，名曰“文光社”。

魏炳勋 （生卒年不详，清乾隆至咸丰年间），政和城关人，增生。咸丰年间，与魏锦松、魏廷藩、魏廷枢、魏圣功、魏建畿、魏国经、魏乃训等置禅岩寺田皮五十石，为善后租用，名曰“文光社”。民国十三年（1924年）《魏氏宗谱卷之八》赞：

襟怀俊逸，赋性安闲。谦冲其度，温正其颜。静存动察，智水仁山。安贫乐道，立懦廉顽。公之步趋，圣域贤关。公之戚族，凤舞龙攀。按公懿德，大不逾闲。挹公丰采，绚若斑斓。

魏贵麟 （生卒年不详，约嘉庆至咸丰年间），政和城关人，南门营尾魏氏始祖。娶吴氏、张氏二夫人，生二子。至今繁衍十一世，其墓在溪星乡茶岭自然村公路上方。

魏应升 （生卒年不详，约清中后期），政和铁山人，太学生。

魏上焜 （生卒年不详，约嘉庆至咸丰年间），政和城关人，监生。清道光十二年（1832年）修县志，捐光番十元。

魏梓文 （1800—1895年），字子兼，政和宝岩坑里人。政和县魏氏“九房林”富八公第12代裔孙。娶镇前马尚英为妻，生四子二女。寿终时96岁，五世同堂，孙曾达124人，其长子、三子、孙子国梁为武庠生。梓文公年高望重，五世同堂，古代实为罕见。一生忠实厚道。生平乐善好施，凡是有好事义举，没有不赞成的，如在镇前建造桥梁，魏公首倡并捐了巨款，被视为山乡楷模。1888 年至 1889 年，时任福建学政的乌拉布以督学部院名义授以《五代同堂》《盛世人瑞》牌匾，给予褒奖；《政和县志》以“君子偕老”“寿考维祺，可为斯”为之扬颂。

魏光枢　（生卒年不详，约清道光至光绪年间），字紫轩，号联忠，廷植父，政和下池村人。清国子监生。咸丰十一年（1861 年），募建下池河边厝桥。

魏　铨　（？—1858 年），又名子传，字平甫，后改名方祺。邑廪生，铁山人。少性不羁，聪颖过人。弱岁游庠，机敏出众而性不羁，成为当地阿凡提式的智慧人物。至今有《剃刀砍大树》《智惩蛋贩子》等关于他的智慧故事流传。咸丰八年（1858 年）为太平军石达开部下所掳，后死于婺源。著有《趋庭随录》12 卷，今佚。

魏乃铨　（1835—？年），汉蟜之裔孙，政和城关人，经历，六品衔。光绪三十三年（1907 年），与弟魏乃煊重建捷应亭。民国八年（1919 年）时已达八十五岁。

魏逢章　（？—1909 年），政和城关人。民国十三年（1924 年）《魏氏宗谱卷之八》赞：

才足干事，德足服人。身居族长，望重乡邻。时有建白，委曲详陈。躬行孝悌，和睦可亲。想其品格，如玉之珍。缅其丰采，文质彬彬。

魏乃煊　（生卒年不详，约清道光至民国年间），汉蟜裔孙，政和城关人，附贡。东和试院于清光绪五年（1879 年）受灾，第二年，魏乃煊与魏绍纶、魏建棋、魏炳功、魏奎文、魏开元等参与重建。星溪书院，清光绪甲午年（1894 年）楼屋失火，次年魏乃煊等募捐重建。光绪五年（1879 年），知县席珍捐俸银倡建义仓，乃煊、乃亨、乃昌、建标、建棋等积极响应，乃煊独捐谷二百八十石，为全县捐谷者之最。光绪三十三年（1907 年），与兄魏乃铨、魏树翰重建捷应亭。民国八年（1919 年）修县志，任名誉董事。

魏元波　（1837—1916 年），政和宝岩坑里人，梓文公长孙。在家族中善于承上启下，其祖父魏梓文凡有谋划之事，多会和他商量。他努力做事，任劳任怨，逐渐形成刚正忠诚直爽性格。晚年时又多行善事，为方便众人尽已所能。姻眷侄叶钟灵赞：

公善承先而兼启后，其为梓文公孙也，公属嫡长，故乃祖凡有谋，为多与筹之。至若任事之劳，公为之先。刚正忠直，出于性成。晚年又多善举。本处保男寺之经回禄也，公以一身总理募建重新。石门村之创象蟠亭也，公与叶、刘二姓协力出资鼎建。诸凡所为，皆与人之方便。终年八十，儿孙满眼四十余人。光前启后不亚乃祖风焉。

魏恭甫　（1843—？年），又名浚哲（县志为濬哲），字柏钦，政和外屯下池人。由监生加授五品衔。生平为人不践非理，不听邪言，和易公平，与物无忤，时人重之。要其持家有法，务以诗礼为训，故长嗣诗才奋志学成，遂以游庠而加授贡元。涉世则以义为断，当为之事不居人后，邑主每多器重焉！前朝清邑主蒋公委为东坊保甲局董。邑城圮坏，光绪二十六年（1900年），蒋公更委任为修城监员。嗣后邑主李委为公益社所长，在任县主黄体震委为本四区保甲局董，公皆懋修乃绩，是以县主多委任之。年七十有七，精神矍铄，犹眷眷然于家谱之修，用力担承。凡所急者，皆务本事也。人识如公岂多得哉！赞曰：

惟公之识，精明无滞。不自矜豪，不甘附势。行所当为，用加勉励。邑多委任，公能有济。龄老志坚，眷怀族系。家谱董修，永昭后裔。卓卓公行，法堪垂世！

魏建猷　（生卒年不详，约清嘉至同治年间），国珣孙，政和城关人。职监，县丞。

魏建贤　（生卒年不详，约清乾隆至丰年间），魏廷梁嗣子，政和城关人。附贡，永安训导。清道光十二年（1832年）修县志，捐光番四元。

魏建周　（生卒年不详，约嘉庆至同治年间），政和城关人，从九品。

魏　电　（生卒年不详，约清嘉庆至光绪年间），魏经邦父，政和城关人，增生。寿八十二岁。

魏晋陞　（生卒年不详，约清嘉庆至光绪年间），魏治均长子，又名世豪。政和后九蓬人，武庠生。

魏经邦　（生卒年不详，约清嘉庆至光绪年间），魏电子，政和城关人，庠生。咸丰十一年（1861年）筹集捐资，修建城关东门外的忠节庙。寿八十岁。

魏建畿　（生卒年不详，约清嘉庆至光绪年间），魏廷耀子，政和城关人，清贡生。清道光二十二年（1842年），会同知县袁万里及院董魏锦松、魏国纶、魏廷藩、魏廷枢、魏铨等创建东和试院。咸丰年间（1851—1861年），与魏锦松、魏廷藩、魏圣功、魏廷枢、魏国经、魏炳勋、魏乃训等置禅岩寺田皮五十石，为善后租用，名曰“文光社”。同治元年（1862年），知县魏应芳推举魏建畿等重建星溪桥；同治十年（1871年），魏建畿参与重修城西尚义门补衮楼。

魏应芳　（生卒年不详，约清道光至光绪年间），监生。同治元年（1862年），魏应芳募捐倡建星溪桥，仿明成化桥式样。清同治三年（1864年）任政和知县。清同治五年（1866年），魏应芳等会同邑绅魏维茂、魏建士等重建星溪书院祠内正厅。同治七年（1868年），魏应芳等继修南门飞凤山麓英节庙。

魏懋扬　（生卒年不详，约清道光至光绪年间），政和后宝岱人，从九品。

魏政治　（生卒年不详，约清道光至光绪年间），魏逢年长子，政和城关人，庠生。

魏建功　（生卒年不详，约清道光至光绪年间），政和后宝岱人，例贡。

魏得杰　（生卒年不详，约清道光至同治年间），政和城关人，从九品。民国十三年（1924 年）《魏氏宗谱卷之八》赞：

德性凝静，品行端方。父作子述，肯构肯堂。兰馨桂馥，俾炽俾昌。振振緐緐，奕叶联芳。

魏以德　（生卒年不详，约清道光至同治年间），政和城关人，从九品。民国十三年（1924 年）《魏氏宗谱卷之八》赞：

食不愿膏粱，衣不求罗绮。谆谆教子孙，勉为端正士。居家重俭勤，处世能守己。不取非义财，声望孚闾里。

魏光文　（生卒年不详，约清道光至光绪年间），永安人，副贡。清光绪八年（1882 年）任政和教谕。

魏乃廉　（生卒年不详，约清道光至光绪年间），政和城关人，增生。

魏乃疆　（生卒年不详，约清道光至光绪年间），廷耀孙，建畿子。政和城关人，贡生。

魏树英　（生卒年不详，约咸丰至光绪年间），政和城关人。民国十三年（1924 年）《魏氏宗谱卷之八》赞：

勤俭立身，忠厚待人。家风丕振，事业维新。阶前兰桂，瑞庆凤麟。不移于俗，独葆其真。勤读国学，席上之珍。仪容如在，可敬可亲。

魏钟晋　（生卒年不详，约清咸丰至民国年间），乃铨子，政和城关人。清光绪三十四年（1908 年）毕业于福建公立法政专门学校。民国元年（1912 年），与他人创建折桂初等小学。民国三年（1914 年）任本县佐治官，参与保甲团事务，重整乡保。曾任官立东和高等小学校长。民国八年（1919 年）修县志，董事兼任会计。民国十四年（1925 年）创建政和初级中学，任校长。

魏钟俊　（生卒年不详，约清咸丰至民国年间），政和城关人，全闽师范毕业。民国元年（1912年）成立商会，为会董；民国七年（1918年）匪警时，任警备队临时队长。

魏恩光　（生卒年不详，约同治至民国年间），政和铁山人，清附贡。光绪二十四年（1898年），与魏开来等奉令重整乡保。民国二年（1913年），捐资续建铁山桥。曾任县立第二国民小学校长，民国八年（1919年）修县志任采访。

魏鸿英　（1873—？年），郑源村人，字长坚，号仲才，清附贡。宣统元年（1909年）科副拔，前朝师科试，考取一等第三名。宣统三年（1911年）举孝廉方正。民国六年（1917年），鸿英与周宗贤、宋履祥、陈鸿畴、宋梦祥、舒鸣谦、叶搴等人在政和镇前村创建了第四区公立第一国民学校。民国七年（1918年）任保甲事务所第三区局董，民国八年（1919年）修县志任采访。民国初年，"九房莲"第二次修谱，大都为魏鸿英和叶大山先生纂修。当时，九房莲以上世系"缺而无证"，"魏子仲才留心于此，四方博采，访诸东游同宗之中，得获全稿，参以铁山魏姓族谱，爰可即委溯源"。从而形成现在较完整的谱系，为政和魏氏修谱做出了贡献。

魏开来　（生卒年不详，约清光绪至民国年间），又名纪方，号大头钦，政和县宝岱村人，清附贡。曾任政和县参议员。民国二年（1913年），开来与开勋、开彝捐资重建延寿桥。民国四年（1915年），全境分为五区，设五团，三十一保。开来为四区四团的保董。民国七年（1918年），土匪纷起，知事黄体震设筹办保甲事务所于县城，以魏象新为所长。全县分八区，魏开来为五区总董，参与平匪等事务。民国八年（1919年）修县志，任采访。

魏树楠　（生卒年不详，约清光绪至民国年间），清附贡，政和人。民国八年（1919年）修县志，任书记。

魏益谦　（生卒年不详，约清光绪至民国年间），监生，政和城关人。清道光十二年（1832年）修县志，捐光番十元。

魏象新　（1882—1922年），又名堂高，号明川，铁山人，郡附生。幼时日耕夜读，勤学苦练。赋性聪明，刚直果决。光绪甲辰年（1904年）岁试，以第三名进入建瓯师范。毕业后在家乡设馆授课。继承父志，禁止"迎神恶习"，"宰牛过多"。宣统年间，家乡义仓存粮二千余石，被恶绅私吞，象新不畏势力，组织清算，获得民众信任。民国元年（1912年）被推选为感化乡议长，民国二年（1913年）又当选为省议员，兼闽省华侨公学教员。民国四年（1915年）任上下里第二区二团团总。民国七年（1918年）任保甲事务所所长，参与领导平定匪乱。同年被选为劝学员，辅助地方教育行政。民国八年（1919年）修县志，任董事。在任期间倡建祠堂，兴办学校，振保甲，任修志局采访，倡设全县各乡义仓，改良司法，举办水利等。四次连选连任议员，福建省省长李厚基曾赠予"热心爱国"匾。可惜英年早逝，终年41岁。著有《民国戊午匪乱记》、司法《改良条文十三则》二文。

魏树翰　（光绪末—1928 年），政和城关人，钟英子，石樑父亲。第一小学毕业，任折桂小学校长，第六国民小学教员。民国八年（1919 年）修县志，任采访。

魏象高　（生卒年不详，约清光绪至民国年间），又名堂廉，号简庭，政和铁山人。清附贡，建东师范毕业。民国七年（1918 年），土匪纷起，知事黄体震设筹办保甲事务所于县城，以魏象新为所长，魏象高、魏象仁等为二区局董。民国七年（1918 年）十二月，铁山设立恤空社仓，魏象高与魏象新等募捐，共捐谷一百石。民国八年（1919 年）修县志，任采访。

魏用山　（生卒年不详，约清同治至民国），政和铁山人，武庠生。

魏长浩　（生卒年不详，约清光绪至民国年间），政和后宝岱人，从九品。

魏家修　（1865—？），号廷植，清贡生，国子监魏光枢次子，政和下池村人。魏廷植在政和不仅是一位德高望众的长者，而且还是一位医术精湛的名医。民国十三年（1924 年），已 69 岁高龄魏廷植受民国政府委托，出任外屯团总。民国十四年（1925 年）七旬时，福建省长萨镇冰赠予“载德绥厚”匾。

魏用升　（1887 —1962 年），又名有教，字子诲，家修三子，政和下池村人。官立东和高等小学毕业，民国元年（1912 年）资助工会设立艺徒学校。民国七年（1918 年），土匪纷起，知事黄体震设筹办保甲事务所于县城，以魏象新为所长。全县分八区，魏用升与魏濬哲等为四区局董。民国八年（1919 年）修县志任采访，民国十三年（1924 年）任第三区区长，民国十九年（1930 年）任县参议员、县商会会长。他长期一意留心于家谱，自民国十三年（1924 年）至十九年，经七年调查研究，终于修成下池《魏氏家乘》。

魏堂让　（1889.06—年），名象仁，号得三，铁山人。1922 年毕业于县师范讲习所。1927 年，国民党汪县长任其为游击队队长，兼民团团副。

魏荣沐　（1901—1930 年），政和后宝岱人，乳名弟老，字开武。父尚锦精通银器手艺，壮年离乡，在政和城南开店。荣沐为人奇特，未读书，好写字画画，画鸟逼真，草书有劲。性刚好斗，每斗必胜方休。十六岁，投卢兴邦部从军。不久，便当头头，带兵打仗。后来，发觉卢部不是正义之师，投奔周荫人部下。他“毛遂自荐”，包打福州。带十人化装“香菇客”，再扮成“敌兵”，混入福州城内敌军司令部，放火烧营，内外夹攻，使大军迅速占领福州。传说被任命为福州“卫戍”司令。当时，周荫人部派系斗争尖锐，荣沐身边全无亲信，于是写信回家组织卫队。但亲人不信，还骂他逆子不仁。后确知事实，组织了卫队，队伍开到西津时，传讯荣沐已被人买通警卫谋杀。时年二十九岁。公为人耿直，智勇超凡，可是“出师未捷身先死”，令人痛切婉惜！

魏善勋　（生卒年不详，约清末至民国年间），政和人，民国年间毕业于暨南大学。

魏文彬　（生卒年不详，约清末年间），字建章，政和铁山人，太学生。

魏谟赢　（1901.7—1973.4 年），号仰滋，政和外屯下池人。毕业于政和高等学校，民国十八年（1929 年）创办外屯学校，任第一任校长。历任国民党政府澄源、镇前、东平乡民政干事，新中国成立后行医。

魏育民　（1906.2—？年），象新子，号化三，政和铁山人。公立建瓯省立中学毕业，曾任国民党县党务、二区区长。

魏育遴　（1918—？年），堂让长子，乳名吉，号抡之，政和铁山人。建瓯省立中学毕业，后又由国民党福建省县政人员训练班毕业，派松溪县任经征员。

魏育适　（生卒年不详，约清末至民国年间），堂让次子，乳名安，号捷之，政和铁山人。建瓯省立中学毕业，后又由国民党福建省县政人员训练班毕业，经国民党中央党部实授科长级。曾任浦城、水吉、建阳等县课长秘书主任，闽北公路管理处材料科长。

魏满地　（1918—？年），政和铁山人。国民党干训班毕业，曾任区公所干事等职。

二、节孝、贤淑

魏氏　王得闵妻，年二十三而得闵卒，二子曰记应、曰澄，皆幼。魏偕二妾奉其姑，依夫从叔文表以终。省志载与二妾并称三节。

周氏　魏谷实之母也。生三子，谷实、彦祥、谷资。既丧所天，而谷实等复相继夭死。其冢妇黄、次妇李、季妇张皆少，周从容讽以从一而终之义。三妇皆感泣，啮指自誓，示不二心，闺门之内肃如也。诸孙总角者则遗旧外傅，在襁褓者则皆自抚哺之。每旦，辄坐于庭，诸孙环侍，聚童仆训谕，使治生业。晚则稽其勤惰而赏罚焉，如是者二十年。寿七十五而卒。三妇遵教戒，皆能坚持苦节，弗坠其业。而治家亦遵其法而不少替云。入省志。

钱氏　铁山生员魏殿臣母，年十八适臣父家璠。夫卒，遗孤四龄，零丁孤苦，教子成名。孀守四十年，虽至戚罕见其面。男孙七，皆有成立，人以为苦之报。雍正五年（1727 年），知县刘廷翰以“节比松筠”旌其门。省志题名。

魏氏　平和训导魏允辉女，陕西凤翔县丞候补府经历杨曰鼎、漳平教谕杨曰泰母也。幼娴姆训，年十九适庠生杨光巨，能尽妇道。巨故，氏年二十八，一恸几绝，以夫遗嘱，勉留残息。为夫养亲教子，能得继姑欢心，四子俱克成立。其仲子曰鼎，尤能勤劳王事。叔子泰司铎有声，皆氏之教贻之也。卒年六十有九，乾隆五十九年（1794 年），封旌建坊。省志题名。

吴氏　魏振韬继室，监生魏式文母。韬卒，氏年二十六。家贫，纺织以佐子读。谙大体，寡笑言。素不佞佛。尝以不事舅姑为恨。孀守三十八年，知县袁鸿请旌建坊。子式文，运石会城六百里，备涉险滩，至西津水浅，易以筏，旁人有难色，是夜骤雨，溪流暴涨，毫无阻滞，人以为苦节所致。

省志题名。

童氏　（生卒年不详，约乾隆至道光年间），魏式文妻，政和城关人。民国十三年（1924年）《魏氏宗谱卷之八》赞：素娴姆训，四德兼优。奉姑尽孝，禀性温柔。教诲儿子，克绍箕裘。幽闲贞静，巾帼名流。

黄氏　耆民黄中瑞女，适铁山魏国封。年二十四而国封卒，遗孤三龄，女在襁褓，矢志靡他。越六年，子又殇，后以其夫弟国埙子承祧。姑年迈病痿，手足不仁，凡二十载，一饭一汤得相依为命。道光十年（1830年），奉旌建坊。省志题名。

宋氏　生员宋礼恭女，年二十适在坊魏廷梁。结缡四载，夫故，仅遗一女，孀守三十五年。奉养公姑，丧祭尽礼，择夫嫡堂侄建贤为嗣。卒年五十七，乡党咸钦其节，道光三年（1823年），奉旌建坊。

曹氏　魏藩烈妻。藩烈早亡，曹年二十四而寡，四十八而殁。于旌表例未合，以赍志逝矣。其孙绍文述父庠生龙光言，谓母鞠且训，劬甚无以报，后其慎勿忘乎。省志题名。

江氏　魏宏社妻。社卒，氏年二十八。养老抚孤四十年，节操凛然。卒年六十有七，附祀节孝祠。省志题名。

林氏　生员魏献璋母，年十九适处士魏钟虹。姑疾垂危，氏私刲左股和药以进，姑疾渐愈。年二十二失所天，毁将灭性，公姑劝止之。养老抚孤，以妇道终子职，族戚罕见其面。卒年三十有二，附祀节孝祠。省志事实同。

范氏　城西魏汉虹妻。丧夫年仅二十三岁，家徒四壁，把遗腹子国绣抚养成人。在魏宅过清白生活四十一年，人言无间。卒后，清道光二十五年（1845年）十二月吉日时安葬于西门茶亭后坝，墓碑上横联"长毓秀"三个大字，右边刻有"老君恩泽，金猫旺地"八个大字。附节孝祠，嘉庆二十三年（1818年）庠生杨春台等佥呈报案。省志题名。

魏氏　生员魏子腾女，适处士吴隽杰。夫卒，氏年二十四，孤未逾周，能教子永章成博士弟子员。孀守五十四年。省志题名。

魏氏　南里谢寅生妻。夫卒，氏年二十八，遗孤六龄。守节五十二载。省志题名。

魏氏　石屯林上悦妻。九岁，悦父母抱养为媳。及笄结缡，生子锦焕方五岁，悦赴省贸易溺于河，氏年二十七。闻讣哀毁，投河以殉，舅姑力止之，曰："儿甫胜衣，汝死不重于累乎？且汝有孕，若男，是有二孙矣。"后果生男锦乔，孀守四十八年。省志题名。

吴氏　宝岱魏陈林妻。生子二，氏年二十余夫故。茹苦抚孤，两嗣相继逝，复抚诸孙成立。省志题名。

魏氏　在坊州同刘汝贤继室。年十八于归，夫卒，氏年二十五，生二子。刘本旧家，及汝贤渐中落，氏克守先业。长子早夭，为次子延菁娶庠生詹斐声女，性贞淑。未数年，延菁复短折，遗孤二，长亦夭。詹善承姑志，训子事姑，言不逾阃。后亦抱孙。省志题名。

魏氏　陕西商州吏目、候补府经历杨曰鼎侧室也。年十七事鼎，嘉庆五年（1800年），鼎随经略大营协办粮务病故。氏二十一岁，嫡子在籍，氏茕茕独立，举目无亲。而举止言动以礼自持，人莫敢犯。为鼎殡殓归梓，及嫡子闻讣奔丧，氏已扶榇南旋至九江矣。

魏氏　凤林村大新之女，杨建潘之妻也。年二十九而夫故，号恸欲绝。回念遗孤在抱，乃强起抚之，矢志不二。家虽裕，屏尽铅华，孀居数十载，邻里罕觏其面。年八十二终。邑令以"潜德幽光”表其节。

魏氏 名梅女，稠坑杨栋辉妻。夫故，年二十一，遗孤二龄。遇贼被执，愤骂不从，贼胁以刃。氏给以先寄儿僻处，始就之，遂从山谷间道逃匿母家，乃免。后有豪右重资以聘，氏断指自誓。家贫甚，负薪汲水，悉躬任之。歉岁养姑以糜，哺子以面，以恒忍饥。孀居五十二年，励节不渝，以寿终。子思标，以御匪出力，奖励军功。家计日裕，孙曾林立，人以为苦节之报。

魏氏 铁山增生魏国抡少女，廪生魏铨胞妹，配黄锦邦为妻。氏幼而知书，尤谙仪节，奉舅姑，相夫子，敬谨以礼，率家人井然有条。年二十七夫故，止生一女，以夫堂兄子为嗣。孀守苦节，之死靡他。享寿六十有五。

魏氏 字泾姬，在坊人，永安教谕魏建贤女。年十七适石门监生陈敏修，甫八载而寡，抚嗣子道有如己出，教养兼至。搘挡门户，业渐臻。乡里称之。

余氏 贞女，在坊人。少遵父命，许字岁贡魏廷枢之子建瀛。瀛遘河鱼疾，其父欲悔婚，氏不可。父见其志不移，遂嫁之。新婚之夕，妇拜而夫不能答，群以为笑，丝毫不介意。躬奉汤药，寝不解带，历八载无倦容。夫卒，哀毁逾节，绝而复苏者数四。恐舅姑过恸，强留残喘，聊慰二老心。屏铅华，衣缟素，虽戚族至亲罕见其面。及舅纳妾生子四，均以读书成名。详情咨部，奉旨入祀节孝祠。寿七十一。

魏氏 附贡奎文女。性温和，知书算，尤善烹饪。适凤林孙桂蟾，事翁姑孝。年二十一，桂蟾赴郡试，拔前茅。及回，沾时疫，氏侍奉已久而竟不起，将以死殉，惟念遗男裕昆尚在襁褓，乃孀守抚孤，不出闺门。夫兄廪贡生振芳甚敬礼之。振芳没，氏任家政，深明大体，事关善举，无不孳孳为之。如葺龟山桥，造铜盆寺，以及修泉亭，兴社仓，舍棺椁，动捐巨资，为后人造福。子稍长，训之尤严。旋入庠，以增生贡成均，及详请旌表。卒年六十有二，入祀节孝祠。

魏氏 荣妹，城南魏逢章女，增贡炳勋、附贡炳功胞妹。适生员赵承基为室。性和顺，朴实无华。年三十而夫故，奉姑孝，抚儿慈。卒年六十。光绪乙酉（1885 年），举报入祀节孝祠。

叶氏 大岭头人。年十七适后宝岱村魏法养，家无担石，与夫共劳苦，举三子。结缡十载，夫遘疾，多方医祷竟无效，恸不欲生。以诸孤幼，勉为抚养，饮冰茹檗，历数十年如一日。长次二男相继殁，幸天不负苦节，三男得锦既长，业农商，家小康，孙曾继起成名。卒年八十有九。

魏氏 邑在坊人，字铭柔，增贡生建畿女也。适长城武庠生范之芳子学经，经终鲜兄弟，芳钟爱之，令习举子业，未售遽殁，遗腹得男曰师尹。时芳遘目疾，家中落，氏仰事俯畜，躬任其劳，勤俭业渐复。里有以命案株连者，氏毅然曰：“吾一未亡人耳，舅瞽子幼，能杀人乎？”邑令李道经长城，扶舅携子遮道呼冤，原告遂反坐，一乡均脱累，咸德之。民国八年（1919 年），报部请旌。

周氏 （生卒年不详，约咸丰至光绪年间），魏树英妻，政和城关人。民国十三年（1924 年）《魏氏宗谱卷之八》赞：素明妇道，教子立功。和九懿范，画荻遗风。亲操井臼，勤习女红。纵观四代，兰桂芳丛。

魏氏 元妹，在坊人，适下漈谢金弟。孝公姑，敬夫子。年二十八岁夫疾笃，氏誓曰：“未亡人终不敢有他志，以贻父母羞。”夫卒，守节无二志。卒年七十有一。

魏氏 清廪生范蔚文妻。夫故，二十七岁无子，仅生一女。夫兄生员绍文生男二，均在幼抱，夫妻相继亡，雇乳母育之，抚如己出。或悯之，劝其更适，矢志不从，对曰：“吾若再嫁，如诸孤何？”

孀守数十年，贞洁无间言。清光绪三十四年（1908 年），举报节孝。

杨氏 邑绅魏奎文之媳，儒士魏秉中妻也。夫殁，年二十五，抚孤二，矢志靡他。屏簪珥，弗出户庭，笑言不苟。事舅姑曲当其意。阅数年，舅病笃，朝夕默祝，愿以身代，卒无效。舅逝，恸哭欲绝，仍尽礼以事姑。氏精妇工，好施与，有乞之者，不惜力吝财。又善治幼科，里有请诊者，辄应之，且惠以药，戚族咸德之。享寿六十五。

余氏 下池魏玉方妻。年十九归玉方，二十二而寡。氏哀恸迫切，欲从夫于泉下，妯娌劝之："叔既不禄，天实为之，宜节哀抚孤。若以身殉，其如孤何？"氏乃勉强忍泪，矢志苦守。事上抚下，孝慈备至，足迹不逾门庭。读书知大义，尝题句云："殉夫未遂因怜嗣，喘息犹存为养姑。"卒年七十。宣统二年（1910 年），提学姚文卓咨部旌表节孝。

魏氏 地洋村儒士余金玉妻，夫亡四十五日，始生遗腹子。家绝贫，无以度活。姑沾疯症，侍汤药无倦容，孝敬益笃。迨姑以寿终，教训遗孤备尝艰苦，有非寻常所能及者。卒年六十岁。秦学院旌表节孝。

许氏 字茂玉，南里上洋村许鸣凤女也。许字西里宝岩村魏开益，于归有期。适益病瘵卒，凤秘之，潜为改嫁，而寓女于戚。及归，知其事而哭，其继母曰："汝何徒自苦耶？"女悲号曰："母能使儿再生母腹则可，不然，儿头可断，身不可嫁。"遂私自饮药卒。夫族义之，迎柩与夫合葬，为之立后。

赵氏 魏应壁妻，贡生魏邦基冢妇也。事舅姑以孝闻，舅得冷痢危垂，举家惶恐。氏默祷减算以延舅年，私刲股和药进，疾渐愈，延寿二纪。人以为孝感所致。

魏氏 梨洋职监叶时起妻，在坊职员魏廷栋女，庠生一鉴妹也。事姑以孝闻。叶本寒素，氏能餍姑所欲。姑病濒危，尝刲股肉和药，创剧死焉。

林氏 营千总魏汉蟜妻。乐善好施，造福子孙，设置醮田五百担，收租场一所（黄当村），以资纪念。寿八十五岁。

魏氏 清庠生敷绪女，江西南昌县丞赵宗枝妻。享年 88 岁。

林氏 亚娘，魏钟纪妻，石屯人。丧夫仅三十六岁，不另择嫁，在家操持家业，使三男一女得以欢聚一堂。

吴氏 雪娥，城关魏树翰妻，生于清光绪乙未二十一年（1895 年）正月二十六日子时，卒于庚子年（1960 年）三月九日子时，行庚六十七岁。葬政和渡头洋万竹垄。家境清贫，全年仅有食谷二百多斤。丧夫年三十三岁，在家不另择嫁，用双手做工艺，所得微利抚养七岁男孩、三岁女孩成长。立业兴家，不使子孙流落街 头，深受族人和亲友的赞扬。

节孝、贤淑列表

姓字	里居及父名	夫姓名	守节岁	卒年	旌表年代
魏氏		生员邹兆珠妻			道光年间旌，省志题名
魏氏	下池人	在坊赵学仕妻	二十一	八十	
范氏		铁山魏家璧妻	二十		康熙间
苏氏		铁山魏鸿通妻	二十一		康熙间
魏氏		张马铭妻	二十七	七十三	曹学宪旌以贞松寿竹
魏氏	安田人元和女	庠生杨修元妻	二十八	六十三	光绪间旌表
王氏	在坊人清鉴女	增生魏乃廉妻	三十岁	六十六	光绪间旌表
魏氏	在坊人	下漈谢金弟妻	二十四	七十岁	光绪间旌表
魏氏		护田杨修礼妻			
叶氏来兰		西里魏现立妻	二十九	七十岁	
魏氏水姬		东平宋家祥妻	二十一	七十岁	
魏氏云娘		石门陈道三妻	十九岁	七十岁	
魏氏		庠生吴元奎妻	二十七	六十五	
郑氏	邵屯人	西坤魏自榜妻	二十八	五十七	
范氏		在坊魏降焕妻	二十四	八十一	
吴氏凤英		西坤魏自嘉妻	二十七	五十一	
魏氏		榛山陈黄桥妻	三十岁	七十一	
张氏		城东魏树机妻	二十四	七十岁	
张氏		下里魏学恒妻	二十九	七十一	
范氏		魏学定妻	二十八	三十六	
祝氏		魏金辉妻	二十九	七十三	
魏氏		吴廷魁妻	二十二	七十二	
魏氏雪娘		杨春荚妻	二十二	七十三	
高氏尧金		西里魏开发妻	三十岁	六十二	
魏氏建銮		西里陈长珪妻	二十八	五十五	
许氏		下里魏邦模妻	二十三	六十岁	
魏氏	瓯宁人	廪生宋廷彦妻	二十九	六十九	
魏氏世銮		杨芹妻	三十岁	七十二	
魏氏树銮	东峰人	附生张铭坤妻		七十三	知事钱奖以“柏节松筠”
叶氏有弟	松溪步高女	增贡魏乃疆继室		六十九	知事钱奖以“玉洁冰清”

续表

姓字	里居及父名	夫姓名	守节岁	卒年	旌表年代
张氏和弟		庠生魏建祺妻		六十八	知事钱奖以“贞松寿竹”
朱氏兰英		魏阙妻	二十一	六十五	
魏氏绍兰	后宝岱人	上里方仁隆妻		六十四	
卢氏生弟	在坊人	监生魏壬邦妻	二十三	六十三	
魏氏端正	在坊人	城南叶瑞璋妻	二十七	五十九	
赵氏丹姜		庠生魏建镛妻	二十七	五十八	
魏氏寿妹		杨献声妻	二十九	五十三	
魏氏	城北人	风林黄玉藩妻	二十七	五十岁	
魏氏韫珍	庠生建祺女	风林黄兆清妻	二十五	五十岁	
魏氏金灼	增贡生乃疆女	庠生欧廷和妻	二十九	五十岁	
魏氏	黄念山人	吴万木妻	二十九	五十岁	

注：本章节历史人物摘自《政和县志》、《政和县姓氏志》、《玫和县魏氏谱》、《政和魏氏宗谱卷之八》、建阳光绪二十六年（1900年）《钜鹿魏氏族谱》。

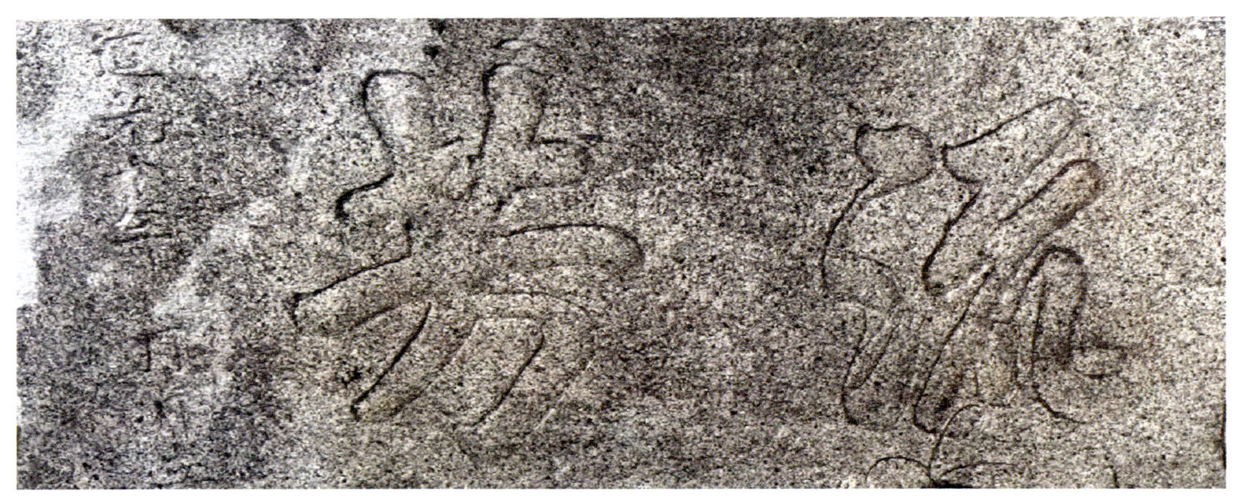

铁山牌坊石刻［黄氏，铁山魏国封妻，道光十年（1830年）奉旌建坊。］

第二节　近现代人物

一、烈士

魏大鳌　（1905—1943 年），东平西表人，又名志章，乳名节奴。早年秘密加入农会，以宰猪为掩护，进行革命活动。1930 年在西表组织佃户向地主“退佃”。1934 年 8 月，红军 58 团挺进西表，组织儿童、妇女传递情报、安置伤员、筹粮草运弹药等。是年 9 月，大鳌被选为建、松、政苏维埃政府内务部长。继后，国民党刘和鼎 56 师及民团进剿苏区，1935 年 1 月，苏区丧失。1943 年 7 月 5 日，大鳌奉命到建阳横山侦敌，经西表井丘仔洋时，被张品奴告发而被捕。后被伪保长黄惠楼杀害，魏大鳌牺牲时年仅三十八岁。

魏得高　（1908—1943 年），政和城关人，原名从常，乳名常妈。1937 年参加革命，1938 年加入共产党，从事地下情报等革命活动。历任东平地下情报组长、党支部书记、区委书记、政和县委委员、宣传部长等职。他长期战斗在敌人心脏，直至 1943 年 6 月的一天，回政和城关与游击队交通员接头被叛徒出卖，得高及其妻陈如霞被捕入狱。如霞于 1943 年 7 月 6 日在狱中罹难。得高被送东平，交于钱东亮部参谋长柴毅，施以酷刑。得高英勇就义，是年三十五岁。

魏美成　（1903—1943 年 5 月），东平镇西表村人，闽北游击队接头户。1943 年 5 月被捕，在松溪路下桥就义，时年 30 岁。

魏火生　（1911—1943 年 3 月），东平镇西表村人，闽北游击队接头户。1943 年 4 月在松溪路下桥被捕牺牲，时年 32 岁。

魏觅有　（1918—1943.7），东平镇西表村人，闽北游击队接头户。1943 年 7 月在松溪路下桥被捕牺牲，时年 30 岁。

魏长荣　（　—1952），星溪乡宝岱前山村人，1952 年参加中国人民志愿军，任炮兵连连长。在朝鲜战场牺牲。

魏重成　（1979.4—1995.9），政和星溪乡九蓬村人。1994 年 12 月应征入伍，在中国人民解放军 32276 部队 52 分队服役。1995 年 9 月 6 日下午，他与同乡战友张应有在部队驻地江西鹰潭市某村，为抢救被湍急流水冲入旋涡的妇女周梅兰双双牺牲，时年仅 17 岁。经南京军区后勤部政治部批准，追认其为革命烈士，并追记二等功。中共鹰潭市委、市政府、鹰潭军分区联合授予“爱民模范”称号。

革命烈士纪念碑

二、公务员

（一）副处以上

魏克良　1962 年 1 月出生，政和城关人，建瓯出生。现任福建省政协副主席、厦门市政协党组书记、厦门市政协主席。南京大学毕业。1995 年 6 月至 2002 年 5 月，历任福建省土地管理局建设用地管理处副处长、处长，省国土资源厅规划处处长。2002 年 5 月 2018 年 1 月，历任福建省国土资源厅副厅长、党组成员，党组书记、厅长，省水利厅党组书记、厅长，省发展和改革委员会主任、党组书记。2018 年元月任福建省政协副主席，省发展和改革委员会主任、党组书记。2020 年元月任福建省政协党组副书记、副主席，厦门市政协党组书记、厦门市政协主席。中共十九大代表，第九届、十届中共福建省委委员，福建省第十次党代会代表。

魏长发　（1915—1996），宝岩坑里村人。1947 年参加共产党领导的游击队，为战士。1948 年 2 月加入共产党，同年，编入中国人民解放军，为战士。1949 年 1 月任政和县委委员、政和县委宣传部长，5 月任政和县农会主席、县公安局长并享受国家二级革命残废军人待遇。1950 年调省老区办工作。1953 年调省林业厅洋口林场，任党委书记兼场长。其间，被省政府评为劳模、中央林业部先进工作者。“文革”后，调地区林业建设兵团为后勤部长。1982 年离休，享受正处级待遇。

魏敦声　（1932 年 10 月—2018 年 3 月），镇前郑源村人。1950 年 4 月—1958 年 5 月任镇前区通讯员、宣传员，镇前区供销社统计员，供销社支部书记、副主任（1955 年 5 月入党）。1958 年 6 月—1969 年 12 月任政和、松溪县供销社计划、业务科长，其间 1958 年 9 月—1959 年 5 月大炼钢铁中炼铜成功，出席北京平谷县炼铜现场会。1964 年 8 月—1966 年 12 月，参加连江、霞浦、福安三县社教运动，任工作队组长、副队长、总支组织委员；1970 年 1 月—1973 年 12 月任东峰大队支部书记、组长；1974 年 1 月—1977 年 9 月任外屯公社党委书记、革委会主任。1977 年 10 月—1980 年 10 月任铁山公社党委书记、革委会主任，1980 年 11 月—1992 年 10 月历任政和县副县长、政和县政协副主席、政和县人大副主任、政和县政府副调研员。其间 1984 年 5 月—1992 年 10 月兼任九层泝电站工程指挥部总指挥。1999 年首倡组织抢修《政和魏氏全谱》并担任编委会主任，主持修建了外屯迁一公祖墓文化碑廊。在职期间，特别是在东峰大队（村）、外屯公社（乡）、铁山公社（镇）担任支部书记、党委书记、革委会主任岗位上，兴水利、夯基础，抓生产、保粮丰、上企业、增收入，搞建设、促发展，为“三农”做好事实事。在担任外屯、铁山和县领导的岗位上致力政和县经济和社会的发展，组织建设了外屯车潭电站、铁山高山电站、杨源九层泝电站（以上电站均为当时建设的全县发电量最大的电站），为政和水利水电事业发展做出了贡献。曾当选多届县党代会代表、县人大代表，多次获得地（市）、县优秀共产党员、先进工作者等荣誉称号。

魏日新　（1933—　），宝岩下村人。解放前参加游击队，新中国成立后曾任厦门市供销社主任等职（副处级）。

魏敦贵　1946 年 12 月出生，政和县镇前镇郑源村人。1963 年 3 月在政和县公安局任通讯员、打字员，被评为第二次全国人口普查先进工作者。1964 年 10 月转干，先后在政和县公安局任治安股外勤、政保股内勤、政和县人民保卫组办事组组长，出席福安地区毛著学习积极分子代表大会。1969 年 10 月入党，后任县公检法整健党领导小组副组长，松政县人民保卫组办公室负责人、县一打三反运动办公室负责人、支部委员。1975 年 3 月任政和县公安局副局长、机关支部书记、政法党组成员，1980 年任政和县镇前公社党委书记兼革委会主任，1984 年 10 月任政和县司法局长兼支部书记、县普法办主任、县政协委员。1990 年毕业于福建省政法管理干部学院法律专业，同年十月任政和县人民检察院检察长、党组书记，1996 年 12 月任浦城县人民检察院检察长、党组书记兼政法委委员、县综治委副主任、依法治县领导小组副组长。2002 年，闽检［96 号］文任命中华人民共和国三级高级检察官。

文革前，参加地委政法“四清”试点和福安农村及县文教系统社教工作队。文革中，协助军管组抓政法日常业务工作。20 世纪 70 年代初，受组织安排，参加侦破震动全国的时任松政县委书记孟传忠枪杀副书记杨学勤案件工作。主持破获当时全省最大的黄金案，缴获黄金 27 两，人参 15 两，受省人民保卫组组长李道明的表扬。三中全会后，1979 年受政法党组委派，主持公安系统平反冤假错案数十件，争取省经费八万元，为“顺民军”、“浙闽总部”、“松政总部”、“众和党”、“突破重围司令部”等案件的平反善后工作。代表建阳地区参加省经验交流会。

20世纪80年代初，主持镇前乡党政工作，率先推行“大包干”，受时任省委书记项南的高度赞扬。在全区公社书记、主任会上做经验介绍，同时包产到户、罗金坂高标准茶园、宝岩公路、山后大桥建设在福建日报上跟踪报道。

20 世纪 80 年代中期，作为总队长带领县工作队进驻全区最贫困的汀源乡开展扶贫，受省政府表彰。乡镇法律服务荣立集体三等功，受到司法部表彰。中小学法制教育被省人大主任程序同志誉为“政和经验”，在全省推广。在政和检察院、浦城检察院任检察长期间，树立“全国模范检察干部”、邱德松和一等功获得者余学斌这两种典型，同时创建“五好检察院”“人民满意的检察院”“全国文明接待室”等先进集体。个人先后被评为县模范党员、抗洪救灾先进个人、全省检察系统先进工作者。

业余爱好诗词、书法，主持编辑出版《镇前纵横》、《九法一例》、《浦城硬笔书法大展作品集》，兼任浦城县文联副主席、县硬笔书法协会理事长。参加市诗词楹联学会并入选中华诗词学会会员。有诸多诗词、书法作品见诸报纸刊物。

2006 年退休后，十几年来热心公益事业，在家乡主持省级美丽乡村、生态村、中国传统村落建设，获省财政厅、住建厅“以奖代补”专项资金补贴，筹集资金数百万元，恢复重建一些如“福源廊桥”等古建筑，铺设乡村道路水泥硬化等多项公益事业，受当地政府和群众广泛好评。同时作为市县魏氏联谊会顾问，弘扬魏徵文化，积极参与“魏徵公祠”的建设工作。

魏重春 1949 年 12 月出生，政和县镇前镇郑源村人，大学学历，工程师职称。1973 年 7 月参加工作。

1968 年 11 月回乡知青，任镇前大队革命领导小组第一副组长。1970 年 10 月在福州大学读书，任班长。1973 年 7 月份以来，先后担任福州大学老师、建阳地区邮电局干部、地区经委干部科长、政治部副主任（正科）、松溪县副县长、南平市劳动保障局副局长（兼党委副书记、纪委书记）、正处级干部（调研员）。2010 年 3 月退休。2013 年至今，任南平市老区建设促进会第四、五届理事会副会长。在职期间，1978 年至 1983 年在建阳地委组织部落实党的干部政策办公室工作。首先是为新中国成立以来在历次政治运动中受害的领导干部和群众落实党中央新的干部政策和平反纠正冤假错案，为解放革命领导干部平反和纠正冤假错案，恢复干部群众的名誉。其次是在劳动保障部门任职期间，对分管的职业教育的改革大胆尝试，积极组合职业教育资源，改革技校的招生政策，放开技工学校招收农村户籍的初高中毕业生，加快高技能人才技师、高级技

师的培养，为企业输送大量的技能型人才。再次是退休后在社团组织南平市老区建设促进会工作期间，从2015年至今分管“情系苏区，千万华厦基金光明行活动”的工作，主动配合南平华厦眼科医院，深入到闽北各县（市、区）的老区、贫困山区，开展“光明行活动”组织、宣传工作，充分发挥华厦基金的社会效益，解除了患者的病苦，提高他们的生活质量。1991年荣获福建省委省政府表彰的“社教工作积极分子”，2002年荣获国家教育部、国家劳动和社会保障部、国家经济贸易委员会表彰的“全国职业教育先进个人”，2007年国家劳动保障部授予“全国劳动和社会保障系统一等功”。

魏万能 1947年12月出生，政和城关人，现任政和县魏氏宗亲联谊会顾问。曾任政和县镇前公社管委会主任、政和县政府办副主任、政和县副县长、政和县人大主任、政和县委副书记，福建省第八届、第九届人大代表。1986年主持九层泝电站工程建设，先后负责洞宫山水库、下榅洋水库、芹山水库的移民安置。1986年主管文教卫生以来，新建政和二中、南门小学、实验幼儿园，主持南庄新区、元峰庄新区及县中心体育场建设，县医院门诊楼重建和县中医院新建。1996年主持城关旧城改造和街道拓宽，拆建南门、东门、西门、环城路。1998年主持建设塔山公园、七星塔、七星公园和城区河道拓宽，兴建下药河边路。2004年主持负责建设云根书院，策划城区人饮水——宝岭水库的建设。2009年主持修建半天堂公路，兴建三朱阁等。2012—2013年修建通往元峰山顶水泥路，2017年参与兴建官湖福星廊桥，2018年与魏氏宗亲兴建魏徵公祠。1992年被中共南平市委、市政府评为造林绿化先进工作者，1997年被中共南平市委、市政府授予“好公仆”荣誉称号。2019年2月24日，荣获由南平市朱子文化研究会主办的第一届朱子文化“文脉奖”。

魏端建 1949年11月出生，政和东平镇营前村（今金峰村）后洋自然村人，中共党员。1973年7月毕业于厦门大学，1986年12月至1986年2月任政和县委办公室主任、县委常委。1986年2月至1993年3月，先后调任光泽县委常委、党校校长、宣传部长、县政法委书记、综治委主任、县委副书记等职务。1993年3月至1995年3月，任两届地委政法委常务副书记（正处级）、南平地委综治委常务副主任。1995年3月至2001年5月，先后调任南平市教育局局长、教委主任、教委党委书记、市教育督导室主任、南平市业余大学校长等职务。2001年5月以来，任南平市人大常委会委员、科教文卫委员会主任。

魏守和 1956年11月出生，政和镇前镇宝岩村人。中共党员，毕业于江南社会学院大专班。1975年6月至1976年12月插队在建瓯县川石公社，1976年至1986年在武警福州支队服役。1986年以来，在福州市国家安全局工作，现任副局长（正处级）。

魏礼情 1956年12月出生，政和外屯下池人。1980年元月毕业于福建林学院，同年参加工作。现任政和县魏氏宗亲联谊会名誉会长。1983年7月至2017年2月历任政和县松源伐木厂场场长，政和县杨源乡党委副书记、乡长，杨源乡党委书记，政和县科委主任，政和县交通局局长（兼政和建瓯线公路改造指挥部常务副指挥），政和县人民政府副县长（兼入闽通道政和段公路改造指挥部总指挥），政和县人大副主任、总工会主席，政和县人大常委会调研员。1990年被南平地区行政公署评为1990年度科技兴农项目三等奖，1991年1月被福建省科委评为省科委系统先进工作者。2005年5月被中央综治委、中组部评为2001—2004年度社会治安综合治理工作优秀领导，2007年3月被福建省教育厅、省发改委、省财政厅评为福建省“十五”期间实施中小学危房改造工程先进个人，2007年3月被省政府残疾人工作委员会评为福建省第二次全国残疾人抽样调查先进个人。退休后致力于公益事业，牵头组建政和魏氏宗亲联谊会，筹集资金216万元改造了外屯下池村的公路和河道，改善村民交通条件、保障了出行安全，提高了下池河道和水渠行洪、抗洪减灾能力，惠及子孙后代。

魏万进 1960年2月出生，政和城关人。现任政和县政协主席。1986—2018年历任法院刑二庭庭长、铁山乡党委副书记，镇前乡乡长、党委书记，松溪县法院院长、建阳市法院院长，松溪县县委常委、工会主席、政法委书记，政和县委常委、统战部长、县委办主任、政和县委副书记，政和县政协副主席、主席。福建省作家协会会员。先后荣获省优共产党员称号、荣获市法院授予三等功。2007年主持熊山森林公路建设，兴建熊山公园游览步道和听松亭、栖云亭等五座凉亭。2017年主持兴建熊山登云桥。

魏常金 1962年7月出生，政和县东平西表人。在职函授福建省委党校法律专业，本科毕业。现任福建政和县政协党组成员、副主席。1990年11月起，历任政和县铁山乡经委主任，政和县乡镇企业局副局长、农业局副主任科员，政和县乡镇企业局局长，政和县农业局主任科员兼乡镇企业局局长，政和县熊山镇党委副书记、镇长，政和县熊山街道党工委副书记、街道办主任，政和县熊山街道党工委书记，政和县委正科级组织员，政和县经贸局局长、党委副书记，政和县政协党组成员、副主席，政和县经济开发区党工委副书记。2012年、2013年连续两年被评为政和县创业功臣，2014年获评南平市2013年度重点项目建设功臣。2014年获南平市五一劳动奖章，2015年获评南平市劳动模范称号。

魏年锋 1963年5月出生，福建省罗源县人，中共党员，福建省林业勘察设计院副院长。1984年毕业于福建林学院，2004年6月毕业于英国赫瑞—瓦特大学工商管理硕士专业（MBA），硕士学位，高级工程师。1995年至今，分别担任政和县林委副主任、总公司副总经理、党委委员，政和县林业局局长、总公司总经理、党委副书记，政和县人民政府副县长兼政和县工业园区常务副主任，政和县山海协作领导小组常务副组长，政和县政协党组成员、副主任候选人，福建省林业勘察设计院副院长、副书记。政和县委第十一届委员，政和县第十二、十三、十四、十五、十六届人大代表，南平市第三届党代表，南平市第四届人大代表。

魏敦盛 1966 年 11 月出生，政和镇前宝岩村人。现任南平市建阳区委副书记，南平市建阳区人民政府区长。1986 年 9 月参加工作，1996 年 6 月任政和县镇前镇副镇长、党委副书记。1999 年 6 月 任政和县镇前镇人大主席，2001 年 9 月任政和县镇前镇镇长、党委书记，2007 年 1 月任政和县政协副主席，兼任政和县建设局局长。2010 年 1 月任政和县政府副县长，2011 年 7 月任中共政和县委常委、县政府常务副县长，兼政和经济开发区管委会主任，县高指常务副总指挥。2014 年 4 月任南平市高速公路有限责任公司董事长，2014 年 10 月任南平武夷集团有限公司董事长、总经理、党委书记，南平市高速公路有限责任公司董事长。2016 年 7 月至今，任南平市建阳区委副书记、南平市建阳区人民政府区代区长，南平市建阳区委副书记、南平市建阳区人民政府区长。

（二）副科以上

魏金华 （1928.12.19—？），星溪岐山人。1944 年 9 月被国民党抓丁去当兵。1945 年 4 月，和四川籍的三个朋友，在安徽徽州带一门迫击炮逃离国民党部队，投入新四军纵队三十八团三营八连，先后当战士通讯员、警卫班长。1946 年 6 月参加中国共产党，1947 年在山东打费县战斗中负三等甲级伤残。伤愈后，到党校学习，参加勇敢荣军教导团后被调河南省军区一年多，又被调皖北军区。在渡江战斗中，奉命防空，在城墙下挖地道，因背土过重，血管破裂出血，住院治疗。愈后又进党校学习。1950 年转业到政和县民政科，后参加土改。1952 年调五区任公安特派员，1953 年调镇前任副区长。1958 年 9 月，调三明耐火材料厂当副主任。1960 年 2 月调闽东造纸厂，任人秘科长。1960 年 11 月调东峰水泥厂，任人秘科长。1961 年 6 月调外屯茶叶站任站长，后又调东平茶叶站任站长。1977 年 3 月调县兽医站，任站长。1985 年 4 月离休，享受副处级待遇。

魏声易 政和外屯下池村人，1933 年 6 月出生，1950 年 1 月参加中国人民解放军。1952 年复员后，先后任大岭乡财粮、凤林乡第一副乡长。1958 年 10 月起，先后任县检察院书记员、助检员、检察员兼秘书。1959 年后任东平公社新口大队党支部书记，护田大队工作组长，城关解放大队社教工作组长及连江县青塽、上山，霞浦溪南、付竹等大队社教工作组长，福安下白石、上白石社教工作队副队长、队长等职。“文革”中受冲击，1970 年下放高林大队，1972 年任高林大队书记。1975 年后任政和县委畜牧业领导小组办公室副主任、副局长，党支部副书记等职，主持工作。

魏海旺　（1934.7—1992.12），政和县城关人，1973 年起历任政和县进修学校校长、县信访办主任、县委组织部干部科长、县委组织部组织委员、县委委员。曾先后荣获县级以上“优秀党务工作者”“优秀共产党员”荣誉共 5 次，1992 年被福建省委组织部评为省级“优秀共产党员”，事迹刊载在《支部生活》。

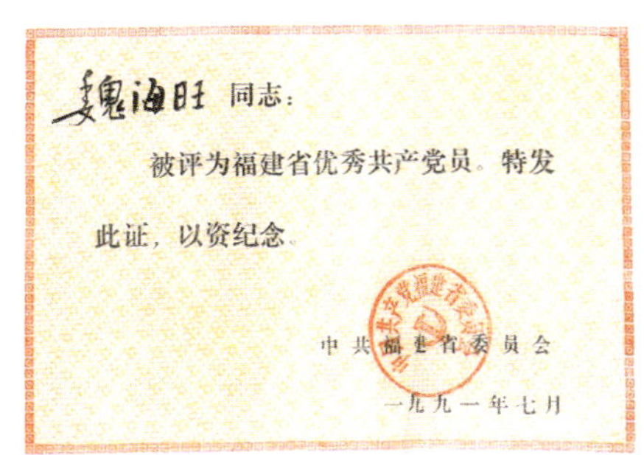
魏海旺 同志：
被评为福建省优秀共产党员。特发此证，以资纪念。
中共福建省委员会
一九九一年七月

魏基光　1938 年元月出生，松溪梅口村人（现居政和城关南门）。1958 年建阳农校毕业，1962 年福建农学院农机化专业毕业。曾任南平农校教师，1979 年调任政和县水电局副局长，1981 年任政和县农机局副局长、局长等职。1987 年晋升工程师。

魏日中　1935 年 10 月出生，政和镇前西溪村人。从小家贫，刻苦勤学。1960 年建瓯一中毕业，1965 年厦大经济学系统计学专业毕业。历任政和县人委干部、澄源中学教师、县茶厂统计员、县统计局干部、县人事局副主任科员。1983 年晋升为统计师，1992 年晋升为高级统计师。政和县第二、三、四届政协委员，1995 年入编国家统计局《当代中国统计人物志》。国家二级刊物上发表主要报告、论文《镇前公社农产量和农民收入的调查报告》（《福建统计工作》1982.2）《石屯公社晚稻测产的方法》（《福建统计学刊》1983.4）《论统计》（原文题为《统计是一项重要的基础工作》）（《福建统计学刊》1985.2），2000 年底中国人才杂志社丛书编辑部选入《论文精选》再版并获一等奖，2001 年获《二十一世纪之路——理论与实践探索》学术研讨特等奖。《政和县统计局认真开展乡镇工业数字质量检查》（《福建统计工作》1987.24）、《振兴政和矿业》（《福建统计学刊》1989.3）。“全国第三届市场经济与统计改革研讨会”入选论文（1994.7），“全国第三届现代企业制度与财会统计改革研讨会”入选论文（1995.9），《政和矿产资源开发利用》（《闽北统计研究》1989.1），1990 年福建地质学会科研讨论会获“优秀论文”奖等。

魏堂械　1942 年 11 月出生，政和铁山村人（现居政和城关）。1964 年参加工作，历任镇前区团委书记、外屯公社党委秘书，铁山公社革委会副主任、县团委副书记、书记，澄源乡党委书记、政和县民政局支部书记等职。

魏重山　（1942 年 11 月—2014 年 8 月），政和县镇前镇郑源村人，高中文化。1965 年参军，任班长。1970 年复员，历任政和县镇前公社武装部干部，铁山公社武装部副部长、部长、县直机关武装部部长，县老区办副主任等职。

池　辉　女，1952 年 3 月出生，政和县东平镇凤头村池云宝长女，魏重春夫人。1970 年上山下乡插队知青，1972 年参加工作，1977 年毕业于福建师范大学。历任浦城二中、建阳三中老师，南平地区科协、南平市库区办，南平市物价局干部、副科长。1996 年退休。1994 年南平市政府办党组授予“精神文明积极分子”。

魏重青　政和县东平村西街人，1952 年 7 月出生。1969 年 2 月从政和入伍东北铁道兵六师农场，1971 年 5 月从沈阳军区陆军部队选拔到空军第四航空学校（现空军石家庄飞行学院）二十九期飞行学员。1985 年 10 月至 1987 年 11 月任东平镇党委宣传委员，1995 年 2 月至 2008 年 12 月任松溪县老龄办副主任（主持工作）。2009 年 1 月至 2012 年 7 月任松溪县民政局主任科员、党总支副书记，兼职松溪县扶贫开发协会副会长（负责日常工作）至今。

魏克龙　1955 年 3 月 7 日出生，政和县城关人。大专学历，建筑工程师。1972 年参加工作，1993 年 4 月任政和县建设委员会副主任，1998 年 7 月任政和县建设局副局长、主任科员。2015 年在政和县住房保障和城乡规划建设局退休。享受副处级调研员待遇。

魏长勇　1955 年 10 月 22 日出生于政和县镇前西溪村，祖籍福建省周宁县礼门乡。1974 年高中毕业，1976 年考入福建省商业学校。1979 年毕业，同年分配在政和县建设银行工作，任财务股长。1981 年 1 月调县财政局，1992 年任县财政局副主任科员，1996 年 8 月任财政局副局长，2002 年 10 月任县财政局主任科员，2014 年 11 月退休。

魏育林　1956 年 3 月出生，政和铁山村人（现住政和城关）。1979 年建阳师范毕业，1986 年福建广播电视大学毕业。先后在铁山中学、政和县团委、政和县政法委工作。曾任杨源乡、熊山镇、星溪乡副乡长、党委副书记。1996 年 6 月至 2016 年 3 月，先后在政和县交通局、国土资源局任书记、主任科员。2016 年 3 月退休，享受副处级调研员待遇。

魏明强　1959 年 4 月出生，镇前郑源村人，现住政和城关。1977 年 7 月入党，1987 年毕业于厦门大学经济系人口与经济专业，1999 年中央党校函授学院行政管理专业毕业。1976 年 6 月，政和一中高中毕业后插队外屯公社茶场。1979 年 11 月至 1983 年 6 月任杨源公社干部，1983 年 7 月至 1988 年 4 月任政和县计生委宣传指导站站长（期间 1985 年至 1987 年在厦门大学就读）。1988 年 5 月至 1993 年 3 月任政和县计生委副主任、铁山镇党委副书记。1993 年 4 月至 2001 年 1 月，历任星溪乡乡长，铁山镇镇长、党委书记。2001 年 2 月至 2004 年 3 月任县总工会主席（后改任常务副主席），2004 年 4 月起任中共政和县委农办主任、政和县政府农村工作办公室主任。2014 年起享受副调研员待遇，当选为南平市第二次党代会代表，政和县第七、第八、第九次党代会代表，政和县第八届、第九届、第十届人代会代表。曾获福建省农办系统先进工作者、南平市优秀乡（镇）长、政和县优秀党员、政和县小康建设先进个人等荣誉称号。

魏正华　1962 年 11 月出生，政和城关人。现任政和县发展改革和科技局党委委员、主任科员（挂职政和县物资总公司总经理）。1998—2018 年历任政和县企业局副局长，县发改局主任科员、党委委员，物资总公司总经理。先后荣获南平市优秀下派村支部书记、南平市优秀村党支部书记，获南平市委、市政府嘉奖。

魏敦茂　1963 年 11 月 6 日出生，政和县镇前镇郑源人。大专学历，现任外屯乡党委副主任科员。1987 年 8 月参加工作，历任澄源乡水利工作站副站长、站长，镇前镇水利工作站长、镇前镇副镇长、澄源乡副乡长、外屯乡党委副主任科员。

魏焕旺　1964 年 3 月出生，政和县东平镇西表村人。1998 年 12 月至 2001 年 7 月任政和县医院院长，2002 年 10 月至 2017 年 7 月任政和县卫生防疫站站长、疾病预防控制中心主任。2018 年 11 月评为副主任医师。先后在省级以上专业刊物发表论文 10 余篇，主要论文《福建北部政和县斯氏并殖吸虫病新疫区调查》，发表在《热带医学杂志》2010 年 1 月第 10 卷第 1 期。1992 年获建阳地区行署表彰的先进个人，2005—2006 年度获省卫生厅表彰的卫生系统救灾防病先进个人。

魏少鸿 女，1964 年 7 月出生，松溪人。1985 年 7 月福建省供销学校毕业，同年参加工作，会计师。2019 年 7 月在政和县财政局退休，享受副主任科员待遇。

魏守有 政和县星溪乡林屯人，1964 年 11 月生，现任政和县农业局党委专职副书记（正科级）。1985 年 8 月至 1988 年 10 月历任澄源乡党委秘书、宣传委员，1988 年 10 月至 1993 年 5 月任县委组织部秘书科长；1993 年 5 月至 1999 年 6 月历任外屯乡副乡长、乡党委副书记、乡人大主席。1999 年 6 月至 2004 年 10 月任政和县广电局局长，2006 年 10 月至 2016 年 8 月任政和县农业局书记，2016 年 8 月至今任政和县农业局党委专职副书记（正科级）。曾任政和县委委员，2015 年 10 月起享受副处待遇。2013 年度、2014 年度被县委评为创业功臣先进个人。

魏　彪 政和县城关人，1965 年出生，政和县经济信息和商务局副局长。1997 年 12 月至今，先后担任政和县外经贸局副主任科员、政和县外经贸局副局长，政和县经贸局副局长兼外经贸局局长，政和县经济信息和商务局副局长。1989 年 2 月被县委政府授予 1988 年度精神文明建设先进个人，1993 年 2 月被县委政府评为 1992 年度社会主义精神文明建设积极分子。1995 年 2 月被县委政府评为 1994 年度双文明建设先进工作者，2014 年 6 月被省商务厅评为 2012—2013 年度全省商务系统优秀党支部书记。2016 年 6 月，政和县委授予优秀共产党员称号。2017 年 6 月被县委政府表彰“百日攻坚战”先进个人。

魏永丽 女，政和县城关人，祖籍外屯下池村。1965 年 3 月出生，中共党员，本科学历。1984 年参加工作，1998 年任政和县统计局副局长，2007 年任国家统计局政和调查队队长，2015 年 8 月任浦城调查队队长，2020 年元月任四级调研员，同年 4 月退休回政和。在职期间当选政和县第 14 届县人大代表，政和县第 11 届、12 届县党代表，浦城县第 13 届县党代表。2001 年获得全国第五次全国人口普查先进个人，2010 年 3 月评为县三八红旗手。2016 年至 2018 年连续三年评为优秀公务员，并获记三等功。2018 年获评全省统计系统先进工作者。

魏锡泉　政和东平护田人，1966 年 3 月出生。现任政和县卫生和计划生育局副主任科员兼政和县总医院副院长。2002 年 5 月始，先后担任政和县卫生局副局长、政和县卫生局副主任科员兼政和县妇幼院院长，政和县卫生局副主任科员兼政和县院院长，政和县卫生局副主任科员，政和县卫生和计划生育局副主任科员兼政和县总院副院长。1990 年始，先后荣获政和县优秀共产党员（3 次）、市卫生局先进工作者，省卫生厅职业道德建设先进个人，南平市政府文明单位建设先进工作者等荣誉。

魏晓斌　1968 年 5 月出生，福建省建瓯市人。政和县供销社副主任（主持工作）。在职福建医学院预防医学专业毕业，中央广播电视大学和中国政法大学联办法学本科毕业。1986 年 7 月参加工作，1994 年 7 月始，先后担任政和县卫生监督科科长、副站长，政和县卫生局医政股股长，政和县红十字会秘书长，政和县岭腰乡锦屏村党支部第一书记，政和县卫生监督所副主任科员（负责红十字会工作），政和县疾病预防控制中心负责人，政和县疾病预防控制中心主任，政和县供销社副主任（主持工作）。工作期间先后荣获福建省卫生厅先进工作者，南平市优秀共产党员，连续三年为优秀公务员、一次三等功。

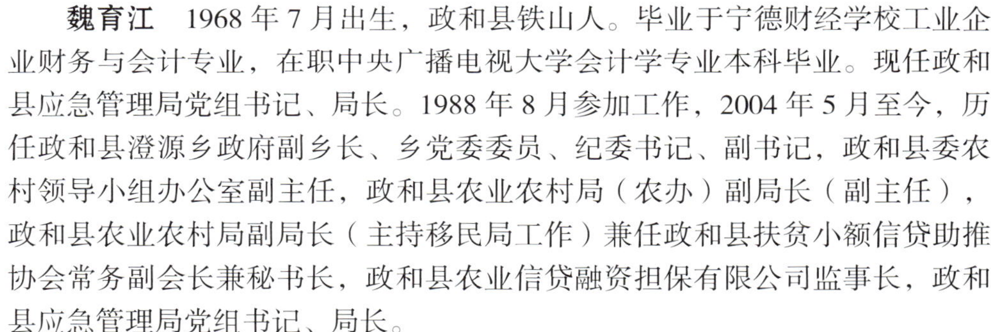

魏育江　1968 年 7 月出生，政和县铁山人。毕业于宁德财经学校工业企业财务与会计专业，在职中央广播电视大学会计学专业本科毕业。现任政和县应急管理局党组书记、局长。1988 年 8 月参加工作，2004 年 5 月至今，历任政和县澄源乡政府副乡长、乡党委委员、纪委书记、副书记，政和县委农村领导小组办公室副主任，政和县农业农村局（农办）副局长（副主任），政和县农业农村局副局长（主持移民局工作）兼任政和县扶贫小额信贷助推协会常务副会长兼秘书长，政和县农业信贷融资担保有限公司监事长，政和县应急管理局党组书记、局长。

魏　文　女，政和镇前西溪人，1968 年出生。现任龙岩市新罗区妇女联合会主席。1996 年 7 月至 1999 年 8 月任龙岩市（新罗区）苏坂乡副乡长，1999 年 9 月至 2008 年 1 月任新罗区科协副主任科员、副主席。2008 年 1 月至 2011 年 5 月，任新罗区东肖镇副镇长。2011 年 5 月至 2013 年 11 月，任新罗区江山镇人大主席。2013 年 11 月至今，任新罗区妇女联合会主席。曾获得龙岩市冬春修水利优秀乡镇长、福建省十大优秀科协主席等荣誉称号。

魏显武　1968 年 7 月出生，政和县星溪乡宝岱村人，中共党员，在职研究生学历。现任政和县审计局党组书记、局长。2002 年 11 月先后担任政和县财政局副主任科员、政和县财政局副局长，政和县人民政府办公室党委书记兼政和县金融办主任，政和县国有资产投资经营有限公司董事长、总经理。2017 年 2 月至今，任政和县审计局党组书记、局长。参加工作以来，先后获得政和县优秀党务工作者、政和县财政系统先进个人、南平市新长征突击手、南平市财务大检查先进个人、福建省财务大检查先进个人等荣誉。

魏　彪　1969 年 7 月生，政和县铁山镇铁山村人。退伍军人，中共党员，大专学历，现任杨源乡统战委员、县政协委员。1999 年获县委、县政府表彰民兵预备役工作先进个人，2002 年参加南平市“保畅通”军事演习，获县委、县政府表彰为先进个人。2009 年获南平市委组织部和军分区表彰为先进基层专职武装干部等。

魏世美　1972 年 2 月出生，政和县石屯镇外坂人。中共党员，大学学历，现任政和县发展改革和科技局党组成员、副局长。2006 年起，历任外屯乡党委组织委员、乡工会主席，政和县发改局副主任科员、政和县发改局副局长，政和县发展改革和科技局副局长、党组成员。2011 年 6 月被中共政和县委授予“优秀党务工作者”称号，2012 年 8 月被南平市发改委授予“6·18”项目成果推进工作先进工作者称号，2017 年 6 月被政和县委、县政府评为“百日攻坚战”先进个人。2019 年 8 月，荣立公务员三等功。

魏贵中　1973 年 10 月出生，政和县东平镇人。现任政和县岭腰乡党委副书记、乡长，曾任政和县政法委副书记。

魏桂娥　女，1972 年 10 月出生，现任政和县检察院生态资源检察科科长，一级员额检察官。先后在政和县星溪乡政府农技站、党政办，政和县检察院研究室、办公室、公诉科和生态资源检察科工作。曾荣获南平市“三八”红旗手、南平市检察院先进个人等荣誉。

魏重胜　1973 年出生，政和县镇前镇宝岩人。现任政和经济开发区管委会主任。2009 年至今，历任政和县经济研究中心副主任、政和县党史研究室主任科员、政和县委政策研究室主任（县委办副主任）、政和经济开发区管委会主任。

魏高青　1975 年出生，政和铁山镇铁山村人。2013 年至今，分别担任政和县茶业管理中心副主任、政和县档案局局长。先后荣获县优秀共产党员、县五一劳动奖章、市先进工作者、全国农牧渔业丰收奖等荣誉称号。

魏东升　1974 年 6 月出生，政和县镇前镇西溪村人。先后担任杨源乡党委副书记、人大主席，政和县镇前镇党委副书记、镇长。

魏隆海　1975 年出生，政和县镇前镇郑源村人。现任南平市国土资源局科长。2008 年 5 月始，任南平市国土资源局副科长、科长。2012 年 1 月被评为地质矿产高级工程师。

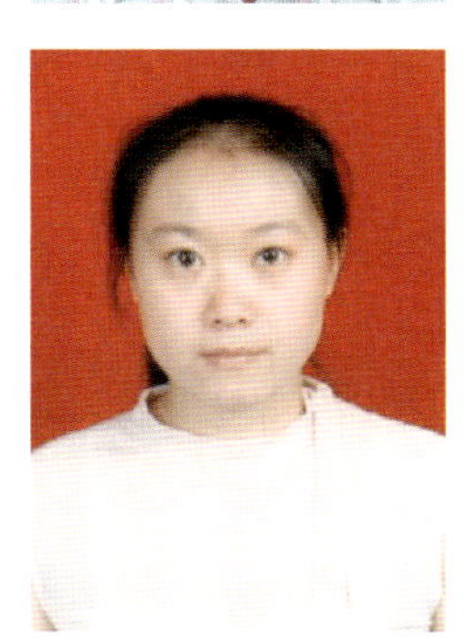

魏靖华　女，1980 年 3 月出生，政和县镇前镇郑源村人。大学学历，经济师职称，现在福建省劳动人事仲裁院工作。历任南平市社保中心干部，省劳动保障厅政策法律咨询中心干部、副主任（正科），省劳动人事仲裁院办公室主任（正科）等职。

魏　贤　1984 年 1 月出生，政和县城关人。先后任中共政和县团委副书记、书记，现任政和县东平镇党委副书记、镇长。

三、教育　文艺　卫生

魏观玉　（1924—2000.11.25），镇前宝岩坑里村人，又名锡奎。中学毕业，曾任镇前学区小学教员、建瓯县教育局干部。一九五八年“反右”中被处理回乡，后经建瓯县教育局落实政策，取消加在头上的不实之词，退职回乡。一九八五年被镇前法庭聘用。在回乡期间，为宝岩坑里、山后、下村、后宝岱、寿宁县岭后村及东平西表等十二个魏氏村修撰了大量家谱，为魏氏正本清源做出了一定贡献。

魏堂善　（1934.4.1—2009.1.14），铁山村人（后迁移至政和城关）。历任铁山和城关学区小学校长、县教育局工会副主席。1988 年晋升为小学高级教师，1983 年 10 月被中华全国总工会授予“优秀工会积极分子”称号。1988 年 12 月，中国教育工会福建省委员会授予“福建省教育系统工会先进工作者”称号。1992 年 12 月，被中国教育工会福建省委员会及福建省教育委员会授予“农村教师家属扶贫工作先进工作者”称号。1994 年 7 月，被南平地区第三产业普查协调小组授予“地区级第三产业普查先进工作者”称号。1996 年 3 月，政和县总工会授予“优秀工会工作者”称号。

中华全国总工会决定
授予魏堂善同志优秀
工会积极分子称号
第 5825 号
一九八三年十月

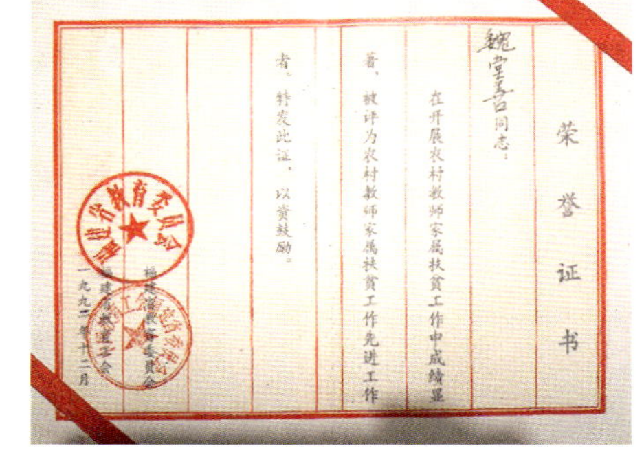
荣誉证书
魏堂善同志：
在开展农村教师家属扶贫工作中成绩显著，被评为农村教师家属扶贫工作先进工作者，特发此证，以资鼓励。
一九九二年十二月

魏仰达　字敦满，1936 年出生，郑源村人，福州大学副教授。自幼家贫，胸怀大志，勤奋好学。1956 年政和初中毕业，1959 年建瓯一中高中毕业后考入福州大学机械系，1964 年毕业留校任教并先后晋升为讲师、副教授。长期从事机械制造专业教学及机械设备设计和科研工作，曾两次获得校级教学优秀奖，研制和设计“转子辐射泵”获得省级科研课题资金支助并通过省科委监定。在国家一二级刊物发表多篇学术论文，主要有《滚齿机调整中挂轮比允差的计算》《机床多级变速系统的传动表达式》等。为人正派，清廉、俭朴，从教一生，为人师表，曾被评为校优秀党员、优秀教师。重视培养学生，教育子女，热爱家乡，鼓励支持山区孩子就学，做孩子们的良师益友，为教育事业奉献自己的一份力量。

周端美　女，魏仰达夫人，1943 年出生，福建省龙海市紫泥乡人。1961 年考入福州大学化学化工系，1966 年毕业后分配到湖北省黄冈县化工厂任技术员，主持设计和建造烧碱厂直到投产运行。1972 年调到福州大学化学化工系任教，先后晋升讲师、副教授。从事化学化工教学和多项课题科研和试验工作。曾两次获得校教学优秀奖，参加多项省级科研项目研究工作并在国家一二级刊物发表学术论文和教学论文，其中“超临界萃取食用色素实验”论文被美国一家食品制造刊物收录。工作认真负责，教学有方，为人处事稳重大方，热情开朗，深受学生的爱戴和同事们赞誉。严于律己，相夫教子，为子女树立良好榜样，家庭和谐幸福美满。

魏长琼　1936 年 5 月出生，政和西溪村人。1960 年建瓯师范毕业。历任建瓯师范附小教导主任，政和进修学校视导员，外屯、镇前、杨源学区校长，政和东门小学校长，县技工学校校长，县教育局纪检监察员等职务。1988 年晋升为小学高级教师。

胡芬苓　女，1935 年 7 月出生，古田县人，魏长琼夫人。曾在建瓯师范附小、政和镇前小学、政和实验小学、政和东门小学、政和东峰小学、政和外屯小学、政和星溪小学任教。历任星溪、外屯小学教导、副校长等职。1988 年晋升为小学高级教师。1989 年，福建省人民政府授予优秀教师称号。

魏观景　1938 年 4 月出生，政和县外屯乡黄泥峡村人。现住镇前中学，1961 年松政县首届高中毕业，后再考中师毕业。历任松溪祖垱，政和桃洋、上庄、郢地、梨洋、下园等小学校长及镇前中学工会主席等职。1988 年晋升为小学高级教师。

魏堂云　1942 年 10 月出生，政和县铁山村人。自考中师毕业。1962 年参加工作，1980 年 8 月加入中国共产党，曾任铁山学区校长、学区工会主席，1988 年晋升为小学高级教师。1983 年被评为建阳地区先进教育工作者，1985 年被评为福建省先进教育工作者。

魏金秀 1945年出生，政和星溪冷石村人。现住政和县熊山镇北大街70号。在铁山中心小学任教师（现已退休）。1997年12月被评为小学高级教师，1993年9月荣获福建省人民政府颁发的从事教育事业三十周年荣誉证书。

魏敦映 1948年9月出生，政和镇前郑源村人。1973年参加工作，1978年转为公办教师，历任澄源学区上洋、富垄，镇前学区郢地、下园等小学教师及镇前中心小学校长等职。1991年南平师范函授毕业，2001年晋升为小学高级教师。两次获评政和县优秀教师，一次获评政和县先进教育工作者。

魏成沐 1948年出生，政和县城关人。1989年福建农学院函授毕业，石屯中学教师。2000年晋升为中学高级教师，2008年退休，曾获评政和县优秀教师。

魏俺觅 1949年2月出生，中共党员，政和城关人。2001年被评为小学高级教师，2009年2月退休。1991年7月获中共政和县委“县优秀党员”荣誉，1991年9月获政和县人民政府“县优秀教师”荣誉，1998年9月获南平市教委“抗击6·22”特大洪灾先进个人。

魏裕清 1952年2月出生，政和镇前茶溪村人。中师自考毕业。历任外屯、下池、车潭小学教师。1988年晋升为小学高级教师。

魏 萍 女，1954年12月出生，政和县城关人。1994年2月被评为小学高级教师。曾任政和县星溪小学少先队总辅导员，县家长研究会特约研究员、学校德育处主任、党支部组织委员。论文《少先队工作与素质教育》发表在《福建教育》，《家长学校的实施方案》在福建省《德育》发表，《如何写景》被全国教育学会语文研究会评为二等奖。1988年10月被评为福建省“优秀少先队辅导员”，1989年10月被评为南平市“优秀少先队辅导员”，1993年被评为南平市“优秀人民教师”，1995年被评为南平市“优秀辅导员”。1997年获评政和县“优秀人大代表”，2001年被南平市教育局评为市级“师德标兵”。

魏庄权 1954年出生，政和县星溪乡章口村上山人，中共党员。曾任星溪乡章口小学、九蓬小学校长。2001年12月被评为小学高级教师。先后荣获“中共政和县优秀党员”、“政和县优秀教师”等称号，2015年于星溪中心小学退休。

魏成芳 1956年出生，政和县人，2016年退休。2004年评为小学高级教师，其主要文章《浅谈学生良好学习习惯的培养》在福建教学研究(2003年第12期)发表。在1997—1998年度和1999—2000年度均被评为县优秀教师，2007—2008年被评为县优秀班主任。2017年获得中华人民共和国教育部颁发的从事乡村教育30年荣誉证书。

魏焕兴 1955年出生，政和东平镇西表村人，1994被评为小学高级教师。先后荣获“政和县优秀教师”“政和县先进教育工作者”等称号，2015年于南门小学退休。

魏陈芳 1955年出生，政和县镇前郑源村人。2005年被评为小学高级教师，2015年于镇前中心小学退休。

魏成材 （1942.11.16—2002.2）城关人。自考中师毕业，历任富美、林屯小学教师。1988 年晋升为小学高级教师。

魏旭方 又名汝方，1957 年 10 月出生，政和城关人。现任政和县魏氏宗亲联谊会副会长兼秘书长。福建省特级教师，福建省摄影家协会会员，政和县诗词楹联协会副会长。1975 年 6 月参加工作，曾插队政和县城关公社富美大队。历任梅坡小学校长，县教育局支部副书记、初教股股长，熊山中心小学校长，实验小学校长，县教育局关工委副主任、德育办主任，政和县人民政府教育督学。任教期间创立心理健康“悄悄话信箱”，教育活动的经验被中央电视台、中央人民广播电台、《人民日报》、《福建日报》等媒体报道和推广，其活动案例收入全国未成年思想道德建设活动案例一书。论文《“X+1+Y”备课模式谈》（发表于中小学管理 /CN11-2524/G4）、《校务工作评价与量化管理探讨》（发表于教学与管理 /CN14-1024/G4）等十多篇文章在全国、省、市、CN 刊物上发表交流并获奖。在任实验小学校长期间，接待了时任福建省省长的习近平同志到校视察，其工作业绩得到赞许，学校扩建得到了支持。退休后积极投入政和县魏氏宗亲事业，主持魏氏宗亲联谊会的日常工作，筹建“魏徵公祠”，主编《政和县魏氏志》、编撰政和魏氏族谱等。参加工作以来，先后被评为“福建省先进德育工作者”“福建省自学考试工作先进工作者”“全省绿色学校创建工作先进个人”“福建省家庭教育先进个人”“南平市实施教育‘两基’工作先进个人”等荣誉称号，并多次荣获政和县“先进教育工作者”“优秀党务工作者”“优秀党员”等称号。2002 年被福建省人民政府授予“特级教师”称号（闽政文［2002］254 号），并终身享受政府特殊津贴。

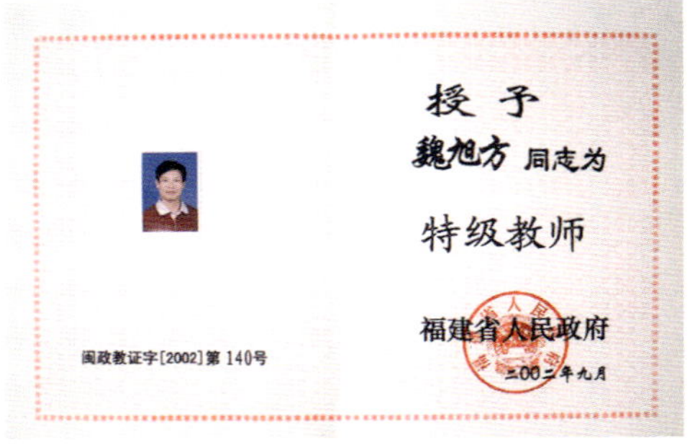

授予
魏旭方同志为
特级教师
福建省人民政府
二〇〇二年九月
闽政教证字[2002]第140号

魏守荣 1957 年出生，政和镇前宝岩人，1996 年被评为小学高级教师。先后荣获“南平市学校交通安全宣传教育先进个人”“政和县先进教育工作者”等称号，2017 年于南门小学退休。

魏敦生 1957 年 9 月 12 日出生，政和县外屯乡稠岭佛子岩人，2017 年 9 月退休。2005 年被省教育厅扶贫基金会评为优秀教师，论文《“自主、合作、探究”模式的 互动与整合》获南平市小学语文学科一等奖。

魏成福　1957 年 10 月出生，政和县镇前镇宝岩山后自然村人。1979 年 8 月参加工作，小学高级教师，现退休。2006 年被政和县人民政府评为“优秀教师”光荣称号。

魏育权　1958 年 3 月出生，政和铁山村人。1984 年建阳师范毕业，1997 年福建师大函授毕业。任铁山中心小学教师。1993 年晋升小学高级教师。

魏凤珠　女，1960 年 6 月出生，政和县东平镇人，魏有钦女儿。1978 年 2 月参加教育教学工作，从教 37 年，于 2015 年 6 月退休，小学高级教师。2017 年 9 月获中华人民共和国教育部、中华人民共和国人力资源和保障部颁发的“乡村学校从教 30 年”证书。退休后参加政和县老年志愿者协会，并担任协会副会长，参加各种爱心公益活动，获得 2016 年“春雷助学”公益捐助活动荣誉证书。2016 年、2017 年、2018 连续三年获得政和县文明办、政和县老年志愿者协会颁发的“优秀志愿者”证书。

魏礼华　女，1962 年 9 月出生，政和县星溪乡东峰村人。1993 年被评为小学高级教师，个人曾获政和县先进教师称号。2017 年于星溪小学退休。

魏有强　1963 年 6 月出生，政和东平西表村人。1982 年南平师专毕业，1999 年晋升为中学高级教师。历任星溪中学教务主任、副校长，镇前中学校长，政和县教育局自考办主任、会考办主任、招生办主任。1997 年和 2005 年荣获政和县先进教育工作者称号，2004 年获评南平市先进教育工作者。

魏敦祥 1963年出生，政和镇前郑源人。现任南门小学教研室主任、政和县小学数学研究会理事长、南平市小学数学指导组成员。2015年被评为高级教师，其主要论文《四年级学生估算能力培养初探》《优化数学教学提高数学教学质量》在CN刊物《新课程》（杂志）发表。主持科研项目《创设问题情境、激发解题意识》获得南平市小学"九五"教育科研成果三等奖。主持课题研究《师生互动教学体系的构建》获南平市教育基础课程改革优秀成果三等奖，个人先后三次荣获政和县优秀教师荣誉。

魏少涓 女，1963年2月出生，松溪人。1980年4月招工到政和县茶厂，1984年7月毕业于福建省福州市幼儿师范学校。1984年7月至1994年7月创办"政和县少涓幼儿园"，任园长。2014年7月，创办"政和县少涓爱尔园幼儿园"，任园长，同年成立少涓幼教机构，任董事长。1982年5月被团县委评为"政和县优秀团干"，1985年参加南平市职工演讲比赛荣获"二等奖"。1986年5月，荣获福建省总工会"福建省读书先进个人"。1990年5月参加政和县幼师技能技巧比赛，荣获"一等奖"；1992年10月参加政和县青年教师优质课评选，荣获一等奖。1993年3月，荣获南平市"优秀妈妈"称号。1996年3月，荣获福建省妇女联合会"下岗再创业标兵"。1997年5月，荣获福建省总工会、人事厅"下岗再就业先进个人"。1998年3月，荣获福建省妇女联合会"福建省三八红旗手"。1997年10月至2007年10月任政和县政协委员，2003年10月至2007年10月任政和县政协常委。1997年10月至2015年10月，受聘为政和县检察院"人民监督员"及"人民调解员"。

魏正珠 女，1964年7月出生，政和县城关人。现任福建信息职业技术学院应用语言系主任兼党总支副书记、教授。1999年起，先后担任过学校团委书记、学生科副科长、商外文秘科主任、院办副主任、基础部主任等职务。担任福建省高等职业院校外语教学指导委员会副会长兼秘书长，拥有ISO质量管理体系认证国家注册审核员证、PETS考级教师证、TELF国际英语教师资格证、全国国际商务英语资格证书考评员证等，2010年被评为福建省教学名师。2014年被评为福建省教育厅直属机关优秀共产党员和福建省教育工委优秀共产党员。

魏重姜 女，1963年出生，政和县镇前镇郑源人，魏陈养之女。1980年高中毕业，1981年参加工作。1993年南平师范毕业，2018年3月退休。2007年被评为小学高级教师，先后在1997年、2001年、2009年被评为政和县"优秀教师"。

魏火金　女，1964 年 11 月 25 日出生，政和县镇前镇郑源村人。小学一级教师，稻香小学数学教师，曾获得南平市“优秀教师”称号。从教以来，有《加强计算策略探究　提高计算教学实效》《拨动学生思维之弦 让数学教学充满灵性》《开展数学实践活动　提高学生数学素养》等 10 余篇论文获得市县一等奖。

魏子春　1965 年 9 月出生于政和县外屯乡外屯村下池自然村。高中就读于政和一中，1988 年 8 月毕业于福建卫生职业技术学院医学影像专业，大专学历，同年 8 月参加工作，分配在南平森工医院，现工作在南平市延平区医院，主治医师职称。2005 年，加入中国农工民主党。曾担任南平森工医院副院长兼放射科主任。现任延平区医院院委会委员兼放射科主任。延平区第 14 届政协委员，中国农工民主党南平市第五届市委会常务委员，中国农工民主党南平市延平区医院支部主任委员，南平市医学会放射学分会第三、四、五、六届委员。

魏丽明　女，政和县铁山村人，1965 年 10 月出生。1987 年 6 月毕业于北京师范大学中文系，1987 年 6 月至 1991 年 8 月在福建教育学院中文系任教。1991 年 9 月至 1994 年 7 月在北京大学外国语学院攻读硕士，1994 年 7 月留校任教至今。1996 年 9 月至 2001 年 7 月在职攻读博士学位，现为北京大学外国语学院亚非系主任、教授、博士生导师，教育部人文社科重点研究基地北京大学东方文学研究中心研究员。在北大开设了一系列东方文学相关课程，培养了近 30 名印度文学、东方文学、非洲文学方向硕士生和博士生，培养了国内首批非洲语言文学方向硕士，其中第一届非洲语言文学方向毕业生获国家留学基金委资助，获得英国伦敦大学亚非学院攻读博士学位并入职北京大学亚非系。

多次参与国家社会科学基金和教育部人文社科重点研究基地资助项目，如“泰戈尔文学作品研究”“当代外国文学数据库”“东方现当代文学数据库”“外国文学研究三十年”“东方比较文学”“东方作家传记文学研究”“泰戈尔学术史研究”等课题。参与策划印度泰戈尔大学泰戈尔博物馆“泰戈尔与中国”永久性展览，负责中国部分内容和展品。《泰戈尔与中国》（英文版）在印度出版。是《泰戈尔落在中国的心》主编之一。目前正在参加中国社科院外国文学研究所创新工程“外国经典作家学术史研究”项目，主持并完成教育部人文社科重点研究基地自选项目“泰戈尔论中国”等课题。担任《国外文学》常务编辑、《世界文学研究论坛》“泰戈尔研究专题”特约编辑、《外国文学研究》《中国比较文学》特约审稿人。参与《东方文学研究集刊》《东方文学研究通讯》编辑工作，参与十届教育部人文社科重点研究基地北京大学东方文学研究中心“东方文学暑期学校”的申请组织协调授课等工作。受国家社科基金规划办外国文学评审组委托，担任二级学科东方文学（除日本文学之外）二级学科调研报告小组召集人，是“十一五”和“十二五”

学科调研报告的撰稿人。2007 年至今，任北京社会科学年鉴东方文学学科研究综述的撰稿人。现任《中国大百科全书》（外国文学卷）（第三版）编委，印度现当代文学和非洲文学部分负责人。曾获得北京市“技术创新工程活动”“教育创新标兵”奖、“北京大学教学成果奖校级一等奖”、“北京大学人文社科类专著”二等奖（集体奖）等奖项。

魏明彦 （1965.03—2018.11），政和县石屯人，中学高级教师。历任政和县东平中学校长、政和县第二中学校长、政和县第一中学校长，政和县人民政府教育督导室正科级督学。

魏德成 1967 年 4 月 11 日出生，政和县铁山镇铁山村人，现任铁山中心小学副校长。2001 年 12 月被评为小学高级教师。其主要论文《从数学新课程感悟人文精神教育》在南平市 2004 年小学数学年会获得三等奖，论文《切入生活 引领探索及策略》在南平市教育学会小学数学分会第十七届学术年会获得二等奖，论文《构建“课堂教学模式”之我见》在 2011 年南平市小学数学学术年会获得二等奖。先后于 1994 年 9 月获得政和县人民政府优秀教师，1998 年 9 月获政和县人民政府先进教育工作者。

魏何弟 又名日升，1967 年 5 月出生，政和县镇前镇西溪村人。1990 年毕业于建阳卫校，后又到徐州医学院深造，大专学历。1990 年到 2010 年在镇前中心卫生院工作，西医临床主治医师。2010 年主动辞职，到福州开办私人诊所。

魏德强 1967 年 5 月出生，现任政和县中医院副院长兼熊山街道卫生服务中心主任，副主任医师。福建省超声医学工程学会理事，政和县劳动模范，县政协委员。

魏　红　女，1968年出生，政和镇前宝岩山后村人（现住政和城关）。1989年福建师大毕业，政和一中教师。2007年晋升为中学高级教师。系南平市语文学科带头人。

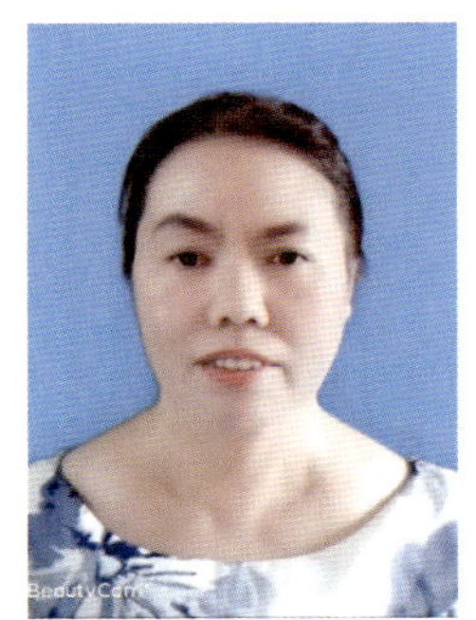

魏敦姬　女，1968年10月出生，政和县镇前镇西溪村人。现在政和实验小学任教。2001年被评为小学高级教师，论文《打造高效课堂之点滴》《提高小学数学学困生成绩点滴谈》在CN杂志《教育教学论坛》上发表。荣获2018—2019学年度“县优秀教师"称号。

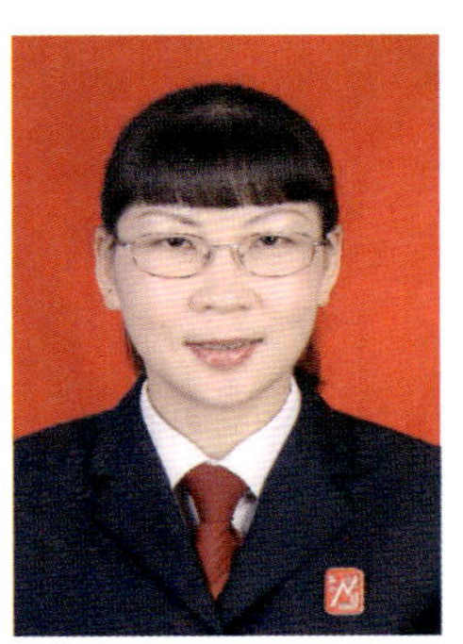

张晓丹　女，1968年11月出生，政和杨源人，魏正华夫人。现任政和县南门小学教师。2001年被评为小学高级教师。

魏正惠　1969年出生，政和县城关人。现任厦门市思明区教师进修学校教研员，工会副主席。厦门市专家型教师，厦门市学科带头人。2005年被评为中学一级教师，主要论文《生物课堂生成性教学价值观的建构》在《生物学教学》CN（核心期刊）刊物发表，论文《中学课堂生成性教学的反思与再认识》在《中小学教材教学》CN刊物发表，目前共在CN刊物发表论文十余篇。主持科研项目《生物课堂生成性教学的实践与研究》获厦门市第十届优秀教育科研成果优秀奖。个人先后荣获福建省第四届青年教师实验技能竞赛一等奖，厦门市首届中小学幼儿园教师教学技能大赛一等奖，厦门市中学课堂教学改革创新大赛一等奖，厦门市教育系统“课改实验”探索奖，厦门市中学课改优秀探索奖，思明区教育系统优秀共产党员、思明区教育系统“优秀教师”等荣誉称号。

薛美夏　女，1970年6月18日出生，魏书扬夫人。就职于自来水公司。南平市诗词楹联协会会员，诗词和散文发表于《佛子山文学》、《楠竹诗词文艺》期刊，《云根诗联》《中华诗词》及《中华诗词网》等。版画作品收录于《全国美术教师作品展》，藏书票获2012全国第八届中小学师生藏书票大赛一等奖，作品收录于《全国第八届中小学生藏书票大展优秀作品集》。

柯旺花　女，1971 年出生，政和人，魏正惠夫人。现任厦门市松柏中学教科室主任，福建省地理学科带头人，厦门市中学专家型教师。2009 年被评为中学高级教师,其主要论文《基于课堂观察大数据的有效性提问分析与反思》在《地理教学》CN 刊物（杂志）发表，目前共在 CN 刊物发表论文十余篇。个人先后荣获福建省首届课堂教学改革创新大赛特等奖，厦门市中学教师教学技能大赛一等奖，厦门市中学课堂教学改革创新大赛一等奖，厦门市教育系统“课改实验探索奖”。厦门市基础教育课程改革先进个人，厦门市三项主题教育活动先进个人，厦门市教育系统师德奖。2015—2017 年度福建省优秀教师等荣誉称号。

魏益升　1970 年 5 月 6 日出生，政和县石屯外坂人。现任石屯中学工会主席。2009 年 12 月被评为中学高级教师，2007 年 9 月 10 日被政和县人民政府评为“优秀教师”。

魏日丹　女，1970 年 7 月出生，政和镇前宝岩山后村人（现住政和城关）。1992 年福建省教育学院毕业，现任政和一中教师。2000 年晋升为中学一级教师。

魏　萍　女，1970 出生，政和县澄源人。现在县医院服务中心任职。2008 年评为主管护师，个人在工作中先后荣获县优秀护士等称号。

魏日清　1970 年 8 月出生，政和县星溪乡长际村东坑自然村人。毕业于莆田学院临床医学专业，本科学历，副主任医师职称。中共党员。现任政和县中医院党支部宣传委员、信息科科长，血透室负责人。南平市中西医结合呼吸病学分会常务委员，南平市中西医结合肾脏病学分会常务委员，南平市肾脏病学会第二届学会委员。

魏敦亮 政和县镇前镇宝岩山后村人，1971 年 3 月 9 日出生。现任政和星溪小学党支部书记、校长。2004 年被评为小学语文高级教师，主要论文《“先学后教”，贵在培养自学能力》《立足“运用语言文字”，精巧设计课堂提问》在 CN 刊物（杂志）发表。主持科研项目《搭建课后阅读平台，提高学生读写能力》获得南平市农村组课题研究一等奖。个人先后荣获共青团南平市“优秀辅导员”、南平市“教研先进个人”、政和县“优秀教师”等荣誉称号。

魏德玉 女，1971 年出生，政和县城关人。毕业于福建幼儿师范学校。2001 年创办厦门市湖里区县后幼儿园，并任园长。入职以来，在工作中兢兢业业，深受上级教育主管部门与学生家长的高度认可，2014—2016 年开展的“挖掘周边资源，丰富民办园区域材料”的厦门市课题研究，喜获佳绩。幼儿园先后获得湖里区“文明校园”、片区“先进单位”等荣誉称号，本人荣获厦门市湖里区“优秀教师”称号。

魏益明 政和县石屯镇外坂村魏厚荣次子，1972 年出生，妻子余恩琴（农行政和云根支行大堂经理）。现任政和县星溪小学党支部副书记。2003 年评为小学数学高级教师，其《商不变的规律》、《分数与除法》两节微课在全国微课大赛中获优秀奖，论文《小学数学生活化教学的探究》在《新课程》（CN14-1324/G4）刊物上发表。先后荣获政和县优秀教师、南平市优秀教师、南平市中小学中青年学科教学带头等荣誉称号。

魏荣明 1972 年出生，政和县星溪乡富美村人。现任政和县第二实验幼儿园总务主任，小学高级教师职称。个人多次获得“政和县优秀教师”等称号。

魏品亮 1973 年出生，福建省政和县铁山镇江上村人。现任政和县医院药剂科负责人，2018 年评为副主任药师。

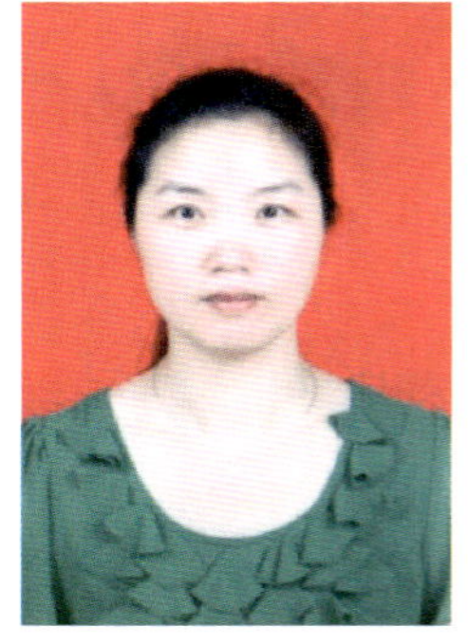

魏学英　女，政和星溪东峰村人，1973年出生。现任林屯小学教导主任。2004年评为小学高级教师，其主要论文《电脑网络——我的新伙伴》获市级一等奖。主持科研项目《小学数学“先学后教 自主互助”课堂模式的探究与实践》经县级专家鉴定已结题，《“一棵楠 万点爱”留守儿童之家案例》经市级专家鉴定已结题。个人先后荣获政和县“优秀教师”荣誉等称号。

魏大勇　1973年7月出生，政和县城关人。1992年于政和一中毕业，1997年毕业于福建医科大，就职于福建省老年医院。现为福建省老年医院心内科副主任医师。

魏丽梅　女，1973年10月出生，政和铁山村人（政和城关出生），魏堂善女儿，1994年6月毕业于福建师范大学英语系。现任政和县第二中学英语教师，于2006年晋升为中学一级教师。其论文 How To Improve Senior Students’ reading Ability 发表于英语周报高中教师版第一期（总第432期），论文《巧用英语阅读促进高中英语写作教学的有效性初探》发表于《新课程》（刊号ISSN1673-2162）。在《高中英语听力模拟试题精编提高训练——全国英语听力等级考试（第二级）》（书号：ISBN978-7-5106-5053-6）一书中担任编委；多次省市教学比赛和指导学生获奖。先后荣获政和县高中英语科优秀教师、政和县教育局优秀教师、政和县优秀教师等光荣称号。

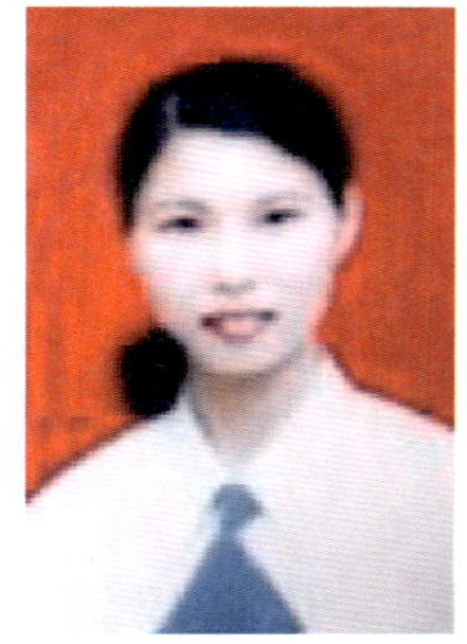

魏春梅　女，政和县东峰人，1974出生。于2008年被聘为主管护师，1996被政和县政府评为双文明先进个人

魏　巍　1975年出生，政和镇前人，大学本科学历。2016年被聘为呼吸内科副主任医师，现任政和县医院内二科主任。

魏仲贵 1975年8月出生，政和县星溪乡章口村冷石自然村人，魏裕有儿子。现任政和县星溪中心小学办公室主任。2007年被评为小学高级教师，1999年9月、2003年9月两次被评为县级优秀教师。

张春美 女，1976年出生，政和县星溪乡富美人。魏明仔夫人。现任政和县实验小学集团林屯分校语文教师。2016年被评为中小学高级教师，其主要论文《凭借例子 抓准语点 精心突破》、《掘文本之“源”引写作之“水”》、《精心设计 简约而不简单》在南平市普教室《优秀论文选编》发表。主持教研项目“先学后教 自主互动”获得南平市第三名。先后荣获 “星溪乡优秀教师”，“星溪乡先进教师”，“政和县骨干教师”等称号。

吴 琴 女，1976年出生，政和县星溪乡富美村人。魏荣明夫人。现任政和县星溪小学教师，小学高级教师职称。先后获得“政和县优秀教师”“政和县小学语文学科带头人”“政和县首届十大名师”“南平市教坛新秀”“南平市优秀教师”“福建省优秀教师”等称号。

汤章惠 女，1978年出生，政和县镇前人，魏贵忠夫人。现任南门小学高级教师，县音乐学科带头人。县艺术学科研究会副会长、县舞协副会长，省音协省舞协会员。先后荣获“南平市政府特殊津贴”优秀教师及省“五四青年奖章”等荣誉。

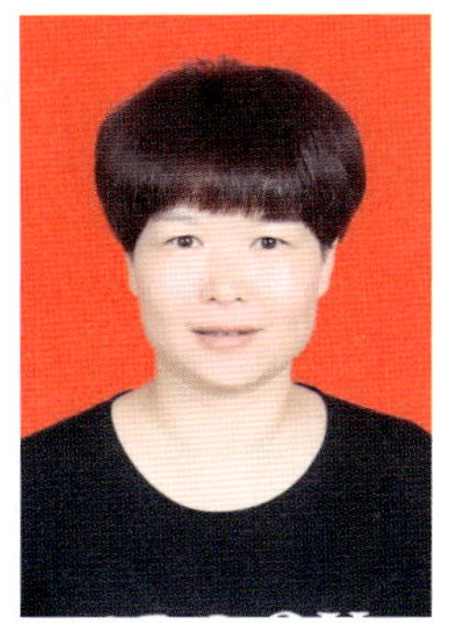

魏庭玉 女，1978年10月出生，政和县镇前镇郑源村人，政和县官湖小学语文教师。1998年毕业于建阳师范，2014年8月被评为小学高级教师。其《立足“源头活水”培养学生习作兴趣新策略》、《用爱守望孩子的成长》等多篇论文参加南平市语文学术论文评选获一、二等奖，两次被评为“政和县优秀辅导员”、多次被评为“优秀教师”和“先进教育工作者”。多年担任班主任，所带班级两次被评为“福建省优秀少先队集体（中队）”。

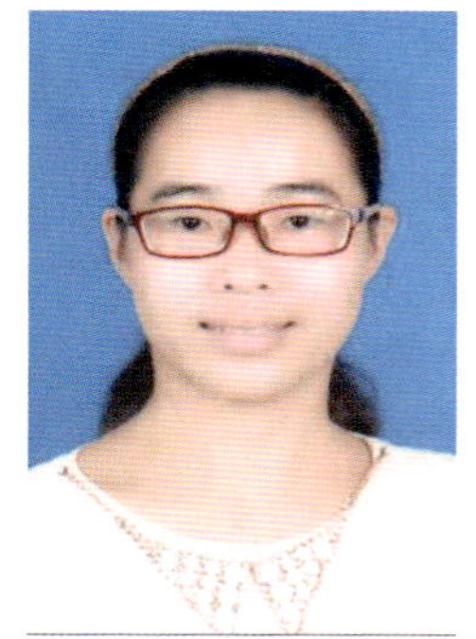

魏珍红　女，1978年出生，政和东平镇护田村人。现为政县第三中教师。2016年被评为中学一级教师。

魏瞻玉　女，1978年出生，政和城关人，大学本科学历。2012年被聘为主管药师，现任政和县医院西药房负责人

谢跃姬　女，1979年出生，政和星溪乡人，魏平夫人。现任小学数学教师。2007年被评为小学高级教师，其主要论文《巧设情境　点燃火把》在南平市小学学术年会中发表，主持科研项目“注重发展　张扬个性”获得南平市中小学、幼儿园‘十一·五’课题研究成员三等奖。个人先后荣获政和县优秀教师荣誉等称号。

魏妙飞　1979年出生，政和县镇前郑源村人。2007年9月被评为小学高级教师，先后获得“南平市优秀少先队辅导员”“政和县优秀教师”等称号。2019年被政和县人民政府授予“最美教师”光荣称号。

魏碧珠　女，1980年出生，政和县星溪乡人，南门小学教师。2015年4月被评为中学一级教师。

刘　桦　女，1987 年出生，建瓯市人，魏敦生夫人，第二军医大学硕士研究生。现任上海第一人民医院临床药师。研究方向为临床药学，其主要论文《液质连用技术在环烯醚萜苷类化合物研究中的应用》、《近红外光谱技术在线监测积雪草药材活性成分的大孔树脂分离纯化过程》、Physicochemical characterization and pharmacokinetics evaluation of β-caryophyllene/β-cyclodextrininclusion complex 和《人参叶总皂苷大孔树脂分离纯化工艺的近红外光谱在线监测模型及其含量测定》等 5 篇论文在国内外核心期刊上发表。2013 年获得第四届药物分析及药物代谢优秀青年论文二等奖。

魏荣凯　1991 年出生，政和县城关人。现任政和县文体新局办公室主任。1990 后作家，2013 年出版首部长篇小说《那时年少》，2014 年加入福建省作家协会。2016 年出版第二部作品《一路泥泞，一路花开》，2020 年出版第三部长篇小说《南天风雷——陈贵芳》、第四部长篇小说《纤云劫》。曾获“榕城十大写手”荣誉称号、“长江杯”网络小说大赛‘人气奖’、首届“曹雪芹杯”全国青少年文学大赛大学组金奖、第九届“冰心杯”全国青少年写作大赛银奖、第二届武夷文学奖新锐奖、大学生自强之星“提名奖”等荣誉。有作品发表于各大杂志、报刊。

魏重政　1991 年 3 月出生，政和县镇前镇郑源自然村人，南昌大学应用心理学学士学位和北京师范大学心理学部教育学硕士学位。2017 年 10 月至 2018 年 10 月，在联合国教育、科学和文化组织法国巴黎总部的教育部门实习工作一年，从事性别平等和全纳教育。2018 年 12 月，开始于联合国教育、科学和文化组织的泰国曼谷办公室的教育部门实习工作，推广全面性教育和建设全纳校园环境。

四、科技　金融　军警

魏华贵　政和县宝岱村人，1941 年 3 月出生，初师毕业。1961 年在星溪小学任教，1962 年 8 月调任县电影院放映员，1976 年 2 月调县公安局工作。曾任办公室干事、内保科副科长，在副局级办公室主任任上退休。爱好书法，最爱楷体、新魏体，是县书法协会会员，职工书协会员。曾获地区公安系统书法赛优秀奖，县书法赛优秀奖。

魏重胜　1938 年 1 月出生，政和镇前镇郑源村人。一九六一年政和高中毕业，一九六三年入伍，在政和县税务局工作。一九八七年在省财政管理学院进修毕业，一九八八年经考评，晋升为经济师。

魏长春 1942年10月出生，政和县镇前镇湘源村人。1966年从部队退伍，任职于镇前供销社。1973年从事多种经济技术工作，1986年任苹果站长，1989年晋升为农艺师。

魏高富 1950年2月出生，政和外屯乡下步洋自然村人（现住政和青龙庄）。自考中专。曾任松溪县农行县联社主任（副科级），一九九二年经考，晋升经济师。

魏子清 1955年11月出生，政和城关人。1979年12月参加工作，现退休。高级农艺师。2011年起，历任政和县农技站站长，福建省和之源现代农业开发有限公司副总经理、政和华旭现代农业开发有限公司经理，2015年10月聘任为政和县农业综合开发项目验收专家组成员。有《超级稻品比试验初报》《甬优15的种植表现及高产栽培枝术》《政和县万亩中稻高产示范区创建的做法成效及启示》《中浙优1号特征特性及其高产栽培技术》《高山区花椰菜新品种对比试验初报》《雷竹特征特性及栽培枝术》《嘉糯2优06示范表现及高产栽培技术》等篇文章发表于《福建农业技术》杂志，《菜用大豆新品种毛豆75-3及高产栽培技术》发表于《中国农业推广》杂志。先后荣获政和县科学技术成果奖，中国共产主义青年团建阳地区委员会“新长征突击手”，建阳地区农业科技“先进工作者”称号，建阳地区种子工作“先进工作者”称号，政和县“五一劳动”奖章，南平市公务员局、科技局、农业科技创新工作“先进工作者”。

魏子彪 政和县下池村人，1961年生。现任外屯乡兽医站站长、民政办主任，2016年评为高级兽医师。主要论文《提高牛人工授精的“冷配三率”》《一例农户养猪发生猪亚硝酸盐中毒的诊治》在CN刊物《畜禽业》2007年第1期、2015年第11期上发表。1981年主持黄牛改良“冻精冷配”工作，“三率”居全省领先水平，为政和县填补了一项科技空白。1982年被中共南平市委、南平市人民政府评为畜牧兽医先进工作者，1994年、1999年被南平市农业局评为“1994年度畜牧兽医工作先进个人”和“1998年度畜牧兽医先进工作者”。1999年被中共南平委、市人民政府评为“优秀乡镇企业家”，2009年被中共政和县委、县人民政府评为“2006—2008年扶残助残先进个人”。

魏　秀 女，1963年3月出生，政和镇前西溪村人（现住福州）。1987年福建农学院金融专业毕业（专科），曾任职于政和农行。2000年调福州市农行晋安支行工作，1992年晋升为经济师。曾被政和县共青团评为“三好学生”“先进青年”，县妇联“三八红旗手”，省市县农行“优秀女职工”，农行省分行工委会“先进女职工工作者”、农行福建省分行及政和县党委“优秀党务工作者”。2018年退休，现为中华诵读联合会会员、福建省老年书画艺术协会会员。

魏　彪　政和县镇前镇西溪村人，1964 年 3 月 10 日出生。现任福州市闽侯县经贸系统国有企业改制服务中心总支书记，福建成达鼓风机有限公司总经理。原福州市第十一届、第十二届人大代表，闽侯县第七届政协委员。中国通用行业协会风机分会、中国机械工业风机联营公司董事。2002 年被评为高级工程师。主持开发的 FSL 三叶罗茨鼓风机、WXP 系列高温消防排烟通风机获得福建省、福州市科技进步和市优秀新产品三等奖，FSD 隧道射流风机、现代化高效粮库通风系统设备获得福州市科技进步、优秀新产品三等奖。撰写的科技论文《各种形状的两叶圆弧型转子罗茨鼓风机的比较》刊登于 1998 年第 5 期《风机技术》，《三叶罗茨鼓风机圆弧型转子型线设计》刊登于 2000 年第 4 期《风机技术》（刊号 ISSN1006-8155）。先后荣获建阳市“五一”劳动奖章、中共福州市优秀共产党员等荣誉称号。

魏孙宝　1965 年出生，政和外屯人。现任石屯农技站长。2011 年被评为高级农艺师，其主要论文《政和县柑橘黄龙病发生情况调查及防治建议》《宫川旱生温州蜜柑开花结果习性观察初报》在《福建果树》CN 刊物发表。主持科研项目《篱架葡萄高产栽培技术研究》获南平市政府科技进步三等奖，《茉莉花反季节育苗技术研究》、《梨树矮化密植栽培技术研究》和《旱晚组合对换栽培超三纲技术研制》分别获政和县政府科技进步二、三等奖。个人先后荣获南平市政府科技兴农集团承包先进工作者，农业农村工作先进工作者、农业科技先进工作者，“双季”吨粮田建设示范区项目科技兴农项目三等奖，政和县委、县政府先进科技工作者、农村先进工作者、社会治安综合治理先进个人等荣誉。1999 年、2000 年、2001 年连续三年被评为优秀科技特派员，获南平市农业局农业生产工作先进个人、农业生产技术推广先进个人、全市农业系统先进工作者及南平市关工委农村科技服务先进个人。

魏福康　政和镇前西溪人，1968 年 4 月出生。现任南平市住房和城乡建设局审核审批科科长。2007 年至 2011 年历任南平市建设局副主任科员、主任科员，先后荣获南平市“五一劳动奖章”、南平市“优秀共产党员”荣誉等称号。

魏敦满　1969 年 9 月出生，政和县镇前镇宝岩下村人。现任政和县城市建设规划局工程师、政和县魏氏宗亲联谊会副秘书长。1992 年 7 月毕业于福建电大“建筑施工与管理”专业，2011 年 1 月毕业于大连理工大学本科“土木工程”专业。现拥有房屋建筑专业、市政专业、园林专业工程师职称。任职以来，主持施工的房屋建筑工程达九十余幢。参与市政基础设施建设施工管理，积极投身于政和魏氏的公益事来。参与设计、修建政和魏氏迁一公陵墓和筹划、修建政和县魏徵公祠及参与政和县魏氏宗亲联谊会的日常管理工作。

魏　星　女，魏仰达长女，1970月6月出生，政和镇前郑源村人，生于福州，硕士。1988年毕业于福州三中后考入上海交通大学，1992年毕业于上海交通大学，1999年获得美国蒙东那大学工商管理硕士。从事金融行业工作多年，2007年与郭芃共同创立“君翼资本”。魏星之夫郭芃，1964年4月生于湖北红安，上海交通大学本科毕业，硕士、博士、副教授。从事金融行业工作多年。

魏孙群　1970年出生，政和外屯下池村人。1992年毕业于中南财经大学。现任南平市农行干部，2000年晋升为经济师。夫人胡艳群，1973出生，浙江宁波市人，1995年于南京大学毕业。现任宁波市供电局会计，2000年晋升为会计师。

魏　亮　女，魏仰达次女，1972年5月出生，政和镇前郑源村人，生于福州。福州一中毕业后保送同济大学建筑系，1993年获学士学位，1998年获硕士学位。后留学美国，2002年获美国南加州大学数理金融硕士学位，2005年再获南加州大学城市规划博士学位，主攻城市经济与房地产金融方向。特许金融分析师，金融风险管理师。现任美国达拉斯摩根大通银行执行主管，从事金融风控模型开发。其夫蒋志军，1970年生于湖北武汉，1993年获上海同济大学建筑学学士并保送就读研究生，获硕士学位。后在美国加州州立大学长滩分校获得计算机硕士，加州大学洛杉矶分校MBA（工商管理硕士）。现任量化分析对冲基金金融分析师。

魏杨旺　1973年10月出生，政和县澄源下榅洋深堀人。现任福建省监狱管理局办公室副主任，兼任景弘集团公司办公室副主任（主持工作），福建省监狱系统科技工作者协会秘书长、华东地区监狱企业联合会副秘书长。1997年12月至今，历任福建省政和监狱办公室副主任、政治处副主任，福建省监狱管理局办公室科长、劳动改造处科长。先后被中国质量管理协会、中华全国总工会、中华全国妇女联合会、中国科学技术协会评为2013年全国质量管理小组活动优秀推进者。被中国监狱工作协会评为“监狱理论研究十百千人才”监狱理论研究骨干。被省监狱管理局记个人三等功一次，嘉奖多次。

魏养青　1974年10月出生，政和县铁山镇人。2016年1月北京航空航天大学毕业（土木工程本科），工程师。现任政和县星溪乡村镇规划建设服务中心主任。2011年至2016年 被星溪乡人民政府评为先进工作者，2013年5月被政和县人民政府授予“政和县劳动模范”。

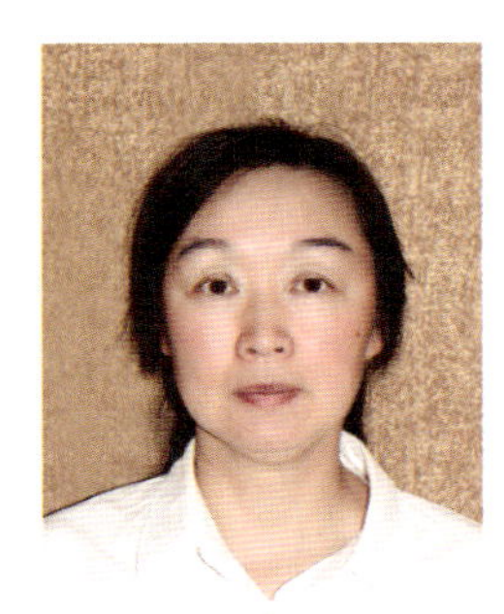

魏敦英　女，1974 年出生，政和县镇前镇西溪村人。毕业于武汉理工大学土木工程专业。2005 年获得国家注册造价工程师执业资格，2011 年被评为工程造价高级工程师职称，2015 年被评为水利水电工程师。任福建广睿达建设工程管理有限公司总经理兼技术负责人。

魏　斌　1974 年 9 月 21 日出生，政和县镇前镇西溪村人。1990 年考入福建水利电力学校，1994 年毕业，同年被分配在政和电力公司工作。2017 年 1 月至今，先后任南平供电公司运检部配电运检室副主管、政和供电公司副总经理等。

魏敦江　1975 年 12 月出生，政和县镇前镇西溪村人，高级工程师，国家注册监理工程师，注册造价工程师。现就职于福建中庚集团，从事建筑工程项目管理工作。2007 年参与晋江机场改扩建工程，担任改扩建工程指挥部总工程师。2018 年 12 月取得“住房和城乡建设部高级建设人才认证证书”。1998 年 7 月毕业于福州大学土木工程系工业与民用建筑专业。获得主要荣誉有厦门瑞景新村鲁班奖、福州东二环泰禾广场“福建省省优工程”奖。

魏陈明　1978 年出生，籍贯福建省南平市政和县西溪村。毕业于中国石油大学电气工程及其自动化专业，本科学历。先后在同方、方正集团从事计算机销售工作，现任中国惠普山东公司大客户经理。熟悉计算机及其相关技术，拥有丰富的 B 端客户销售经验、熟悉渠道体系建立及渠道商管理工作。

魏　桢　女，1982 年出生，政和县外屯下池人。吉林大学经济学院学士学位，南开大学商学院硕士学位。曾任厦门银行资金营运部债券交易主管，现任博时基金管理有限公司固定收益总部投资总监。2005 年、2006 年、2010 年获全国银行间同业拆借中心优秀交易员，2015 年获中国证券投资基金业协会“最美公募基金人”称号，2015 年至 2017 年获三年期债准金牛奖。

魏庄品 1982年4月出生，政和县林屯村人，硕士，中共党员。现任副总经理，高级物流师、深圳职业能力建设专家库专家。高级工程师，发表论文10余篇，参编教材8部，参与课题项目研究20余项。其主要论文《供应链金融实践教学体系构建研究》在“物流技术”核心期刊发表。个人曾被评为黑龙江省优秀毕业生。

魏克有 1982年出生，政和县铁山镇东涧村人。现任海南日报报业集团南海网技术中心首席开发工程师兼移动开发部主任。2018年评为副高职称。荣获海南日报报业集团先进个人。

金　静 女，魏陈明妻，1983年出生，籍贯山东省滨州市博兴县张金村。毕业于山东大学工商管理专业，本科学历。现任山东建邦集团人力资源副总经理。拥有中级经济师职称、招聘面试官资格、ACTP内训师资格。熟悉组织与人才发展、中高端人才招募、员工激励、人力资源体系搭建等工作。

魏敦生 1985年出生，又名魏敦笙，政和西溪村人，中国民航大学毕业，天津市优秀大学生，上海交通大学工程硕士学位，高级工程师。现任中国商飞上海飞机客户服务有限公司维修工程部科室负责人，高级项目主管。研究方向为商用飞机航材工程、维修级别分析和飞机复合材料结构维修性设计等，其主要论文《基于最大稳定极值区域的机场目标识别》《飞机结构航材需求预测方法研究》和《民用飞机结构件交付状态研究》在C N刊物发表。

魏　飞 1986年10月16日出生，政和县镇前镇郑源村人。2009年6月毕业于福州大学材料科学与工程，目前就职于永辉超市股份有限公司总部，任人力资源经理。

田译彤 女，1986 年 1 月 5 日出生，魏飞夫人。2008 年 6 月毕业于天津财经大学国际会计专业，2013 年 12 月毕业于格拉斯哥大学国际会计金融管理专业。目前就职于爱建证券股份有限公司，任投资银行部保荐代表人，注册会计师。

魏 宁 又名魏久宏，女，1990 年 10 月出生，政和县外屯乡下池人。2013 年毕业于福建师范大学工商管理专业，同年 7 月入职中信证券股份有限公司深圳深南大道证券营业部。2018 年 5 月至今，任中信证券股份有限公司深圳深南大道证券营业部运营总监。曾获中信证券股份有限公司深圳分公司 2016 年度优秀运营人员奖，被评为中信证券股份有限公司华南党总支 2017 年度优秀党务工作者。

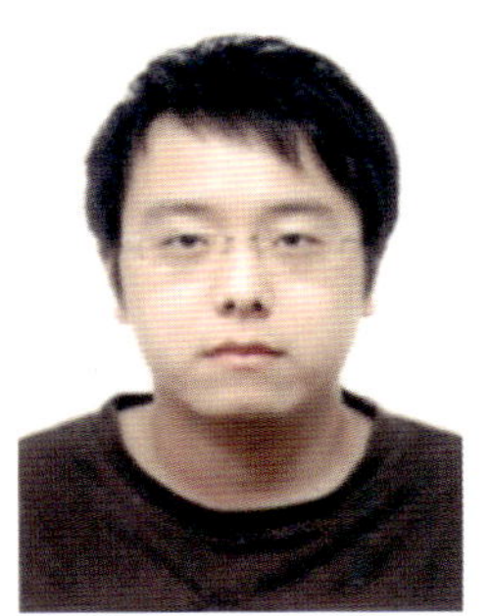

魏 立 1986 年 8 月出生，政和县镇前镇郑源村人。1999 年毕业于厦门大学嘉庚学院，大学学历，学士学位，经济师。现在南平市武夷集团工作，历任省第二技师学院老师、上海贸易公司业务员、南平市武夷集团投资部副主任。

魏 晔 1990 年出生，政和下池人。现任厦门铁路公安处古田会址站派出所副所长（副科级）。2013—2016 年先后荣立个人三等功四次，2016 年获得全国铁路公安系统“基层岗位标兵”荣誉称号。

魏重强 1990 年出生，政和西溪村人。研究生，毕业于哈尔滨工业大学。现就职于腾讯公司互动娱乐事业群用户平台部，任高级研究员，从事人工智能自然语言理解方向的研究工作。

张昕禹 魏重强的妻子，山西晋中人，1993 年出生。本科毕业于中原工学院，现就职于深圳市融通资本有限公司，任助理产品经理。从事私募基金的销售服务工作。

五、宗贤

魏满仲 （1910—1968），铁山村人。1953 年 4 月加入中国共产党，率先在铁山村组织第一个互助组，被命名为“魏满仲互助组”。荣获建阳专署互助合作、丰产、宣传三项劳模奖章，并奖励耕牛一头。1954 年，该互助组升为红旗高级社，成为全县典范。1956 年被选为中共政和县委委员、省第一届党代会代表。先后任闽北第一个互助组组长、铁山红旗高级社社长等职。

魏石樑 （1921.7.22—2014.4.18），又名十良，树翰子，万能、万进父亲，政和城关人。夫人叶文辉，幼年丧父，其母不易择嫁，孀守。在极其贫困中成长。新中国成立前曾任过星溪富美小学教员，新中国成立后任兽医员，长达 50 多年，妻叶文辉亦为兽医员，夫妇两勤恳为群众服务，一生清白，深受广大群众的赞誉。享年 94 岁，其逝世出殡时，近千名群众相送。

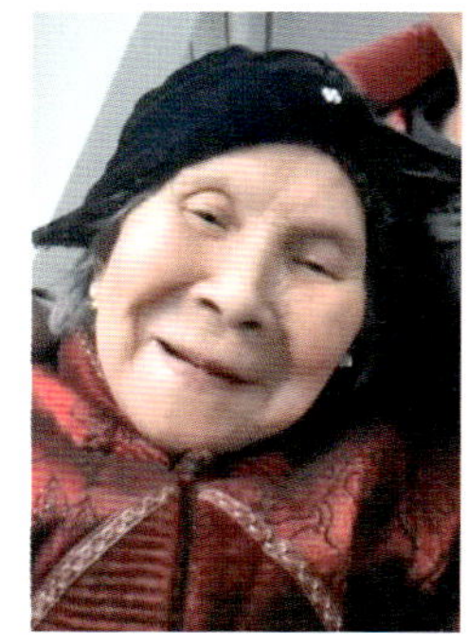

魏乃兰 （1926.6—2019.7），女，福建省政和县杨源乡人。1950 年加入中国共产党，1951 年至 1956 年任上庄村妇女队长，1958 年被评为省劳动模范。1960 年至 1978 年任上庄村妇联主任。2019 年 7 月去逝，享年 94 岁。

魏日榴 （1927—2017），女，祖籍政和县镇前镇郑源村。1927 年 10 月出生于政和县澄源乡打石凹村，10 岁时被富垄村周氏领养，17 岁嫁周氏外孙许显岩，生四男一女。至 2017 临终前，已四代同堂，儿孙满堂。一生清贫，勤俭持家，心地善良，乐于助人，和睦邻里，堪称妇女楷模。1949 年新中国成立时，加入中国共产党，被推选为村妇联会主任，更是为公益奔忙，成为村里妇孺的主心人。文革期间，正直做人，不涉运动，不挑是非，不做伤害乡亲的事。对周氏领养感恩于心，并教导子孙，滴水之恩将涌泉相报。深受村里周氏家族和许氏家族的爱戴。2017 年逝世，享年 91 岁。

魏堂增 （1928—2006.6），铁山村人。清贫，爱族、耿直。1947 年，简延公将本族宗谱托付堂增保存。几十年来避过“砸抄”，他妥善保存家谱。“文革”后，又首倡重修宗谱，延请牛眠山李大成先生纂修，于 1981 年完成，并率族人重修始祖甲太公之墓。1954 年，铁山魏氏宗祠被政府征用拆除，堂增在悲切之际，即将祠堂门楣上四块石刻“魏氏宗祠”四字（每块重一百斤），搬回家珍藏，以备重建祠堂之用。1996 年，堂增与堂燕等人，聚集族众捐资购回村委办公楼一幢，备重建祠堂之用，敬宗尊祖之心厚而深矣！ 1995 年，松溪魏氏来铁山“寻根问祖”。其后堂增代表铁山魏氏，参加松溪族谱完稿庆典。1999 年冬，政和魏氏在铁山召开三十余人修谱代表会议，堂增被推举为东道主负责人，为此次修谱做出贡献。之后，积极筹资，力主重建宗祠。不幸因年老力竭，于 2006 年 6 月因病去世，不能亲历兴建宗祠大业。

魏子坤　（1929.8.25—2007.3.14），政和县城关人，魏旭方父亲。1950 年参加土改工作，先后到澄源、外屯等地开展土改工作，参与创建东平供销社。历任政和县供销社副经理，石屯企业站站长、石屯民政办主任等职。退休后热心宗亲公益，积极参与城关魏氏寻宗撰谱工作。

魏陈源　1931 年 9 月 20 日出生，政和县外屯下池村人，魏礼情父亲。从 1954 年起，先后担任互助组组长，初级社、高级社社长，外屯人民公社下池第九生产队队长等职。1972 年 6 月加入中国共产党，1991 年至 2007 年受聘于政和县科委担任安保工作。少年时代家境贫寒，为人忠厚本分。新中国成立后积极投入社会主义建设，工作取得优异成绩，得到当地政府的多次表彰和乡亲的高度赞扬， 1972 年以农业学大寨先进生产者代表，被政和县革委会选派为嘉宾，出席福建省（福州）庆祝中华人民共和国成立 23 周年活动。热心于公益事业，1989 年牵头重建佛子山狮峰庵，续修下池村的魏氏族谱；积极带头捐款，建设家乡的公路、桥梁、凉亭以及城关的公益项目。家风严谨，育子有方，其麾下的儿子、孙女均大学毕业，成为了国家良材。在他的带动下，子孙热心于公益，积极参与政和魏氏宗亲事业，并做出贡献。

魏焕寿　（1932.3.14—？），政和县东平镇西表村人。1952 年参加土地改革，历任东平凤头乡民兵连指导员、连长，东平区党委宣传干事，铁山区互助合作干事，县人民银行人事股长，铁山区高林公社书记、范屯大队支部书记，岭腰公社、锦屏公社书记，城关区东峰公社社长，城关公社民政办主任等职。1992 年退休。多次受到省地表彰，1990 年 6 月，福建省委、省人民政府，驻闽部队联合授予其双拥共建个人先进称号。

魏日宽　（1934—2020），政和县镇前西溪村人，木匠。曾任生产二队队长，带领村民改造低产田，修建了西溪水电站，筹建西溪小学，率队参与河山水库的建设。花甲之年依然初心不改，利用自己善于木匠的技艺，全身心投入村里的公益事业。1999 年主持修建积善庵，2012 年与魏日青、魏日兹等人一起带领魏氏族人，在原址上重建了西溪魏氏祠堂。

魏日旭 1935年3月16日出生，政和县镇前镇宝岩山后村人。退休干部，经济师职称。曾任政和县镇前供销社党支部书记、镇前供销社主任等职务。退休后热心宗亲事业，个人先后荣获政和县优秀共产党员等荣誉称号。

魏明华 1963年7月出生，政和县镇前郑源村人。现任星溪乡综治办主任，住政和城关。1982年3月入党，1979年9月参加工作后至1986年4月，历任铁山茶叶站茶叶审评员、生产技术员，政和县茶叶局人秘股干事。1986年5月—1989年12月，在政和县茶叶局与县茶厂合并办公后，任厂长办公室主任、劳动人事科长。1990年1月至1994年11月，任政和县茶叶局办公室主任、政和县茶厂供销科负责人等职。1994年12月起，在星溪乡历任乡财政所农税征管员、财政所副所长、农税征管站负责人、乡综治办主任并兼任星溪乡林场党支部书记、场长至今。关心魏氏宗亲事业，积极动员和组织魏氏宗亲捐赠建设魏徵公祠。在职期间，1996年获政和县政府表彰的财政征管工作先进个人，2004年度获政和县政府表彰的行风建设先进个人，2013年度、2011年度分别获政和县委表彰的优秀共产党员，2013年度、2014年度分别获政和县委、县政府表彰的综治先进个人。

魏重生 1963年10月出生， 政和县前九逢村人。现任福建省魏氏委员会南平分会常务副会长、政和县魏氏宗亲联谊会会长、上海市福建商会副会长、上海市南平商会名誉会长。历任政和县上海商会第一、第二届商会会长，政和县人才教育基金会第一届荣誉会长，政和县政法干警抚恤与奖励工作协会荣誉副会长，政和县第五、六、七、八、九届政协委员。改革开放初期，在政和兴办第一家企业——闽北亨达企业有限公司。1993年4月，离开家乡，闯荡上海。在短短几年间，先后创办了上海熊城建材有限公司、上海福众建材有限公司、上海正中木业有限公司、上海闽都酒家有限公司、上海复清装璜建材市场有限公司等。热心社会公益事业，有责任、有担当，捐资修谱、修墓，赞助教育基金、慈善总会等。个人先后被中共福建省驻上海委员会、福建省政府驻上海办事处，上海福建商会授予“中国特色社会主义事业优秀建设者”“优秀企业家等称号”。2010年9月，在北京人民大会堂被中国民营企业家协会授予“中国优秀民营企业家”荣誉称号。

魏汝伟 1966年10月8日出生，政和县城关人。政和县魏氏宗亲联谊会副会长，自由职业者。从事林业、农业、建筑等行业投资。热心魏氏宗亲事务，并参与筹建政和县魏氏宗亲联谊会，捐赠资金建设魏徵公祠。

魏礼强 1967年8月出生，政和县铁山镇铁山村人，高中毕业。1989年加入中国共产党，2009年至2012年当选铁山村委会主任，2015年至2018年任铁山镇牛背山社区党支部书记，2018年6月至今任铁山村党支部书记。政和县第十六届人大代表，2016年被评为政和县第十六届优秀人民代表。

魏日贵 1968年1月出生，政和县镇前镇茶溪村人。现任贵州从江县赤焰炭业科技开发有限公司总经理、贵州榕江县百盛机制木炭有限公司总经理。2003年担任茶溪村村委会主任，后前往江西创办企业，2016年担任从江县福建商会副会长。2005年被评为镇前镇“优秀党员”。

魏华进 1971年7月24日出生，政和县铁山村人，魏铨（子传）的裔孙。现任政和县魏氏宗亲联谊会副会长，历任铁山镇教育基金会常务副会长。长年在北京、柬埔寨等地经商，热心社会公益事业。

魏春贵 1972年12月生，政和县东平碗厂人。现任福润家食用油有限公司总经理。15岁外出打工，先后到泉州、贵州等地经商、兴办企业。2017年响应政和县政府号召，回到家乡创办“福润家食用油有限公司”。回乡创业后，支持魏氏宗亲事务，积极参与家乡的公益事业。

魏思忠 1974 年 4 月出生，政和城关人。现任政和县世发茶厂总经理，福建省魏氏委员会南平分会副会长、政和县魏氏宗亲联谊会常务副会长。2011 年 5 月创办政和县世发茶厂，以魏氏“九房林”为注册商标，其产品远销日本等国。继承传统茶艺，其生产的白茶两次获得金奖，为推介政和白茶尽了一份力量。热爱家族和公益事业，常年资助家族各项活动。

魏学富 1975 年 11 月出生，政和县外屯下池村人。现担任上海韩鸿物资有限公司总经理、天津金中资贵金属经营有限公司董事、广州城市便捷酒店（番禺大酒店）董事长。2004 年到上海，先后担任政和县上海商会第四届理事会副会长、第五届理事会常务副会长兼监事长，上海闽北木（竹）商会第一届理事会副会长，上海外屯教育基金会第一届理事会常务副会长，政和县慈善总会名誉副会长，福建省魏氏委员会南平办事处副会长、南平市魏徵文化研究会副会长，福建省魏氏委员会政和县联络处副会长、政和县魏徵文化研究会副会长等社会职务。2017 年以来，为家乡建设、教育基金、慈善总会、社会团体、庙宇修建、救济贫困等项目捐款达 40 多万元。2018 年当选为政和县第十届政协委员，先后被评为中共福建省驻上海单位委员会“优秀党员”，政和县爱心扶贫基金会授予其“爱心扶贫楷模”称号。

魏日胜 1976 年 6 月出生，政和县东平镇新口村人。西南大学法律事务大专毕业。现任政和县魏氏宗亲联谊会副会长。2009 年 6 月任政和县东平镇新口村村民委员会主任，2012 年 10 月至 2018 年任政和县东平镇新口村党支部书记兼村主任，政和县十六届、十七届人大代表。2014 年获政和县优秀共产党员称号，2016 年选为政和县第十六届优秀人民代表。

魏裕华 1980 年 11 月 12 日出生，政和县铁山镇铁山村人。现任广东东莞市曼若服饰有限公司董事长，福建省正和聚仁房地产开发有限公司（政和碧水豪庭）董事长。先后担任广东省福建政和商会第一届、第二届常务副会长，第三届执行会长兼秘书长，政和县铁山镇教育基金会第一届、第二届常务副会长。热心家乡的公益事业，捐资助学、修桥铺路，积参与政和魏氏宗亲事务，为魏徵公祠建设作出了贡献。分别当选为政和县第九届、第十届政协委员。

魏庄旭 1982 年出生，政和县镇前镇宝岩村坑里人。高中毕业，后在外经商。2009 年加入中国共产党，2015 年至 2018 年当选宝岩村委会主任，政和县第十七届人大代表。

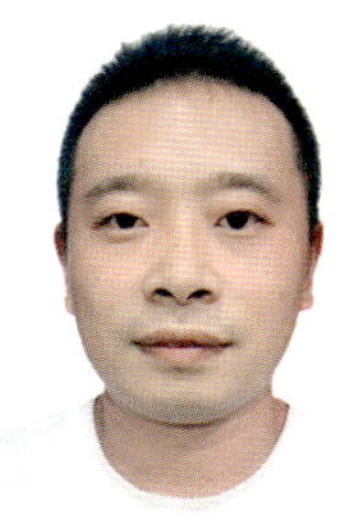

魏 灵 1983 年 2 月出生，政和县外屯乡下池村人。现任上海主禾服装有限公司总经理、上海象池贸易有限公司总经理。2000 年到上海，先后任上海市闸北区七浦路个体协会第一届理事，上海市静安区七浦路个体协会第二、第三届副会长，第五届政和县上海商会副会长，上海外屯教育基金会第二届理事，福建省魏氏委员会政和联络处及魏徵文化研究会副会长。2017 年至 2019 年，先后为家乡建设及教育基金、扶贫基金，魏氏宗亲等社会团体捐赠资金。

六、副科、中级职称以上魏氏宗亲列表

姓 名	性别	出生日期	籍贯	所 在 单 位	职 务 或 职 称
魏德本	男	1937.8.1	建瓯市	县铁山中学	中学高级教师
魏碧瑜	女	1938.12.3	古田县	县医院	主治医师
魏敦荣	男	1939.9.16	政和县	县镇前中心小学	小学高级教师
魏祯材	男	1940.11.11	政和县	县星溪小学	小学高级教师
魏敦康	男	1946.5.11	政和县	县镇前中心卫生院	主治医师
魏进禄	男	1946.8.2	建瓯市	县统计局	统计师
魏家财	男	1948.12.12	政和县	县市场监督管理局	副主任科员
魏日贵	男	1949.9	政和县	县检察院	副检察长
魏重旺	男	1951.12.20	政和县	县政治协商委员会	主任科员
魏子良	男	1952.11.21	政和县	县审计局	股长（副科）
魏堂燕	男	1953.2.23	政和县	县铁山镇三农服务中心	工程师
魏建设	男	1954.9.30	政和县	县人民政府办公室	主任科员
魏堂松	男	1955.3.10	政和县	县铁山中心小学	小学高级教师
魏万松	男	1955.8.3	政和县	县外屯中心小学	小学高级教师
魏敦汉	男	1956.2.19	政和县	县外屯中心小学	小学高级教师

续表

姓　名	性别	出生日期	籍贯	所 在 单 位	职 务 或 职 称
魏光松	男	1957.11.26	政和县	县外屯中心小学	小学高级教师
魏　芳	女	1958.3.10	政和县	县镇前中心小学	小学高级教师
魏庄有	男	1958.6.26	政和县	县镇前中心小学	小学高级教师
魏晓秀	女	1960.11.11	政和县	县星溪小学	小学高级教师
魏日满	男	1961.11	政和县	南平农业局	农技站长农艺师
魏美妹	女	1962.1.1	政和县	县东平中心小学	小学高级教师
魏庄钦	男	1963	政和县	县建设银行	经济师
魏美英	女	1963.2.1	政和县	县东平中心小学	小学高级教师
魏万桃	女	1964.2.9	政和县	县外屯中心小学	小学高级教师
魏建明	男	1964.4.12	政和县	县东平中心小学	小学高级教师
魏妙锋	男	1965.10.1	政和县	县石屯镇会计服务中心	经济师
魏榲盛	男	1966.3.23	政和县	县澄源中学	中学一级教师
魏长良	男	1966.4.23	政和县	农业机械管理总站	站长（副科）
魏晓斌	男	1966.5.4	屏南县	县卫生监督所	县疾控制中心主任
魏庭贵	男	1966.11.12	政和县	经济信息和商务局	主任科员兼供销社主任
魏隆贵	男	1967.7.6	政和县	第二中学	中学高级教师
魏敦春	男	1967.10.15	政和县	县东平中学	中学一级教师
魏晓銮	女	1967.12.20	政和县	县关工委办公室	小学高级教师
魏敦钦	男	1968.10	政和县	县医院	主治医师
魏秀珠	女	1968.6.10	政和县	第一中学	中学一级教师
魏诗玉	女	1968.9.3	政和县	第一中学	中学高级教师
魏敦伟	男	1969.7.5	政和县	县铁山中学	中学一级教师
魏常清	男	1969.7.29	政和县	县东平中心小学	小学高级教师
魏隆生	男	1969.10.26	政和县	第一中学	中学高级教师
魏锡勇	男	1970.9.7	政和县	第一中学	中学高级教师
魏建华	女	1970.10.3	政和县	县教师进修学校	小学高级教师
魏杨霖	男	1970.10.12	政和县	熊山街道办事处	组织委员（副科）
魏仲梅	女	1970.12.14	政和县	第一中学	中学一级教师
魏雄辉	男	1971.2.2	政和县	第一中学	中学一级教师
魏德娥	女	1971.7.12	政和县	县财政局	股长、经济师

续表

姓 名	性别	出生日期	籍贯	所 在 单 位	职务或职称
魏鸿健	男	1971.9.7	政和县	东平镇人民政府	委员、政府副镇长
魏芬芳	女	1971.12.21	政和县	县实验小学	小学高级教师
魏德柳	女	1972.2.1	政和县	县医院	主管护师
魏子萍	女	1972.5.8	政和县	县纪律检查委员会	副主任科员
魏隆凤	女	1972.6.29	政和县	第二中学	中学一级教师
魏美娟	女	1972.7.12	政和县	县星溪小学	小学高级教师
魏应妹	女	1972.10.16	政和县	县实验小学	小学高级教师
魏兴松	男	1972.12.30	政和县	县外屯中心小学	小学高级教师
魏育爱	女	1973.5.11	政和县	县实验小学	小学高级教师
魏日新	男	1973.1	政和县	宁波北仑检察院反贪局	局长、检察官
魏 冰	女	1974.2.27	政和县	县实验小学	小学高级教师
魏鸿亮	男	1974.11.7	政和县	第一中学	中学一级教师
魏荣斌	男	1974.11.17	政和县	第二中学	中学一级教师
魏芳香	女	1975.2.16	政和县	第二中学	中学一级教师
魏仕珠	女	1975.5.15	政和县	县东平中心小学	小学高级教师
魏育芳	女	1976.1.17	政和县	第一中学	中学一级教师
魏忠妹	女	1976.2.3	政和县	县公安局	一级警员
魏重桂	男	1976.5.20	政和县	县铁山镇人民政府	委员、政府副镇长
魏荣伟	男	1976.9.4	政和县	县铁山中学	中学一级教师
魏长柳	女	1977.2.20	政和县	县中医院	主治医师
魏育碧	女	1977.9.15	政和县	县实验小学	小学高级教师
魏丹玉	女	1978.2.12	政和县	县中医院	专技八级
魏兴丽	女	1978.4.6	政和县	第一中学	中学一级教师
魏仲庆	男	1978.9.26	政和县	第一中学	中学一级教师
魏斌芬	女	1978.10.2	政和县	第一中学	中学一级教师
魏 琼	女	1978.12.17	政和县	县妇幼保健院	主管护师
魏士琦	男	1979.10.18	政和县	县东平中学	中学一级教师
魏裕应	男	1978.12	政和县	厦门太平洋保险公司	业务主任
魏 斌	男	1985.9.29	政和县	县中医院	主治医师
魏锦涛	男	1987.5.19	建瓯市	东平镇人民政府	组织委员（副科）

七、政和县九十岁以上魏氏宗亲小记

百年平安才是福

——百岁老人魏堂良

有的人轰轰烈烈过一生，有的人平平凡凡度一世。铁山镇铁山村中弄老人魏堂良属于后者，过着平凡的一生。因为经历民国到新中国，却注定了他的不平凡。

魏堂良，1918 年 2 月 15 日出生，今年百岁，两目炯炯有神，一餐吃一碗米饭，饮一杯白酒。可惜除夕夜为了拔根钢筋伤了腰板，不能独立行走了。那天，我们特意去看望他，他只能在儿子魏育情的搀扶下，走出门口跟我们聊天。说是聊天，他已经耳背了，哪怕他儿子凑到他耳朵旁大声说话也没用。唯一说到茶叶时，他耳朵一灵，讲了几句“茶”话，可惜无法继续交流。

从魏堂良的大儿子魏育德、女婿叶光华嘴里得知，他亲身经历和目睹了两次生死。

1929 年，也就是民国十八年，政和城关发生鼠疫，“死者六百余人”。后来漫延全县，共死了一千多人。当时，魏堂良才 11 岁，已经在城关学做线面、月饼等面食手艺。可惜他也得了鼠疫，病情很严重，“当时，只剩下心脏在跳动”。魏育德小时候听父亲说起过这事，回忆道：“他的师娘见他平时勤劳，不忍心马上埋掉。”魏堂良被放在木板上，只等着他咽下最后一口气。而六七天过后，想不到他奇迹般地活了过来。这一回的“死”被广泛传说，成了得鼠疫不死的“英雄”。

“我母亲是在我弟弟魏育情 4 岁的时候去世的。”魏堂良的二女儿魏育秀说。当时正处 1960 年大饥荒，魏堂良共有 3 个儿子和 3 个女儿，人多饭少，大家都挨饿。魏育秀说：“当时我父亲正拿着饭盒到生产队里蒸饭，被人叫回去的，说母亲已经饿得不行了。”眼睁睁地，魏堂良看着妻子饿死了。不到几个小时，魏堂良的小女儿也饿死了。一天之内，魏堂良目睹了两位亲人的死亡，不知“死过一回”的他如何扛得住这么沉重的打击。

重情重义的魏堂良再也没有续弦，一个人拉扯着 5 个孩子。他做过会计，卖过薄饼，更多时间是种田。在他的精心照顾下，儿女长大了，他才开始喝口小酒，享着儿女孝顺的清福。“大难不死必有后福”。对于魏堂良来说，这种“福”就是平平安安了。

蛮牛魏堂泽

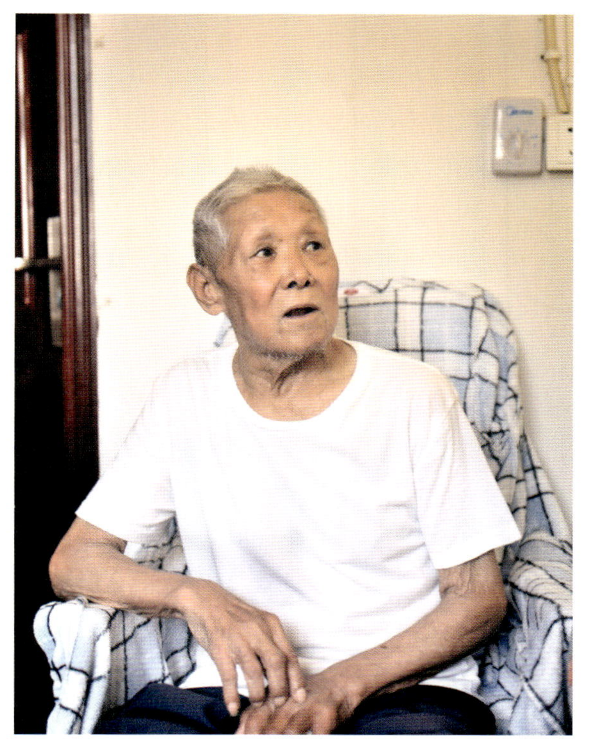

魏堂泽，1925年5月25日生，今年92岁，政和县铁山镇铁山村人，入赘东峰吴家。曾卖过面条，当过生产队长，任过东峰茶厂会计，后赋闲在家。

兄弟齐揉面

八岁，魏堂泽就跟着哥哥魏堂良学做面条。

当时，魏堂良十五岁，从政和东门万丰福那里师成回家，自立门户，在家办起了店铺，卖起了面条。

瘦小的魏堂泽，自小懂事，常常打着赤脚，光着胳膊，用吃奶的力气揉好面团，给哥哥擀面，日子过得清苦却也快乐。

一天晚上，邻居家的小炉子打翻了，屋子着火了。接着火迅速漫延到魏堂泽这边，不久，整栋木房子烧着了，熟睡的魏堂泽被哥哥推醒，慌慌张张往外跑。跑到一半，忽然不知想到了什么，又折了回去，抱起一床被子往门外走，“三楼的一个大柜子突然砸在身后，直掉到一楼房间”，魏堂泽回想起来后怕不已。最终他家留下了唯一的财产就是这床被子，他常常引以为豪，脸上露出笑容。

家遭不幸，魏堂良只好回城关给师傅做下手，魏堂泽只好寄养在一个叔叔家。

哥拉他逃跑

魏堂泽差点成了壮丁。过几年，魏堂良又回来做面条了，魏堂泽依旧跟哥哥干，只是十五岁的魏堂泽仍旧像小孩子一样的小。一天，魏堂泽正在揉面准备做面条。同村的甲长带着三个兵进来，把他抓住，要他充当壮丁，当兵打仗。当时，魏堂泽还达不到当兵的年龄，他回忆说：“我叔叔魏炮佬是保长，那几天正好到外面办事。甲长跟我叔叔在赌博时结下了梁子，乘机想报复我叔叔，就带人来抓我。”魏堂泽就嚷着要去见他叔叔。仨兵因他叔叔是保长，就让他去叔叔家见个面。魏堂良跟在后面，偷偷用脚碰了碰魏堂泽的后脚跟，魏堂泽一下醒悟：“此时不跑，肯定被抓去当壮丁。”魏堂良看到前边有一条小河，乘人不注意就拉着魏堂泽逃跑，直到晚上才敢回家。

他哭了三夜

“顽固”的甲长就是想把魏堂泽拉去当壮丁解气。有一天，魏堂泽帮同村人收割稻谷，正在同村人家吃晚饭。“闻到”气味的甲长，又带着兵来抓他，连夜送到了江上村关了起来。如若成了壮丁，十死一生。为了弟弟，哥哥魏堂良来替换弟弟当壮丁，因为魏堂良身体不合格，不行。为了侄儿，叔叔魏黑岩（音译）讲情也没用。魏堂泽在江上被关了三天三夜，也哭了三天三夜。

第四天，魏堂泽被带到县里进行体检和审查。“县里头头翻了年龄册，核实了身份，确实我年纪小，再加上黑岩叔在旁边活动，我终于被刷了下来。”魏堂泽说。

蛮牛也柔情

为了躲避再次被抓壮丁，在姑姑的撮合下，魏堂泽到东峰吴家当了上门女婿。新中国成立后，因为魏堂泽力气大，肯吃苦，做起事情不要命，大家很客气地送他一个“蛮牛”称号。大家还选这位倒插门女婿当生产队长。魏堂泽一心为着生产队，率先作为，得到大家的认可，全队生产积极性被调动起来，年年粮食丰收。

魏堂泽介绍说：“一百斤谷子碓成米，只要上交 66 斤大米就可以。剩下的大米可以由生产队自由支配，不够的也得由生产队补齐上交。”由于丰收，生产队里年年有粮食剩余。

时逢大饥荒时期，许多人饿了，为了不让更多人饿肚子，魏堂泽跟其他队人员一起被派到稻香、富美参观食堂做法。魏堂泽他们午餐时，许多小孩子围了过来，细如木棒的脖子顶着不大的脑袋，用饥渴的目光死死盯着食物。他心软了，他说：“那餐吃得真不是滋味。”回去，魏堂泽把负责食堂的木金叫来，了解到生产队里还有 1600 斤大米时，他做出了一个决定，除了 400 斤大米做机动外，其余大米全部分配到户，不能让队里的人饿了。

一人一家的分得 3 斤大米，两人一家的分得 4 斤大米，接着多一个人就多分一斤大米。大家高兴地把米领回家，得到其他生产队羡慕的同时，风也漏出去了，有人把事情捅到了县里。县里、乡里联合派人驻队检查，大家都保护着魏堂泽，不敢作声，最终查无实据，不了了之。

周江姬老人

周江姬， 1928 年 8 月出生。娘家在政和县澄源上榅洋村，于 18 岁嫁入澄源前村打石凸魏家。养育了四男二女，其后代有 54 人。没读过书，一生劳作，生活俭朴。近年来跟随子孙在政和城关居住，目前身体健朗，耳聪目明，生活自理，每天都能在户外散步。

魏子全老人

魏子全老人，1926年10月出生于外屯下池，现住下池村，门牌55号。采访组一进家门，老人就咧着嘴笑着上前迎接，同行的魏旭方老师忍不住惊呼道：“您这身体，哪里像是九十多？”惊呼之余，老人笑得更慈祥了：“九十二了。”他满头的白发，谁又能相信如今92岁的他，行动自如，精神状况极好，除了耳朵有些失聪，其他一切正常。老人培育了3个儿子，2个女儿，老伴儿在年前过世。如今一个人生活在老宅里，经常在下池和政和的儿子家中来回走动。老人年轻时毕业于政和初等师范学校，改革开放前在松溪教书，据说写的一手好字，是一位名副其实的私塾先生和老知识分子。改革开放后回到了政和，先后在镇前粮库呆过一段时间，后来又到高级社，做过会计、生产队等地工作。如今几个儿女都有了稳定的工作或收入，我们离开时一直送我们到了大门口，看他的步伐丝毫不亚于我们。作为魏氏宗亲的晚辈，我们的心里又是开心又是满怀祝福，祝福这位可爱的老爷爷长命百岁！

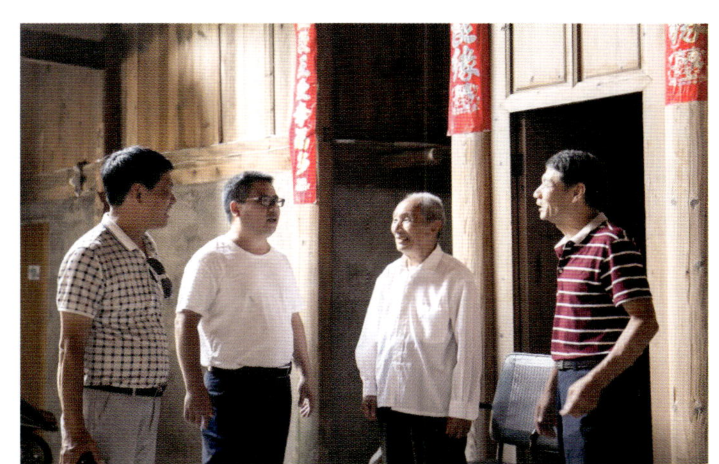

魏有钦老人

魏有钦老人，1923年7月出生，今年已经96岁，政和县东平镇碗厂人。魏有钦老人早年在西津转运站专门从事木材转运工作，后来因为转运站改制，50岁左右提前退休。

魏有钦老人有两个女儿，长女魏贵凤珠，现为退休教师，女婿在福利院工作；二女魏小妹，林业局退休职工，女婿在县农机总站上班。

魏有钦80岁时，老伴去世，女儿魏凤珠给魏有钦找个时年65岁的丧偶女人做伴照料生活起居，魏凤珠姐妹俩帮他们在外面租房子，供二老居住。16年来，俩老人和睦相处，双双身体健朗。魏有钦老人每天上街买菜，每天坚持绕城区街道走一圈锻炼身体。老伴负责煮饭炒菜，打理家庭卫生，把小天地料理得整洁卫生。魏凤珠姐妹俩每天上门看望、嘘寒问暖，老人感到生活充实知足，安享天年。

魏敦纲老人

魏敦纲（江），男，1928 年生，生有三男五女，孙辈和外甥有 46 人，弟弟魏敦贵。魏敦纲比弟弟魏敦贵大 18 岁。魏敦纲 18 岁时即到建瓯扛木头，回家时，母亲正生下弟弟魏敦贵。魏敦纲 25 岁结婚，魏敦纲老婆是童养媳，小他 7 岁，三年前去世。

魏敦纲老人（中）与弟弟魏敦贵（左）、堂弟魏敦映（右）合影

魏敦纲一生老实巴交，从未出过远门，一生与锄头为伍，勤劳肯干，子女们都是在他一双手刨地供养起来的。如今长子 65 岁，最小的女儿 45 岁。因子女们都在外发展，魏敦纲现在跟最小女儿在镇前居住，但他每天都有走路到郑源家中一趟。

1958 年大跃进时，魏敦纲带母亲到铁山烧炉炼钢。1960 年，他母亲去世后就安葬在铁山。魏敦纲早年在村里当过互动组组长、生产队长，一生的命运都拴在锄头柄上。魏敦纲从未读过书，但自学后能够识字，编的诗词还很押韵。

郑步蓝老人

郑步蓝，政和县镇前镇郑源村人，1924 年生，12 岁即嫁到同村魏家。生有三男二女，最大儿子今年 70 岁，最小女儿 55 岁。

郑步蓝一生只当家庭妇女，勤劳好客，与邻为善，是如今为数不多的在世缠脚老太。1960 年，因为家里缺吃，郑步蓝一度双脚浮肿不能行走，丈夫想方设法找来一点羊肉吃后，肿方退去。除了耳背外，郑步蓝身体健康，记忆力强，视力好，从未挂过瓶，生活能自理，做饭、洗衣等家务事仍能做得很好。

郑步蓝 50 岁开始念经，是村里经念得最好的一个。每天清早吃斋，平时饭不吃太饱，但饿了会吃点点心补充，偶尔会喝点酒，但没瘾。目前长子在家陪侍。

卓茂扬老人

卓茂扬老人，她虽不是魏家的子孙，但从某种意义来说更甚魏家子孙，老人仅仅四个月大时就被抱养到魏家当了童养媳。老人和我们回忆起那时的生活，不停地说这一句话："那时候真的实在苦啊。"她的婆婆一共生育了16个孩子，她还清楚记得当年国民党抓壮丁，几个小叔子就这么被带走，从此再也没有归来。那时候吃的苦自然是我们现在幸福生活下无法体会到的，老人说那时候总有人问她，那么辛苦为什么不离开魏家呢？老人说既然嫁过来成了是魏家人，就一定要撑起这个家。这句话让我们几个都动容了，老人的思绪如飞，记忆非常清晰，那段历史和过往都娓娓道来。说到现在，老人又不停在重复："现在实在好玩啊，子孙们每个月都给我钱，再也不用吃苦了。"只是谈到自己的三儿子时，老人的脸上挂着些许难过和自责，那时候家里真的太困难了，根本没有钱给三儿子治病，导致他后来精神失常，至今独身一人。老人就是跟着三儿子一起住，给他烧菜做饭。听到这里，我们除了一丝遗憾之外，又感慨老人家93岁的高龄，依然可以矫健地下厨和做一些其他的事。在大家拍完合照，我们要离开的时候，老人拉着我们的手邀请我们留下，说做饭给我们吃，突然觉得她是个可爱可亲的老奶奶，九十多年的艰难岁月，虽不是魏家子孙，却甚是魏家子孙。结束了半天采访，离开的时候老人一直送我们到了路口，看着我们远去。

魏洪球老人

魏洪球老人，1925年5月出生。老人祖籍政和县星溪乡宝岱村，如今已经是四代同堂了。得知我们的到来，老人在子女的搀扶下走出房间，坐在院子里与我们交谈。

"她年轻时候非常热心，经常帮助左邻右舍。而且喜欢唱歌，还挺好听。"老人的女儿笑着说。如今已经93岁高龄的魏洪球老人，听力已经退化许多，记忆力也衰退不少，关于许多年轻的回忆都记得不清楚了。但好在口齿尚且清楚，行动尚可，胃口饭量都还算正常。从她说话的语气中，我们大概可以联想到老人的儿子对我们说："别看我妈年纪这么大了，骂起人来真的是中气十足。"老人似乎是没有听到儿子的话，也似乎是没有在意他们的嬉笑，一张略微黝黑和干瘪的脸上满是淡然。93年的饱经风霜，如今儿孙都已成家，第四代的孩子也已经会哭会闹。听闻老人如今还经常会外出散步，一个人去玩，愿魏洪球老人有一个安康幸福的晚年。

吴水玉老人

今年 92 岁的吴水玉老人，家住政和县星溪乡宝岱村前山自然村，娘家在铁山镇东涧村。共育有 11 个子女（前面 8 个都是男的，后面 3 个都是女的），长子已经 73 岁，最小女儿也有 47 岁。“若是遇到家里办喜事请客，自己一家人就十来桌。”吴水玉老人的孩子说。

20 年前，随着最小的儿子魏小觅搬到政和城关居住后，吴水玉老人也就一直住在城关。如今子女全部都已成家，对老人孝顺，一家人其乐融融，成为令人羡慕的家庭。

吴水玉老人虽已九十高龄，但仍耳不聋、眼不花，神态祥和，精神矍铄，见到笔者，热情地打招呼。老人的子女说，吴水玉老人身体硬朗，热爱劳动，虽然不需要她干活，但还是习惯早晨早起，经常为一家人煮好稀饭。平时跟住处周边的老年人朋友也是相处得很融洽，茶叶旺季，还跟老年邻居一起捡茶针，多时一天可捡到 20 来元。

老人说，因为子女多，只能靠 “以大带小 ” 。20 世纪 60 年代闹饥荒，一家人饿得慌，如今还记忆犹新，好在后来子女们都健康成长。

尽管自己子女多，早年，吴水玉老人给自己孩子喂完乳后，还用“乳尾”喂养过两个别人家的孩子。如今这两孩子还跟她一家往来密切，跟亲生子女一样叫她 “阿妈” 。

在城里，吴水玉老人由 8 个儿子轮流照顾起居，子女只要有空，都会主动到吴水玉老人身边陪侍。平时老人想到哪个子女家吃住了，晚辈立即顺其意接送她，很自由、方便。

吴水玉老人说，如今国家政策好，每月可领到百来块钱。除此外，自己每月 15 日还可领到另外一份 “固定工资 ”500 元钱，那是 8 个儿子约定每月一起给老人的零用钱。老人说，这些钱大多都用在给晚辈的手礼上。

“如今生活变好了，只希望晚辈们都能健健康康、工作顺顺利利的 ” ，吴水玉老人说。

五世同堂吴金凤

愚公曾跟智叟说：“子又有孙，孙又有子，子子孙孙无穷尽也。 ”愚公的自信来源于中国传宗接代的传统。这种传统演绎了多子多孙家族不息论，然而能够几代同堂共享天伦之乐者又有几人呢？老舍也只说到 “四世同堂 ” ，如今政和却有一位叫吴金凤的老人，五代同堂。

吴金凤是 1929 年出生，16 岁时嫁入魏家，成了魏模银的妻子。今年才 89 岁，却是五代同堂，共有子孙等 53 人。

跟大多数人一样，吴金凤和魏模银为了过一种桃源式的日子，选择了地偏人穷的地方——白山头。建起了山厂子，过起了自给自足的生活。

年轻的魏模银善于挑担，常常挑着桐油，从江上出发，走崎岖的古道，到庆元小梅交换物品盐巴等，获得一点小钱，交给善于持家的妻子吴金凤。吴金凤在家操持家务，节省支出，把汗水赚来的钱用在刀刃上。过年了，难得给孩子们做一件新衣服，因为在吴金凤思想里，一件衣服要新三年旧三年，缝缝补补又三年，多年用完还要拿来纳鞋底做布鞋，这种勤俭的思想是不能满足，也无力满足孩子们的愿望。就这样，吴金凤把一家人的日子简简单单地过。

1958 年，为了给孩子们创造一个更好的环境，吴金凤和魏模银一家人搬到了东峰吴屯里居住。头脑好用的吴金凤和丈夫做起了豆腐生意，大儿子魏礼成回忆说："一块豆腐五分钱，一板豆腐卖到一元钱。"

如今，吴金凤的日子越过越红火，儿孙满堂，工作在四方，很难能聚齐。今年国庆节正是第五代孙子百日生日，她希望五世同堂能照一张全家福，53 人的全家福。

注：2017 年 7 月至 9 月间，政和县魏氏宗亲办的魏旭方、魏敦满、魏荣凯等人邀请记者刘永锋、余长青、李福礼等深入到各村，一同走访政和县 90 岁以上的魏氏宗亲，并将健在的部分老人写成小记，以留后人。

附录　大事

第一节　大事记

宋代

熙宁元年（1068 年），甲太公由建瓯之东游上迁东岸口（今政和）铁山屯头定居，为政和魏氏开基始祖。元丰元年（1078 年）甲太公逝世，享年 69 岁，葬于铁山屯头屋后坪中。崇宁元年（1102 年）十一月廿七日申时，甲太公墓安碑，坐巽向乾。

淳祐元年（1241 年），政和魏添一等六兄弟捐白金三千八百两，动工建造松溪“惠政桥”。淳祐五年（1245 年），该桥竣工。

元代

泰定元年（1324 年），魏迁一公迁徙外（魏）屯肇基立业。甲太公 10 世孙发祥公生九子一女，世称“九房林”。

泰定二年（1325 年），魏高二，又名朝，发松溪城关大殿边居住，为松溪魏氏开基始祖。

至顺元年（1330 年），下池村魏善（字道海），在稠岭狮子岩创建狮峰庵（又名陈公老庵）。1987 年，由魏林源、声和、谟煊、文才等为首募捐重建，2017 年扩建，现为稠岭风景区重要景点。同年，下池始建魏氏祠堂。1965 年，由裔孙魏林源、声和等为首重建。

元后至元年间（约 1340 年），马、魏两姓建西里镇前村天圣堂。

明代

洪熙元年（1425 年）三月十二日，和七公由下池发后宝岱开基立业。（明永乐到宣德年间，层一、层二、明五、萌六、和七、富八、更九相继从下池迁出）

成化初年（约 1465 年），甲太公 12 世孙增宝公从星溪冷石到政和城关肇基立业，为政和城关开基始祖。

弘治九年（1496 年），魏升等募资拓建顺令门外城坊临水宫。

正德元年（1506 年），魏长辑公子魏仲信、魏仲胜由黄泥峡发衍西表定居。

嘉靖元年（1522 年），魏仲信、魏仲胜在东平西表村创建魏氏宗祠。1934 年，该祠堂为建松政苏维埃政府驻地。现为省级重点文物保护单位。

明崇祯十三年（1640 年），下池里村山洪暴发，冲毁房屋 13 幢，从此全村荒芜。

清代

康熙三年（1664 年），外屯下池村魏氏重建魏氏宗祠。后毁，1965 年重建。

康熙七年（1668 年），河南滑县进士魏庆云任政和知县。

康熙八年（1669 年），知县魏庆云倡建“迎恩桥”，次年落成。

康熙五十三年（1714 年），龙溪贡生魏岱任政和训导。

乾隆九年（1744 年），郑源村魏茂祯公妣黄氏士珠携三子魏远荣、魏远华、魏远扬兄弟，由郑源迁徙西溪而桑梓。

乾隆十年（1745 年），魏日辉同僧普树、事首秦兴庠等十人复为修葺飞凤山麓英节庙。嘉庆五年（1800 年），魏宏仪等十人重修；道光十二年（1832 年），魏昌升等十人继修。同治七年（1868 年），县令魏应芳等继修。

乾隆十六年（1751 年）知县唐晋、典史潘世杰捐俸倡建，魏允辉、魏邦基、魏绍文等捐资重建在学宫对面余屯山巅的文笔塔。

乾隆二十三年（1758 年），魏陈寿兄弟等建后宝岱后门云梯亭。

乾隆二十五年（1760 年）季夏，监生魏宏仪，生员魏对扬、魏廷耀，附贡魏国珣重修文庙。清道光二十三年（1843 年），魏乃煊、魏廷藩续建。

乾隆二十六年（1761 年），修政和县志，魏一鉴、魏汉虬、魏邦基、魏绍文任采辑。

乾隆二十七年（1762 年），沙县人魏能恭任政和训导。

乾隆三十年（1765 年），魏允辉、魏邦基、魏如松、魏国屿、魏国衍、魏廷辉、魏式文等赞助乡贤杨宗舜在熊山遍栽和管理松树，保护县城。

乾隆三十一年（1766 年），邑绅魏允辉等募建城东兴贤书院。

乾隆三十七年（1772 年），监生魏泰袍、魏松年等筹建后宝岱村尾通济桥。

乾隆三十七年（1772 年），魏允辉、魏邦基、魏宏祁、魏震等募建文昌庙祀九天开化文昌梓潼帝君，前有折桂亭，后有凌云阁。

乾隆年间，魏国举等募建铁山村崇仁书院。

乾隆年间，庠生魏景倡首募建柿田村罗坑桥。

乾隆年间，魏振鹭与子魏景捐建西门渡头外黄源仔义冢。

乾隆年间，监生魏文炜建南山洋水井亭。

乾隆年间，监生魏文炜建铁山村头水井亭。嗣孙魏山光重修。

乾隆五十九年（1794 年），明经魏树贞等劝捐筹款修建英节庙。

嘉庆五年（1800 年），魏汉蟜捐款督建星溪桥。清同治初，知县魏应芳推举魏建畿等重建。

嘉庆五年（1800 年），魏宏仪等募题，增建文昌庙戟门焕文楼。同年，魏宏仪同僧昌华、绅董杨友松等十人重修城南英节庙。

嘉庆七年（1802 年），魏国珣独资建造星溪桥，又称“迎恩桥”。嘉庆十三年（1808 年）、嘉庆十九年（1814 年），该桥圮于洪水，国珣复独资重建，知县袁鸿称为“魏桥”，为之作序。

嘉庆十二年（1807 年），知县丁曰恭重建云根书院，魏崇德、魏锦松等参与重修云根书院。同年，魏昌升同杨友枫等十人续修英节庙。

嘉庆十七年（1812 年），魏汉蟜等募修文昌庙。清道光七年（1827 年），魏廷耀、魏廷藩、魏圣功、魏廷枢等重修。

嘉庆年间，魏汉蟜复建稻香“捷应亭”。光绪三十二年（1906 年），魏乃铨、魏乃煊、魏树翰重建。

嘉庆二十一年（1816 年）十二月，魏章生、魏章成兄弟同建茶岭亭。

嘉庆二十三年（1818 年），魏梦芳在官湖渡上建新桥头亭 . 光绪二十三年（1897 年），魏大樑等重修。

嘉庆二十四年（1819 年），由礼部旌表获准，魏式文在城关前街大路处建造“节孝”石牌坊。

道光元年（1821 年），魏运昌、范友忠等募建东涧西竺庵。

道光三年（1823 年）五月，城内遭水灾，知县谭文藻严禁熊山私垦盗砍，魏国琨、魏对扬等劝人捐资购买田产，召佃 4 人分界守护。魏廷耀、魏国玙、魏国珩、魏式文等捐租。

道光五年（1825 年）十月，魏德锦等募建高仑头里仁亭。

道光七年（1827 年），“九房林”各派首修《魏氏宗谱》。历时五年，至道光十一年（1831 年）方编竣。

道光八年（1828 年），永安副贡魏光文任政和教谕。

道光十一年（1831 年），翰林院编修、国史馆总纂魏敬中为政和县志作序。

道光十二年（1832 年），魏锦松参与募建治西尚义门补衮楼。清同治十年（1871 年），魏建畿参与重修。

道光十二年（1832 年），知县程鹏里、谭高捷、梁承纶总修，翰林院编修魏敬中总纂，魏镛任与修，魏国琨、魏廷耀任采辑，魏廷旌任缮写，魏廷枢任校刊的第四部《政和县志》成书，共 11 卷。

道光十六年（1836 年），魏陈贤筹建郑源村深洋桥。

道光十八年（1838 年），魏建棠等建后宝岱魏虞真人仙殿。

道光二十一年（1841 年）十月，吴魏氏建寻路岭尾亭。

道光二十二年（1842 年），知县袁万里会同院董魏锦松、魏国纶、魏廷藩、魏廷枢、魏建畿、魏铨等与其他院董创建东和试院。清光绪五年（1879 年）受灾，第二年，魏绍纶、魏建棋、魏炳功、魏奎文、魏开元、魏乃煊等募资重建。

道光二十三年（1843 年），知县袁万里会同院董魏锦松、魏国伦、魏国经、魏廷藩、魏建机、魏铨等创办东和试院和建熊山书院。咸丰年间，魏锦松、魏廷藩、魏廷枢、魏圣功、魏建畿、魏国经、魏炳勋、魏乃训等置禅岩寺田皮五十石，为善后租用，名曰“文光社”。

道光廿四年（1844 年），下池魏氏建造周宁牛岭尾渡船，并捐田租作为船工工资。原立碑为志，后其碑被毁。

道光二十七年（1847 年）十一月，魏德锦独建岐山冈起凤亭。

道光三十年（1850 年），贡生魏廷枢设育婴堂，出资收养弃婴。

道光年间，魏镛、孙光祖募建大黉（hóng）桥。

咸丰四年（1854 年），魏建儒等募建郑源村福源桥。

咸丰八年（1858 年），铁山村“发匪肆扰”，惨遭回禄，房舍屋宇恍如玉石俱焚，族众避乱四方。

咸丰十一年（1861 年），魏经邦等集资修建东门外忠节庙。同年（1861 年），下池魏光枢、魏联忠为首募建下山边厝桥。

同治元年（1862 年），魏应芳等募捐建星溪桥，仿明成化桥式。

同治三年（1864 年），监生魏应芳任政和知县。

同治四年（1865 年）正月，魏机水等募建洋岭中洋岭亭。

同治四年（1865 年），魏金枝募建青池石亭。

同治五年（1866 年），知县魏应芳等会同邑绅魏维茂、魏建士等重建星溪书院祠内正厅。清光绪甲午年（1894 年），楼屋失火，次年魏乃煊等募捐重建。

同治五年（1866 年），魏观海等重修马鼻岭亭。

同治八年（1869 年），魏联忠、杨作辉等重建魏屯（外屯）村瑞香桥。

同治八年（1869 年），魏光文为永安副贡。

同治十二年（1873 年），魏尚书等募建山南对面傍洋亭。

同治十二年（1873 年），知县温振邦、绅董魏乃廉等重建西门外节孝祠。

同治年间，魏得志等募建胡屯村七林桥。

光绪二年（1876 年），魏学琳等重建铁山屯尾桥外通贤亭。

光绪五年（1879 年），知县席珍捐俸银三百元倡建义仓，共捐谷二千三百石。其中魏乃煊捐谷二百八十石，魏乃昌捐谷一百石，魏建标捐谷四十五石，魏乃亨捐谷三十七石九十五斤，魏建祺捐谷九石九十四斤（清朝一石为一百斤）。

光绪十六年（1890 年），镇前坑里村魏梓文五代同堂，时任福建学政的乌拉布以督学部院名义授以“五代同堂”、“盛世人瑞”匾。

光绪二十年（1894 年），魏乃煊等募建星溪书院“仰山楼”。

光绪二十三年（1897 年）十一月，范魏氏偕男海旺等建雾露窠亭。

光绪二十五年（1899 年），魏尚锦等募修上屯村外犁壁岭亭。

光绪二十九年（1903 年），知县文达、训导蔡建贤、邑绅魏山光等募建明伦堂。后为县立第五国民学校。

光绪三十一年（1905 年）一月，西溪村魏府叶氏仕兰八十寿辰，钦赐进士魏鸿勋（魏敬中裔孙）赠“婺宿长辉”匾。现保存于魏日就、日兹家中。

光绪三十三年（1907 年），魏象新等被选为劝学员，辅助地方教育行政。

光绪年间，魏来募建万岁桥，古名万寿桥，通称水桥。

光绪年间，魏尚书等重修洪桥。

光绪年间，魏来、翁文玉等募建寅宾门外三里的鹤都岭亭。

光绪年间，凤林孙魏氏重修铜盆庵。

光绪三十三年（1907 年），魏汉蟜之裔孙府经历魏乃铨、附贡魏乃煊重建捷应亭。

光绪三十三年（1907 年），魏氏族人主要居住地西表村铁厂失火，烧毁房屋二十幢。次年又失火，烧毁房屋三十幢。

宣统二年（1910 年），孙魏氏捐资复建龟山桥石桥于溪尾。

宣统三年（1911 年），政和县郑源村魏鸿英从东游获得光绪三十三年（1907 年）纂修的魏氏宗谱六卷。

宣统三年（1911 年），魏乃煊等在城关关岳庙创办文光初等小学。

宣统三年（1911 年），郑源村魏建雄、魏开章、魏长中、魏长祥首倡创建郑源村魏氏祠堂。

清朝年间，魏学琳之父建铁山汇上亭。

清朝年间，魏瑞华在东平里建瑞华亭。

民国

元年（1912 年），魏钟晋等创办折桂初等小学。

元年（1912 年），政和成立工会，会董魏用升等出资在会中附设艺徒学校一所。

元年（1912 年），政和成立商会，魏钟俊等为会董。

元年（1912 年），陈箕诞、魏乃煊等创建“龟峰初等小学”、“文光初等小学”。

元年（1912 年），魏钟晋等在城北创建“折桂初等小学”，魏树翰任校长。

二年（1913 年），魏象新当选为国民政府省议员。

二年（1913 年），附贡魏恩光、黄锦山等续建铁山桥。

二年（1913 年），魏章生裔孙魏裕丰，后宝岱魏开来、开勋、开彝重建延寿桥。原为魏章生建。

三年（1914 年），魏钟晋任本县佐治官。

四年（1915 年），全境分为五区，设五团、三十一保。魏象新为第二区二团团总，魏用山等为保董，魏开来为四区四团的保董。

六年（1917 年），魏鸿英等人创办西里镇前村第四区公立第一国民学校。

六年（1917 年），魏用升禀请立案成立魏屯（外屯）禁宰社，禁宰耕牛。

七年（1918 年），魏钟俊任警备队临时队长。

七年（1918 年），土匪纷起，知事黄体震设筹办保甲事务所于县城，以魏象新为所长。全县分八区，魏象高、魏象仁等为二区局董，魏鸿英等为三区局董，魏濬哲、魏用升等为四区局董，魏开来为五区总董。魏开彝、魏鸿攀等为局董。

七年（1918 年）一月，省议员魏象新因有整顿司法之请，拟定改良条文十三则。当于二月呈，蒙福建高等审判厅厅长陈经嘉许，备案修改颁行。

七年（1918 年）十二月，李屯洋设立利济社仓。魏象新、孙裕昆等募捐，共捐谷五十石。

七年（1918 年）十二月，铁山村设立恤穷社仓。魏象新、孙裕昆、魏象高、李鼎元等募捐，共捐谷一百石。

八年（1919 年）修政和县志，魏乃煊任名誉董事，魏钟晋、魏象新任董事，魏树翰、魏恩光、魏象高、魏用升、魏鸿英、魏开来任采访，魏钟晋兼任会计，魏树楠任书记。

十四年（1925 年）初春，创建政和县初级中学。由福建公立政法专门学校讲习班科毕业生魏钟晋担任校长。

十四年（1925 年），外屯下池魏廷植七旬，时任福建省长萨镇冰赠予“载德绥厚”匾。

二十三年（1934 年）8 月，工农红军七军团二十一师五十八团挺进西表，建、松、政苏维埃政府设于西表村“魏氏祠堂”。

二十七年（1938 年）10 月，大刀会首林乃导在宝岱村“称帝”。政府军派兵进剿，前、后宝岱全村民房毁于一旦，化为灰烬。

1943 年 6 月，魏得高回政和城关，与游击队交通员接头时被叛徒出卖，与其妻陈如霞被捕入狱。

如霞于1943年7月6日在狱中罹难。得高被送东平，交于钱东亮部参谋长柴毅，施以酷刑，得高英勇就义。是年三十五岁，为革命烈士。

1943年7月5日，魏大鳌奉命到建阳横山侦敌。经西表井丘仔洋时，被张品奴告发而被捕，后被伪保长黄惠楼杀害。魏大鳌牺牲时年仅三十八岁，为革命烈士。

中华人民共和国

1952年，全县各区成立供销社，魏子坤参与创建东平供销社。

1953年4月，铁山魏满仲组建全县第一个“魏满仲互助组”，荣获建阳地区三项劳模奖章并奖耕牛一头。

1954年，西溪村魏开政、魏开应、魏长涓、魏长琳、魏长彬、魏长立、魏长燕、魏日坤等建造魏氏祠堂。1958年“大跃进”时被改为西溪大队仓库，1987年魏氏三修宗谱时复修。2012年，魏日宽、魏日兹、魏日青、魏日福、魏日春、魏敦清等重新筹建魏氏祠堂，于当年农历十月二十二日竖柱。

1955年冬，九进洋自然村肇基。建土木结构民房九栋，住九户人家，多数为魏氏族人。

1967年9月，魏氏族人聚居地西表村因故失火，烧毁房屋八十幢。

1985年8月，由魏万能、魏敦声副县长任指挥的九层际水电站开工建设。电站装机容量8000千瓦，1991年1月竣工。

1985年10月，魏氏族人聚居地黄泥峡自然村6.5公里公路开通并与浦赛公路接联。

1986年，魏万能主管文教卫生，新建政和二中、南门小学、实验幼儿园、县中医院和县中心体育场。

1995年9月6日，政和籍人民解放军战士张应有、魏重成在江西鹰潭市舍身抢救落水妇女而牺牲，南京军区后勤部授予革命烈士。

1996年，魏万能主持城区南门、西门、东门旧城改造和下药河边道路拓宽，部分主街拓宽24米。

1998年6月2日晚，暴雨倾盆，车潭村老碓厂后门山体滑坡，死亡33人，其中魏姓11人。

2002年元月16日，1966年被毁的郑源魏氏宗祠上梁重建。

政和县老城区

第二节　大事纪略

1998 年，魏万能参与指导建设塔山公园七星塔、七星公园。［政和七星塔坐落在城西佛字山前峰塔山公园内，因守候七星溪而得名。该塔为七层八角石构空心塔，塔基座外径 21 米，塔体内径 9 米，每层对开四门，整高 42 米。2000 年建成。有一始建于明英宗正统四年（1439 年）的乾清坤宁石塔立于前侧，诸佛禅寺相伴］

2000 年 9 月 26 日，时任福建省省长的习近平同志视察政和县实验小学，时任校长魏旭方宗亲向习近平同志汇报了学校工作情况。习近平同志亲切询问了学校发展情况，并向魏旭方宗亲及在场的地方领导说："一个地方的发展，基础是教育，后劲也是教育。"

2002 年 4 月 18 日，政和魏氏后裔重修始祖魏甲太墓，并重立一块新碑。墓坐落于今铁山村中弄龙口处，北纬 27 度 23 分 50 秒，东经 118 度 55 分 35 秒，坐南朝北。该墓立有宋崇宁元年（1102 年）石碑一方，碑高 83 公分，宽 76 公分，半月形碑首。墓坪东西宽 4 米，南北长约 6 米，面积约 24 平方米。

2002 年 9 月，福建省人民政府授予魏旭方宗亲“特级教师”光荣称号，并终身享受政府特殊津贴。

2002 年 12 月，由魏敦声任编委主任，魏日中主编并作序，历经三年编纂的《政和魏氏全谱》印刷发行。谱载：宋熙宁元年（1068 年）始祖魏甲太由建之东游迁东岸口（政和）谱序、政和魏氏世系等。16 开精装印刷本，全一册，987 页，86 万字，17 插页。福州市计委印刷厂承印 600 本。

政和魏氏修谱第一次会议代表(1999. 11. 20 于铁山甲太公墓前)

2004 年，魏万能主持重建政和县云根书院，策划城区人饮水宝岭水库建设。（云根书院在政和县城南飞凤山上，临近烈士陵园，每日都有众多政和及外地游客登临书院。新建的云根书院，远远望去，规模恢宏，蔚为壮观。书院建筑群是仿宋建筑风格，体现理学文化。格调高雅，风貌独特，古色古香）

2009 年，魏万能、魏万进、魏敦盛主持修建熊山森林公园公路。

2011 年，魏石樑、魏万能主持编纂政和城关魏氏谱。族谱由魏旭方负责设计制作。该谱收入了增宝公派下的城关北门魏、营尾二个支系。

2016 年，迁一公陵墓修缮完工。2001 年 1 月 9 日，“九房林”始祖迁一公墓立碑，碑高 1.38 米，宽 0.58 米，厚 4 厘米。同年 3 月，植柏树 33 棵。2011 年、2016 年续修陵墓阶梯及祖德廊，共捐资投入达 30 余万元。陵墓在外屯下池九蓬莲山，北纬 27 度 19 分 36 秒，东经 118 度 58 分 24 秒，墓穴坐西北朝东南（坐辛戌向辰）。墓坪深 28 米，阔 23 米，面积 644 平方米，原有墓林 25 亩。

2016 年 2 月 13 日（正月初六），魏重生、魏敦贵、魏守有、魏思忠、魏日胜、魏思兴、魏洪健等 7 人参加在泉州召开的福建省姓氏源流研究会魏氏委员会宗亲春节团拜会。

2016 年 6 月 24 日，魏重生会长代表南平市魏氏宗亲到台湾参加由中华海外联谊会、中华文化学院、中华全国台湾同胞联谊会等机构主办，由福建省姓氏源流研究会、台湾百姓文化交流协会承办的第八届海峡百姓论坛。

2016年7月21日，魏礼情、魏旭方、魏守有、魏敦满4人参加了南平市在建瓯召开的南平魏氏宗亲研讨会。与会者有福建省魏氏委员会秘书长魏渊楼、原南平市人大秘书长魏美祥，及南平各县市宗亲代表等26人。会上，各县市的代表就如何开展魏氏宗亲联谊活动等事项进行了广泛交流。

2016年4月1日下午，在政和县计生协会会议室召开成立政和魏徵文化研究会（政和县魏氏宗亲联谊会）第一次筹备会。参加会议人员有：魏万能、魏敦贵、魏礼情、魏重生、魏华贵、魏旭方、魏明强、魏守有、魏明彦、魏正华、魏杨霖、魏文灼、魏敦满、魏思忠、魏育政、魏日胜、 魏林姜 、魏敦和。

2016年4月9日，魏礼情、魏重生、魏守有、魏旭方、魏敦满一行5人到周宁礼门考察。期间参观了周宁魏徵纪念馆、周宁魏氏宗祠，并与周宁魏氏宗亲座谈、交流。

2016年10月3日，建阳宗亲魏美斌副会长、魏智明副会长、魏海英秘书长、魏清寿副秘书长、魏育明办公室主任一行到政和交流，并在政和县农业局会议室召开座谈会。两地宗亲相互交换了各自筹划成立魏氏宗亲联谊会信息，政和参加座谈会议的有魏万能、魏礼情、魏守有、魏旭方。会后，由魏万能带队参观了云根书院及相关文化设施。

2016年11月，确定租用政和县熊山街道星溪南路21号二楼为政和县魏氏宗亲联谊会办公地点。经过筹备，办公室从2016年12月1日正式启用。办公室设备由魏礼情、魏学富、魏正华、魏敦亮、魏敦满、魏守有、魏旭方等宗亲提供，魏思忠提供办公用茶。

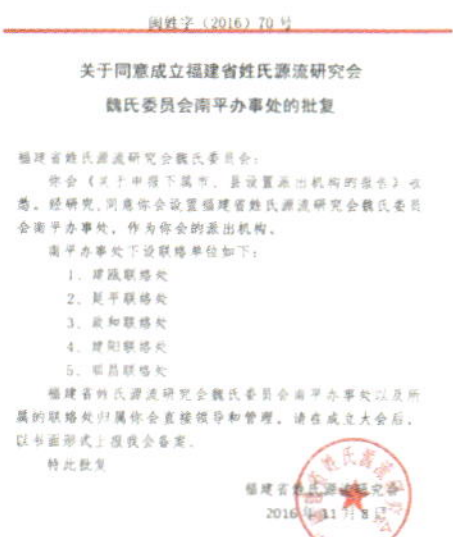

福建省姓氏源流研究会

闽姓字（2016）70号

关于同意成立福建省姓氏源流研究会魏氏委员会南平办事处的批复

福建省姓氏源流研究会魏氏委员会：

你会《关于申报下属市、县设置派出机构的报告》收悉。经研究，同意你会设置福建省姓氏源流研究会魏氏委员会南平办事处，作为你会的派出机构。

南平办事处下设联络单位如下：

1. 建瓯联络处
2. 延平联络处
3. 政和联络处
4. 建阳联络处
5. 顺昌联络处

福建省姓氏源流研究会魏氏委员会南平办事处以及所属的联络处归属你会直接领导和管理。请在成立大会后，以书面形式上报我会备案。

特此批复

福建省姓氏源流研究会

2016年11月8日

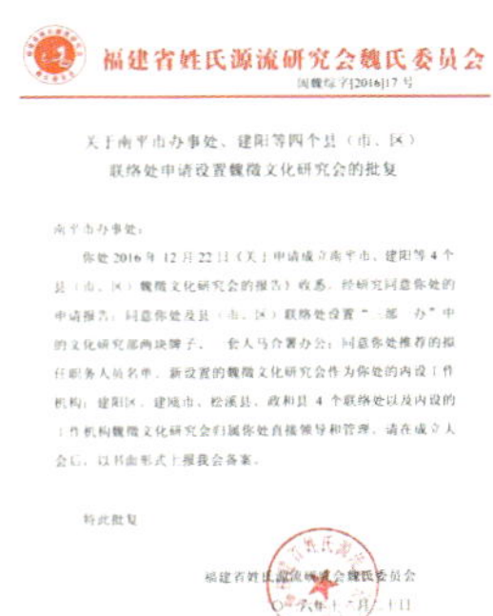

福建省姓氏源流研究会魏氏委员会

闽魏综字[2016]17号

关于南平市办事处、建阳等四个县（市、区）联络处申请设置魏徵文化研究会的批复

南平市办事处：

你处2016年12月22日《关于申请成立南平市、建阳等4个县（市、区）魏徵文化研究会的报告》收悉。经研究同意你处的申请报告，同意你处及县（市、区）联络处设置“三部一办”中的文化研究部两块牌子、一套人马合署办公；同意你处推荐的拟任职务人员名单。新设置的魏徵文化研究会作为你处的内设工作机构；建阳区、建瓯市、松溪县、政和县4个联络处以及内设的工作机构魏徵文化研究会归属你处直接领导和管理。请在成立大会后，以书面形式上报我会备案。

特此批复

福建省姓氏源流研究会魏氏委员会

二〇一六年十二月二十日

电话 0595-22765097 E-mail qzwei@sina.com QQ 1098585

2016年11月8日，福建省姓氏源流研究会批复同意成立“福建省姓氏源流研究会魏氏委员会政和联络处”。2016年12月20日，福建省姓氏源流研究会魏氏委员批复同意成立“政和县魏徵文化研究会”。

2016年12月4日，魏守有、魏正华、魏旭方、魏少涓4人代表政和县魏氏宗亲参加顺昌县魏徵文化研究会暨福建省姓氏源流研究会魏氏委员会顺昌联络处成立大会。

2016年12月10日，南平市魏氏宗亲魏仁福会长与部分县市魏氏宗亲等一行13人到政和考察，在外屯拜谒了政和魏氏家族的祖墓——外屯迁一公墓。考察了魏氏族人主要聚居地镇前郑源村。

2017年，魏万能主持“三朱阁”建设。三朱阁，在熊山中天寺旁。是在云根书院遗址上重建的。

2017年2月2日，魏礼情、魏重生、魏敦贵、魏旭方、魏思忠、魏学富、魏日胜、魏守有、魏正华、魏敦满、魏汝伟、魏少涓、魏端龙、马小红参加在南平召开的福建省魏氏委会员南平办事处、魏徵文化研究会成立大会。魏重生当选为常务副会长，魏思忠、魏学富当选为理事会副会长，魏礼情、魏敦贵、魏旭方、魏日胜、魏重景、魏正华、魏敦满、魏汝伟、魏少涓等九位当选为理事会理事。

2017年2月2日，在福建省魏氏会员代表大会上，我县马小红、叶衍琴被授予福建省魏氏优秀媳妇称号。魏林姜被授予福建省魏氏慈善之星称号。

2017年2月3日至4日，受政和县魏氏宗亲联谊会的邀请，魏振贤、刁云英夫妇在魏美祥大姐的陪同下到政和考察。先后考察了郑源村、世发茶厂、政和魏氏宗亲办、楠木林等地，拜谒了迁一公墓。并留下了“同宗一脉”、“上善若水”等墨宝。

2017 年 4 月 2 日下午，在建设大厦 10 楼会议室召开成立政和魏徵文化研究会（政和县魏氏宗亲联谊会）筹备会，40 余位魏氏宗亲参加了会议。

2017 年 5 月 20 日，政和魏氏宗亲联谊会筹备处魏礼情、魏守有、魏旭方、魏敦满、魏敦莉一行五人走访西溪村的魏氏宗亲，探讨成立魏氏宗亲联谊会事宜。

2017 年 5 月 21 日，政和魏氏宗亲联谊会筹备处魏礼情、魏旭方、魏正华、魏锡泉一行四人走访西表村，与当地魏氏宗亲探讨、交流魏氏宗亲联谊会的工作。

2017 年 5 月 28 日上午，政和县魏氏宗亲联谊会筹备处人员在名誉会长魏礼情带领下，前往铁山村探讨政和县魏氏宗亲联谊会有关工作和宗祠选址工作。参加本次活动的人员有魏礼情、魏育林、魏明强、魏旭方、魏思忠、魏汝伟、魏敦满、魏育权、魏仲生、魏少涓、魏森和、魏育平、魏育迈等。

2017年7月22日，政和县魏氏宗亲联谊会筹备处人员魏旭方、魏敦满、魏敦亮、魏万荣等人在宝岩村主任魏庄旭及茶溪村宗亲魏裕青、魏仲军、魏仲松等人的陪同下，走访了宝岩山后、坑里、下村、茶溪4个村的魏氏宗亲，共商成立政和魏氏宗亲联谊会等事宜。

2017年9月2日，魏礼情、魏重生、魏敦贵、魏旭方、魏正华、魏克龙、魏守有、魏榅桃一行人前往祖居地考察建设魏氏宗祠地址。上午到外屯下池，对拟建的宗祠地址进行考察，并与当地宗亲进行了座谈。下午一行人前往铁山村考察，在拟任副会长魏思忠、铁山村书记魏育政等宗亲的陪同下，对拟建的宗祠地址、旧宗祠遗址、甲太公墓进行了考察。

2017年9月，政和魏氏宗亲联谊会筹备处邀请相关媒体记者到城关、星溪、铁山、外屯等地，对政和魏氏90岁以上魏氏宗亲和五代同堂的家庭进行逐个采访、摸底登记，把他们的生平资料记载到我们政和魏氏宗族史中，永久保存。

2017年9月24日，政和县魏氏宗亲联谊会筹备处魏礼情、魏思忠、魏旭方、魏守有、魏少涓一行5人参加了建阳区召开的福建省姓氏源流研究会魏氏委员会建阳区联络处、魏徵文化研究会成立大会。

2017年10月，政和城关南门魏氏后裔魏克良当选为中共十九届党代表.并参加了于2017年10月18日在北京召开的中共十九届全国代表大会。2018年元月29日，福建省政协十二届一次会议在福州闭幕，魏克良当选福建省十二届政协副主席。2020年元月，任福建省厦门市政协党组书记、主席。

2017年10月29日上午，福建省姓氏源流研究会魏氏委员会政和县联络处暨政和县魏徵文化研究会成立大会在政和县实验小学胜利召开。本次大会共有350多位魏氏宗亲参加。

2017年11月26日下午，福建省魏氏会员代表大会暨南平办事处、魏徵文化研究会第一届二次会议，在南平财富大酒店召开。我县魏敦贵顾问、魏礼情名誉会长、魏正华、魏守有等四人参加会议。

2017年12月29日，福建省姓氏源流研究会魏氏委员会会长办公扩大会在泉州汇金假日酒店召开。省会会长魏腾雄先生、副会长兼秘书长魏渊楼先生、副秘书长魏献忠先生等40位魏氏宗亲参加会议。我县名誉会长魏礼情先生、副会长兼秘书长魏旭方先生应邀参加会议。

2018年元月，由魏礼情牵头，以下池魏氏族人为主，筹集资金216万元改造了外屯下池村的公路和河道。改善村民交通条件，保障了出行安全，提高了下池河道和水渠行洪、抗洪减灾能力，惠及子孙后代。

2018年元月20日，《南平魏氏志》编撰工作会议在政和县星溪小学召开。省、市、县40多位魏氏宗亲参加了本次会议，会上聘请魏万能、魏礼情为《南平魏氏志》编委会顾问，魏重春为编委会副主任，魏旭方为副主编。参加会议的政和县宗亲有：魏礼情、魏重春、魏旭方、魏正华、魏少涓、魏守有、魏敦满、魏敦亮、魏荣凯、魏益明、魏学英、魏敦美。

2018年2月25日，魏万能、魏敦贵、魏礼情、魏重生、魏旭方、魏思忠、魏守友、魏育政前往周宁考察刘氏宗祠、郑氏宗祠。

2018年4月22日早晨6点36分，铁山魏堂良老人去世。魏堂良老人生于1918年2月15日，享年101岁。

2018年5月17日，政和县宗亲魏旭方、魏少涓、魏学英、魏祖銮、魏炜萍参加在南平市召开的南平魏氏妇联成立大会。会上，魏少涓、魏学英、魏炜萍、魏祖銮、张晓丹为市级委员，其中魏少涓当选为副主席兼少儿部长，魏学英当选为执委。

2018年6月11日，魏礼情、魏旭方参加在南平魏氏宗亲办公室召开的《南平魏氏志》编写工作会议。会上，魏旭方介绍了政和县编撰工作的情况，并提出了建议。

2018年6月29日，魏礼情、魏旭方、魏文灼、魏子彪等前往外屯乡下步洋、下池等村采编狮峰庵资料。（狮峰庵，至顺元年（1330）由下池村的魏善（字道海）带领魏氏族人所建）

2018年5月6日上午，福建省魏氏委员会会员代表大会暨闽东魏氏企业家联谊会在古田县好望角酒店召开。魏旭方、魏守有、魏敦满等参加了会议。魏旭方秘书长代表政和县魏氏宗亲在会上做了工作经验介绍。

2018 年 7 月 8 日，建瓯魏氏宗亲魏旺姑、魏建华、魏长青、魏明华、魏生兴、魏积彩、魏美雄等 8 人到政和，与我县魏氏宗亲开展交流。

2018 年 8 月 4 日，《松溪魏氏志》编撰研讨会在松溪县魏氏宗亲办召开。魏旭方、魏思忠、魏荣凯参加研讨。

2018 年 8 月 16 日至 17 日，政和、寿宁魏氏宗亲前往浙江云和寻谱考察。考察期间，在云和县档案局魏仕荣宗亲、云和县魏氏族谱主编魏裕安宗亲等的陪同下，考察、走访宗亲，查阅资料。初步确认云和象上村的魏氏宗亲是从福建分支出去的。参加本次考察活动有政和的魏旭方、文灼宗亲，寿宁的魏昌才、妙林、魏仁、盛尧、张城、马灼、盛良、岩有等宗亲。

2018 年 8 月 20 日和 25 日，政和魏氏宗亲联谊会和政和魏徵文化研究会召开魏徵公祠筹建工作会议。决定公祠建在云根书院文昌阁后面，同时成立了筹备委员会。参加会议的有魏万能、魏礼情、魏重生、魏旭方、魏思忠、魏汝伟、魏克龙、魏明强、魏守有、魏正华、魏敦满。

2018 年 8 月 22 日，政和魏氏宗亲魏重生会长，魏旭方、魏思忠、魏汝伟副会长前往松溪学习和交流魏氏志编写经验。

2018 年 8 月 24 日，政和魏氏宗亲联谊会基金会在宗亲办为魏氏优秀学子颁奖。魏重生会长、魏礼情名誉会长分别给考上福州大学化学工程与工艺专业的魏荣峰奖励 3000 元，给中考第 6 名的魏荣杰奖励 1000 元，并授予“优秀学子”的荣誉称号。

2018 年 9 月 2 日，魏旭方、魏守有前往东游溯源寻谱。东游魏生柳、魏雄、魏华塘等陪同，为我们溯源提供了方便。

2018 年 9 月 11 日，在政和县魏氏宗亲办召开魏徵公祠建设方案探讨会。通过讨论，初步确定了建设方案，并聘请徐智宝设计师设计。参加会议的人员有：魏万能、魏礼情、魏旭方、魏敦满、魏克龙、魏守有及设计师徐智宝。

2018 年 9 月 14 日，聘请叶南山先生为魏徵公祠择地、确定朝向（朝向为坐东南朝西北 319 度）及择动工日期。参与人员有魏万能、魏旭方、徐智宝。

2018 年 9 月 22 日，魏旭方和理事魏文灼、魏忠、魏少涓参加在寿宁犀溪乡武溪村成立的寿宁县魏氏理事会及魏徵文化研究会成立仪式。

2018 年 9 月 30 日，政和魏徵公祠破土动工。政和魏徵公祠在云根书院文昌阁后山，坐东南朝西北。占地面积为 1404 平方米，建筑面积 855 平方米，概算造价为 550 万元。参与动工仪式的有魏万能、魏旭方、魏思忠、魏守有、魏敦满。

2018 年 12 月 16 日，《南平魏氏志》编撰委员会第三次编撰交流会在建阳区召开，政和县魏氏宗亲联谊副会长、主编魏旭方、副秘书长魏敦满、编委魏正华参加了本次会议。魏旭方代表政和宗亲在大会发言。

2019 年元月 19 日，由政和县诗词楹联协会、魏徽文化研究会主办的政和县姓氏文化诗词楹联研讨会在政和县老促会会议室召开。政和魏氏宗亲魏万能、魏礼情、魏旭方、魏正华、魏敦满、魏少涓、魏荣凯等与政和县诗词楹联协会的范永亮、张大握、张大泽、许青坪、李家宁等 11 位诗人开展交流、研讨。

2019 年 2 月 9 日（正月初五）上午，魏氏政和县联络处、政和魏徽文化研究会第二次代表大会暨政和县魏氏妇联成立大会在政和县星溪小学召开。参加本次会议的有 100 余人。会上，会长魏重生做新春致辞，副会长兼秘书长魏旭方做了 2018 年工作总结，对 2019 年工作进行了部署。政和县魏氏妇女联合会选举产生了第一届领导班子，魏少涓同志当选为政和县魏氏妇联会主席。

2019 年 2 月 9 日下午，在星小召开兴建魏徵公祠捐资工作会议。参会人员有顾问、会长、副会长、部分理事等 39 人，与会人员现场认捐 155 万元。

2019 年 2 月 24 日，由南平市朱子文化研究会主办的第一届朱子文化“文脉奖”颁奖大会在政和县云根书院召开。政和县人大原主任、政和县朱子文化研究会顾问魏万能先生荣获第一届“文脉奖”。

2019 年 4 月 6 日上午，“九房林”层二公长子增宝公的后裔政和城关魏氏宗亲与层二公次子增二公的后裔星溪冷石村的魏氏宗亲共同祭拜了外屯魏氏开基始祖迁一公墓。这是城关魏氏经考证为层二公的后裔后第一次组团参加祭拜活动。

2019 年 7 月 13 日，在政和驻沪党委会议室召开在上海的政和县魏氏宗亲恳谈会。会上就魏徵公祠建设和宗亲联谊会的工作进行了共同探讨。在沪期间，宗亲联谊会负责人走访了魏思兴创办的上海力瑞日用品有限公司。参加本次恳谈会的有魏重生、魏礼情、魏敦贵、魏旭方、魏明强、魏学富、魏重景、魏思兴、魏曹兵、魏仲强、魏敦光、魏斌、魏荣龙等宗亲。

2019 年 7 月 14 至 15 日，政和县魏氏宗亲联谊会的魏礼情、魏旭方、魏明强三位宗亲前往河北省石家庄晋州市魏徵故里考察。参观了魏徵公园、魏徵纪念堂和魏徵故居，进一步了解魏徵家族世系和博大精深的魏徵文化。

2019 年 8 月 3 日，《政和魏氏志》主编魏旭方参加在南平召开的《福建姓氏志》魏氏篇的研讨汇总工作。在会期间，魏旭方向市会及各县会的魏氏宗亲领导汇报了政和县魏氏宗亲工作情况及政和县“魏徵公祠”工程建设情况。

2019 年 8 月 21 日上午，政和县魏氏宗亲联谊会名誉会长魏礼情，顾问魏敦贵、魏堂械，副会长兼秘书长魏旭方、常务理事魏明强一行前往镇前，与回来度假的魏仰达教授夫妇、市魏氏宗亲执行会长魏重春夫妇，及镇前的魏敦映、魏观景、魏重海宗亲举行魏氏文化座谈会。会上就“魏徵公祠”文化建设进行探讨。

2019 年 8 月 21 日下午，政和县魏氏宗亲联谊会名誉会长魏礼情、顾问魏敦贵、魏堂械，副会长兼秘书长魏旭方、常务理事魏明强一行前往周宁礼门参观并听取了宁德市魏氏宗亲会秘书长魏圣柏对礼门祠堂的介绍。期间还对礼门与政和的魏氏源流进行了探讨。

2019 年 8 月 27 日，政和县魏氏宗亲联谊会召开 2019 年优秀学子座谈会。会上对考上“双一流”院校（专业）的魏锶琦奖励 3000 元，中考前十名的魏雯倩奖励 1000 元，并授予优秀学子证书。同时，对贫困学子魏柳兰、魏琼、魏国涵各给予了 1000 元补助。

2019 年 8 月 30 日上午，南平市魏徵文化研究会会长魏仁福、执行会长魏重春、党建指导员魏积平带领南平市、延平区、建阳区、建瓯市魏徵文化研究会一行 14 人到政和考察魏徵公祠建设。魏仁福会长捐 10 万元建魏徵公石雕像，魏发辉副会长捐 5 万元建“政和魏氏迁徙图”。

2019年9月16日上午，政和县东平西表村魏氏企业家魏常仁宗亲牵头，组织22位宗亲参观在建的魏徵公祠和已建好的十思廊、魏徵塑像。参加本次活动的联谊会班子成员有魏万能、魏礼情、魏重生、魏旭方、魏明强等。

2019年9月21日，福建省姓氏源流研究会魏氏委员会第三届会员代表大会在泉州市丰泽区海丝博亚国际酒店召开。我县名誉会长魏礼情、会长魏重生、副会长兼秘书长魏旭方，妇联主席魏少涓参加会议。会上，魏腾雄当选会长，魏渊楼等当选为副会长。大会授予政和县联络处为优秀联络处，魏礼情为优秀顾问，魏思忠为慈善楷模，魏少涓为优秀妇女工作者。

2019年9月28日，政和县魏徵公祠主殿建设封顶。参加本次封顶仪式的魏氏宗亲有魏万能、魏礼情、魏旭方、魏克龙、魏日胜、魏正华、魏敦满、魏守有、魏学英、魏本彪、魏堂械、魏文灼及城关、石屯等魏氏宗亲共30余人。

2019年10月25日，南平市魏氏办事处执行会长魏重春带领魏长祯、魏裕明、魏柳弟到政和采集市魏氏宣传视频及魏氏宗讯资料。同时松溪县魏氏宗亲魏重青、魏明旺、魏明吉、叶天发（女婿）到政和交流取经。

2019年11月14日，和七公墓重修工程竣工。其墓在后宝岱村头路边，长17.6米，宽12.5米，坐北朝南，北纬27度18分54秒，东经118度55分38秒。本次重修和七公墓是由魏隆生、魏隆众、魏敦洪、魏仲锋、魏本林、魏日忠、魏本彪、魏声炉等人牵头，收到216人捐款，共捐13.62万元人民币。

2019年11月17日上午，福建省姓氏源流研究会魏氏委员会建瓯魏氏联络处暨建瓯市魏徵文化研究会成立大会在建瓯福大酒店隆重举行。会上，魏安国当选为会长。政和县副会长兼秘书长魏旭方、副会长魏日胜、常务理事魏正华、魏氏妇联主席魏少涓参加会议。

2019年11月18日，政和县马氏祠堂在镇前落成，并举行庆典。政和魏氏宗亲联谊会魏万能、魏敦贵、魏重春、魏旭方、魏明强及郑源村的部分魏氏宗亲参加庆典。魏敦贵宗亲代表政和魏氏发言。政和县魏氏宗亲赠送“魏马同享”匾，郑源魏氏宗亲赠送“先缘永恒”匾。

2019年11月19日，一级书法师，清华大学书法研究生、清华大学艺术创作研究会理事，中国书法家协会会员、中华文化艺术交流协会会员，湖南省湖湘文化交流协会常务理事、深圳市书法家协会理事、湖南省广播电视台湖南广播电视传媒公司副总经理马君声先生，为政和魏徵公祠题写“魏徵公祠”、“钜鹿堂”两幅墨宝。

2019年11月30日下午，福建省姓氏源流研究会魏氏委员会副会长兼秘书长魏渊楼，在市执行会长魏重春的陪同下，考察了政和县“魏徵公祠”建设。魏渊楼秘书长对政和魏氏宗亲工作给予高度肯定，并嘱咐如何进一步开展和深化下一阶段工作。热情邀请政和魏氏宗亲回访省魏氏委员会。

2019年12月1日，福建省姓氏源流研究会魏氏委员会南平办事处暨南平魏徵文化研究会一届二次会员代表会在南平大饭店召开。我县魏重生会长，魏旭方、魏思忠、魏汝伟、魏日胜副会长，魏少涓主席，魏正华理事，魏端龙、魏日锋宗亲参加了会议。会上，魏旭方副会长兼秘书长做了专题发言。魏万能被聘为魏氏委员会南平办事处暨南平魏徵文化研究会顾问。

2019年12月7日，松溪魏氏宗亲联谊会的魏强、魏明吉、魏福源、魏成宪、魏重青、魏煌、魏明旺、魏春枝、李烈木（魏氏女婿）等一行人到政和考察“魏徵公祠”建设情况，并捐赠一万元。参加本次活动的政和魏氏宗亲有魏旭方、魏克龙、魏守有。

2019年12月12日，政和县魏氏宗亲联谊会的魏礼情、魏明强、魏旭方、魏少涓、魏端秀等走访后宝岱魏氏宗亲，了解和七公迁徙情况及家族的繁衍情况。期间拜谒了和七公墓，考察了清光绪十八年（1892年）由魏建棠等建的后宝岱魏虞真人仙殿，清乾隆三十七年（1772年）由监生魏泰袍、魏松年等筹建的后宝岱村尾通济桥。

2020年元月10日，福建省魏氏委员会会长扩大会在泉州召开。腾雄会长对2019年工作进行了总结，对2020工作进行安排。会上，渊楼秘书长传达省总会精神和指导意见。各分会长对本地区宗亲工作、人文交流做了总结及2020年工作计划做了汇报。我县特约参会，魏礼情、魏明强、魏敦满与会，并汇报政和县魏徵公祠建设情况。

2020年6月9日，省会渊楼、国祥副会长，市重春执行会长、发辉副会长及延平区魏英平一行到政和魏徵公祠考察。考察期间，政和魏氏联络处魏旭方副会长向考察团一行汇报了政和魏氏联络处的工作情况。渊楼副会长认为政和的工作走在全省的前列，其各项工作具有特色，值得借鉴。渊楼副会长代表腾雄会长捐赠20万元建设魏徵坐像，魏发辉副会长代表其夫人陈学玲捐款5万建设迁徙图。

2020年7月8日下行，福建省姓氏源流研究会庄奕贤会长与福建省姓氏源流研究会副会长、魏氏委员会常务副会长魏渊楼一行到政和考察魏徵公祠和政和县魏氏联络处，并召开了座谈会。会上，省姓氏源流研究会的领导对政和县魏氏联络处的工作给予了高度评价。庄会长认为政和县魏氏联络处的工作扎实，软硬件工作都取得了成效，走在全省65个协会的前列。

2020年8月，历经三年编撰的政和县城关魏氏族谱编印制成册。这部族谱由魏万能担任主编，魏旭方、魏正华担任副主编，魏旭方负责编辑、设计。这部族谱为A4精装，全彩印刷，共165页，包括了政和魏氏、谱系、人物、文化遗产、大事五个章节。首次将城关魏氏纳入“九房林”层二公支系之中。

第三节　大事专记

一、福建省姓氏源流研究会魏氏委员会政和县联络处、政和县魏徵文化研究会成立大会

成立大会简介

在秋色宜人、丹桂飘香、秋果累累的丰收季节！2017年10月29日上午，福建省姓氏源流研究会魏氏委员会政和县联络处暨政和县魏徵文化研究会成立大会在政和县实验小学胜利召开。

大会由魏明强先生主持，魏万能先生代表筹委会向大会致辞，魏礼情先生代表筹委会向大会作工作与财务报告，魏重生先生代表第一届理事会向大会做了发言。

本次大会共有350多位魏氏宗亲参加，会上选举出以魏重生为会长的第一届领导班子，同时聘请魏万能先生、魏敦声先生、魏敦贵先生、魏堂棫先生、魏声易先生、魏日中先生、魏华贵、魏仰达先生为第一届理事会顾问，聘请魏礼情先生为第一届理事会名誉会长。大会选举出会长1人，常务副会长1人，副会长12人，秘书长1人（兼），副秘书长1人，理事52人，吸纳会员128人。

会上，对年满90岁的魏氏宗亲、五世同堂的魏氏家庭授予荣誉匾和颁发奖金，给优秀的魏氏学子颁发荣誉证书和奖金。

本次大会邀请到省魏氏委员会顾问魏美祥女士、省魏氏委员会顾问魏重春、省魏氏委员会顾问魏积平、省魏氏委员会副会长、南平市会长魏仁福先生，省魏氏委员会副会长、南平市分会常务副会长魏安国先生。魏仁福先生、魏安国先生在会上发表了热情洋溢的讲话，各位领导对我县宗亲工作的开展给予了高度肯定。延平区、建阳区、建瓯市、顺昌县、邵武市、松溪县、周宁县、寿宁县的魏氏宗亲也派代表到会祝贺，各地宗亲以不同方式发来信息表示祝贺。

魏万能在成立大会上致辞

尊敬的各位领导、各位嘉宾、各位宗亲代表，大家好！

秋风起兮白云飞，草木黄落兮雁南归。在这金黄硕果的深秋之际，我们在省、市领导的殷切关怀下，带着兄弟县、市、区魏氏宗亲会的深切祝福，和全县一万多位魏氏宗亲的殷切期盼，在这里隆重召开福建省姓氏源流研究会魏氏委员会政和联络处暨政和县魏徵文化研究会成立大会。在此，我谨代表宗亲会向所有给予我们关心和支持的领导、宗亲、社会各界的朋友表示衷心的感谢！对为本次成立大会辛勤付出的所有宗亲和工作人员表示诚挚的问候！并对福建省姓氏源流研究会魏氏委员会政和联络处暨政和县魏徵文化研究会的成立表示热烈的祝贺！

去年4月1日，在南平市办事处的指导下，在全体宗亲的关心和努力下，我们召开了第一次

魏万能先生在成立大会上致辞

成立大会筹委会会议，推选了筹委会顾问、名誉会长、会长、副会长、秘书长、副秘书长等，负责成立大会的前期筹备工作。筹委会成立以来，先后召开了5次筹委会会议和多次工作会议，对如何成立大会进行多次探讨和详细部署，对大会成立后的工作任务确定了方向。今天，我们在这里追根溯源、欢聚一堂，共同商议魏氏宗亲的百年大计，是为了更好地凝聚人心，有所作为；是为了更好地团结一致，共同进取。也是为了汇聚政和所有魏氏宗亲的爱心与关心，更好为魏氏子孙谋福。

欣逢中国共产党十九大胜利召开。在这举国上下喜庆的日子，在这歌舞升平、国泰民安的盛世中，迎来了省姓氏源流研究会魏氏委员会政和县联络处暨政和县魏徵文化研究会成立的庆典，进一步激发我们魏氏宗亲的爱国敬祖热情，增强中华民族魏氏宗亲的自豪感和凝聚力。承先启后，继往开来，是人类延续历史的责任。中华民族号称有五千年的历史文化，有讲伦理、重血缘的民族思想特征，构成了由家庭而宗族的社会结构基础，形成了民族生存发展的凭借。社会上很多同乡会、宗亲会的组织都源于“饮水思源”、“忠孝传家”的民族思想及文化精神。

魏氏姓族历史悠久，人才辈出。唐代伟大的政治家、思想家、杰出的历史学家，中华魏氏先贤魏徵丞相，辅佐唐太宗，成就了“贞观之治”，强盛了中华民族，以盛世立于世界民族之林。他以“不以逢时改节，不以图位卖忠”、“廉洁奉公，节操自爱。刚正不阿，犯颜敢谏”的高尚品德，受到历代名君贤相的推崇、仿效，受到世人的敬仰。

我们政和魏氏，乃大唐名相魏徵之后裔。宋神宗熙宁戊申年（1068年），十八世孙魏甲太，时年五十八，由建洲之东游上迁政和铁山屯头开基，被尊为政和魏氏始祖。

政和是朱子祖居地，宋徽宗赐封的宝地，钟灵毓秀，人杰地灵，气候宜人，风景优美，百业必有用武之地，人民生息、兴旺发达之地。政和魏氏先辈经历近千年的历史，并在战争、疾病、困苦等患难中，他们不畏艰难，前赴后继，开拓进取，以农耕为主，过着日出而作，日落而息的清贫生活，使得政和魏氏一代又一代得到繁衍和发展，至今已达一万余人。现在，我们进入了历史发展新时期，在中国共产党的领导下，中国人民从站起来、富起来，到强起来，中华民族得到了不断的振兴。宗亲联谊、百姓文化也得到了高度重视。我们要发扬魏氏宗族情谊及慎终追远之美德，学习先祖的崇高品质和开拓创业精神，发愤图强，为实现中华民族复兴的中国梦而努力奋斗！

最后，让我们托庇祖宗、光宗耀祖、恩泽千秋、福荫万代，以德为本、以民为本，承前启后、继往开来，积功厚德，为魏氏后代做表率与典范，为振兴魏氏家族大展宏图、勤俭自强、事业有成。祝愿政和魏氏子子孙孙、世世代代兴旺发达，繁荣昌盛。祝各位宗亲身体健康，家庭幸福，万事如意！预祝大会取得圆满成功！谢谢大家！

魏礼情在成立大会上工作报告

尊敬的各位领导、各位嘉宾、各位宗亲代表，大家好！

我受福建省魏氏委员会政和县联络处政和县魏徵文化研究会筹委会的委托，向大会报告筹备成立大会情况和账务执行情况，请予以审议。

成立大会筹备工作

一、加强组织建设，设置办公场所

在南平市办事处的指导下，在全体宗亲的关注和努力下，筹委会于 2016 年 4 月 1 日召开了第一次会议，推选了筹委会顾问、名誉会长、会长、副会长、秘书长、副秘书长等，负责成立大会的前期筹备工作。筹委会成立以来，先后召开了 5 次筹委会会议和多次工作会议，对如何成立大会进行多次探讨和详细部署，对大会成立后的工作任务确定了方向。

2016 年 12 月，我们租下了星溪南路 21 号二楼为我们筹委会的办公地点。其面积达 100 多平米，内设有会长室、副会长室、秘书长办公室及会议室等，在多位宗亲的赞助下，配齐办公家具和办公设备，已具备各项办公条件和接待能力。办公室已成为我们政和魏氏宗亲情感交流的场所和对外文化交流的窗口。

二、依规逐级申报，规范团体运作

根据有关要求，我们依规申报，在上级和有关部门的支持下，福建省姓氏源流研究会于 2016 年 11 月 8 日批复成立福建省姓氏源流研究会魏氏委员会政和联络处（闽姓字［2016］70 号），福建省姓氏源流研究会魏氏委员会于 2016 年 12 月 20 日批复成立政和县魏徵文化研究会。筹委会根据批复，刻办事公章，设立对公账户。对各位宗亲募集来的所有款项都纳入了该账户进行管理。目前，我们所开展的相关活动是经过组织审批的合法活动。在筹备期间，我们起草了《福建省姓氏源流研究会魏氏委员会政和县联络处、政和县魏徵文化研究会章程》，经过广泛征求意见反复修改，明确了本会宗旨、服务范围、工作职责、机构设置、人员任免、每届年限（每届为 5 年）等重要事项。现印发给大家，提交大会审议。

三、深入基层走访，凝聚宗亲力量

据政和县公安部门统计，政和魏姓在籍人数为一万余人，全县排名第 10。

一年多来，筹委会的班子走访了铁山、下池、郑源、西溪、宝岩、茶溪、西表、范屯、东峰等魏氏族人居住的主要村落。每到一处，都得到了宗亲热烈欢迎和响应。召开座谈会，走访宗亲，确定了有关乡镇、村的联系人，发展了 90 多位理事和会员，为今后宗亲工作的开展奠定了坚实基础。

同时，约请相关媒体记者陪同我们，对 90 岁以上魏氏宗亲和五代同堂的家庭进行逐个采访，并将在本次大会上给予褒奖，把他们的生平资料记载到我们魏氏宗族史中，永久保存。（目前，政和魏氏族人中：100 岁有 1 人，90 岁以上有 10 人，五世同堂有一户。100 岁的是魏堂良先生，90 岁以上分别是 95 岁的魏有钦老人、94 岁的郑步蓝老人、93 岁的魏洪球老人、93 岁的魏堂泽老人、92 岁的魏子全老人、92 岁的卓茂杨老人、92 岁的吴水玉老人、90 岁的魏敦纲老人、90 岁的周江姬老人、90 岁的魏卫连老人，五世同堂为魏礼成一家）

魏礼情先生在成立大会上做工作报告

筹委会组建以来，就把魏氏祠堂的选址工作摆上议事日程。一年多来，筹委会班子邀请了有关人员，先后到了状元峰、塔山、林屯、铁山、下池等地进行多次实地考察，开展座谈，提出建议和选址的基本要求。

四、学习交流经验，探索工作途径

为了提高工作水平，筹委会成员走出去，先后参加了在台湾召开的第八届海峡百姓论坛、省宗亲代表大会、团拜会，市魏氏宗亲研讨会、成立大会，顺昌、建阳成立大会，多人次前往周宁礼门魏氏祠堂交流学习。同时我们还接待了南平市、延平区、建阳、顺昌、松溪、宁德、福鼎等地宗亲的来访与指导。更可喜的是，2017 年 2 月 3 日，我们很荣幸地邀请到了魏振贤叔叔、习云英婶婶到政和指导我们宗亲工作。（在政和的两天里，魏振贤、习云英夫妇参观了以魏氏族人居住为主的镇前郑源村，听取了魏敦贵介绍魏氏族人的发展情况，及该村的新农村建设情况。拜谒了政和魏氏族人在外屯的祖墓——迁一公墓，参观了魏思忠宗亲创办的世发茶厂，并与其家人亲切交流，了解政和魏氏族人的生活工作状况。次日到我们宗亲联谊会看望了部分宗亲会成员，并座谈、合影留念，为宗亲会题“上善若水”，为魏氏宗祠题“同宗一脉”，为郑源魏氏宗祠题“宗归一脉”三幅墨宝）与本县的其他宗族开展交流工作，先后与张姓、范姓、徐姓、周姓、叶姓、李姓、许姓等宗族开展探讨，取长补短。筹委会秘书处根据自身特点，开展创造性工作，采用图文并茂形式，把 2016 年政和魏氏大事编印成册，便于保存和交流。

五、谋划筹建基金，确保健康发展

经费是健康发展的保障。筹委会成立伊始，班子就开始谋划成立政和县魏氏宗亲联谊会基金会，经过多次会议反复探讨和征求意见，起草了《政和县魏氏宗亲联谊会基金会管理及使用办法》，于 2017 年 4 月 1 日提交第三次筹委会讨论。经与会的 40 多位宗亲讨论，形成统一意见。在此基础上，筹委会秘书处拟出了《政和县魏氏宗亲联谊会基金使用细则（试行）》，作为附件一并提交大会审议。截至 2017 年 10 月 26 日，共有 130 位宗亲捐款，基金会已筹得款项 447028.00 元（其中现金为 415288.00 元），为今后工作开展提供了有利保障。

六、搭建交流平台，传播魏氏文化

随着社会经济的飞速发展，人口的快速流动，原为近邻里的你我已各自天南地北，难于交流。为此，筹委会秘书处组建政和魏氏宗亲微信群，目前微信群成员近 600 人，通过这个平台拉近了我们魏氏宗亲的距离，增进了相互了解。秘书处通过这个平台及时发布，让宗亲了解到我们工作情况。魏氏文化的传播，对我们来说是个全新的课题，以前很少提及，只有少数人知道本宗族的文化，许多政和魏氏宗亲因不知自己的源流，而造成歧义。一年来，筹委会秘书处深入有关魏氏宗亲主要聚居的村落进行走访，查阅族谱和有关历史资料，撰写了“政和魏氏——大唐名相魏徵之后裔”、“你了解政和魏氏‘九房林’吗”等魏氏文化的文章，通过微信公众号、微信群传播给我们魏氏宗亲，为普及政和魏氏文化做了一些有益尝试。此外，我们还通过技术手段，将 2002 年编撰的《政和县魏氏全谱》解码拷贝到电脑，为今后续修家谱打下良好基础，为族谱文化交流提供了方便。

此外，筹委会秘书处还完成了省、市布置的工作，开展好媳妇、慈善之星的评选活动，圆满完成《福建魏氏志》政和部分的撰稿工作。

财务收支报告

截至 2017 年 10 月 25 日，筹备委员会共收捐款 447028.00 元，其中现金为 415288.00 元。现将一年来现金支出支情况汇报如下：

一、租房及办公费：15353.00 元，其中房租为 11000.00 元。

二、迁一公墓修缮维护费：21462.00 元。

三、筹备组会议费：4564.00 元。筹备会成立以来已召开 5 次筹备会大会，多次办公会及交流会。

四、接待异地宗亲交流：7065.00 元。先后接待省总会、南平市分会、延平区办事处、建阳办事处、顺昌办事处、松溪办事处、宁德、福鼎等地宗亲。

五、异地宗亲会成立贺礼及慰问金：7450.00 元。主要是参加了市分会、顺昌、建阳、宁德等兄弟县市庆典活动贺礼，及开展对本县宗亲的慰问活动支出。

六、办公室设备：14333.00 元。主要购置有空调、电脑、打印机、办公厨、桌椅等。

六项共计：70227.00 元。

特别说明：上述支出款项不含筹备处成员外出会议、学习、交流等项活动的费用，其所需费用均由个人自负。

在党的十九大闭幕之际，我们成立福建省姓氏源流研究会魏氏委员会政和县联络处暨政和县魏徵文化研究会，这是一件载入我县魏氏文化发展史上最具里程碑意义的大事。下面我们即将选举产生第一届理事会，让我们团结在以习近平为总书记的党中央周围，认真贯彻落实十九大精神，在第一届理事会的领导下，真抓实干，开拓创新，弘扬魏氏文化，传承中华传统文化，促进政和县魏氏宗亲共同发展，开创我县魏徵文化研究会工作新局面。

最后，预祝成立大会取得圆满成功！祝各位领导、嘉宾、宗亲代表身体健康，工作顺利！谢谢大家！

新当选会长魏重生在成立大会上讲话

尊敬的省总会领导、南平分会领导、各位嘉宾、各位宗亲代表：

“参天之木，必有其根。怀山之水，必有其源”，中华姓氏文化博大精深、源远流长，是中华传统文化的重要组成部分。而我们魏氏文化更是在中华民族文化史上留下了浓墨重彩的一笔，在中华文明发展史上扮演着极为重要的角色。我们的祖先或为人臣尽忠尽节，鞠躬尽瘁，早在一千多年前的贤相魏徵，就因直言进谏，辅佐唐太宗共同创建“贞观之治”的大业，成为后世人臣的楷模。

今天，在省总会的领导下，在南平市及各县、市、区兄弟会的大力支持下，在全县所有魏氏宗亲的共同努力下，福建省姓氏源流研究会魏氏委员会政和联络处暨政和县魏徵文化研究会正式成立了。这是一个具有历史意义的时刻，必将开启政和县魏氏发展新的里程碑。承蒙各位宗亲的信任和支持，这次大会推选我为会长，我感到十分荣幸，同时也深感责任重大，唯有恪尽职守，不负众望。在这里，我谨代表福建省姓氏源流研究会魏氏委员会政和联络处暨政和县魏徵文化研究会对所有支持和关心政和魏氏宗亲事业发展的领导、朋友、宗亲表示衷心的感谢，对在座各位亲朋好友们的莅临指导表示最热烈的欢迎！对长久以来给予我们关心和支持的朋友们表示最真挚的感谢！对新当选第一届理事会成员表示最热烈的祝贺！

魏重生先生在成立大会上讲话

自大会筹委会成立以来，宗亲热情高涨，开展了形式多样、丰富多彩的联谊活动。活动形式主要有以下几种：一是通过组织宗亲清明扫墓，缅怀先祖功德，教育后人尊祖爱宗；二是积极关注兄弟县市区宗亲会的活动动态，组织宗亲庆贺，联络宗亲感情；三是筹划修建祠堂，续编族谱工作，倡导族众团结；四是寻根问祖，搭建宗亲联络桥梁；五是举办恳亲座谈会，联络宗亲共商发展大计；六是通过讨论商量，落实成立研究会具体工作，在工作中加深宗亲情谊，在联络感情过程中促进工作开展；七是积极发展宗亲力量。一年多来，筹委会主干走访了铁山、下池、郑源、西溪、宝岩、茶溪、西表、范屯、东峰等魏氏族人居住的主要村落。每到一处，都得到了宗亲热烈欢迎和响应。召开座谈会，走访宗亲，确定了有关乡镇、村的联系人，发展了 100 多位理事和会员，为今后宗亲工作的开展奠定了坚实基础。

各位宗亲，魏氏作为政和县的大姓，无论是历史上，还是当今社会，都为政和县的经济腾飞、社会发展、文明进步做出了可歌可泣的贡献，取得了可喜可贺的骄人业绩。成立福建省姓氏源流研究会魏氏委员会政和县联络处暨政和县魏徵文化研究会的目的，在于传承魏氏文化，联系广大宗亲，团结社会各姓，建设美丽政和，推动民族复兴。落实在实际行动上，本届理事会主要有六大任务：一是筹建政和县魏氏宗祠，在大会成立之前，筹委会班子邀请了有关人员，先后到了状元峰、塔山、林屯、铁山、下池等地对宗祠地址进行多次实地考察，希望通过大家的努力，早日规划动工兴建政和县魏氏祠堂。二是收集资料，续编族谱，《政和县魏氏全谱》是 2002 年编撰的，现已过去了 15 年。随着社会的高速发展，加快了人口流动，因此我们认为有必要在 2022 年启动续谱工作，同时也弥补当年修谱时部分宗亲没入谱之缺憾。目前我们已开始将 2002 年编撰的《政和县魏氏全谱》录入电脑，以备续谱之需。三是编撰政和县《政和魏氏志》一书，寻根问祖，把优秀的魏氏文化和魏氏宗亲事迹结集成册，留于后人。四是搭建政和魏氏交流平台，整合优势资源，共同发展，充分利用平台资源，更好地为魏氏宗亲服务。五是扶贫济困，奖励优秀人才。我们已成立了政和县魏氏宗亲联谊会基金会，严格按照基金使用细则开展活动。六是追本溯源，与兄弟县市交流探讨魏氏文化等项工作。

党的十九大已胜利闭幕，产生了新的一届领导班子，我们将紧密团结在以习近平为总书记的党中央周围，认真学习、贯彻十九大精神，把十九大精神落实到我们新一届理事会的各项工作中。

在这里，我给新当选的各位宗亲会的成员和所有宗亲提几点希望：一是要心系根源，放眼世界。根，是一个人、一个民族、一个国家发展与生存的根本和灵魂，我们同出魏氏一脉，无论走到哪里都不能忘记。同时我希望所有宗亲，无论从事什么行业，都应放眼世界，奋发图强，宗亲会永远是你们最温暖的港湾，最强大的后援。二是要团结一致、齐心协力，为政和魏氏宗亲事业多做贡献。希望大家多走动，多联系，多沟通，为宗亲之间往来搭架沟通平台。三是希望大家积极融入到家族宗亲活动中来，积极推动政和魏氏宗亲事业的发展。同时希望大家在各领域务实交流合作，增加正能量，为家族情谊增温。最后希望大家积极主动宣传魏氏人文，讲好魏氏故事，展示魏氏家风魅力。

手浇桃李花千树，风送黄鹤梦一楼。再一次感谢在宗亲会的筹建过程中给予我们支持和鼓励的宗亲。祝福建省姓氏源流研究会魏氏委员会政和联络处暨政和县魏徵文化研究会成立大会圆满顺利！祝伟大的魏氏家族兴旺发达！祝各位宗亲及家人身体安康，万事如意！谢谢！

大会掠影

成立大会在政和县实验小学召开

左起：魏日中、魏重生、魏重春、魏安国、魏万能、魏美祥、魏仁福、魏积平、魏礼情、魏敦贵、李雪慧、魏华贵等领导与宗亲在主席台前排就座

魏氏宗亲步入会场

魏仁福先生在成立大会上讲话

魏安国先生在成立大会上讲话

会场盛况

省总会副会长南平市分会会长魏仁福、省总会副会长南平市分会常务副会长魏安国颁授福建省姓氏源流研究会魏氏委员会政和县联络处和政和县魏徵文化研究会牌匾

省魏氏委员会副会长南平市会长魏仁福为会长魏重生颁发荣誉牌

魏重生会长聘请魏礼情先生为本会名誉会长

会长魏重生聘请本会党建指导员

会长魏重生聘请本会顾问

省魏氏委员会副会长、南平市常务副会长魏安国为副会长颁发荣誉牌

魏明强先生主持会议

省魏氏委员会顾问魏美祥女士为副会长兼秘书长魏旭方颁发荣誉牌

魏少涓女士宣读大会理事会候选人名单

松溪魏氏宗亲步入会场

省魏氏委员会顾问魏重春先生、省魏氏委员会顾问魏积平先生为理事颁发证书

顾问魏万能先生为90岁以上宗亲代表魏敦纲先生颁奖

魏万能顾问为五世同堂宗亲家庭授匾与发奖金

魏礼情名誉会长为100岁宗亲授匾与发高寿奖金

魏敦贵顾问、魏日中顾问、魏华贵顾问为 90 岁以上宗亲颁发牌和发高寿奖金

为优秀学子颁奖（家长代表）

各县、市宗亲代表

会场盛况

本县宗亲代表

二、福建省魏氏委员会政和县联络处、政和魏徵文化研究会第二次代表大会暨政和县魏氏妇联成立大会

福建省魏氏委员会政和县联络处、政和魏徵文化研究会第二次代表大会暨政和县魏氏妇联成立大会于 2019 年 2 月 9 日（正月初五）上午在政和县星溪小学召开。参加本次会议魏氏宗亲达 100 余人，常务理事魏明强主持会议。在第二次代表会上，会长魏重生新春致辞，为大家送上节日祝福，并勾勒出政和魏氏美好的愿景；副会长兼秘书长魏旭方做了 2018 年工作总结，对 2019 年工作进行了部署。政和县魏氏妇女联合大会选举产生了第一届的领导班子，魏少涓同志当选为政和县魏氏妇联会主席。省魏氏妇联主席魏美祥、南平市魏氏妇联主席魏艳婷、政和县妇联主席阮希在会上做了重要讲话，对第一届政和魏氏妇联提出要求并寄于厚望。

参加本次会议的省市魏氏宗亲主要领导有福建省魏氏委员会妇联会主席魏美祥，福建省魏氏委员会顾问魏重春，南平市魏氏妇女联合会主席魏艳婷，政和县魏氏宗亲联谊会顾问魏万能、魏敦贵、魏华贵，名誉会长魏礼情、会长魏重生及副会长魏思忠、魏日胜 、魏旭方、魏汝伟、魏灵、魏雨清、魏学富、魏重景、魏常荣。

政和县魏氏第一届妇女联合会选举结果

主　席

魏少涓

副主席

（按姓氏笔画顺序）

张晓丹、魏万琴、魏学英、魏建华、魏桂娥、魏德娥

政和县魏氏妇女联合会第一届执委会委员

（按姓氏笔画顺序）

张晓丹、范长妹、林良金、魏万琴、魏子萍、魏少涓、魏日秀、魏凤珠、魏玉华、魏永美、魏仲英、魏仲金、魏仲梅、魏　红、魏丽梅、魏林姜、魏明华、魏明青、魏炜萍、魏学英、魏建华、魏春莲、魏祖銮、魏桂娥、魏　萍、魏雄鹰、魏敦美、魏富珍、魏榅桃、魏德娥

会长魏重生新春致词

副会长兼秘书长魏旭方工作报告

顾问魏万能宣布政和魏氏妇联选举结果

新当选魏氏妇联主席魏少涓发言

省魏氏妇联主席魏美祥

南平市魏氏妇联主席魏艳婷

副会长魏学富致闭幕词

工作人员魏建华宣读妇联候选人名单

会议剪影

政和县魏氏妇女联合会成立暨第一次代表大会合影
亲子书吧
善风化雨润物无声

三、福建省姓氏源流研究会魏氏委员会政和县联络处、政和县魏徵文化研究会第一届理事会成员名单

顾　　问

魏万能　政和县人大常委会原主任
魏敦声　政和县人民政府原副县长、人大副主任
魏敦贵　浦城县人民检察院原检察长
魏堂械　政和县民政局退休干部
魏声易　政和县农业局退休干部
魏日中　政和县人社局退休干部
魏华贵　政和县公安局退休干部
魏仰达　福州大学教授

名誉会长

魏礼情　政和县人大常委会原调研员

会　　长

魏重生　上海闽北木竹业商会会长

副会长（按姓名笔划顺序）

魏万军　上海迎夏贸易发展有限公司总经理
魏日胜　东平镇新口村党支部书记、村主任
魏礼吉　上海宝宝树有限公司研发部经理
魏华进　北京华义商贸有限公司总经理
魏旭方　政和县人民政府原教育督学
魏汝伟　政和县熊山街道
魏　灵　上海象池贸易有限公司总经理
魏妙钟　厦门五州科技有限公司总经理
魏雨清　北京武夷垣晟物业管理有限公司总经理
魏学富　上海韩鸿物资有限公司总经理
魏思忠　政和县世发茶厂总经理
魏重景　上海卫宁实业发展有限公司总经理
魏常荣　福建省国创建设发展有限公司总经理

秘　书　长

魏旭方（兼）　政和县人民政府原教育督学

副 秘 书 长

魏敦满　政和县规划建设和旅游局

理事（按姓名笔划顺序）

魏万义　外屯乡外屯村下池
魏万军　上海迎夏贸易发展有限公司
魏万荣　熊山街道办解放村
魏万琴（女）上海昊顶木业有限公司经理
魏子彪　外屯乡政府
魏子强　政和县良种场
魏少涓（女）政和县少涓幼儿园园长
魏日胜　东平镇新口村书记、主任
魏日海　镇前宝岩山后
魏文灼　外屯乡政府退休干部
魏正华　政和县物资总公司
魏东升　镇前镇政府
魏礼式　上海式沐物资有限公司经理
魏礼吉　上海宝树有限公司研发部经理
魏仲金（女）外屯车潭
魏仲琳　星溪乡林屯村
魏华进　北京华义商贸有限公司总经理
魏华弟　政和县熊山街道
魏旭方　政和县人民政府原教育督学
魏庄旭　镇前宝岩
魏庄强　熊山街道办解放村
魏汝伟　政和县熊山街道
魏守有　政和县农业局
魏孙华　上海典贤实业有限公司经理
魏孙春　上海缤圣实业有限公司经理
魏克龙　政和县规划建设和旅游局
魏杨霖　熊山街道办
魏　灵　上海象池贸易有限公司总经理
魏陈木　铁山东涧
魏陈进　政和县外屯下池
魏妙钟　厦门五州科技有限公司总经理
魏林姜（女）熊山街道官湖化工厂
魏雨清　北京武夷垣晟物业管理有限公司
魏明华（女）政和县林业局
魏明彦　政和县一中
魏明强　政和县农业局
魏　忠　上海沪政物流有限公司经理
魏忠荣　厦门加华汉狮建材有限公司
魏育江　政和县农业局、县移民局
魏育政　铁山镇铁山村党支部书记
魏炜萍（女）福州
魏学贵　广州市番禺区大石城市便捷酒店
魏学富　上海韩鸿物资有限公司总经理
魏荣明　政和县实验小学
魏贵忠　岭腰乡政府
魏思兴　上海力瑞日用品有限公司总经理
魏思忠　政和县世发茶厂总经理
魏重生　上海闽北木竹业商会会长
魏重景　上海卫宁实业发展有限公司
魏庭贵　政和县供销社
魏高青　政和县茶叶管理中心
魏　彪　政和县经信局
魏常荣　福建省国创建设发展有限公司
魏常鸿　东平西表村
魏焕旺　政和县疾控中心
魏鸿健　东平镇政府
魏敦飞　外屯稠岭
魏敦进　星溪乡九蓬村
魏敦和　星溪乡宝岱村书记
魏敦亮　政和县星溪小学
魏敦强　福州鑫美源医药有限公司
魏敦满　政和县规划建设和旅游局
魏榅钦　外屯佛子岩
魏锡泉　政和县卫计局
魏德兴　德兴贸易公司
魏德春　铁山镇铁山村
魏德强　政和县中医院

会　员

魏万燕　政和县铁办
魏小强　政和县镇前郑源
魏义生　政和县石屯松源村
魏子良　政和县稻香村
魏子晟　政和城关
魏子清　县种子站退休干部
魏友镇　政和县环卫所
魏日伟　镇前镇宝岩村下村
魏日全　杨源乡幸福院长
魏日兴　镇前镇西溪村
魏日秀（女）镇前镇宝岩村
魏日尚　镇前镇宝岩山后村
魏日明　政和县东平镇黄垱村
魏日忠　星溪乡长际东坑村
魏日荣　城关西大街 8 号
魏日基　政和县杨源乡
魏日森　镇前镇西溪村
魏中伟　星溪乡梅坡村
魏长明　石屯镇石门村
魏凤珠（女）星溪东峰小学退休教师
魏文珍（女）政和县农科所
魏正惠　厦门思明区进修学校
魏世美　政和县发改局
魏本林　政和县星溪乡宝岱村
魏立军　东平镇护田村
魏立斌　东平镇护田村
魏礼进　星溪乡东峰村
魏礼英（女）政和县城关
魏礼强　政和县铁山镇
魏永美（女）石屯镇松源村（住厦门）
魏式民　上海迎夏石业有限公司经理
魏臣才　镇前镇下园村
魏吕强　政和县人民法院退休干部
魏年贵　星溪后宝岱
魏先进　宝岩山后（住稻香）
魏仲女（女）熊山街道办胜利村
魏仲光　星溪乡九蓬村
魏仲军　镇前镇茶溪村
魏仲金　铁山镇大岭村凤林坑
魏仲建　政和县外屯乡车潭村
魏仲贵　政和县星中心小学
魏仲洪　政和县星溪乡冷石村
魏仲海　政和县镇前镇宝岩村
魏仲清　铁山镇大岭村凤林坑
魏仲锋　政和县星溪乡九蓬村
魏仲福　政和县星溪乡前九蓬村
魏汝忠　熊山街道翻身街
魏兴平　铁山镇凤林村
魏兴松　外屯乡车潭真武坑
魏兴海　镇前镇宝岩村
魏守荣　南门小学退休教师
魏　军　镇前镇镇前村郑源
魏孙兴　政和县外屯乡下池村
魏孙宝　政和县外屯乡下池村
魏孙标　政和县外屯乡下池村
魏孙群　政和县外屯乡下池村
魏观杰　政和县外屯乡下池村
魏克有　铁山镇东涧村
魏杨庭　政和县南庄下弄
魏连仔　政和县南庄下弄 20 号
魏林钟　政和县良种场
魏国和　东平镇政府
魏明仔　政和县前街
魏明华　星溪乡政府
魏明亮　政和鸿宇建材有限公司
魏　忠　政和石材城总经理
魏　欣　政和县南门
魏金东　外屯乡外屯村下池
魏金生　政和县城关
魏育龙　政和县铁山村

魏育成 和县铁山村
魏育顺 政和县铁山村
魏育情 政和县铁山村
魏学何 外屯乡外屯村下池
魏学良 星溪乡东峰村
魏学香（女）外屯乡外屯村下池
魏定华 外屯乡佛子岩
魏建国 东平镇护田村
魏承芳 政和好美佳装饰材料商行
魏承武 政和县外屯乡稠岭村
魏春莲（女）政和县烟草局
魏品进 政和县铁山江上村
魏重水 政和县星溪小学
魏重华 星溪乡林屯方源村
魏重枝（女）镇前镇宝岩村
魏重松 镇前镇茶溪村
魏重满 镇前镇镇前村郑源
魏重德 政和县稻香村
魏　顺 福建省厦门
魏养付 政和县岭腰乡
魏养青 星溪乡政府建设所
魏祖成 龙岩市新罗区
魏祖銮（女）熊山街道解放村 32 号
魏晓炜 政和县石屯镇长城村
魏晓彬 政和县石屯镇长城村
魏积盛 政和县石屯镇松源上庄 30 号
魏益明 政和县星溪小学
魏家洪 政和县胜利村
魏盛火 政和县铁山镇（北京）
魏　彪 政和县杨源乡政府
魏堂进 政和县铁山（粮站退休职工）

魏常仁 政和县东平镇西表村
魏章清 政和县镇前镇前司法所退休干部
魏焕良 政和县东平镇西表村
魏焕德 政和县东平镇西表村
魏隆众 政和县星溪乡后宝岱村
魏绿荫（女）政和县熊山凤嘴 153 号
魏朝贵 政和县石屯镇
魏　雄 政和县东平镇护田村
魏　辉 政和县民政局退休干部
魏敦江 政和县镇前镇郑源村
魏敦良 政和县外屯稠岭黄泥峡
魏敦青 政和县镇前镇宝岩村
魏敦荣 政和县星溪乡后宝岱村
魏敦映 政和县镇前镇郑源村
魏端顺 政和县外屯车潭真武坑
魏敦山 政和县澄源打石凸
魏敦洪 政和县稻香村
魏敦莉（女）政和建设银行
魏敦姬（女）政和县实验小学
魏敦康 政和县镇前镇卫生院原院长
魏敦清 政和县星溪乡章口岐山
魏敦淼 政和县镇前宝岩村
魏敦群 政和县星溪乡章口村
魏榅桃（女）政和县星溪乡宝岱村
魏　群 政和县东平镇护田村
魏端秀（女）政和县石屯工农村
魏　臻 政和县特警中队（铁山东涧村）

四、政和县魏徵文化研究会章程

（福建省姓氏源流研究会魏氏委员会政和县联络处、
政和县魏徵文化研究会第一届会员代表大会审议通过）

二〇一七年十月二十九日

第一章　总　则

第一条　本会名称：政和县魏徵文化研究会（以下简称本会）。参照福建省姓氏源流研究会魏氏委员会章程，结合本会工作实际，制定本会章程。

第二条　性质：由政和县各地热心魏氏文化研究的专家、学者、爱好者及热心支持本项事业的宗亲贤达、企业家自愿组成的非营利性的社会团体组织。

第三条　宗旨：本会拥护中国共产党的路线、方针、政策，自觉遵守国家的宪法、法律、法规。以学术研究为基础，以血缘关系为纽带，以联谊交流为平台，以传承魏氏文化、凝聚宗亲情谊、发挥资源共享、促进共同发展为抓手，以促进社会和谐、文化进步、经济繁荣、祖国统一为宗旨。

第四条　本会主管单位为政和县文联，接受其业务指导和监督管理。

第五条　会址：政和县星溪南路 21 号。

第二章　业务范围

第六条　本会的业务范围

（一）开展文化研究工作。收集整理魏氏族群发展源流资料，开展魏徵文化学术交流，发表国家允许的学术论文。

（二）加强联系联谊工作。依法依章，制订年度工作计划，认真做好魏氏宗亲联系工作，开展与其他姓氏源流研究有关的谱牒研究、人物研究、交流经验，促进联谊，为海西经济建设服务，为祖国统一大业服务。

（三）加强编撰工作。重视收集编撰、整理魏氏族谱、魏氏人物传记、大事记，筹建政和魏氏宗祠。

（四）做好服务工作。接受境外魏氏寻根委托，承办魏氏源流查访、研究、考证、咨询服务工作。

（五）加强公益工作。重视扶贫帮困工作，关心宗亲的疾苦、灾险，关心宗亲企业，发挥资源共享，促进共同发展。

（六）其他方面工作：每年举行一次以上的学术研讨会。会员代表大会与全县宗亲团拜联谊活动有机结合起来，每年召开一次。积极探索工作新路子，择期开展有导向性的好人好事评比工作，优秀事迹在《钜鹿史诗》杂志上刊登，并颁发证书，以资鼓励。

第三章　会　员

第七条　本会的会员种类分为个人会员和团体会员。

第八条　申请加入本会的会员，必须具备下列条件：

（一）承认拥护本会章程；

（二）有加入本团体的意愿；

（三）热心并支持魏氏宗亲事业、魏徵文化研究和交流的团体和人士。

第九条　会员入会程序

（一）提交入会申请书；

（二）经常务理事会讨论通过；

第十条　会员的权利

（一）本会的选举权、被选举权和表决权；

（二）参加本会的活动，获得本会服务的优先权；

（三）对本会工作有批评、建议和监督权；

（四）入会自愿，退会自由。

第十一条　会员履行下列义务

（一）遵守本会章程，维护本会荣誉和合法权益，执行本团体决议；

（二）自觉参加本会活动，努力完成本会交办的工作，按规定交纳会费；

（三）向本会反映情况，提供有关资料；

（四）积极参加姓氏文化研究交流工作，提交有关信息资料。

第十二条　会员退会应书面通知本会秘书处。会员若两年不交纳会费或不参加本会活动的，视为自动退会；会员如有严重违反本章程的行为，经理事会或常务理事会表决通过，予以除名。

第四章　组织机构和负责人产生、罢免

第十三条　本会的最高权力机构是会员代表大会。会员代表大会行使如下职权：

（一）制定和修改本会章程；

（二）选举和罢免理事、常务理事；

（三）审议理事会的工作报告和财务报告；

（四）决定终止事宜；

（五）决定其他重大事宜。

第十四条　会员代表大会须有三分之二以上的会员代表出席方能召开。

第十五条　会员代表大会每届五年。因特殊情况需提前或延期换届的，须由理事会表决通过，但延期最长不超过一年。

第十六条　本会设理事会。理事会是代表大会的执行机构，在会员代表大会闭会期间领导本会开展日常工作，对会员代表大会负责。

第十七条　理事会的职权

（一）执行会员代表大会的决议；

（二）选举和罢免会长、副会长、秘书长、常务理事、理事；

（三）筹备召开会员代表大会；

（四）向会员代表大会报告工作和财务状况；

（五）决定各机构主要负责人的聘任；

（六）领导本会各机构开展工作；

（七）制定内部管理制度；

（八）聘任名誉顾问、永远名誉会长、名誉会长、名誉副会长；

（九）决定其他重大事项。

第十八条 理事会须有 2/3 以上理事出席方能召开。理事会至少每年召开二次会议，特殊情况也可采取通讯形式召开。

第十九条 本会设立常务理事会。常务理事会是由理事会选举产生，在理事会闭会期间，行使第十七条的一、三、四、五、六、七、八、九项的职权，对理事会负责。

常务理事会须有 2/3 以上常务理事出席方能召开。常务理事会至少每年召开三次会议，情况特殊的，也可采用通讯形式召开。

第二十条 凡是召开会员代表大会，理事会、常务理事会形成的决议，都须经出席会议人数半数以上表决通过，方能生效。

第二十一条 本会会长、常务副会长、副会长、秘书长必须具备下列条件。

（一）爱党爱国，遵守、执行国家法律法规和方针政策；

（二）拥护并带头遵守本会章程，热心姓氏源流研究和宗亲事业工作，有较强的政治把握能力、学术研究能力、组织领导能力和合作共事能力；

（三）会长、常务副会长、秘书长为本会主要负责人，应是本研究会会员；

（四）身体健康，具备完全民事行为能力；

（五）未受过剥夺政治权利的刑事处罚。

第二十二条 本会会长、副会长、秘书长任期五年。会长、常务副会长、秘书长最高任职年龄一般不超过七十周岁。会长、副会长、秘书长任期最长不超过两届，因特殊情况需延长任期的，经理事会表决通过方可任职。

第二十三条 本会负责人及领导班子产生程序。

本会会长、副会长、秘书长等领导班子成员，由本会会员民主推荐，召开会员代表大会选举产生。若届中调整，需经理事会选举通过后，报年度会员代表大会，列入议程通报。

本会会长主持本研究会全面工作，为“社会团体分支、代表机构登记证书”上的登记负责人。会长、副会长、秘书长职责分工：会长主政，副会长主事，秘书长主办。

第二十四条 本会领导班子的设置。

本会设会长一人，副会长若干人，秘书长 1 人，副秘书长若干人，理事若干人，常务理事若干人（一般不超过理事的三分之一），设永远名誉会长、名誉会长、名誉副会长、顾问若干人，聘请常年法律顾问若干人。

第二十五条 本会会长行使下列职权：

（一）召集和主持理事会（或常务理事会）；

（二）检查会员代表大会、理事会、常务理事会决议的落实情况；

（三）代表本团体签署有关重要文件。

第二十六条 本会秘书长行使下列职权：

（一）主持办事机构开展日常工作，组织实施年度工作计划；

（二）协调各分支机构、代表机构、实体机构开展工作；

（三）提交副秘书长以及各办事机构、分支机构、代表机构和实体机构主要负责人，交理事会或常务理事会决定；

（四）决定办事机构、代表机构、实体机构专职工作人员的聘用；

（五）处理其他日常事务。

第五章 资产管理、使用原则

第二十七条 本团体经费来源。

（一）会员缴纳的会费；

（二）会员、宗亲企业家的自愿捐赠；

（三）政府资助和利息收入；

（四）在核准的业务范围内开展活动或服务的收入；

（五）其他合法收入。

第二十八条 本会按国家有关规定收取会员会费。

第二十九条 本会经费必须用于本章程规定的业务范围和事业的发展，不得在会员中分配。

第三十条 本会建立严格的财务管理制度，保证会计资料的合法、真实、准确、完整，实行会计监督。财务人员工作调动或离职时，必须办清手续。

第三十一条 本会的资产管理必须接受会员代表大会和有关财务部门的监督审计，并将有关情况以适当方式公布。开支情况每季度向会长汇报，每半年向常务理事会报告，年终向会员代表大会公布。

第三十二条 本会换届或更换法定代表人之前，必须接受业务主管单位组织的财务审核。

第三十三条 本会的资产，任何单位、个人不得侵占、私分和挪用。

第三十四条 本会秘书处工作人员的工资和保险、福利待遇，参照国家对事业单位的有关规定执行。

第六章 章程的修改程序、终止程序及终止后的财产处理

第三十五条 本委员会章程的修改，须经理事会表决通过，报会员代表大会审议通过，经主管单位审查同意方可生效。原则上每五年修订一次，修改后的章程经会员代表大会通过后生效。

第三十六条 本会完成宗旨或自行解散或由于分立、合并等原因需要注销的，由理事会或常务理事会提出终止动议。

第三十七条 本会终止须经会员代表大会表决通过，并报业务主管单位审查同意。

第三十八条 本会终止前，须在业务主管单位及有关部门指导下成立清算组织，清理债权债务，处理善后事宜。清算期间，不开展清算以外的活动。

第三十九条 本会经社团登记管理机关办理注销手续后即为终止。

第四十条 本会终止后的剩余财产，在业务主管单位和社团登记管理机关的监督下，按照国家有关规定，用于发展与本会宗旨相关的事业。

第七章 附 则

第四十一条 本章程经 2017 年 10 月 29 日会员代表大会表决通过，即日生效。

第四十二条 本章程的解释权属本会理事会。

五、政和县魏氏宗亲联谊会基金会管理及使用办法（试行）

（福建省姓氏源流研究会魏氏委员会政和县联络处、
政和县魏徵文化研究会第一届会员代表大会审议通过）

二〇一七年十月二十九日

为了确保政和县魏氏宗亲联谊会的健康发展，促进家族的和睦团结，培养和奖励优秀人才，扶贫济困，发扬团结互助的传统美德，经魏氏宗亲联谊会筹建小组建议及第一次理事会议讨论决定，成立“魏氏宗亲联谊会基金会”。为确保基金会所募基金的运转和安全使用，特制定管理及使用办法如下：

一、本基金会为非公募基金会，本基金会的收入来源于：

1. 接受宗亲联谊会顾问、名誉会长、会长、副会长、理事、会员、党建指导员的自愿出资；

2. 接受魏氏家族法人、企业家的捐赠；

3. 基金会的投资收益及基金存款所产生的利息。

二、基金认缴建议标准（按本届 3 年计算）。

1. 会长：12000 元以上；

2. 名誉会长、副会长：10000 元以上；

3. 理事及部门人员：3000 元以上；

4. 会员：600 元以上；

5. 顾问、党建指导员自愿捐赠；

6. 魏氏家族法人、企业家自愿捐赠。

三、基金交纳办法。

认缴的基金统一转入政和县魏氏宗亲联谊会对公账户。

账户名：福建省姓氏源流研究会魏氏委员会政和县联络处。

开户银行：中国建设银行股份有限公司政和支行。

账号：3505 0167 7707 0000 0505

联系人：魏敦满。联系电话：18965370856

四、宗亲联谊会支出的主要项目：

1. 日常办公支出；

2. 交流活动支出；

3. 高寿宗亲慰问；

4. 重病宗亲看望；

5. 奖励优秀学子、人才。

特别说明：基金会资金支出不包含宗亲联谊会的重大项目，如续写家谱，兴建宗祠、特困补助等，重大项目将另行募款。

五、宗亲联谊会会长为基金会的法定代表人，负责基金会的资金安全与基金运营决策。按照合法、安全、有效的原则，实现基金的保值增值。执行会长（可由联谊会副会长担任）协助会长工作，受会长的委托，处理基金会的全面事务。秘书长负责日常工作。

六、基金投资收益途径。

按照“合法、安全、有效”的原则，基金通过以下渠道收益。

1. 购买一定数额的理财产品；

2. 安全、有效的实体投资。

七、基金投资执行机构：由名誉会长、会长、执行会长、副会长、秘书长组成执行机构。对投资理财产品、实体投资，由执行机构集体审议，执行会长批准；对日常开支项目，由会长或会长委托的副会长批准。

八、在宗亲内聘请义务会计、出纳等财务人员，财务人员应认真履职，保证会计资料合法、真实、准确、完整。定期向理事会、会长联席会议报告财务收支情况，接受监督和审核。每年宗亲会应召开一次年会，凡有捐款的宗亲，均应邀参加。

九、本基金会的届期与宗亲联谊会的届期一致。

六、政和县魏氏宗亲联谊会基金使用细则（试行）

（福建省姓氏源流研究会魏氏委员会政和县联络处、
政和县魏徵文化研究会第一届会员代表大会审议通过）

二〇一七年十月二十九日

一、使用范围：政和魏氏宗亲

二、使用项目

1. 因自然灾害造成房屋和其他财产受到重大损失（10 万元以上），或因意外事故造成家庭主要劳动力致残或死亡的，已入会的魏氏宗亲，给予不超 5000 元的一次性慰问金；

2. 对重大疾病住院治疗，单次住院费用 10 万元以上，给予不超 5000 元的一次性慰问金；

3. 对品学兼优的魏氏学子给予奖励，考上全国双一流的重点大学的给予奖励 3000 元，中考成绩全县前 10 名的给予奖励 1000 元；

4. 年满 90 寿辰的宗亲（包括母亲）赠寿金 900 元；年满 100 寿辰的宗亲（包括母亲）赠寿金 1000 元，并赠匾一块，且每年慰问一次；五代同堂的魏氏宗亲给予奖励 1000 元，并赠匾一块；

5. 年满 90 寿辰的宗亲去世，由乡、镇联络人上门吊唁，给予慰问金 500 元，并献花圈一个；

6. 魏氏宗亲特困生助学（主要解决因经济困难无法入学或无法完成学业的），酌情予以帮扶；

7. 特殊贡献奖：为政和魏氏宗亲做出贡献人士（不限于魏氏宗亲），一次性捐赠 10 万元以上，或经评议有重大贡献的，赠予匾一块，并记录到政和魏氏宗亲大事记中，给予褒奖。荣获省人民政府以上表彰或获国家科学技术奖的魏氏宗亲，赠予匾一块，并记录到政和魏氏宗亲大事记中，给予褒奖；

8. 宗亲会日常支出：办公室租金、水电费、保洁费、办公用品、宣传印刷、招待费、交通费等；

9. 会议支出：每年一次会员大会，若干次理事办公会；

10. 交流活动支出：外出开会学习、业务工作，承办上级会议及交流活动，接待外县宗亲来访、交流；

11. 筹建宗祠，继编家谱前期的办公费用支出。

三、有以下情行之一的宗亲不纳入本基金支出范围

1. 对魏氏宗亲联谊会开展的各项工作和活动不支持、不关心、不配合、不参与的魏氏宗亲；

2. 违反相关法律法规，并受到相关法律法规处罚的宗亲；

3. 不尊老爱幼、好逸恶劳、游手好闲、弄虚作假，对社会或魏氏家族、家庭造成影响极坏的宗亲。

四、申报审批程序

按《政和县魏氏宗亲联谊会基金会管理及使用办法（试行）》执行。

七、宗亲捐资

（一）成立大会捐资

政和魏氏宗亲联谊会于2016年初开始筹建，2017年10月28日召开成立大会。截至2017年12月底，宗亲联谊会收到226位个人和单位捐资，捐资额达523167元人民币（其中现金为488427元）。现将捐资芳名公布如下（按捐资额的高低排序）：

姓　名	金额（元）	所 在 村	姓　名	金额（元）	所 在 村
魏重生	25000	城关	魏敦满	8800	镇前山后
魏学富	20050	外屯下池	魏明强	8600	镇前郑源
魏礼情	16490	外屯下池	魏守有	8000	镇前宝岩
魏思忠	16000	城关北门	魏旭方	7000	城关营尾
魏重景	15000	镇前郑源	魏育江	6600	铁山
魏正华	10500	城关南门	魏克龙	5600	城关南门
魏雨清	10000	外屯下池	魏炜萍（女）	5000	城关
魏万军	10000	外屯下池	魏思兴	5000	城关
魏汝伟	10000	城关营尾	魏敦进	5000	星溪九蓬
魏日胜	10000	东平新口	魏德兴	5000	寿宁岭后
魏妙钟	10000	星溪宝岭	魏林姜（女）	4400	铁山大岭
魏　灵	10000	外屯下池	魏华弟	4000	城关北门
魏礼吉	10000	外屯下池	魏子强	3600	城关营尾
魏华进	10000	铁山	魏子彪	3600	外屯下池
魏常荣	10000	东平西表	魏庄旭	3600	镇前坑里

姓　名	金额（元）	所在村	姓　名	金额（元）	所在村
魏庄强	3600	镇前宝岩	魏明彦	3000	城关
魏仲琳	3600	星溪林屯	魏明华（女）	3000	城关
魏仲金（女）	3600	外屯车潭	魏敦和	3000	星溪宝岱
魏　忠	3600	镇前郑源	魏敦贵	3000	镇前郑源
魏学贵	3600	外屯下池	魏育政	2000	铁山
魏锡泉	3600	东平护田	魏杨霖	2000	熊山街道办
魏榅钦	3600	外屯佛子岩	魏文灼	2000	外屯下步洋
魏万荣	3600	熊山解放村	魏日中	2000	镇前西溪
魏万琴（女）	3600	外屯下池	魏华贵	2000	星溪宝岱
魏庭贵	3600	东平营前	魏祖成	1000	
魏孙华	3600	外屯下池	魏子良	1000	熊山稻香
魏孙春	3600	外屯下池	魏正惠	1000	城关南门
魏少涓（女）	3600	松溪县	魏育龙	1000	铁山
魏荣明	3600	星溪富美	魏学良	1000	星溪东峰
魏日海	3600	镇前山后	魏兴平	1000	铁山东涧
魏礼式	3600	外屯下池	魏孙兴	1000	外屯下池
魏焕旺	3600	东平西表	魏　顺	1000	厦门市
魏鸿健	3600	东平	魏日忠	1000	星溪东坑
魏贵忠	3600	东平	魏日秀（女）	1000	镇前宝岩
魏高青	3600	铁山	魏日兴	1000	镇前西溪
魏敦强	3600	镇前坑里	魏年贵	1000	星溪宝岱
魏东升	3600	镇前西溪	魏明仔	1000	城关南门
魏德强	3600	城关	魏明亮	1000	城关
魏德春	3600	铁山	魏礼进	1000	星溪东峰
魏陈木	3600	铁山东涧	魏端秀（女）	1000	石屯工农
魏陈进	3600	外屯下池	魏定华	1000	外屯佛子岩
魏常鸿	3600	东平西表	魏敦清	888	星溪岐山
魏　彪	3600	城关	魏万燕	800	外屯下池
魏敦飞	3339	外屯黄泥峡	魏祖銮（女）	600	星溪宝岱
魏敦亮	3300	镇前宝岩	魏子清	600	城关营尾
魏子晟	3000	城关	魏重枝（女）	600	镇前宝岩
魏忠荣	3000	石屯西津	魏重松	600	镇前茶溪
魏万义	3000	外屯下池	魏重水	600	星溪
魏万能	3000	城关北门	魏重满	600	镇前郑源

姓　名	金额（元）	所 在 村
魏重华	600	镇前下村
魏重德	600	熊山稻香
魏仲清	600	铁山凤林坑
魏仲女（女）	600	城关
魏仲军	600	镇前茶溪
魏仲金	600	铁山凤林坑
魏仲建	600	星溪
魏仲洪	600	星溪冷石
魏仲海	600	星溪
魏仲贵	600	星溪冷石
魏仲光	600	星溪九蓬
魏仲福	600	星溪九蓬
魏仲锋	600	星溪后九蓬
魏　忠	600	外屯稠岭
魏中伟	600	星溪梅皮
魏　臻	600	铁山东涧
魏长明	600	石屯石门
魏章清	600	镇前镇
魏育顺	600	铁山
魏育情	600	铁山
魏育成	600	铁山
魏友镇	600	镇前郑源
魏永美（女）	600	石屯松源
魏益明	600	石屯
魏义生	600	石屯松源
魏养青	600	铁山
魏养付	600	岭腰
魏杨庭	600	
魏岩有	600	寿宁岭后
魏学香（女）	600	外屯下池
魏学何	600	外屯下池
魏　雄	600	东平护田
魏兴松	600	外屯真武坑
魏兴海	600	镇前坑里
魏　欣	600	镇前郑源
魏晓炜	600	石屯长城
魏晓彬	600	石屯长城
魏小强	600	镇前郑源
魏先进	600	外屯稠岭
魏文珍（女）	600	城关北门
魏榅桃（女）	600	星溪宝岱
魏堂进	600	铁山
魏孙群	600	外屯下池
魏孙标	600	外屯下池
魏孙宝	600	外屯下池
魏守荣	600	镇前宝岩
魏式民	600	外屯下池
魏世美	600	石屯外坂
魏盛火	600	铁山
魏汝忠	600	城关营尾
魏日伟	600	镇前下村
魏日尚	600	镇前山后
魏日森	600	镇前西溪
魏日荣	600	杨源上庄
魏日全	600	杨源上庄
魏日明	600	东平黄垱
魏日基	600	杨源上庄
魏　群	600	东平护田
魏品进	600	铁山江上
魏明华	600	镇前郑源
魏绿荫（女）	600	城关
魏吕强	600	星溪东峰
魏隆众	600	星溪后宝岱
魏林钟	600	
魏连仔	600	城关
魏立军	600	东平护田

姓　名	金额（元）	所在村	姓　名	金额（元）	所在村
魏立斌	600	东平护田	魏端顺	600	外屯真武坑
魏礼英（女）	600	城关	魏春莲（女）	600	铁山
魏礼强	600	铁山	魏承武	600	外屯稠岭
魏克有	600	铁山东涧	魏承芳	600	外屯稠岭
魏　军	600	镇前郑源	魏臣财	600	镇前下园
魏金生	600	城关	魏朝贵	600	石屯
魏金东	600	外屯下池	魏常仁	600	东平西表
魏建国	600	东平护田	魏　彪	600	铁山
魏家洪	600	城关	魏本林	600	星溪宝岱
魏积盛	600	石屯松源	魏仲娇（女）	500	
魏　辉	600	镇前郑源	魏国庆	500	外屯下池
魏焕良	600	东平西表	魏祖明	300	星溪丘佘
魏焕德	600	东平西表	魏重芳	300	东平黄垱
魏国和	600	东平碗厂	魏　忠	300	建瓯
魏观杰	600	外屯下池	魏云寿	300	澄源打石凸
魏凤珠（女）	600	城关	魏生宏	300	星溪富美
魏敦映	600	镇前郑源	魏荣宝	300	城关
魏敦山	600	澄源打石凸	魏克平	300	城关
魏敦荣	600	星溪后宝岱	魏建惠	300	镇前宝岩
魏敦群	600	星溪岐山	魏崇灶	300	星溪后宝岱
魏敦青	600	镇前宝岩	魏永秀（女）	200	石屯松源
魏敦淼	600	镇前中山	魏家顺	200	东平黄垱
魏敦良	600	外屯黄泥峡	魏红玉（女）	200	东平新口
魏敦莉（女）	600	镇前西溪	魏本华	200	星溪宝岱
魏敦康	600	镇前郑源	魏永凤（女）	100	石屯松源
魏敦江	600	镇前郑源	魏春金	100	东平碗厂
魏敦姬（女）	600	城关南门	魏本彪	100	星溪后宝岱
魏敦洪	600	星溪岐山			

魏氏宗亲南平办事处	5000	魏氏宗亲建瓯联络处	2000
魏氏宗亲延平联络处	3000	魏氏宗亲邵武联络处	1000
魏氏宗亲顺昌联络处	2000	魏氏宗亲松溪联络处	1000
魏氏宗亲建阳联络处	2000		

（二）公祠建设捐资

政和魏氏宗亲联谊会于2018年开始建设政和县魏徵公祠，截至2020年7月31日，共收到941位个人和宗亲单位向政和县魏徵公祠捐资3348944元人民币。捐资芳名公布如下（按捐资额从高到低排序）：

姓　名	公祠建设金额（元）	所在乡、镇、村	姓　名	公祠建设金额（元）	所在乡、镇、村
魏重生	300000	城关	魏敦强	20000	星溪岐山
魏学富	200000	外屯下池	魏敦贵	20000	镇前郑源
魏腾雄	200000	泉州	魏庄强	20000	镇前宝岩
魏　桢（女）	100000	外屯下池	魏德玉（女）	20000	城关
魏日贵	100000	镇前茶溪	魏明亮	18888	城关
魏仁福	100000	南平市	魏重海	18000	镇前郑源
魏　灵	100000	外屯下池	魏　辉	16800	镇前郑源
魏妙钟	60000	星溪宝岭	魏明锦	16666	镇前郑源
魏克龙	60000	城关南门	魏重满	16000	镇前郑源
魏裕华	50000	铁山	魏仰达	15000	镇前郑源
魏思兴	50000	城关	魏　忠	12345	镇前郑源
魏汝伟	50000	城关营尾	魏庄旭	10888	镇前坑里
魏发辉	50000	南平市	魏重政	10666	镇前山后
魏　斌	50000	东平	魏荣明	10666	星溪富美
陈学玲（女）	50000	南平延平	魏敦武	10666	星溪富美
魏庄良	36999	星溪林屯	魏敦亮	10666	镇前宝岩
魏意卿	30000	外屯下池	魏本彪	10066	星溪后宝岱
魏日海	30000	镇前山后	魏庄权	10000	星溪上山
魏常鸿	30000	东平西表	魏仲琳	10000	星溪林屯
魏少涓（女）	26400	松溪县	魏雨清	10000	外屯下池
魏旭方	23000	城关营尾	魏锡泉	10000	东平护田
魏春贵	23000	东平碗厂	魏榅钦	10000	外屯佛子岩
魏明强	22200	镇前郑源	魏天野	10000	城关（福州）
魏敦满	21200	镇前下村	魏吕强	10000	星溪东峰
魏重春	20000	镇前郑源	魏林姜（女）	10000	铁山大岭
魏正华	20000	城关南门	魏焕旺	10000	东平西表
魏育江	20000	铁山	魏华贵	10000	星溪宝岱
魏万能	20000	城关北门	魏高青	10000	铁山
魏添翼	20000	城关	魏敦茂	10000	镇前郑源
魏日胜	20000	东平新口	魏迪清	10000	铁山
魏清贵	20000	城关南门	魏德强	10000	城关
魏华进	20000	铁山	魏德娥（女）	10000	铁山

姓　名	公祠建设金额（元）	所在乡、镇、村	姓　名	公祠建设金额（元）	所在乡、镇、村
魏承协	10000	镇前下园	魏仲锋	3600	星溪后九蓬
魏常建	10000	东平西表	魏学思	3600	外屯下池
魏本琳	10000	星溪宝岱	魏文灼	3600	外屯下步洋
魏明仔	8000	城关南门	魏文建	3600	星溪后九蓬
魏孙群	7000	外屯下池	魏万义	3600	外屯下池
魏重华	6688	星溪方源	魏皇华	3600	星溪宝岱
魏日旭	6688	镇前山后	魏敦富	3600	外屯车潭
魏何弟	6666.66	城关南门	魏德校	3600	铁山
魏忠荣	6666	石屯西津	魏达坤	3600	星溪后九蓬
魏正旺	6000	城关南门	魏日省	3600	星溪宝岱
魏显武	6000	城关	魏重水	3000	镇前郑源
魏亮亮	6000	镇前山后	魏重福	3000	东平西表
魏观寿	6000	星溪后宝岱	魏仲焕	3000	星溪后九蓬
魏本利	6000	星溪后宝岱	魏长琼	3000	镇前西溪
魏忠辉	5606	澄源打石凸	魏裕青	3000	星溪东坑
魏孙豹	5199	外屯下池	魏育瑞	3000	铁山
魏祖銮（女）	5000	星溪宝岱	魏学英（女）	3000	星溪东峰
魏重莲（女）	5000	外屯黄泥峡	魏学良	3000	星溪东峰
魏重焕	5000	外屯黄泥峡	魏学贵	3000	外屯下池
魏万美（女）	5000	外屯下池	魏榀亮	3000	镇前坑里
魏万花（女）	5000	外屯下池	魏万桃（女）	3000	外屯下池
魏孙珠（女）	5000	外屯下池	魏孙宝	3000	外屯下池
魏日忠	5000	星溪东坑	魏善文	3000	城关南门
魏明华	5000	镇前郑源	魏汝忠	3000	城关营尾
魏金銮（女）	5000	星溪东峰	魏　萍（女）	3000	星溪宝岱
魏桂娥（女）	5000	城关	魏明青（女）	3000	镇前郑源
魏敦良	5000	外屯黄泥峡	魏隆众	3000	星溪后宝岱
魏敦飞	5000	外屯黄泥峡	魏龙根	3000	星溪后宝岱
魏　彪	5000	城关	魏礼强	3000	铁山
魏本亮	5000	星溪后宝岱	魏金寿	3000	星溪岐山
魏守忠	3900	镇前坑里	魏海波	3000	镇前山后
魏重青	3680	星溪宝岱	魏光松	3000	外屯下池
魏礼式	3668	外屯下池	魏敦强	3000	镇前西溪
魏式民	3666	外屯下池	魏敦美（女）	3000	镇前西溪
魏克木	3666	城关南门	魏敦莉（女）	3000	镇前西溪
魏庄宝	3600	镇前坑里	魏敦康	3000	镇前郑源
魏仲旺	3600	星溪冷石	魏端信	3000	外屯车潭

姓　名	公祠建设金额（元）	所在乡、镇、村	姓　名	公祠建设金额（元）	所在乡、镇、村
魏东升	3000	镇前西溪	魏堂械	2000	铁山
魏承忠	3000	铁山	魏孙吕	2000	外屯下池
魏陈木	3000	铁山东涧	魏孙焕	2000	外屯下池
魏常仁	3000	东平西表	魏孙华	2000	外屯下池
魏日传	2666	镇前山后	魏孙春	2000	外屯下池
魏日尚	2660	镇前山后	魏树堂	2000	外屯稠岭
魏日伙	2600	镇前山后	魏守章	2000	星溪林屯
魏成福	2600	镇前山后	魏守荣	2000	镇前宝岩
魏品宝	2199	铁山江上	魏世化	2000	外屯稠岭
魏　成	2166	铁山江上	魏日谦	2000	镇前山后
魏庄龙	2066	城关南庄	魏日宽	2000	镇前下村
魏敦山	2019	澄源打石凸	魏日福	2000	镇前山后
魏敦河	2019	外屯黄泥峡	魏日锋	2000	镇前山后
魏子晟	2000	城关	魏琼玉（女）	2000	铁山
魏子清	2000	城关营尾	魏清正	2000	城关南门
魏庄霖	2000	城关	魏妙明	2000	外屯下池
魏庄莲（女）	2000	城关	魏克勇	2000	城关南门
魏重松	2000	镇前茶溪	魏克凤（女）	2000	城关南门
魏重和	2000	星溪宝岱	魏华福	2000	铁山
魏仲荣	2000	星溪宝岭	魏桂秀（女）	2000	石屯石圳
魏仲强	2000	镇前茶溪	魏高富	2000	外屯下步洋
魏　忠	2000	外屯稠岭	魏敦伟	2000	星溪岐山
魏长勇	2000	镇前西溪	魏敦唐	2000	外屯车潭
魏育珍（女）	2000	铁山	魏敦盛	2000	东平黄垱
魏育林	2000	铁山	魏敦木	2000	星溪宝岱
魏育连（女）	2000	铁山	魏端春	2000	外屯真武坑
魏育锋	2000	铁山	魏代荣	2000	外屯下池
魏育爱（女）	2000	铁山	魏春明	2000	外屯稠岭
魏垚婧（女）	2000	城关南门	魏春莲（女）	2000	城关
魏兴海	2000	镇前坑里	魏承武	2000	外屯稠岭
魏信机（女）	2000	外屯下步洋	魏彩凤（女）	2000	建瓯东峰
魏小丽（女）	2000	外屯车潭	魏本钱	2000	星溪后宝岱
魏　曦	2000	建瓯中村	魏本来	2000	星溪后宝岱
魏卫萍（女）	2000	星溪富美	魏日清	1970	镇前下村
魏万灼	2000	外屯下池	魏日满	1888	松溪吴屯
魏添锦	2000	城关北门	魏重寅	1866	镇前郑源
魏堂燕	2000	铁山	魏庭亮	1866	镇前郑源

姓　名	公祠建设金额（元）	所在乡、镇、村	姓　名	公祠建设金额（元）	所在乡、镇、村
魏庄应	1800	镇前坑里	魏敦鑑	1160	外屯黄泥峡
魏守江	1800	镇前坑里	魏宏青	1118	星溪后宝岱
魏重来	1689	镇前坑里	魏重福	1116	镇前山后
魏　真	1688	城关	魏榅盛	1116	澄源打石凸
魏敦禄	1688	镇前下村	魏岩有	1099	寿宁岭后
魏孙波	1666	外屯下池	魏小彬	1088	铁山李屯洋
魏林辉	1666	星溪富美	魏定梅（女）	1088	星溪东坑
魏德荣	1666	铁山东涧	魏庄萍（女）	1066	城关南庄
魏承芳	1666	外屯稠岭	魏庄平	1066	镇前坑里
魏庄校	1600	星溪上山	魏国和	1066	东平碗厂
魏庄桂	1600	星溪岐山村	魏敦峰	1066	澄源打石凸
魏重斌	1600	镇前西溪	魏子彪	1060	外屯下池
魏仲洪	1600	星溪冷石	魏重发	1060	镇前茶溪
魏正惠	1600	城关南门	魏守浩	1060	镇前坑里
魏长宝	1600	石屯石门	魏礼桢	1060	外屯下步洋
魏远志	1600	城关	魏子灿	1006	外屯下池
魏煜来	1600	城关南门	魏礼社	1006	外屯下池
魏义财	1600	城关南门	魏子华	1000	外屯下池
魏阳洋	1600	城关南门	魏子洪	1000	铁山高林
魏维新	1600	外屯	魏庄云	1000	城关
魏日青	1600	镇前山后	魏庄英（女）	1000	星溪林屯
魏日宝	1600	镇前下村	魏庄松	1000	镇前坑里
魏克平	1600	城关	魏庄清	1000	镇前坑里
魏本盛	1600	星溪后宝岱	魏庄青	1000	镇前坑里
魏久明	1280	建瓯大房	魏庄林	1000	星溪林屯
魏庄有	1260	镇前坑里	魏庄娇（女）	1000	星溪林屯
魏重树	1260	镇前郑源	魏庄成	1000	星溪岐山村
魏日兴	1260	镇前茶溪	魏朱福	1000	外屯下步洋
魏子先	1226	外屯下池	魏周忠	1000	澄源打石凸
魏庄雨	1200	星溪林屯	魏重英（女）	1000	星溪宝岱
魏　玉（女）	1200	熊山官湖	魏重天	1000	镇前下村
魏小富	1200	星溪岐山	魏重青	1000	外屯黄泥峡
魏本敬	1200	星溪后宝岱	魏重钦	1000	镇前茶溪
魏水平	1198	外屯稠岭	魏重启	1000	镇前茶溪
魏日明	1168	东平黄垱	魏重銮（女）	1000	镇前茶溪
魏声炉	1166	星溪后宝岱	魏重琳	1000	星溪九蓬
魏李权	1160	建瓯大房	魏重金	1000	星溪丘余

姓　名	公祠建设金额（元）	所在乡、镇、村	姓　名	公祠建设金额（元）	所在乡、镇、村
魏重江	1000	镇前茶溪	魏学恭	1000	外屯下池
魏重火	1000	杨源筠竹洋	魏兴平	1000	铁山东涧
魏仲有	1000	外屯下池	魏信有	1000	外屯下步洋
魏仲清	1000	铁山凤林坑	魏信伟	1000	外屯下步洋
魏仲清	1000	星溪宝岭	魏信金	1000	外屯下步洋
魏仲培	1000	星溪宝岭	魏信海	1000	外屯下步洋
魏仲模	1000	星溪丘氽	魏小明	1000	东平护田
魏仲林	1000	星溪宝岭	魏祥兴	1000	星溪林屯
魏仲军	1000	镇前茶溪	魏祥老	1000	星溪林屯
魏仲华	1000	星溪宝岭	魏先进	1000	外屯稠岭
魏仲贵	1000	铁山凤林坑	魏仙金	1000	星溪林屯
魏仲福	1000	星溪九蓬	魏仙财	1000	星溪林屯
魏仲财	1000	星溪宝岭	魏锡上	1000	东平护田
魏志生	1000	镇前山后	魏吴生	1000	外屯下池
魏真荣	1000	镇前郑源	魏文生	1000	外屯下步洋
魏招泽	1000	外屯下池	魏文龙	1000	外屯下步洋
魏长水	1000	石屯坤口	魏文贵	1000	外屯下步洋
魏长明	1000	石屯石门	魏文财	1000	外屯下步洋
魏长富	1000	星溪冷石	魏榅财	1000	镇前坑里
魏裕清	1000	镇前茶溪	魏维新	1000	石屯长城
魏裕亮	1000	星溪冷石	魏万燕	1000	外屯下池
魏裕金	1000	星溪东坑	魏万灿	1000	外屯下步洋
魏裕宝	1000	镇前茶溪	魏万斌	1000	外屯下池
魏育先	1000	铁山	魏添祯	1000	城关北门
魏育顺	1000	铁山	魏添元	1000	城关北门
魏育迈	1000	铁山	魏添焕	1000	城关北门
魏育龙	1000	铁山	魏孙雪	1000	外屯下池
魏玉华（女）	1000	城关营尾	魏孙兴	1000	外屯下池
魏宇轩	1000	星溪岐山	魏孙明	1000	外屯下池
魏有才	1000	铁山	魏孙良	1000	外屯下池
魏养旺	1000	岭腰	魏思祥	1000	城关北门
魏养青	1000	铁山	魏思坚	1000	城关北门
魏养贵	1000	岭腰	魏水祥	1000	外屯稠岭
魏养付	1000	岭腰	魏水金	1000	东平西表
魏岩水	1000	外屯下步洋	魏守祖	1000	熊山良种场
魏学武	1000	外屯下池	魏守伟	1000	镇前坑里
魏学文	1000	外屯下池	魏守荣	1000	星溪林屯

姓　名	公祠建设金额（元）	所在乡、镇、村	姓　名	公祠建设金额（元）	所在乡、镇、村
魏仕全	1000	铁山江上	魏品超	1000	铁山江上
魏石林	1000	镇前坑里	魏品灿	1000	铁山大红
魏盛松	1000	铁山	魏年贵	1000	星溪宝岱
魏盛火	1000	铁山	魏木仁	1000	镇前山后
魏少明	1000	城关北门	魏妙生	1000	外屯稠岭
魏少鸿（女）	1000	松溪县	魏妙锋	1000	镇前下园
魏少芳	1000	星溪丘余	魏隆声	1000	星溪后宝岱
魏善贵	1000	城关南门	魏隆生	1000	星溪后宝岱
魏汝强	1000	城关营尾	魏隆钦	1000	星溪后宝岱
魏　容（女）	1000	镇前山后	魏隆辉	1000	星溪后宝岱
魏荣老	1000	铁山	魏隆贵	1000	星溪后宝岱
魏荣华	1000	东平西表	魏隆芳	1000	星溪后宝岱
魏日增	1000	星溪上山	魏林梅（女）	1000	铁山凤林坑
魏日伟	1000	镇前下村	魏林金	1000	星溪上山
魏日树	1000	星溪后宝岱	魏林华	1000	星溪富美
魏日生	1000	镇前西溪	魏林春	1000	星溪富美
魏日上	1000	星溪东坑	魏丽华（女）	1000	城关营尾
魏日山	1000	镇前山后	魏李鸿	1000	镇前下村
魏日荣	1000	杨源上庄	魏礼胜	1000	外屯下池
魏日清	1000	星溪东坑	魏礼荣	1000	星溪东峰
魏日青	1000	熊山解放村	魏礼群	1000	星溪东峰
魏日娘（女）	1000	熊山官湖	魏礼明	1000	星溪东峰
魏日焕	1000	镇前山后	魏礼进	1000	星溪东峰
魏日富	1000	星溪后宝岱	魏礼达	1000	外屯下池
魏日德	1000	镇前山后	魏　坤	1000	外屯黄泥峡
魏日安	1000	建瓯南源	魏克芳（女）	1000	城关南门
魏人瑞	1000	铁山江上	魏金东	1000	外屯下池
魏人财	1000	铁山江上	魏　江	1000	铁山江上
魏　群	1000	东平护田	魏建国	1000	东平护田
魏　强	1000	石屯长城	魏惠镇	1000	城关北门
魏启生	1000	外屯稠岭	魏惠华	1000	城关北门
魏启清	1000	外屯稠岭	魏焕兴	1000	东平西表
魏品珍（女）	1000	铁山江上	魏焕坦	1000	东平西表
魏品元	1000	铁山江上	魏焕福	1000	东平西表
魏品亮	1000	铁山江上	魏焕恩	1000	东平西表
魏品进	1000	铁山江上	魏焕成	1000	东平西表
魏品恩	1000	外屯下池	魏厚焕	1000	铁山

姓　名	公祠建设金额（元）	所在乡、镇、村	姓　名	公祠建设金额（元）	所在乡、镇、村
魏厚华	1000	星溪岐山	魏敦林	1000	星溪岐山
魏浩翔	1000	城关	魏敦坤	1000	星溪岐山
魏　好（女）	1000	城关营尾	魏敦江	1000	镇前郑源
魏海华	1000	建欧东游	魏敦姬（女）	1000	城关南门
魏国华	1000	镇前茶溪	魏敦花（女）	1000	镇前下村
魏桂英（女）	1000	星溪林屯	魏敦洪	1000	星溪岐山
魏贵财	1000	星溪上山	魏敦桂	1000	外屯黄泥峡
魏观有	1000	镇前山后	魏敦福	1000	星溪岐山
魏观贵	1000	外屯下步洋	魏敦东	1000	镇前坑里
魏　锋	1000	铁山江上	魏端秀（女）	1000	石屯工农
魏翻身	1000	星溪东峰	魏端桃（女）	1000	外屯车潭
魏敦珠（女）	1000	镇前下村	魏端贵	1000	城关
魏敦忠	1000	外屯黄泥峡	魏端福	1000	熊山良种场
魏敦芝（女）	1000	镇前下村	魏德顺	1000	城关
魏敦正	1000	镇前山后	魏德全	1000	铁山
魏敦灶	1000	镇前下村	魏德进	1000	铁山
魏敦灶	1000	镇前中山	魏德华	1000	建瓯东峰
魏敦玉（女）	1000	外屯黄泥峡	魏代钦	1000	外屯下池
魏敦义	1000	镇前山后	魏代华	1000	外屯下池
魏敦义	1000	镇前西溪	魏春华	1000	镇前下园
魏敦养	1000	外屯黄泥峡	魏承意	1000	外屯稠岭
魏敦炎	1000	星溪岐山	魏承禄	1000	外屯车潭
魏敦祥	1000	镇前郑源	魏承贵	1000	镇前下园
魏敦旺	1000	星溪岐山	魏承福	1000	外屯稠岭
魏敦丝	1000	外屯黄泥峡	魏承毕	1000	外屯稠岭
魏敦顺	1000	外屯黄泥峡	魏承宝	1000	外屯稠岭
魏敦寿	1000	外屯黄泥峡	魏成镇	1000	城关南门
魏敦使	1000	镇前西溪	魏成军	1000	城关
魏敦生	1000	星溪岐山	魏陈水	1000	铁山凤林坑
魏敦群	1000	星溪岐山	魏臣财	1000	镇前下园
魏敦清	1000	星溪岐山	魏朝兴	1000	石屯
魏敦强	1000	外屯黄泥峡	魏朝贵	1000	石屯
魏敦强	1000	镇前坑里	魏常英（女）	1000	东平西表
魏敦平	1000	外屯黄泥峡	魏昌盛	1000	铁山江上
魏敦谋	1000	外屯黄泥峡	魏曹兵	1000	杨源[illegible]竹坑
魏敦明	1000	外屯黄泥峡	魏　斌	1000	星溪东峰
魏敦明	1000	镇前下村	魏　彪	1000	铁山

姓　名	公祠建设金额（元）	所在乡、镇、村	姓　名	公祠建设金额（元）	所在乡、镇、村
魏本忠	1000	星溪后宝岱	魏日顺	800	镇前山后
魏本龙	1000	星溪宝岱	魏日林	800	镇前山后
魏本基	1000	星溪后宝岱	魏日基	800	杨源上庄
魏本春	1000	星溪后宝岱	魏金胜	800	镇前山后
魏保坤	1000	镇前坑里	魏建文	800	东平护田
魏俺迓	1000	星溪东峰	魏建光	800	星溪冷石
魏俺觅	1000	城关南庄	魏厚睿	800	星溪岐山
陈富荣	1000	石屯长城	魏敦义	800	星溪宝岭
魏子流	999	外屯下池	魏端游	800	外屯真武坑
魏日全	990	澄源打石凸	魏宝进	800	星溪后宝岱
魏敦炳	988	外屯黄泥峡	魏伊健	688	东平西表
魏先福	900	外屯稠岭	魏建斌	688	东平护田
魏　伟	889	铁山	魏敦章	688	镇前西溪
魏敦全	888.88	熊山稻香	魏敦太	686	镇前郑源
魏长增	888	杨源黄坦	魏仲辉	680	星溪后九蓬
魏孙标	888	外屯下池	魏敦薛	680	外屯黄泥峡
魏裕斌	880	建瓯王厝、	魏昭玉（女）	668	外屯下池
魏日进	880	熊山稻香	魏学爱（女）	668	外屯下池
魏日宝	880	镇前山后	魏诗闻	668	东平黄垱
魏敦灶	880	外屯黄泥峡	范魏炉	668	星溪九蓬
魏端海	880	星溪后宝岱	魏重冬	666.66	东平村
魏学智	873	外屯下池	魏祥峰	666.66	铁山东涧
魏水春	860	镇前茶溪	魏家顺	666.66	东平黄垱
魏观荣	860	镇前山后	魏子武	666	外屯下池
魏敦亮	860	外屯黄泥峡	魏重金（女）	666	镇前下村
魏本祯	860	星溪后宝岱	魏仲营	666	星溪后宝岱
魏敦伟	806	澄源打石凸	魏忠诚	666	星溪后宝岱
魏重铜	800	星溪上山	魏　珍（女）	666	镇前坑里
魏重水	800	星溪	魏媛媛（女）	666	城关
魏仲芳	800	星溪后九蓬	魏　晔	666	外屯下池
魏仲宝	800	星溪冷石	魏学明	666	外屯下池
魏裕万	800	星溪冷石	魏　旭	666	外屯下池
魏音生	800	星溪东坑	魏水英（女）	666	澄源打石凸
魏兴有	800	星溪岐山	魏施勤	666	镇前西溪
魏　曦（女）	800	星溪岐山	魏绍坤	666	城关
魏荣青	800	镇前郑源	魏平平	666	镇前宝岩
魏日芝（女）	800	镇前下村	魏火明	666	外屯稠岭

姓　名	公祠建设金额（元）	所在乡、镇、村	姓　名	公祠建设金额（元）	所在乡、镇、村
魏崇璧	666	星溪后宝岱	魏重增	600	星溪后九蓬
魏本治	666	星溪后宝岱	魏重兴	600	镇前茶溪
魏本团	666	星溪后宝岱	魏重伟	600	星溪九蓬
魏本奇	666	星溪后宝岱	魏重声	600	星溪丘余
魏仲财	660	外屯下池	魏重荣	600	镇前下村
魏长池	660	镇前郑源	魏重清	600	镇前茶溪
魏张贵	660	外屯黄泥峡	魏重鹏	600	星溪后九蓬
魏裕桃（女）	660	镇前茶溪	魏重满	600	镇前山后
魏裕花（女）	660	镇前茶溪	魏重金	600	星溪前山
魏书道	660	外屯黄泥峡	魏重华	600	镇前下村
魏日营	660	镇前山后	魏重贵	600	外屯黄泥峡
魏日松	660	东平	魏重德	600	镇前茶溪
魏日钦	660	镇前茶溪	魏重斌	600	星溪后九蓬
魏　强	660	镇前山后	魏仲烟	600	星溪冷石
魏克有	660	铁山东涧	魏仲兴	600	星溪后九蓬
魏克贵	660	铁山东涧	魏仲象	600	星溪后九蓬
魏锦绣（女）	660	澄源打石凸	魏仲水	600	星溪后九蓬
魏敦有	660	外屯黄泥峡	魏仲青	600	星溪后九蓬
魏敦旺	660	镇前山后	魏仲品	600	星溪宝岭
魏敦荣	660	建瓯大房	魏仲女（女）	600	城关
魏敦庆	660	外屯黄泥峡	魏仲沐	600	星溪冷石
魏敦华（女）	660	外屯黄泥峡	魏仲木	600	
魏敦成	660	建瓯大房	魏仲满	600	星溪后九蓬
魏本青	660	星溪后宝岱	魏仲进	600	星溪后九蓬
魏孙新	618	外屯下池	魏仲灿	600	外屯黄泥峡
魏子长	600	星溪前山	魏忠祥	600	石屯西津
魏子腾	600	铁山高林	魏政和	600	星溪后宝岱
魏子定	600	星溪宝岱	魏长兴	600	石屯
魏庄炎	600	镇前坑里	魏长旺	600	星溪前山
魏庄盛	600	星溪上山	魏长寿	600	熊山新南庄
魏庄荣	600	星溪林屯	魏长奴	600	镇前山后
魏庄木	600	星溪岐山	魏长觅	600	星溪前山
魏庄满	600	星溪上山	魏长炉	600	杨源黄坦
魏庄林	600	镇前坑里	魏长江	600	熊山新南庄
魏庄梁	600	镇前坑里	魏长宝	600	星溪前山
魏庄杰	600	镇前坑里	魏跃荣	600	星溪岭尾
魏庄鉴	600	镇前坑里	魏裕祖	600	星溪东坑

姓　名	公祠建设金额（元）	所在乡、镇、村	姓　名	公祠建设金额（元）	所在乡、镇、村
魏裕松	600	镇前茶溪	魏仕招	600	铁山大林源
魏裕明	600	星溪东坑	魏仕兴	600	铁山张屯
魏裕满	600	冷石住岭尾村	魏盛堂	600	外屯车潭
魏裕芳	600	星溪九篷	魏盛军	600	外屯下池
魏裕本	600	星溪冷石	魏盛枫	600	外屯下池
魏裕宝	600	星溪东坑	魏圣太	600	杨源上庄
魏育成	600	铁山	魏绍灼	600	城关
魏有平	600	星溪丘余	魏少亮	600	铁山
魏有妹（女）	600	星溪丘余	魏荣淋	600	石屯石门
魏杨财	600	澄源打石凸	魏日有	600	镇前山后
魏扬祯	600	熊山新南庄	魏日旭	600	杨源上庄
魏岩新	600	镇前山后	魏日兴	600	星溪东坑
魏学玉（女）	600	外屯下池	魏日兴	600	镇前西溪
魏星星	600	镇前坑里	魏日旺	600	星溪东坑
魏新政	600	星溪东坑	魏日苏	600	镇前山后
魏　欣	600	镇前郑源	魏日松	600	熊山解放村
魏小艳（女）	600	星溪岐山	魏日水	600	镇前西溪
魏小霞（女）	600	镇前西溪	魏日盛	600	杨源黄坦
魏小青（女）	600	镇前郑源	魏日盛	600	镇前山后
魏仙华	600	镇前西溪	魏日全	600	杨源上庄
魏仙儿（女）	600	星溪后宝岱	魏日平	600	杨源上庄
魏文珍（女）	600	城关营尾	魏日平	600	镇前山后
魏榅灼	600	镇前坑里	魏日培	600	星溪前山
魏榅信	600	熊山新南庄	魏日明	600	熊山新南庄
魏为诚	600	熊山新南庄	魏日满	600	镇前山后
魏万明	600	镇前山后	魏日梁	600	星溪东坑
魏堂云	600	铁山	魏日金（女）	600	镇前西溪
魏孙友	600	外屯下池	魏日焕	600	杨源黄坦
魏孙贵	600	外屯下池	魏日海	600	星溪东坑
魏水荣	600	冷石住岭尾村	魏日海	600	杨源上庄
魏树平	600	城关北门	魏日光	600	镇前山后
魏树华	600	城关北门	魏日成	600	杨源黄坦
魏书扬	600	城关	魏日财	600	镇前西溪
魏守兴	600	镇前坑里	魏日财	600	镇前下村
魏守妙	600	镇前坑里	魏日彬	600	镇前山后
魏守和	600	镇前坑里	魏日宝	600	镇前茶溪
魏守财	600	镇前坑里	魏清美（女）	600	星溪岐山

姓　名	公祠建设金额（元）	所在乡、镇、村	姓　名	公祠建设金额（元）	所在乡、镇、村
魏清金（女）	600	城关南门	魏芳香（女）	600	城关
魏　强	600	星溪林屯	魏发通	600	镇前坑里
魏　平	600	星溪岐山	魏敦珍（女）	600	镇前西溪
魏品江	600	铁山江上	魏敦益	600	星溪岐山
魏南寿	600	镇前山后	魏敦炎	600	外屯黄泥峡
魏明贵	600	铁山	魏敦寿	600	镇前下村
魏妙信	600	镇前坑里	魏敦生	600	镇前西溪
魏妙荣	600	星溪林屯	魏敦庆	600	星溪后九蓬
魏觅弟	600	星溪前山	魏敦庆	600	镇前坑里
魏美进	600	东平西表	魏敦清	600	镇前西溪
魏美节	600	东平西表	魏敦青	600	星溪九蓬
魏隆祖	600	星溪后宝岱	魏敦平	600	星溪九蓬
魏隆枝（女）	600	星溪岐山	魏敦木	600	外屯黄泥峡
魏隆义	600	星溪后宝岱	魏敦模	600	外屯黄泥峡
魏隆团	600	星溪岐山	魏敦淼	600	镇前中山
魏隆常	600	星溪岐山	魏敦礼	600	外屯下池
魏林海	600	东平西表	魏敦晙	600	熊山解放村
魏林宝	600	星溪后九蓬	魏敦杰	600	熊山解放村
魏礼宽	600	外屯下池	魏敦江	600	镇前西溪
魏克莲（女）	600	城关溪边魏	魏敦惠（女）	600	镇前宝岩
魏克华（女）	600	城关溪边魏	魏敦花（女）	600	镇前西溪
魏克花（女）	600	城关溪边魏	魏敦凤（女）	600	镇前下村
魏建中	600	东平护田	魏敦芳	600	星溪岐山
魏家郁	600	星溪后宝岱	魏敦常	600	外屯黄泥峡
魏家利	600	镇前山后	魏敦灼	600	外屯黄泥峡
魏家金	600	星溪后宝岱	魏端荣	600	外屯车潭
魏华兴	600	外屯下池	魏端龙	600	城关
魏华江	600	铁山江上	魏端凤（女）	600	外屯车潭
魏　华	600	星溪东坑	魏典树	600	星溪后九蓬
魏国亮	600	镇前茶溪	魏丹彬	600	杨源上庄
魏国良	600	镇前山后	魏承堂	600	外屯稠岭
魏国成	600	东平碗厂	魏承钦	600	镇前下园
魏观增	600	镇前中山	魏承强	600	镇前下园
魏观龙	600	镇前中山	魏承兰（女）	600	外屯稠岭
魏观昌	600	镇前山后	魏承福	600	镇前下园
魏福源	600	松溪县	魏承锋	600	外屯稠岭
魏　飞	600	星溪前山	魏承丹（女）	600	外屯稠岭

姓　名	公祠建设金额（元）	所在乡、镇、村	姓　名	公祠建设金额（元）	所在乡、镇、村
魏成宪	600	松溪县	魏仲青	500	澄源前村
魏陈水	600	星溪岐山	魏仲钦	500	澄源前村
魏陈明	600	镇前西溪	魏仲强	500	星溪冷石
魏陈榴（女）	600	星溪林屯	魏仲明	500	星溪后九蓬
魏陈河	600	外屯车潭	魏仲进	500	澄源前村
魏　斌	600	星溪九蓬	魏仲焕	500	星溪后九蓬
魏本祖	600	星溪丘余	魏仲海	500	星溪后九蓬
魏本书	600	星溪后宝岱	魏仲富	500	星溪冷石
魏本玖	600	星溪丘余	魏仲芳	500	星溪冷石
魏本贵	600	星溪丘余	魏仲兵	500	澄源前村
魏本弟	600	星溪丘余	魏中伟	500	星溪梅皮
魏宝遇	600	镇前坑里	魏长荣	500	星溪林屯
魏宝金	600	镇前山后	魏云寿	500	澄源打石凸
李有銮（女）	600	星溪前山	魏云键	500	星溪后九蓬
李烈木	600	松溪县	魏跃山	500	星溪后九蓬
魏日莲（女）	566	澄源打石凸	魏裕明	500	建瓯南源
魏锦霞（女）	518	澄源打石凸	魏育秀（女）	500	
魏晓雪	516	澄源打石凸	魏育森	500	铁山
魏敦岳	511	外屯黄泥峡	魏育灿	500	铁山
魏日有	506	澄源打石凸	魏友镇	500	镇前郑源
魏祖德	500	建瓯中村	魏意国	500	外屯下步洋
魏子江	500	星溪后宝岱	魏　杨	500	东平西表
魏庄忠	500	星溪上山	魏岩宝	500	星溪后宝岱
魏庄正	500	星溪上山	魏玄望	500	铁山
魏庄镇	500	星溪上山	魏信连（女）	500	铁山江上
魏庄兴	500	星溪上山	魏新超	500	东平西表
魏庄伟	500	星溪上山	魏小人	500	石屯王元仔
魏庄松	500	星溪上山	魏锡平	500	东平护田
魏庄平	500	星溪上山	魏榅求	500	澄源前村
魏庄军	500	星溪岐山	魏　琏	500	东平西表
魏庄贵	500	星溪上山	魏伟雄	500	外屯下步洋
魏庄富	500	星溪上山	魏庭庆	500	东平西表
魏庄锋	500	星溪上山	魏孙德	500	镇前西溪
魏周村	500	澄源打石凸	魏守林	500	星溪上山
魏重雪	500	东平西表	魏守俊	500	镇前坑里
魏重庆	500	东平西表	魏守焕	500	星溪上山
魏仲扬	500	星溪九蓬	魏生林	500	铁山

姓　名	公祠建设金额（元）	所在乡、镇、村	姓　名	公祠建设金额（元）	所在乡、镇、村
魏日何	500	镇前西溪	魏敦雄	500	星溪林屯
魏日福	500	镇前西溪	魏敦万	500	星溪岐山
魏庆湖	500	镇前茶溪	魏敦田	500	星溪九蓬
魏启荣	500	澄源前村	魏敦设	500	星溪九蓬
魏　平	500	星溪后九蓬	魏敦付	500	星溪九蓬
魏木海	500	星溪林屯	魏端有	500	东平西表
魏　铭	500	星溪九蓬	魏端松	500	澄源前村
魏明芳	500	东平西表	魏端庆	500	澄源前村
魏明灿	500	东平西表	魏端灿	500	澄源前村
魏隆政	500	星溪后宝岱	魏丁旺	500	东平西表
魏隆聪	500	星溪后宝岱	魏崇焕	500	星溪后宝岱
魏隆传	500	星溪后宝岱	魏承旺	500	外屯稠岭
魏林仔	500	城关北门	魏诚英（女）	500	城关南门
魏林海	500	星溪九蓬	魏诚洪	500	城关南门
魏林福	500	熊山新南庄	魏陈有	500	星溪后九蓬
魏克丽（女）	500	城关南门	魏常云	500	东平西表
魏克丹（女）	500	城关南门	魏常兴	500	东平西表
魏久荣	500	星溪林屯	魏常庆	500	东平西表
魏建忠	500	东平西表	魏昌贵	500	东平西表
魏建超	500	东平护田	魏本泽	500	星溪宝岱
魏火星	500	东平西表	魏本谦	500	星溪后宝岱
魏焕信	500	星溪林屯	魏本梅（女）	500	星溪后宝岱
魏焕敬	500	东平西表	魏本贵	500	星溪后宝岱
魏焕剑	500	东平西表	魏本根	500	星溪后宝岱
魏　华	500	铁山	魏本丹（女）	500	星溪后宝岱
魏　浩	500	铁山江上	魏庭贵	300	东平西表
魏海弟	500	星溪林屯	魏焕有	300	东平西表
魏光全	500	澄源前村	魏焕康	300	东平西表
魏观茂	500	星溪后宝岱	魏登兴	300	东平西表
魏发有	500	星溪九蓬	魏登木	300	东平西表

魏氏宗亲建瓯联络处　10000　　魏氏宗亲松溪联络处　10000　　魏氏宗亲建阳联络处　5000

合计：3328943.52

（三）政和县魏氏宗亲向魏氏宗亲南平办事处捐资名单

姓名	金额（元）	姓名	金额（元）	姓名	金额（元）
魏重生	20000	魏旭方	1000	魏重景	1000
魏思忠	10000	魏守有	1000	魏少涓	1000
魏学富	10000	魏汝伟	1000	魏正华	1000
魏礼情	1000	魏敦满	1000	共计：50000	
魏敦贵	1000	魏日胜	1000		

鸣　谢

《政和县魏氏志》的编纂、出版工作得到了广大宗亲和相关宗亲单位的大力支持，在本书出版之际，特列芳名，以此感谢为本书出版捐资的宗亲。

魏礼情　20000 元　　魏日贵　10000 元　　魏仲孝　10000 元　　魏重福　10000 元
魏学富　5000 元　　魏旭方　5000 元　　魏日胜　3000 元　　魏明强　3000 元
魏正华　3000 元　　魏重春　1000 元

后　　记

根据福建省魏氏委员会的总体部署，各县市开展了魏氏志的编撰工作。魏氏南平办事处于2018年元月在政和县召开《南平市魏氏志》编撰工作会议，并成立了编委会。会后政和县魏氏亦成立了以魏重生为主任，魏旭方为主编的《政和县魏氏志》编撰委员会。

《政和县魏氏志》在福建省魏氏委员会和魏氏南平办事处的关怀下及在中共政和县委党史和地方志研究室的指导下，经过两年多的资料收集、撰写，今天终于付梓了。政和姓氏有289个，政和魏氏人口名列第10位。1068年，魏甲太从建瓯东游迁政和，至今已达952年，其子孙遍布政和各地，为政和历史发展和建设做出了贡献。《政和县魏氏志》是第一部记录政和魏氏历史的专著，它的出版将进一步丰富我县姓氏文化，人们可以从中窥见到政和魏氏繁衍播迁情况和在历史中所创造的灿烂文化，以及在创造历史中所涌现出的杰出人物的精神风貌，为寻根问祖提供了一份可资印证的资料。

志书是对历史的记载。在本书编撰过中，为采集第一手真实、可靠资料，笔者查阅了从明朝到民国的《政和县志》，摘录下近两万余字记载着政和魏氏历史资料，查阅政和、建瓯、建阳、松溪、寿宁、周宁等地魏氏族谱、家乘30余部，及查阅新中国成立后的《政和县志》、《政和姓氏志》等相关的党政文史资料。前往晋州魏徵故居、东游、周宁、寿宁、云和等地溯源；深入到全县魏氏族人主要居住点，召开座谈会，采访耆宿收集口述资料。对现存的祠堂、庙宇、墓葬、碑刻、牌匾、契约及魏氏先人所建的公益遗址进行了考证，从而保证了编撰《政和县魏氏志》资料的真实性。

《政和县魏氏志》是第一部与中共政和县委党史和地方志研究室合作编撰的姓氏专著，共分为源流、分布、谱牒谱序、文化遗产、人物、附录六个部分。在编撰过程中，得到了熊源泉、周元火两位专家的指导和为本书审稿。魏万能、魏敦贵、魏日中、魏正华等人为本书编辑、校对做了大量工作，魏旭方、徐庭盛、陈昌村、张书、李隆智、李福礼、刘永锋等本书提供了珍贵图片。在此，对他们的辛勤付出表示衷心感谢。

在编撰《政和县魏氏志》中，得到了魏礼情、魏日贵、魏仲孝、魏重福、魏学富、魏旭方、魏日胜、魏明强、魏正华、魏重春等人慷慨解囊，捐助善款，从而解帮助解决了本志书出版经费不足的困难。对他们给予的支持深表谢意。

志书编撰是一项繁杂工作，它涉及历史学、地理学、地名学、人名学、社会学、民俗学等多种学科。由于撰者水平有限，在编撰《政和县魏氏志》中，缺点、错误在所难免，衷心希望得到魏氏宗亲和各位方家及读者的批评指正。

编　者

2020 年 5 月 28 日